PEUPLE, POUVOIR ET PROFITS

Du même auteur
aux éditions Les Liens qui libèrent

La Nouvelle Société de la connaissance, 2017.

L'Euro. Comment la monnaie unique menace l'avenir de l'Europe, 2016.

La Grande Fracture, 2015.

Le Prix de l'inégalité, 2012.

Le Rapport Stiglitz : pour une vraie réforme du système monétaire et financier international, 2010.

Le Triomphe de la cupidité, 2010.

Joseph E. Stiglitz

Peuple, pouvoir et profits

Le capitalisme
à l'heure de l'exaspération sociale

TRADUIT DE L'ANGLAIS (AMÉRICAIN)
PAR PAUL CHEMLA

LLL LES LIENS QUI LIBÈRENT

Titre original :
People, Power, and Profits : Progressive Capitalism for an Age of Discontent

ISBN : 979-10-209-0912-1

À mes petits-enfants.

Et à mes chers amis Tony Atkinson et Jim Mirrlees, qui ont quitté ce monde trop tôt.

Préface

J'ai grandi à l'âge d'or du capitalisme, à Gary, Indiana, sur la rive sud du lac Michigan. L'âge d'or? Je ne l'ai appris que plus tard. À l'époque, ce que je voyais ne me semblait pas si radieux: discrimination et ségrégation raciales massives, immense inégalité, conflits du travail, récessions récurrentes. Les effets étaient flagrants, sur mes camarades de classe comme dans l'apparence de la ville.

Gary a vécu l'histoire de l'industrialisation et de la désindustrialisation en Amérique. Elle a été fondée en 1906 pour accueillir la plus grande aciérie intégrée du monde. On lui a donné le nom du président-fondateur d'US Steel*, Elbert H. Gary. Une ville d'entreprise pur jus. Quand j'y suis retourné en 2015, pour ma cinquante-cinquième réunion des anciens élèves du lycée, avant que Trump ne devienne le personnage incontournable qu'il est aujourd'hui, les tensions étaient palpables, et pour d'excellentes raisons. La ville s'était désindustrialisée avec le pays. Elle avait moitié moins d'habitants que dans ma jeunesse. Elle était à bout. On y tournait les films hollywoodiens qui se passaient en zone de guerre, ou

* La plus grande compagnie sidérurgique américaine. [*Sauf mention contraire, les notes de bas de page sont du traducteur.*]

après l'apocalypse. Certains de mes condisciples étaient devenus enseignants, très peu médecins et avocats, beaucoup employés de bureau. Ce sont d'autres anciens camarades qui ont fait les récits les plus poignants. Lorsqu'ils avaient obtenu leur diplôme, ils espéraient trouver un emploi à l'aciérie, mais le pays traversait l'une de ses récessions épisodiques; alors ils étaient entrés dans l'armée, ce qui avait décidé de leur vie: ils feraient carrière dans la police. La liste des décédés et la condition physique de bien des survivants étaient un terrible rappel des inégalités d'espérance de vie et de santé dans le pays. Une querelle a éclaté entre deux anciens élèves: un ex-policier qui critiquait violemment l'État, un ex-enseignant qui rétorquait que la retraite et les allocations d'invalidité dont vivait le premier venaient de l'État.

Quand j'ai quitté Gary en 1960 pour aller étudier à l'Amherst College, dans le Massachusetts, qui aurait pu prévoir le cours qu'allait prendre l'histoire, et ce qu'elle ferait à ma ville et à mes camarades? La ville m'avait marqué: des souvenirs cuisants d'inégalité et de souffrance m'avaient incité à me réorienter de la physique théorique, ma passion, à l'économie. Je voulais comprendre pourquoi notre système économique échouait pour tant de gens, et ce qu'on pouvait faire. Mais, tandis que je creusais le sujet – que j'arrivais à mieux saisir pourquoi les marchés, souvent, fonctionnent mal –, les problèmes s'aggravaient. L'inégalité montait, au-delà de tout ce qui eût été imaginable dans ma jeunesse. Des années plus tard, en 1993, quand je suis entré dans l'administration du président Bill Clinton, d'abord comme membre puis comme président du Comité des conseillers économiques, on commençait seulement à le voir clairement. À un certain moment, au milieu des années 1970 ou au début des années 1980, la courbe de l'inégalité avait pris un mauvais tournant: elle s'était orientée à la hausse, si bien qu'en 1993 elle était beaucoup plus élevée qu'elle l'avait jamais été dans ma vie.

Mes travaux en économie m'avaient appris que l'idéologie de nombreux conservateurs était erronée. Ils avaient une foi quasi religieuse dans le pouvoir des marchés. Il était si grand, selon eux, que nous pouvions, pour l'essentiel, nous en remettre simplement aux marchés libres et sans entraves pour gérer l'économie. Mais cette foi n'avait aucune base, ni en théorie ni dans les faits. Le problème pour moi n'était pas seulement d'en persuader les autres, mais aussi d'élaborer des programmes et des politiques capables d'inverser l'ascension dangereuse de l'inégalité et l'instabilité potentielle que portait en elle la libéralisation financière, inaugurée sous Ronald Reagan dans les années 1980. Une autre évolution était encore plus perturbante : la foi dans le pouvoir des marchés s'était largement répandue dans les années 1990, à tel point que certains de mes propres collègues au gouvernement prônaient la libéralisation financière, et qu'ils ont été finalement rejoints par Clinton lui-même[1].

L'inquiétude que m'inspirait la hausse de l'inégalité avait grandi pendant mon service au Comité des conseillers économiques de Clinton. Mais depuis 2000 le problème ne cesse de prendre des proportions toujours plus alarmantes : l'inégalité monte, monte, monte. Jamais depuis la Grande Dépression les citoyens les plus riches du pays n'ont accaparé une telle part du revenu national[2].

Vingt-cinq ans après mon entrée dans l'administration Clinton, je m'interroge. Comment en sommes-nous arrivés là ? Où allons-nous ? Que pouvons-nous faire pour changer de cap ? Ces questions, je me les pose en économiste, donc j'y réponds, au moins en partie, en incriminant tous nos manquements économiques : nous n'avons pas organisé comme il fallait la transition d'une économie industrielle à une économie de services ; nous n'avons pas dompté le secteur financier ; nous n'avons pas géré convenablement la mondialisation et ses conséquences ; et – c'est le plus important – nous n'avons pas réagi à la montée de l'inégalité, alors que, de toute évidence, elle nous transformait en économie et démocratie du 1 %, par le 1 %, pour le 1 %[3]. Au vu de mon expérience et de mon travail théorique, il est clair pour moi qu'on ne peut pas séparer économie et politique – surtout pas aux États-Unis, où le moteur de la politique est l'argent. Donc, si l'essentiel de ce livre se concentre sur les aspects économiques de notre situation, je serais fort négligent si je ne disais rien de notre système politique.

Bien des éléments de ce diagnostic sont aujourd'hui familiers : financiarisation excessive, mauvaise gestion de la mondialisation, expansion du pouvoir de marché*. Je montre qu'ils sont liés, et qu'ensemble ils expliquent pourquoi la croissance a été si faible et pourquoi les fruits de cette croissance faible ont été si inégalement partagés.

Mais ce livre n'entend pas seulement poser le diagnostic. Il se propose aussi de prescrire le traitement. Que pouvons-nous faire? Quelle est la voie à suivre? Pour répondre à ces questions, il me faut expliquer la véritable source de la richesse des nations, en distinguant création de richesse et extorsion. L'extorsion, ce sont tous les processus où quelqu'un prend à d'autres en les exploitant, sous quelque forme que ce soit. La création de richesse, c'est la vraie source de la richesse d'une nation: la créativité et la productivité de ses habitants et les interactions productives qu'ils ont entre eux. Elle repose sur les progrès de la science, qui nous apprennent à découvrir les vérités cachées de la nature et à les utiliser pour développer la technologie. Elle dépend aussi des avancées de notre compréhension de l'organisation sociale, découvertes par une analyse raisonnée, et qui conduisent à des institutions comme celles qu'on désigne globalement par les expressions «état de droit», «systèmes de contrôles et de contre-pouvoirs» ou «respect des droits et des procédures»**. J'expose dans ce livre les grandes lignes d'un programme progressiste diamétralement opposé à celui de Trump et de ses partisans. En un sens, c'est un mélange des deux Roosevelt, Teddy et Franklin***, adapté au XXIe siècle. Ma

* Le «pouvoir de marché» (*market power*) est le pouvoir que donne une position dominante sur un marché, lorsqu'il y a un seul vendeur (un monopole), quelques gros vendeurs (un oligopole), un seul acheteur (un monopsone) ou quelques gros acheteurs (un oligopsone). Ses effets ne se limitent pas à la pression qu'il exerce sur les prix. Voir plus loin, chapitre 3.

** L'état de droit (*rule of law*) est l'existence d'un ordre juridique, fondé sur des lois et une jurisprudence, qui s'impose à tous; les systèmes de contrôles (ou de freins) et de contre-pouvoirs (*systems of checks and balance*) sont les dispositifs qui permettent de surveiller, éventuellement de freiner, ce que font les divers pouvoirs et de créer entre eux un «équilibre des pouvoirs» où il se font contrepoids; le respect des droits et des procédures (*due process*) recouvre à la fois l'idée de «bonne règle», assurant notamment l'équité des procès, et celle de «garantie des droits humains fondamentaux».

*** Theodore Roosevelt, président des États-Unis de 1901 à 1909, période que l'on nomme souvent «l'Ère progressiste», a engagé les grands procès thèse centrale est claire : si nous faisons ces réformes, nous parviendrons à une économie où la croissance sera plus rapide et la prospérité partagée ; dans ces conditions, le genre de vie auquel aspirent la plupart des Américains ne sera plus un rêve illusoire, mais une réalité à leur portée. Bref, si nous comprenons vraiment les sources de la richesse du pays, nous pourrons mettre en place une économie plus dynamique où la prospérité sera plus grande et mieux répartie. Pour y parvenir, il faudra que l'État joue un rôle différent et probablement plus important qu'aujourd'hui : dans notre monde complexe, nous ne pouvons esquiver la nécessité de l'action collective. Je montre aussi qu'il existe un ensemble de politiques éminemment abordables grâce auxquelles le style de vie de classe moyenne* – qui nous paraissait acquis au milieu du siècle dernier, mais qui semble aujourd'hui, et de plus en plus, hors d'atteinte – pourra redevenir la règle et non l'exception.

LA REAGANOMIE, LA TRUMPONOMIE ET L'ASSAUT CONTRE LA DÉMOCRATIE

Lorsque nous réfléchissons à notre situation actuelle, nous repensons tout naturellement à celle d'il y a quarante ans. Comme aujourd'hui, la droite semblait triomphante. À l'époque aussi, on avait l'impression d'une vague mondiale : Ronald Reagan aux États-Unis, Margaret Thatcher en Grande-Bretagne. L'économie keynésienne, qui expliquait que l'État pouvait maintenir le plein emploi en gérant la *demande* (par les politiques monétaire et budgétaire), fut alors remplacée par l'*économie de l'offre* : selon cette théorie, la déréglementation et les réductions d'impôts allaient

---

contre les trusts industriels pour faire respecter la loi antitrust votée en 1890. Franklin Roosevelt, président des États-Unis de 1933 à 1945, a relancé l'économie après la crise de 1929 en y injectant des fonds publics par la politique du New Deal. Il a créé, notamment, la caisse de retraites publique (la Social Security).

* Aux États-Unis, l'expression « classe moyenne » englobe une large part de la classe ouvrière. Son « style de vie » idéal se définit notamment par un bon salaire, la sécurité financière y compris pendant la retraite, la propriété de sa maison, la possibilité de faire suivre de bonnes études à ses enfants et d'être bien soigné en cas de besoin (voir chapitre 10).

libérer l'économie, la dynamiser par leurs incitations, donc accroître l'offre de biens et services et par conséquent les revenus des particuliers.

Du déjà vu : l'économie vaudoue

L'économie de l'offre n'a pas fonctionné pour Reagan et elle ne fonctionnera pas pour Trump. Les républicains se disent, et disent au peuple américain, que la réduction d'impôts de Trump va donner un coup de fouet à l'économie : les pertes de recettes fiscales seront moindres, selon eux, que ne l'affirment les sceptiques. C'est la logique de l'économie de l'offre, et nous devrions savoir à présent qu'elle ne fonctionne pas. La réduction d'impôts de Reagan en 1981 a inauguré une ère de déficits budgétaires colossaux, de croissance lente et d'immense inégalité. Trump, dans sa loi fiscale de 2017, nous administre à plus forte dose encore que Reagan ces politiques fondées non sur la science, mais sur une superstition intéressée. Le président George H. W. Bush lui-même avait qualifié d'*économie vaudoue** l'économie de l'offre de Reagan. Celle de Trump, c'est l'économie vaudoue dopée aux anabolisants.

Certains partisans de Trump reconnaissent que ses politiques sont loin d'être parfaites, mais font valoir pour sa défense : au moins, il prête attention à ceux qu'on a si longtemps ignorés, il leur a rendu leur dignité en prenant la peine de les écouter. Je le dirais tout autrement : il a été assez malin pour détecter la rancœur, attiser ses flammes et l'exploiter sans scrupules. Le fait même qu'il veuille aggraver la situation du peuple de l'« Amérique moyenne » en ôtant l'assurance maladie à treize millions d'Américains, et cela dans un pays déjà sous le choc d'une baisse de l'espérance de vie, montre qu'il ne respecte pas le peuple : il le méprise. De même quand il octroie des exemptions fiscales aux riches tout en augmentant les impôts pour la majorité des citoyens de classe moyenne[4].

* Pendant les primaires de 1980. George Bush père disputait alors à Reagan l'investiture républicaine, il n'était pas encore son vice-président.

Pour ceux qui ont vécu les mandats de Ronald Reagan, il y a des ressemblances frappantes. Comme Trump, Reagan exploitait les peurs et le racisme ordinaire*. La *welfare queen***, la « reine des prestations sociales » qui dépouillait de leur argent les Américains durs à la peine, c'était de lui. Sous-entendu : c'est une Afro-Américaine. Lui non plus ne montrait aucune empathie pour les pauvres. Reclasser la moutarde et le ketchup pour en faire les deux légumes obligatoires dans un repas nutritif de cantine scolaire, ce serait drôle si ce n'était pas aussi triste. Lui aussi était un hypocrite, qui associait rhétorique libérale et mesures protectionnistes fortes. Son hypocrisie nécessitait des euphémismes comme « restriction volontaire d'exportations » – on avait laissé le choix au Japon : soit il réduisait lui-même ses exportations, soit on les réduirait pour lui***. Ce n'est pas par hasard que le représentant au Commerce de Trump, Robert Lighthizer, a fait ses classes comme représentant adjoint des États-Unis au Commerce sous Reagan, il y a quarante ans.

Il existe d'autres similitudes entre Reagan et Trump. L'une d'elles est une volonté affichée de servir certains intérêts d'affaires – parfois les mêmes. Reagan a fait cadeau de nos ressources naturelles, il a organisé une grande braderie qui a permis aux compagnies pétrolières d'emporter les abondantes réserves de pétrole des États-Unis à une petite fraction de leur valeur. Trump est parvenu au pouvoir en promettant d'« assécher le marécage », et de donner ainsi voix au chapitre à ceux qui s'estimaient ignorés de longue date par les grands manitous de Washington. Jamais le marécage n'a été plus fangeux que depuis son entrée à la Maison-Blanche.

* L'auteur écrit *bigotry*, mot qui renvoie aux préjugés racistes diffus.

** Une femme en Cadillac menant grand train avec ses prestations sociales, invention de Reagan à forte connotation raciste lors de sa campagne de 1980.

*** En 1979-1980, les automobiles japonaises avaient réussi une percée spectaculaire sur le marché intérieur des États-Unis, aux dépens des compagnies américaines. En 1981, le Japon avait dû accepter de réduire « volontairement » ses exportations de 1,68 million de véhicules par an.

Et pourtant, malgré toutes ces ressemblances, il y a des différences profondes, qui expliquent la rupture avec certains anciens du parti républicain. Comme on pouvait s'y attendre, Reagan s'était entouré de quelques républicains activistes; mais il avait aussi autour de lui, à des postes clés, plusieurs éminents serviteurs de l'État, comme George Shultz (qui, à des époques différentes, a servi Reagan en qualité de secrétaire d'État et de secrétaire au Trésor[5]). C'étaient des responsables aux yeux desquels la raison et la vérité comptaient beaucoup. Ils voyaient le changement climatique, par exemple, comme une menace existentielle, et ils croyaient au *leadership* des États-Unis dans le monde. Comme les membres de toutes les administrations avant et après eux, ils auraient été gênés d'être pris en flagrant délit de mensonge. Ils pouvaient essayer de prendre quelques libertés avec la vérité, mais pour eux le mot «vérité» avait un sens. Pas pour l'occupant actuel de la Maison-Blanche et son entourage.

Reagan sauvait au moins les apparences en conservant une façade de raison et de logique. Il y avait une théorie derrière ses réductions d'impôts: l'économie de l'offre que nous venons d'évoquer. Quarante ans plus tard, cette doctrine a été démentie de multiples fois par les faits. Trump et les républicains du XXIe siècle n'ont pas besoin de théorie pour réduire les impôts: ils le font parce qu'ils peuvent le faire.

C'est ce mépris de la vérité, de la science, du savoir et de la démocratie qui distingue clairement l'administration Trump, et les dirigeants du même style dans le monde, de Reagan et des autres mouvements conservateurs du passé. De fait, Trump est à bien des égards un révolutionnaire plus qu'un conservateur. Nous pouvons comprendre les forces qui assurent à ses idées fausses un écho auprès de tant d'Américains, mais cela ne les rend en rien plus séduisantes, ni moins dangereuses.

La «réforme» fiscale de Trump en 2017 montre à quel point le pays s'est éloigné des traditions et des normes antérieures. Généralement, dans une réforme fiscale, on simplifie l'impôt, on élimine des failles, on s'assure que nul ne peut esquiver le paiement de sa juste part et on fait en sorte que les recettes soient suffisantes pour payer les factures du pays. Même Reagan, dans sa réforme fiscale de 1986, a invoqué la simplification de la fiscalité. La loi fiscale de 2017, en revanche, ajoute un ensemble entièrement nouveau de dispositions complexes et laisse intactes la plupart des failles béantes, y compris celle qui permet au personnel des fonds d'investissement privé de payer leurs impôts à un taux maximum de 20 %, alors que celui qui s'applique aux autres Américains actifs est près de deux fois plus élevé[6]. Elle abroge l'impôt plancher qui empêchait les particuliers et les entreprises de faire un usage excessif des exemptions et les obligeait à payer au fisc un pourcentage minimum de leur revenu.

Cette fois, nul n'a prétendu que le déficit allait diminuer*; la seule question a été: de combien va-t-il augmenter? Fin 2018, les estimations indiquaient que l'État aurait à emprunter l'année suivante un montant record: plus de 1 000 milliards de dollars[7]. Même en pourcentage du PIB, c'était du jamais vu pour le pays, alors qu'il n'était ni en guerre ni en récession. Dans cette période où l'économie approchait du plein emploi, les déficits étaient manifestement contre-productifs, puisque la Réserve fédérale allait devoir augmenter les taux d'intérêt et décourager ainsi l'investissement et la croissance. Pourtant, il ne s'est trouvé qu'un seul élu républicain (le sénateur du Kentucky Rand Paul) pour s'y opposer autrement qu'à voix basse. À l'extérieur du système politique américain, en revanche, les critiques fusaient de toutes parts. Même le Fonds monétaire international – qui a toujours horreur de critiquer les États-Unis, dont la voix domine de longue date en son sein – a condamné l'irresponsabilité budgétaire du pays[8]. Les observateurs politiques ont été ébahis de l'énormité de l'hypocrisie: au lendemain de la crise de 2008, quand l'économie avait réellement besoin d'un stimulant, d'un coup de fouet budgétaire, les républicains avaient dit que les États-Unis ne pouvaient se le permettre, que ce stimulant provoquerait des déficits intolérables.

* Comme l'avaient affirmé les partisans des premières réductions d'impôts de Reagan: selon eux, elles allaient créer tellement d'activité nouvelle que les recettes fiscales augmenteraient, malgré la baisse des taux d'imposition. En fait, le déficit budgétaire s'était énormément accru.

La loi fiscale de Trump est le fruit du pire cynisme politique. Même les miettes que ce plan çoncu par les républicains jette aux simples citoyens sont temporaires : de petites réductions d'impôts pour quelques années. La stratégie du parti semble reposer sur deux hypothèses, qui, si elles sont exactes, sont de fort mauvais augure pour le pays. La première : les simples citoyens ont un horizon si court qu'ils ne verront pratiquement que les petites réductions de leurs impôts immédiats, sans remarquer qu'elles sont limitées dans le temps ni que, pour la majorité de la classe moyenne, les impôts augmentent. La seconde : ce qui compte vraiment dans la démocratie américaine, c'est l'argent ; continuons à satisfaire les riches, et ils arroseront le parti républicain de contributions qui achèteront les voix nécessaires pour poursuivre ces politiques. Cela montre que l'Amérique est descendue bien bas, au plus loin de l'idéalisme qui a présidé à sa fondation.

Les efforts flagrants pour empêcher des électeurs de voter et le charcutage électoral à tout-va – la subversion de la démocratie – font aussi de l'administration actuelle un cas à part. Non que ces pratiques aient été inconnues dans le passé : elles font presque partie, malheureusement, de la tradition américaine. Mais jamais elles n'avaient été mises en œuvre de façon si implacable, précise et brutale.

Plus important, peut-être : autrefois, les gouvernants, des deux partis, s'efforçaient d'unir le pays. Après tout, ils avaient fait le serment de défendre la Constitution, qui commence par : « Nous le Peuple… » Ils le faisaient parce qu'ils croyaient au principe de l'intérêt général. Trump, lui, s'attache à exploiter les divisions et à les aggraver.

La civilité requise pour faire fonctionner une civilisation a été jetée aux orties avec tout semblant de décence, dans les mots comme dans les actes.

Le pays et le monde se trouvent évidemment dans une situation très différente de celle d'il y a quarante ans. Nous entamions alors à peine le processus de désindustrialisation, et, si Reagan et ses successeurs avaient mis en œuvre les bonnes politiques, peut-être ne verrions-nous pas aujourd'hui une telle dévastation dans

la démocratie, avec son état de droit, sa liberté de la presse et sa justice indépendante (Orbán vante fièrement les vertus des démocraties *illibérales*). Tous croient aux « hommes forts » (eux-mêmes) – culte de la personnalité passé de mode presque partout dans le reste du monde. Et tous cherchent à mettre leurs problèmes sur le compte d'éléments extérieurs ; ce sont tous des nationalistes antimigrants – des « nativistes* » –, qui exaltent les vertus innées de leur peuple. Cette génération d'autocrates et d'aspirants autocrates semble cultiver largement la vulgarité, dans certains cas la misogynie et le « racisme ordinaire » affichés.

D'autres pays avancés souffrent aussi de la plupart des problèmes que j'ai évoqués. Mais, nous le verrons, l'Amérique a ouvert la voie. L'inégalité y est plus forte, la situation sanitaire plus critique, le fossé social plus large qu'ailleurs. Trump sert d'avertissement aux autres : il leur rappelle avec éclat ce qui peut arriver si on laisse ces plaies suppurer trop longtemps.

Cela dit, chacun sait qu'on ne saurait battre quelque chose avec rien. Il en va de même en économie : on ne peut vaincre un mauvais plan qu'en montrant qu'une autre voie est possible. Même si nous n'étions pas tombés dans le bourbier actuel, nous avions besoin d'une autre perspective que celle que notre pays et une bonne partie du monde défendent depuis trois décennies. Cette vision de la société mettait l'économie au centre, et la voyait à travers le prisme des marchés « libres ». Elle se prétendait fondée sur les progrès de la théorie des marchés, mais la vérité est diamétralement opposée : les avancées de l'économie depuis soixante-dix ans avaient défini les *limites* des marchés libres. Bien entendu, quiconque avait des yeux pour voir pouvait constater directement que les marchés laissés à eux-mêmes ne fonctionnaient pas nécessairement bien : le chômage récurrent, parfois massif, comme pendant la Grande Dépression, et la pollution, si terrible dans

* L'auteur emploie le terme *nativists*, qui, dès le XIXe siècle, désigne aux États-Unis des mouvements d'Américains blancs nés dans le pays qui s'opposent aux nouvelles vagues d'immigration et de naturalisation.

certains endroits que l'air était irrespirable, n'en étaient que les deux « preuves » les plus flagrantes.

Mon objectif dans ce livre est avant tout de faire mieux comprendre les sources réelles de la richesse d'un pays, et les moyens que nous avons, quand nous développons l'économie, d'être certains que les fruits de sa croissance seront équitablement partagés.

Je présente ici un programme tout à fait différent de celui de Reagan et de celui de Trump. Il est fondé sur les acquis de la science économique moderne, et je le crois en mesure de nous conduire à une prospérité partagée. En l'exposant, je montrerai clairement pourquoi le néolibéralisme, la théorie des marchés libres et sans entraves, a échoué ; et pourquoi la trumponomie, cette combinaison très particulière où les réductions d'impôts pour les riches et la déréglementation financière et environnementale s'associent au « nativisme » antimigrants et au protectionnisme (un type de mondialisation très réglementé), échouera aussi.

Avant d'embarquer pour ce voyage, il est utile de résumer la théorie économique moderne, dont dépend une large part de ce programme[10].

1. Les marchés ne parviendront pas, par eux-mêmes, à créer une prospérité partagée et durable. Ils jouent un rôle inappréciable dans toute économie qui fonctionne bien, mais ils aboutissent rarement à des résultats justes et efficaces : ils produisent trop de certaines choses (la pollution) et trop peu d'autres choses (la recherche fondamentale). Et, comme l'a montré la crise financière de 2008, les marchés laissés à eux-mêmes ne sont pas stables. Il y a plus de quatre-vingts ans, John Maynard Keynes a expliqué pourquoi les économies de marché connaissent souvent un chômage persistant, et il nous a appris comment l'État peut maintenir l'économie au plein emploi, ou presque.

S'il y a un écart important entre le rendement social d'une activité (l'avantage qu'en retire la société) et son rendement privé (le bénéfice qu'en retire une personne ou une entreprise), les marchés laissés à eux-mêmes ne feront pas ce qu'il faut. L'exemple *par excellence* est le changement climatique : les coûts sociaux planétaires des émissions de dioxyde de carbone sont énormes – les émissions excessives de gaz à effet de serre sont une menace existentielle pour la planète – et ils dépassent de très loin les coûts supportés par n'importe quelle entreprise, ou même n'importe quel pays. Que ce soit en réglementant ou en facturant un prix pour ces émissions, il faut les freiner.

Les marchés ne fonctionnent pas bien non plus quand l'information est imparfaite et que certains marchés essentiels sont absents (par exemple lorsqu'on ne peut pas s'assurer contre des risques importants, comme celui du chômage) ; ou quand la concurrence est limitée. Mais ces « imperfections » du marché sont omniprésentes, et, bien sûr, particulièrement importantes dans certains secteurs, comme la finance. De même, les marchés ne produiront pas en quantité suffisante ce qu'on appelle les « biens publics », comme la protection anti-incendie ou la défense nationale – des biens dont l'usage est aisément partagé par toute la population et difficile à faire payer par un autre moyen que l'impôt. Pour avoir une économie et une société qui fonctionnent mieux, où les citoyens se sentent à l'aise financièrement et en sécurité, l'État doit dépenser, par exemple en versant une meilleure assurance chômage et en finançant la recherche fondamentale ; il doit aussi réglementer, afin d'empêcher certains de nuire à d'autres. Les économies capitalistes ont donc toujours été un mélange de marchés privés et d'État. La question n'est pas : les marchés *ou* l'État ? C'est : comment combiner les deux pour obtenir le meilleur résultat social ? Pour ce qui nous intéresse ici, l'État doit, par son action, créer une économie efficace et stable, avec une croissance rapide, et faire en sorte que les fruits de cette croissance soient justement partagés.

2. Il faut comprendre que la richesse d'une nation repose sur deux piliers. Les pays s'enrichissent – augmentent leur niveau de vie – en devenant plus productifs, et la source la plus importante des progrès de la productivité, ce sont les progrès de la connaissance. Les avancées technologiques reposent sur les bases scientifiques qu'apporte la recherche fondamentale financée sur fonds publics. Quant au second pilier, c'est une bonne organisation globale de la société, qui permet aux gens d'interagir, de commercer et d'investir en sécurité. La structure d'une bonne organisation sociale est le fruit de décennies de raisonnements et de débats, d'observations empiriques sur ce qui a fonctionné ou non. C'est ainsi qu'on est parvenu à mesurer l'importance des démocraties, avec leur état de droit, leur respect des droits et des procédures, leurs systèmes de contrôles et de contre-pouvoirs, et une nuée d'institutions chargées de découvrir, d'évaluer et de dire la vérité.

3. Il ne faut pas confondre la richesse d'un pays et celle de membres particuliers de sa population. Certains individus, certaines entreprises réussissent grâce à de nouveaux produits que les consommateurs veulent acquérir. C'est la bonne façon de s'enrichir. D'autres réussissent en faisant usage de leur pouvoir de marché pour exploiter les consommateurs ou leur propre personnel. Ce n'est qu'une redistribution du revenu, rien de plus : cette méthode n'ajoute rien à la richesse globale de la nation. Le terme technique par lequel on la désigne en économie est « rente ». La « recherche de rente » est la tentative pour s'assurer une plus large part du gâteau économique national. La « création de richesse » est l'effort pour accroître la taille du gâteau. Les pouvoirs publics doivent cibler tout marché où il y a des rentes excessives, car elles indiquent que l'économie pourrait fonctionner plus efficacement : elle est affaiblie par l'exploitation qui sous-tend ces rentes exagérées. Si l'on combat avec succès la recherche de rente, il y aura réorientation de ressources vers la création de richesse.

4. Une société moins divisée, une économie plus égalitaire fonctionne mieux. Les inégalités fondées sur la race*, le genre ou l'ethnie sont particulièrement pernicieuses. Il s'agit là d'une rupture claire et nette avec le point de vue autrefois dominant en économie : on pensait qu'il y avait un arbitrage à faire, que si l'on

* Le mot est employé dans le texte au sens que lui donne le Bureau du recensement des États-Unis (US Bureau of Census). Celui-ci divise officiellement la population en « races » (les catégories actuelles sont : Blancs, Noirs, Amérindiens, Asiatiques, Océaniens, et Autres). Par ailleurs, le recensement distingue « Hispaniques » et « non-Hispaniques » : c'est surtout cette distinction qui est en cause lorsqu'il est question d'ethnie ou d'ethnophobie.

voulait davantage d'égalité il fallait sacrifier un peu de croissance et d'efficacité. Réduire l'inégalité est particulièrement bénéfique quand elle atteint des sommets, comme aux États-Unis, et quand elle est produite de la façon dont elle l'est dans notre pays – par l'exploitation du pouvoir de marché ou par la discrimination. L'objectif d'une répartition des revenus plus égalitaire ne s'accompagne donc d'aucun prix à payer.

Il nous faut aussi abjurer la foi injustifiée dans l'économie du ruissellement – qui prétend que, s'il y a croissance économique, tout le monde en bénéficiera. Cette idée fausse sous-tend les politiques des présidents républicains depuis Ronald Reagan, toutes inspirées de l'économie de l'offre. Le bilan est clair : non, les bénéfices de la croissance ne ruissellent pas. Regardez comme ils sont nombreux, aux États-Unis et dans les autres pays avancés, ceux qui vivent dans la colère et le désespoir après des décennies de quasi-stagnation de leurs revenus à cause des politiques de l'offre, alors que le PIB a augmenté. Par eux-mêmes, les marchés ne leur viendront pas nécessairement en aide, mais il existe des programmes publics qui peuvent faire une différence.

5. Les programmes publics qui visent à instaurer une prospérité partagée doivent s'intéresser à la fois à la répartition des revenus de marché – on dit parfois : à la prédistribution – et à la redistribution, c'est-à-dire aux revenus dont on jouit effectivement après impôts et transferts. Les marchés n'existent pas sous vide ; il faut les structurer, et la façon dont on le fait a une influence à la fois sur la répartition des revenus de marché et sur la croissance et l'efficacité. Par exemple, les lois qui autorisent l'abus du pouvoir de monopole ou qui permettent au P-DG de s'octroyer une part importante du revenu de l'entreprise aggravent l'inégalité et ralentissent la croissance. La construction d'une société plus juste exige l'égalité des chances, mais celle-ci nécessite davantage d'égalité des revenus et des fortunes. Il y aura toujours une certaine transmission des avantages d'une génération à l'autre, donc des inégalités excessives de revenu et de fortune dans une génération se traduiront par de fortes inégalités dans la suivante. L'éducation résout en partie le problème, mais en partie seulement. Aux

États-Unis, les différences dans les possibilités de s'instruire sont plus prononcées que dans beaucoup d'autres pays, et assurer une meilleure éducation à tous pourrait réduire l'inégalité et améliorer la performance économique du pays. Les effets de ces écarts dans les possibilités d'apprendre sont aggravés par le niveau excessivement bas des droits de succession actuels, qui sont en train de créer aux États-Unis une ploutocratie héréditaire.

6. Puisque les règles du jeu et tant d'autres aspects de notre économie et de notre société dépendent de l'État, ce qu'il fait est vital ; la politique et l'économie sont indissociables. Mais l'inégalité économique se traduit inévitablement en pouvoir politique, et ceux qui ont du pouvoir politique l'utilisent pour s'assurer des avantages. Si nous ne réformons pas les règles de notre vie politique, nous faisons de notre démocratie une farce, car nous allons vers un monde mieux défini par la règle « un dollar, une voix » que par le principe « une personne, une voix ». Si nous voulons, en tant que société, avoir un système efficace de contrôles et de contre-pouvoirs capable de freiner les abus potentiels des très riches, nous devons créer une économie où il y ait davantage d'égalité des fortunes et des revenus.

7. Le système économique vers lequel nous avons mis le cap depuis le début des années 1970 – le capitalisme à l'américaine – oriente nos identités individuelles et nationales dans des directions regrettables. Ce qui prend forme contredit nos valeurs les plus précieuses. La cupidité, l'égoïsme, la turpitude morale, la volonté d'exploiter les autres et la malhonnêteté que la Grande Récession a montrés au grand jour dans le secteur financier se constatent aussi dans les autres secteurs, et pas seulement aux États-Unis. Les normes – les comportements que nous jugeons acceptables ou non – ont changé dans un sens nuisible à la cohésion sociale, à la confiance et même à la performance économique.

8. Si Trump et les « nativistes » du monde entier cherchent à rejeter sur d'autres – les migrants, les mauvais accords commerciaux – la responsabilité de nos malheurs, notamment de ceux des victimes de la désindustrialisation, ce qui s'est passé est en réalité de notre faute : nous aurions pu mieux gérer le changement technologique et la mondialisation, faire en sorte que la plupart des personnes perdant leur emploi puissent en trouver un autre ailleurs. À l'avenir, il nous faudra faire mieux, et je montrerai comment. En effet – il est très important de le comprendre –, l'isolationnisme n'est pas une option. Nous vivons dans un monde très interconnecté, et nous devons donc gérer nos relations internationales – économiques et politiques – mieux que par le passé.

9. Il existe un programme économique exhaustif pour restaurer la croissance et la prospérité partagée. Il se propose à la fois de démanteler les obstacles à la croissance et à l'égalité, comme ceux que créent les grandes compagnies dotées d'un pouvoir de marché excessif, et de rétablir l'équilibre, par exemple en renforçant le pouvoir de négociation des travailleurs. Il prévoit d'augmenter le soutien financier à la recherche fondamentale et d'encourager le secteur privé à s'orienter vers la création de richesse plutôt que vers la recherche de rente.

L'économie est un moyen au service d'une fin, pas une fin en soi. Le mode de vie de classe moyenne, qui dans l'après-guerre faisait figure de droit imprescriptible des Américains, devient manifestement hors d'atteinte pour une grande partie de la population. Or notre pays est de loin plus riche aujourd'hui qu'il ne l'était alors. Nous pouvons nous permettre de rendre ce mode de vie accessible à l'immense majorité de nos concitoyens. Ce livre montrera comment faire.

10. Enfin, l'heure est aux changements majeurs. Les petits pas, les rafistolages mineurs de notre système économique et politique ne sont pas à la hauteur des tâches du jour. Nous devons faire des choix radicaux, comme ceux que préconise cet ouvrage. Mais aucun de ces changements économiques ne sera réalisable sans une démocratie forte, capable de faire contrepoids à la puissance politique de la fortune concentrée. Avant toute réforme économique, il faudra nécessairement une réforme politique.

PREMIÈRE PARTIE

Nous avons perdu notre route

Si une maison est divisée contre elle-même,
cette maison ne pourra pas se maintenir.

Marc 3,25 ;
Abraham Lincoln

CHAPITRE 1

Introduction

Les États-Unis et beaucoup d'autres pays avancés ne vont pas bien. C'est vraiment le moins qu'on puisse dire. L'exaspération est générale, partout.

Si l'on en croit la pensée dominante dans les sciences politiques et économiques américaines du dernier quart de siècle, ce n'est pas du tout ce qui aurait dû se passer. Après la chute du mur de Berlin le 9 novembre 1989, Francis Fukuyama avait déclaré la « fin de l'histoire » : la démocratie et le capitalisme avaient fini par triompher. Une ère nouvelle de prospérité mondiale, avec une croissance plus rapide que jamais, était, croyait-on, à portée de main, et l'Amérique serait à la tête du mouvement[1].

En 2019, c'est clair : ces grandes envolées se sont définitivement écrasées au sol. La crise financière de 2008 a montré que le capitalisme n'était pas ce qu'on pensait : on a vu qu'il n'était ni efficace ni stable. Puis une déferlante de statistiques a révélé que les principaux bénéficiaires de la croissance du dernier quart de siècle étaient les plus riches des riches. Et, pour finir, des votes « antisystème » des deux côtés de l'Atlantique – le Brexit au Royaume-Uni et l'élection de Donald Trump aux États-Unis – ont fait douter de la sagacité des électorats démocratiques.

Nos commentateurs vedettes ont donné une explication facile, correcte jusqu'à un certain point. Les élites avaient ignoré la souffrance de trop d'Américains lorsqu'elles avaient préconisé la mondialisation et la libéralisation, y compris celle des marchés financiers, en promettant que tous bénéficieraient de ces « réformes ». Mais les bénéfices promis ne se sont jamais concrétisés pour la plupart des citoyens. La mondialisation a accéléré la désindustrialisation, et laissé sur le carreau la majorité des gens, notamment les moins instruits, et, parmi eux, particulièrement les hommes. La libéralisation des marchés financiers a provoqué la crise financière de 2008, la pire récession économique depuis la Grande Dépression de 1929 et des années suivantes. Néanmoins, alors que des dizaines de millions de personnes perdaient leur emploi dans le monde entier et que des millions d'Américains perdaient leur maison, aucun des hauts dirigeants des sociétés financières qui avaient conduit l'économie mondiale au bord du gouffre n'a eu de comptes à rendre. Aucun n'est allé en prison. Au contraire, ils ont eu des méga-bonus. Les banquiers prédateurs ont été renfloués, pas leurs victimes. Même si les politiques économiques ont réussi à éviter une nouvelle Grande Dépression, on ne peut s'étonner qu'il y ait eu des conséquences politiques à ce sauvetage déséquilibré[2].

Lorsque Hillary Clinton a parlé des « déplorables » pour qualifier les habitants des régions désindustrialisées qui soutenaient son adversaire, elle a peut-être commis une erreur politique fatale (ce qui était déplorable, c'était sa phrase) : à leurs oreilles, ses mots exprimaient la désinvolture arrogante des élites. Plusieurs livres, notamment ceux de J. D. Vance, *Hillbilly Élégie*[3], et d'Arlie Hochschild, *Strangers in Their Own Land: Anger and Mourning on the American Right*[4] [Étrangers dans leur propre pays : colère et chagrin dans la droite américaine], ont révélé les sentiments des victimes directes de la désindustrialisation et de tous les Américains qui partagent leur mécontentement : ils sont extrêmement éloignés de ceux des élites du pays[5].

L'un des slogans de campagne de Bill Clinton en 1992 était : « C'est l'économie, idiot* ! » C'est trop simplifier, et ces études

* En 1992, le président sortant George H. W. Bush sollicitait un second mandat et pouvait s'étonner du manque d'enthousiasme de l'électorat, après son

montrent pourquoi: les gens veulent être respectés, ils veulent sentir qu'on les écoute[6]. De fait, puisque les républicains leur rabâchent depuis quarante ans que l'État ne peut résoudre aucun problème, ils n'attendent pas du gouvernement qu'il règle les leurs. Mais ils veulent qu'il prenne leur parti, qu'il les «défende» – quoi que cela puisse signifier. Et quand il les défend, qu'il ne le fasse pas en les traitant de «laissés-pour-compte». C'est humiliant. Ils ont fait des choix difficiles dans un monde injuste. Ils veulent que certaines injustices soient corrigées. Néanmoins, pendant la crise de 2008, créée par les politiques de libéralisation des marchés financiers voulues par les élites, l'État a paru prendre la défense des élites et d'elles seulement. C'est du moins ce qu'on a fini par croire, et, comme je vais le montrer, ce n'est pas si loin de la vérité[7].

Si le slogan du président Clinton simplifie trop les choses en laissant entendre que l'économie est *tout*, peut-être n'exagère-t-il pas de beaucoup. Notre économie n'a pas fonctionné pour de larges composantes du pays. En même temps, elle a été immensément enrichissante pour les très riches. Et c'est bien ce fossé toujours plus profond qui est à la racine des malheurs actuels des États-Unis, et de beaucoup d'autres pays avancés.

Évidemment, ce n'est pas seulement l'économie qui a failli, mais aussi la politique. Notre fracture économique a provoqué une fracture politique, et la seconde a aggravé la première. Ceux qui ont argent et pouvoir en font usage en politique pour écrire les règles du jeu économique et politique de façon à être encore plus avantagés.

Les États-Unis ont une toute petite élite, qui contrôle une part croissante de l'économie, et, tout en bas, une population nombreuse et grandissante de citoyens pratiquement sans ressources[8]: 40 % des Américains ne peuvent faire face à un coup dur de 400 dollars – un enfant qui tombe malade ou une voiture qui tombe en panne[9]. Les trois Américains les plus riches, Jeff Bezos

---

succès dans la guerre du Golfe, l'effondrement de l'Union soviétique et la fin de la guerre froide. Mais l'économie allait mal. D'où le slogan de Clinton: «*It's the economy, stupid!*»

(Amazon), Bill Gates (Microsoft) et Warren Buffett (Berkshire Hathaway), ont une fortune supérieure à celle de la moitié la plus pauvre de la population. C'est dire à quel point on possède beaucoup en haut et peu en bas[10].

Buffett, le légendaire investisseur milliardaire, a vu juste: «Il y a une guerre des classes, c'est vrai, a-t-il déclaré. Mais c'est ma classe, celle des riches, qui la fait, et nous la gagnons[11].» Il n'a pas dit cela d'un ton martial; il l'a dit parce qu'à son avis c'était une description exacte de la situation en Amérique. Et il n'a pas caché qu'agir ainsi, à ses yeux, était mal, et même «non américain».

Notre pays est né avec une démocratie représentative, et nos Pères fondateurs craignaient que la majorité n'opprime la minorité. Ils ont donc inséré des garde-fous dans la Constitution, notamment des limites à ce que pouvait faire l'État[12]. Mais au cours des deux cents et quelques années qui ont suivi, la situation a changé. Aujourd'hui, il existe aux États-Unis une minorité politique qui, si elle n'opprime pas la majorité, du moins la domine, l'empêche de faire ce qui serait dans l'intérêt général du pays. Une très large majorité de l'électorat aimerait une meilleure législation contre les armes à feu, une hausse du salaire minimum, une réglementation plus stricte des sociétés financières et un meilleur accès aux soins médicaux et aux universités sans devoir pour cela contracter une dette écrasante. La majorité des Américains a voté pour Al Gore contre George Bush, pour Hillary Clinton contre Donald Trump. La majorité des Américains a voté, à maintes reprises, pour les démocrates à la Chambre des représentants. Pourtant, en partie grâce au charcutage des circonscriptions, les républicains n'en ont pas moins conservé, la plupart du temps, leur mainmise sur la Chambre – en 2018, les démocrates en ont enfin repris le contrôle en obtenant suffisamment de voix dans un scrutin biaisé contre eux. Les Américains ont voté à une forte majorité pour des sénateurs démocrates[13]. Mais, puisque les États à la population très clairsemée (comme le Wyoming) ont autant de sénateurs (deux) que les plus peuplés (l'État de New York et la Californie), les républicains ont gardé le contrôle du Sénat – un contrôle crucial, car c'est le Sénat qui approuve la nomination des juges de la Cour suprême. La Cour, j'ai le regret de le dire, a cessé d'être une arbitre et interprète impartiale de la Constitution. Elle est devenue un champ de bataille de plus dans les affrontements politiques. Une minorité ayant réussi à dominer, nos garde-fous constitutionnels n'ont pas fonctionné pour la majorité.

Les conséquences de cette déformation de l'économie et du régime politique vont bien au-delà des questions économiques. Elles affectent non seulement notre vie politique, mais la nature de notre société et de notre identité. Avec une économie et un régime politique déséquilibrés, égoïstes et à courte vue, les gens seront déséquilibrés, égoïstes et à courte vue, ce qui aggravera les faiblesses de nos systèmes économique et politique[14]. La crise financière de 2008 et ses lendemains ont révélé chez beaucoup de banquiers une véritable turpitude morale – impossible de le dire autrement, avec toute la malhonnêteté dont ils ont fait preuve et leur acharnement à tirer profit des plus vulnérables. Leur inconduite est d'autant plus stupéfiante que le discours politique aux États-Unis est obsédé depuis des décennies par les « valeurs ».

Pour comprendre comment rétablir une croissance partagée, il nous faut commencer par cerner les véritables sources de la richesse de notre pays – ou de tout autre. Ces sources réelles, les voici : la productivité, la créativité et la vitalité de notre peuple ; les progrès de la science et de la technologie, si manifestes dans les deux cent cinquante dernières années ; et les progrès de l'organisation économique, politique et sociale qui se sont produits dans la même période, notamment l'état de droit, les marchés concurrentiels bien réglementés et les institutions démocratiques, avec leurs contrôles, leurs contre-pouvoirs et une large gamme d'institutions chargées de « dire la vérité ». Ces avancées ont été le fondement des énormes hausses du niveau de vie qui ont eu lieu depuis deux siècles.

Le chapitre suivant décrit, toutefois, deux évolutions perturbantes qui sont apparues dans les quarante dernières années et que nous avons déjà signalées : la croissance a ralenti, et les revenus de larges composantes de la population ont stagné ou même baissé. Un vaste fossé s'est ouvert entre les richissimes et tous les autres.

Il ne suffit pas de *décrire* la trajectoire qu'ont suivie notre économie et notre société. Nous devons mieux cerner le pouvoir des idées et des intérêts qui nous ont égarés si loin de notre route depuis quarante ans. Pourquoi ont-ils eu une telle emprise sur tant de gens ? Et pourquoi sont-ils fondamentalement mauvais ? En laissant les intérêts patronaux fixer l'ordre du jour économique et politique, on a aggravé la concentration du pouvoir sur les deux plans, et cela va continuer. Commençons par comprendre pourquoi nos systèmes économique et politique nous ont trahis. C'est un préalable pour démontrer qu'un autre monde est possible.

Il y a de l'espoir : il existe des réformes faciles – faciles économiquement, pas politiquement – qui pourraient apporter davantage de prospérité à tous. Nous pouvons créer une économie plus conforme à des valeurs fondamentales que je crois largement partagées – non pas la cupidité et la malhonnêteté qu'ont parfaitement incarnées nos banquiers, mais les valeurs élevées dont parlent si souvent nos dirigeants politiques, économiques et religieux. Cette économie nous influencera, nous fera ressembler davantage aux personnes et à la société que nous voulons être. Et, ce faisant, elle nous rendra capables de créer une économie plus humaine, à même d'assurer à l'immense majorité de nos concitoyens cette vie de « classe moyenne » à laquelle ils aspirent, mais qui leur échappe de plus en plus.

LA RICHESSE DES NATIONS

Le célèbre livre d'Adam Smith *La Richesse des nations*, publié en 1776, est un bon point de départ pour comprendre comment s'enrichissent les pays. On le considère souvent comme le coup d'envoi de la science économique moderne. Smith critiquait à juste titre le mercantilisme, l'école de pensée économique qui dominait l'Europe sous la Renaissance et au début de la période industrielle. Les mercantilistes recommandaient d'exporter des marchandises pour obtenir de l'or : ils estimaient que cela rendrait leurs économies plus riches et leurs pays plus puissants politiquement. Aujourd'hui, nous pourrions rire de cette ineptie : avoir davantage d'or enfermé dans un coffre n'assure pas un niveau de vie plus élevé. Pourtant, des erreurs du même type sont très répandues de nos jours – notamment chez ceux qui soutiennent que les exportations doivent absolument surpasser les importations et qui suivent des politiques malavisées pour qu'elles le fassent.

La véritable richesse d'une nation se mesure à sa capacité à assurer, par des moyens durables, un haut niveau de vie à tous ses citoyens. Cette capacité est liée aux gains de productivité sur longue période, fondés sur les investissements en usines et en machines, mais surtout en *connaissances*, et sur le maintien de l'économie au plein emploi, afin que les ressources dont dispose le pays ne soient pas gaspillées ou laissées inutilisées. Et elle n'a absolument rien à voir avec la simple accumulation d'une richesse financière ou d'or. En fait, je montrerai que se focaliser sur la richesse financière a été contre-productif: celle-ci a grandi aux dépens de la richesse réelle du pays. C'est l'une des explications du ralentissement de la croissance à notre époque de financiarisation.

Adam Smith, qui écrivait à l'aube de la révolution industrielle, ne pouvait comprendre pleinement ce qui crée aujourd'hui la richesse réelle des nations. À son époque et au siècle suivant, une large part de la richesse de la Grande-Bretagne venait de l'exploitation de ses colonies. Néanmoins, Smith n'a concentré sa réflexion ni sur les exportations ni sur l'exploitation des colonies, mais sur le rôle de l'industrie et du commerce. Il a parlé des avantages que représente l'élargissement des marchés pour la spécialisation[15]. C'était juste jusqu'à un certain point, mais il n'a pas traité des bases de la richesse d'une nation dans une économie moderne. Il n'a rien dit de la recherche-développement, ni même des progrès du savoir résultant de l'expérience, ce que les économistes appellent «l'apprentissage par la pratique[16]». Pour une raison simple: les avancées de la technologie et de l'apprentissage ne jouaient guère de rôle dans l'économie du XVIIIe siècle.

À l'époque où écrivait Adam Smith, cela faisait des siècles que les niveaux de vie stagnaient[17]. Un peu après lui, l'économiste Thomas Robert Malthus a soutenu que la croissance démographique allait forcément maintenir les salaires au niveau de subsistance. S'ils montaient au-dessus, la population augmenterait, ce qui les ferait redescendre à ce niveau. Il n'y avait donc aucune perspective possible de hausse des niveaux de vie. Il s'est avéré que Malthus avait tort.

Les Lumières et leurs suites

Adam Smith était un homme des Lumières. Vaste mouvement intellectuel de la fin du XVIIIe siècle, souvent associé à la révolution scientifique, les Lumières s'étaient développées sur la base des innovations des siècles précédents, à commencer par la Réforme protestante. Avant cette révolution religieuse dirigée initialement, au XVIe siècle, par Martin Luther, la vérité était révélée – décrétée par des autorités. La Réforme a remis en cause l'autorité de l'Église, et, dans une guerre de trente ans commencée vers 1618, les Européens se sont battus pour l'un ou l'autre de ces paradigmes.

Cette remise en cause de l'autorité a obligé la société à se poser certaines questions et à y répondre. Comment connaissons-nous la vérité? Comment pouvons-nous apprendre du nouveau sur le monde qui nous entoure? Et comment pouvons-nous, et devrions-nous, organiser notre société?

C'est ainsi qu'est apparue une nouvelle épistémologie, qui s'est mise à régir tous les aspects de la vie en dehors de la spiritualité: celle de la science. Son principe est «confiance avec vérification»: chaque avancée repose sur les recherches antérieures et les progrès accomplis par les prédécesseurs[18]. Au fil des ans, les universités et d'autres instituts de recherche sont venus nous aider à juger de la vérité et à découvrir la nature de notre monde. Combien de choses qui nous paraissent aujourd'hui aller de soi, de l'électricité aux semi-conducteurs, en passant par les ordinateurs, les smartphones, les lasers et la médecine moderne, résultent de découvertes scientifiques, fondées sur la recherche fondamentale! Et il ne s'agit pas seulement de ces technologies de pointe: même nos routes et nos immeubles reposent sur les progrès de la science. Sans eux, nous n'aurions ni gratte-ciel ni autoroutes. Nous n'aurions pas la ville moderne.

Si le mode d'organisation de la société n'était plus dicté par l'autorité royale ou ecclésiastique, c'était donc à la société elle-même de le concevoir. On ne pouvait plus compter sur l'autorité – terrestre ou céleste – pour faire en sorte que tout se passe bien, ou le mieux possible. Il fallait créer des systèmes de gouvernement. Mais les institutions sociales qui assureraient le bien-être de la société étaient plus compliquées à découvrir que les vérités de la nature. En règle générale, on ne pouvait pas faire d'expériences contrôlées. L'étude attentive du passé pouvait toutefois être instructive. Il fallait se fier au raisonnement et au débat – puisqu'il était clair que personne, individuellement, n'avait le monopole des analyses sur l'organisation sociale. C'est par ce débat raisonné qu'on a compris combien il était important d'avoir un état de droit, des droits humains et des procédures précises, des systèmes de contrôles et de contre-pouvoirs, soutenus par des valeurs fondamentales comme la justice pour tous et la liberté individuelle[19].

Puisqu'il s'engageait à traiter chacun équitablement, notre système de gouvernement exigeait qu'on établisse la vérité[20]. Quand des systèmes de bonne gouvernance sont en place, on a plus de chances d'aboutir à des décisions judicieuses et équitables. Peut-être ne seront-elles pas parfaites, mais elles pourront aussi plus facilement être corrigées si elles laissent à désirer.

Au fil du temps, on a vu se constituer un ensemble très riche d'institutions chargées de découvrir, de vérifier et de dire la vérité[21]. Nous leur devons une large part du succès de notre économie et de notre démocratie. Parmi elles, des médias dynamiques jouent un rôle central. Comme toutes les institutions, ils sont faillibles ; mais leurs investigations font partie intégrante du système global de contrôles et de contre-pouvoirs dans notre société, et constituent un bien public important.

Grâce aux progrès de la technologie et de la science[22], grâce aussi aux changements inspirés des Lumières dans l'organisation économique, politique et sociale, la production s'est accrue plus vite que la population, si bien que le revenu par habitant a commencé à augmenter. La société a appris à freiner sa croissance démographique, et, dans les pays avancés, les gens ont progressivement décidé de limiter la taille de leur famille, notamment quand le niveau de vie s'est amélioré. La malédiction malthusienne était levée. C'est ainsi qu'ont commencé l'énorme ascension du niveau de vie dans les deux cent cinquante dernières années (illustrée par la Figure 1 : après des siècles de quasi-stagnation, il s'est mis à grimper rapidement, d'abord en Europe, vers la fin du XVIIIe et le début du XIXe siècle, mais ensuite dans d'autres régions du monde, notamment après la Seconde Guerre mondiale[23]) et la hausse de la longévité dont nous avons tant bénéficié[24]. Ce fut un changement radical dans le destin de l'humanité. Alors qu'autrefois elle consacrait l'essentiel de ses efforts à produire les biens de première nécessité, il suffisait désormais pour les obtenir de quelques heures de travail par semaine[25].

Figure 1. – Évolution historique des niveaux de vie

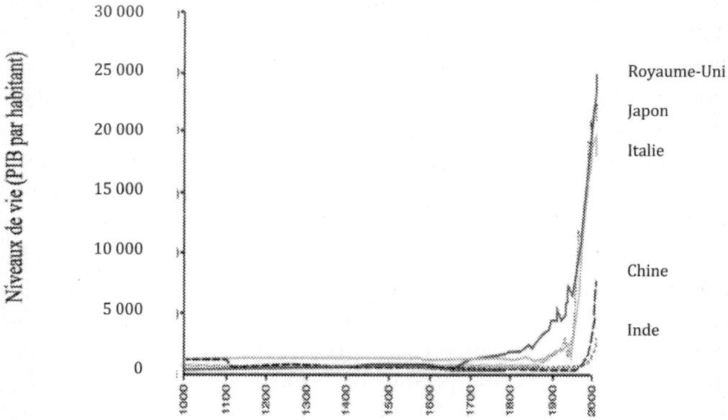

Source : INET.

Au XIXe siècle, toutefois, les fruits de ce progrès ont été très inégalement partagés[26]. En fait, pour beaucoup, la vie a paru se dégrader. Elle était déjà « indigente, digne des bêtes brutes et brève », comme disait Thomas Hobbes plus d'un siècle auparavant[27]. Pour bien des gens, elle est devenue pire encore avec la révolution industrielle. Les romans de Charles Dickens font une description saisissante de la souffrance sociale dans l'Angleterre du milieu du XIXe siècle.

Aux États-Unis, l'inégalité a atteint de nouveaux sommets à la fin du XIXe siècle – à l'Âge doré –, puis dans les « folles années 1920 ». Heureusement, l'État a réagi à ces graves injustices : la législation de l'Ère progressiste et le New Deal ont freiné l'exploitation du pouvoir de marché et tenté de s'attaquer aux échecs du marché qui s'étaient manifestés – notamment aux niveaux inacceptables d'inégalité et d'insécurité qu'ils avaient créés[28]. Sous le président Franklin D. Roosevelt, les États-Unis ont instauré leur système d'assurance vieillesse et invalidité publique (la Social Security, dont le nom officiel est OASDI – Old Age, Survivors, and Disability Insurance). Plus tard, le président Lyndon B. Johnson a garanti la gratuité des soins médicaux aux personnes âgées et engagé une guerre contre la pauvreté. Au Royaume-Uni et presque partout en Europe, l'État a fait le nécessaire pour que toute la population puisse se faire soigner, et les États-Unis sont devenus le seul grand pays avancé à ne pas reconnaître l'accès aux soins comme un droit humain fondamental. Au milieu du siècle dernier, les pays avancés avaient créé ce qu'on appelait alors des « sociétés de classe moyenne » : les fruits du progrès y étaient partagés, au moins jusqu'à un certain point, par la majorité de leurs habitants – et, sans les politiques racistes et sexistes d'exclusion du marché du travail, ils l'auraient été encore plus largement. Les citoyens de ces pays vivaient plus longtemps, étaient en meilleure santé, avaient accès à de meilleurs logements, étaient mieux vêtus. L'État se chargeait de l'éducation de leurs enfants – et promettait, ce faisant, une vie encore plus prospère à l'avenir et une égalité des chances encore plus nette. Il leur assurait aussi un minimum de sécurité dans leur vieillesse et une protection sociale contre d'autres risques, comme le chômage et l'invalidité.

Dans les institutions politiques et de marché qui se sont constituées à partir du XVIIIe siècle, le progrès n'a pas toujours été un long fleuve tranquille. Il y a eu des crises économiques épisodiques, la pire étant la Grande Dépression de 1929 et des années suivantes – les États-Unis ne s'en sont pleinement relevés qu'avec la Seconde Guerre mondiale. Avant la guerre, l'État avait mis en place une assurance chômage pour ceux qui étaient momentanément sans travail. Après la guerre, les pays avancés se sont également fait une obligation de maintenir leurs économies au plein emploi.

De même, le mouvement vers une répartition équitable des fruit du progrès n'a pas toujours été régulier. Comme nous venons de le voir, la situation à cet égard s'était beaucoup dégradée dans les dernières décennies du XIXe siècle et dans les années 1920, puis elle s'est considérablement améliorée après la Seconde Guerre mondiale. Pendant plusieurs décennies, les revenus ont augmenté dans toutes les catégories sociales, mais plus rapidement à la base de la pyramide qu'au sommet. Après quoi un tournant très négatif s'est produit à la fin des années 1970 et au début des années 1980. À la base, on a commencé à voir ses revenus stagner ou même baisser, tandis que d'autres voyaient les leurs monter en flèche. Pour les riches, l'espérance de vie a continué à augmenter, mais finalement, pour les moins instruits, elle s'est mise à diminuer.

LA CONTRE-OFFENSIVE

Le progrès lié aux Lumières a toujours eu ses ennemis. On trouve aujourd'hui parmi eux des conservateurs religieux, qui n'aiment pas des idées comme l'évolution, et certains esprits mal à l'aise avec la tolérance et le libéralisme prêchés par les Lumières *. Ces éléments ont été rejoints par des gens qui ont constaté que les découvertes de la science heurtaient de front leurs intérêts économiques. Pensons aux propriétaires de houillères et aux mineurs de charbon, confrontés à la perspective d'une obligation de fermeture des mines parce qu'on a des preuves écrasantes de leur contribution majeure au réchauffement de la planète et au changement climatique. Mais cette coalition – les conservateurs religieux et sociaux plus ceux qui sont directement touchés dans leur intérêt personnel par les découvertes scientifiques – n'était pas assez large pour parvenir au pouvoir politique. Si elle voulait le pouvoir, il lui fallait le soutien de l'ensemble des milieux d'affaires.

* Je devrais souligner que l'association entre conservatisme et « illibéralisme » n'est pas inévitable. Mais c'est bien dans ce sens-là, pour l'essentiel, qu'ont évolué les événements, même si beaucoup de conservateurs éminents sont des modèles de tolérance. [*Note de l'auteur.*]

Elle l'a obtenu par un donnant-donnant: ils auraient, en échange, la déréglementation et des réductions d'impôts. Aux États-Unis, le ciment de cette alliance est un président improbable, Donald Trump. Quel triste spectacle, tous ces grands patrons qui soutiennent en silence un président adepte du racisme ordinaire, misogyne, antimigrants, protectionniste – si loin des valeurs que disent défendre nombre d'entre eux –, simplement pour avoir un environnement plus favorable aux entreprises, des réglementations minimales et surtout une réduction d'impôts pour eux et pour leurs compagnies ! Il est clair que l'argent dans leurs poches – leur cupidité – a pesé plus lourd que tout le reste.

Depuis qu'il a lancé sa campagne, et surtout depuis qu'il est devenu président, Donald Trump est allé bien au-delà du programme économique « conservateur » traditionnel. À certains égards, on l'a vu, il est en fait un révolutionnaire : il a vigoureusement attaqué les institutions centrales de notre société par lesquelles nous tentons d'acquérir du savoir et d'établir la vérité. Ses cibles comprennent les universités, la communauté scientifique et le système judiciaire. Il a réservé ses plus méchantes attaques, bien sûr, aux grands médias d'information, qu'il appelle « les Fake News ». L'ironie de la chose est que, dans ces médias, la vérification des faits joue un rôle essentiel, tandis que Trump a coutume de mentir sans honte et en grand[29].

Ces attaques ne sont pas seulement sans précédent en Amérique : elles sont corrosives, elles rongent notre démocratie et notre économie. Si les diverses composantes de l'offensive sont bien connues, il est essentiel de comprendre ce qui les motive et combien leur cible est large. Il importe aussi de saisir que l'enjeu dépasse Trump : s'il n'avait pas touché une corde sensible, ses agressions contre les institutions chargées de dire la vérité n'auraient pas eu tant d'influence. Nous voyons aussi des attaques du même ordre ailleurs. Si Trump n'avait pas livré cette bataille, un autre l'aurait fait.

C'est surtout sous cet angle-là que le soutien des milieux d'affaires au président Trump apparaît vraiment cynique et déprimant, notamment pour ceux qui ont des souvenirs, même vagues, de la montée du fascisme dans les années 1930. L'historien

Robert O. Paxton a fait le parallèle entre les faveurs que Trump dispense aux riches et les stratégies qui ont permis aux nazis d'accéder au pouvoir en Allemagne[30]. Le noyau dur qui soutient Trump est nettement minoritaire, comme le noyau dur qui soutenait les fascistes, trop faible pour leur permettre d'accéder au pouvoir démocratiquement – ils n'ont jamais approché, même de loin, une majorité dans les urnes. Si Trump l'a emporté, c'est parce qu'il a fait alliance avec les milieux d'affaires, comme à l'époque : les fascistes ne sont parvenus au pouvoir que grâce au soutien d'une large coalition conservatrice qui comprenait les milieux d'affaires.

À l'assaut des universités et de la science

L'offensive contre les universités a moins retenu l'attention que les attaques contre les médias, mais elle est tout aussi dangereuse pour l'avenir de notre économie et de notre démocratie. L'université, c'est la source vive d'où jaillit tout le reste. Si la Silicon Valley – le cœur de l'économie de l'innovation aux États-Unis – est ce qu'elle est et où elle est, c'est grâce aux progrès technologiques issus de deux de nos grandes universités, Stanford et l'université de Californie à Berkeley. De même, le MIT et Harvard ont engendré un grand centre des biotechnologies à Boston. Toute la renommée de notre pays en tant qu'avant-garde de l'innovation repose sur des bases intellectuelles émanant de nos universités.

Les universités et les centres de recherche scientifique ont fait plus que simplement développer le savoir : ils ont attiré aux États-Unis certains de nos plus grands entrepreneurs. Beaucoup y sont venus parce qu'on leur offrait la possibilité d'étudier dans ces établissements prestigieux. De 1995 à 2005, 52 % des nouvelles entreprises de la Silicon Valley ont été créées par des immigrés[31]. Sur les 500 plus grandes compagnies américaines qui figurent sur la liste 2017 de la revue *Fortune*, plus de 40 % ont également été fondées par des immigrés[32].

Et pourtant, Trump a tenté de sabrer le financement public de la recherche fondamentale dans son budget 2018[33]. Il est allé plus loin : la loi fiscale républicaine de 2017 a prévu, probablement pour la première fois *dans l'histoire*, de lever un impôt sur certaines de nos universités privées à but non lucratif – dont beaucoup ont été au cœur des avancées du savoir qui ont tant contribué à relever notre niveau de vie et à créer l'avantage compétitif de l'Amérique.

Certains républicains reprochent à nos universités d'être politiquement correctes, et intolérantes face au racisme ordinaire et à la misogynie. Leurs enseignants soutiennent à la quasi-unanimité, c'est vrai, que le changement climatique est réel, et beaucoup mettent en doute l'économie de l'offre. Et il est vrai aussi que les universités n'accordent pas l'égalité de traitement aux théories de la terre plate, du phlogistique en chimie ou de l'or en économie. Certaines idées n'ont pas droit, à fort juste titre, à une considération égale dans l'enseignement supérieur[34]. Enseigner des théories dépassées, qu'on a mille fois réfutées par la méthode scientifique, serait une faute professionnelle.

Jusqu'à présent, les universités ont soutenu le siège. Mais on n'ose imaginer ce qui arriverait à l'économie américaine et à notre position dans le monde si Trump et ses alliés dans cette guerre parvenaient à leurs fins. Nous cesserions vite d'être à l'avant-garde de l'innovation. Dès à présent, d'autres profitent de la position antimigrants et antiscience du président des États-Unis : le Canada et l'Australie, par exemple, se démènent pour recruter des étudiants talentueux et créent centres de recherche et laboratoires pour offrir des substituts viables à ceux de la Silicon Valley.

Les attaques contre la justice

Dans toute société, il y aura des différends, et, quand des parties sont en désaccord – qu'il s'agisse de deux personnes, de deux entreprises, ou encore de citoyens face à leur gouvernement –, la mission des tribunaux est d'évaluer la vérité, dans la mesure où ils peuvent l'établir. Par définition ou presque, il n'est pas simple de régler ces litiges : si c'était facile, les parties l'auraient fait elles-mêmes au lieu de recourir à une justice coûteuse et chronophage. Quand les tribunaux prononcent des jugements qui ne lui plaisent pas, Trump parle de « prétendus juges ». Il a surtout manifesté son mépris pour l'institution judiciaire en cherchant à nommer des juges très peu qualifiés – l'un de ses candidats à la Cour de district des États-Unis pour le district de Columbia, Matthew Spencer Petersen, n'avait jamais eu la moindre expérience de procès. Petersen a retiré sa candidature après un interrogatoire humiliant pendant son audition de confirmation, mais il n'était que le moins qualifié des nombreux candidats de Trump qui l'étaient fort peu.

Pourquoi ces attaques ? Par autodéfense

Un mécanisme général est à l'œuvre ici. Du point de vue de Trump et de ses partisans, pourquoi toutes ces institutions chargées de dire la vérité sont-elles dangereuses ? Parce que les conclusions auxquelles elles parviennent contredisent les préjugés du président, de son entourage et de son parti. Les attaques de ce type, et les efforts pour créer une autre réalité, font depuis longtemps partie intégrante du fascisme – du « grand mensonge » de Goebbels à nos jours[35]. Au lieu d'ajuster ses idées pour les mettre en conformité avec la réalité (au sujet du changement climatique, par exemple), Trump préfère s'en prendre à ceux qui travaillent à découvrir la vérité. Que ces attaques rencontrent un tel écho prouve que notre système éducatif a échoué. Mais nous ne pouvons faire de lui le seul coupable de ce qui se passe. Nous savons, par les acquis de l'économie comportementale et du marketing, qu'il est possible de manipuler les perceptions et les croyances. Les compagnies du tabac ont réussi à utiliser ces méthodes pour semer le doute sur les preuves scientifiques de la nocivité des cigarettes pour la santé. Des entreprises de tout acabit sont parvenues à persuader les gens d'acquérir des produits qu'ils n'auraient peut-être pas achetés sans ces campagnes publicitaires, et dont, à bien y réfléchir, ils n'avaient ni besoin ni envie. Si l'on peut vendre des produits néfastes et même dangereux, on peut vendre des idées néfastes et même dangereuses – et de puissants intérêts économiques incitent à le faire. Ces méthodes ont été reprises et utilisées à fond par Steve Bannon et Fox News pour faire bouger les opinions sur quantité de sujets, du changement climatique à l'État, tenu pour inefficace et injuste.

Vendre à la majorité des politiques contraires à ses intérêts

Que Trump et sa clique aient intérêt à ce travail de sape contre la vérité n'a rien d'étonnant. Mais il faut bien se demander pourquoi, alors que nous avons tellement à perdre, notamment notre démocratie et les hausses de niveau de vie que nous avons connues depuis deux siècles et demi, cet assaut concerté contre les institutions et les idées qui ont tant fait pour notre civilisation rencontre un tel écho chez tant de gens. C'est en partie ce qui m'a poussé à écrire ce livre: je me suis dit que, si l'on comprenait mieux l'importance de ces institutions, on se mobiliserait davantage pour les défendre quand elles sont en butte à de telles attaques.

Cela dit, ce n'est pas le seul mystère dans la politique actuelle. On pourrait se poser cette autre question: pourquoi tolère-t-on si bien une telle inégalité dans une société démocratique? Bien entendu, il y a quelques éléments au sommet – un petit groupe dont la fortune et l'influence politique sont hors de proportion avec ses effectifs – qui sont, disons-le sans détour, cupides et à courte vue. Ils veulent être au-dessus de tous les autres, quel qu'en soit le coût pour la société. Trop de gens sont fascinés par la pensée à somme nulle qui leur dit: on ne peut s'enrichir qu'en prenant quelque chose à plus faible que soi.

Mais même les plus haut placés, pour la plupart – s'ils comprenaient vraiment leur intérêt –, devraient soutenir des politiques plus égalitaristes, et *a fortiori* les 99 % qui souffrent de l'inégalité actuelle. Même les 10 % les plus riches, qui ont bénéficié d'une légère croissance de leurs revenus, ont peur de dégringoler sur l'échelle sociale. Au sein même du 1 %, beaucoup sont touchés: dans d'autres pays, les riches sont contraints de vivre dans des quartiers clos, fortifiés, et redoutent en permanence l'enlèvement de leurs enfants[36]. La croissance globale des États-Unis est frappée, ce qui porte aussi un coup au 1 %, puisqu'une large part de sa fortune vient de l'argent qu'il aspire à la base; quand il y a moins d'argent en bas, il y en a moins qui « ruisselle vers le haut ». C'est l'un des acquis de la science économique moderne: les pays plus inégalitaires sont moins performants (notamment quand l'inégalité devient aussi importante qu'aux États-Unis et qu'elle est produite comme elle l'est dans notre pays)[37]. L'économie n'est pas un jeu à somme nulle; la politique économique a des effets sur la croissance – et les mesures qui aggravent l'inégalité la ralentissent, notamment à long terme.

Bref, il est difficile de trouver une explication *rationnelle* à cette tolérance de l'inégalité par notre population. De même, il y a plusieurs autres aspects de la politique économique américaine qu'on a du mal à expliquer de façon satisfaisante – je veux dire : si l'on estime que les gens sont, dans l'ensemble, rationnels et soutiennent des politiques qui sont dans leur propre intérêt, et si l'on suppose que nous avons une démocratie qui fonctionne, où les politiques devraient refléter les intérêts de la majorité. Mis à part les propriétaires des mines de charbon et des compagnies gazières et pétrolières, par exemple, l'immense majorité des Américains a intérêt à agir contre le changement climatique.

Mais, aux États-Unis, l'argent n'a pas seulement contaminé la politique. Son emprise a été plus générale : il a contaminé les esprits. Les frères Koch*, les pétroliers, les compagnies du charbon et d'autres intérêts bien ancrés ont réussi à duper un très grand nombre d'Américains et à faire d'eux des climatosceptiques – exactement comme les compagnies du tabac, il y a une cinquantaine d'années, en avaient persuadé un très grand nombre de ne pas croire aux conclusions scientifiques sur la nocivité des cigarettes pour leur santé. Les géants du charbon n'aiment pas plus les preuves du rôle des gaz à effet de serre dans le changement climatique que les cigarettiers n'aimaient celles du rôle du tabac dans le cancer et les maladies cardiaques et pulmonaires[38]. Dans ce dernier cas, le résultat a été clair : des centaines de milliers de personnes sont mortes prématurément.

De même, les riches semblent avoir convaincu une forte proportion des Américains que le pays se porterait mieux sans droits de succession. Leur suppression conduirait pourtant à une ploutocratie héréditaire, totalement contraire aux idéaux américains ; et l'écrasante majorité des Américains ne courront jamais le moindre risque de devoir payer ces droits, puisque plus de 11 millions de dollars en sont de fait exemptés pour un couple marié.

La science et le débat argumenté ont été remplacés par l'idéologie. Celle-ci est devenue un nouvel instrument au service de la

* Milliardaires de l'industrie pétrolière bien connus pour leur activisme politique de « droite radicale ». Voir plus loin, chap. 2, n. 40.

cupidité capitaliste. Dans certaines composantes de la population, on a créé une culture qui, dans sa globalité, est diamétralement opposée à la raison scientifique. La meilleure explication du phénomène est celle que j'ai évoquée plus haut: ceux qui gagnent de l'argent par des moyens que la science remet en cause – qu'ils produisent des cigarettes, des produits chimiques ou du charbon – ont une incitation à semer le doute sur l'entreprise scientifique tout entière. Si cela continue, et si les républicains qui soutiennent ce genre d'idées restent au pouvoir, on a du mal à voir comment la machine américaine à créer de la richesse, dont le fondement est la science, pourra rester en marche.

L'échec de nos élites

Si l'on a du mal à comprendre pourquoi tant de gens soutiennent les attaques contre les institutions qui sont au cœur de nos progrès économiques et de notre démocratie, on saisit aisément pourquoi de larges composantes de la population se retournent contre l'« establishment » et ses idées sur la mondialisation, sur la financiarisation et sur l'économie en général. Les élites (des deux partis) ont fait des promesses sur ce qu'allaient apporter les réformes des quatre dernières décennies – et ce qu'elles ont promis n'est jamais arrivé.

Elles avaient promis que les réductions d'impôts pour les riches, la mondialisation et la libéralisation des marchés financiers conduiraient à une croissance plus rapide et plus stable dont tout le monde allait bénéficier. La discordance entre ces promesses et ce qui s'est passé a été flagrante. Donc, quand Trump a dit que tout était « truqué », il a fait mouche.

Ne nous étonnons pas que, au lendemain des échecs économiques que nous avons décrits – la libéralisation et la mondialisation ont apporté la fortune à quelques-uns, mais la stagnation, l'insécurité et l'instabilité à tous les autres –, le scepticisme soit monté à l'égard des élites et des institutions intellectuelles dont elles étaient censées tenir leur science. Cette dernière conclusion était fausse: les universitaires sérieux avaient souligné que la mondialisation pouvait conduire, en fait, à la baisse des salaires des travailleurs non qualifiés, même après ajustement à la baisse des prix des produits qu'ils achetaient, sauf si l'État prenait des mesures compensatoires fortes. Ils avaient dit clairement que la libéralisation financière conduirait à l'instabilité. Mais les enthousiastes de la mondialisation et de la libéralisation des marchés financiers avaient noyé leurs voix[39].

Quelle qu'en ait été la raison[40], pendant que le pays se désindustrialisait, nous sommes restés indifférents à ceux qui souffraient. Nous avons ignoré la stagnation des salaires et des revenus, et la montée du désespoir. Nous avons pensé que le « camouflage » – une bulle immobilière qui créait des emplois temporaires dans le bâtiment pour certains des ouvriers licenciés dans l'industrie – était une solution réelle.

Bref, nos élites, dans les deux partis, ont cru que l'attention au PIB pouvait être un substitut à l'attention aux personnes. En fait, elles ont offensé de larges composantes du pays. Et cet irrespect a été presque aussi douloureux, peut-être, que la tragédie économique qui les frappait.

LES AUTRES THÉORIES SUR LES SOURCES DE LA RICHESSE DES NATIONS

J'ai expliqué quelle était la source réelle de la richesse des nations : les fondements sur lesquels elle repose sont la science, le savoir et les institutions sociales que nous avons créées pour nous aider à vivre en paix entre nous, mais aussi à coopérer dans notre intérêt commun. J'ai également montré quelle menace contre ces fondements représentent Trump et ses semblables. Avec leur ensemble mal défini de croyances, détachées de toute réalité autre que leur volonté de servir les intérêts économiques de quelques accapareurs à courte vue (des chercheurs de rente), ils ne pouvaient l'emporter qu'en lançant une offensive générale contre nos institutions chargées de dire la vérité et contre la démocratie elle-même.

Il existe une autre théorie, plus ancienne et plus répandue, sur l'origine de la richesse des nations – théorie qui, malheureusement, a joui d'un grand prestige aux États-Unis dans les quarante dernières années. Selon elle, pour qu'une économie fonctionne le mieux possible, il faut l'abandonner entièrement, ou du moins pour l'essentiel, aux marchés libres et sans entraves. Ses partisans ne jetaient pas les principes de vérité à la déchiqueteuse, comme Trump. En bons magiciens, ils cherchaient plutôt à orienter notre attention vers certaines choses. La mondialisation faisait beaucoup de perdants ? Les réformes de Reagan augmentaient le nombre de pauvres et faisaient stagner les revenus de larges composantes de la population ? Leur truc était simple : ne plus tenir de statistiques sur la pauvreté, ne plus parler de l'inégalité. Concentrer l'attention sur la concurrence qui se maintient toujours au sein d'un marché, pas sur le pouvoir de chacune des quelques compagnies qui dominent ce marché.

Prenons un manuel d'économie universitaire courant. Le mot *concurrence* est amplement saupoudré au fil des pages. Le terme *pouvoir* n'apparaît que dans un ou deux chapitres. Quant au vocable *exploitation*, il brille probablement par son absence : c'est un mot banni de longue date du vocabulaire de l'économiste orthodoxe. Lorsqu'il est question de l'histoire économique du sud des États-Unis, on a plus de chances de trouver une analyse du marché (concurrentiel) du coton, ou même des esclaves, qu'une leçon expliquant qu'un groupe humain a usé de son pouvoir d'exploitation pour s'approprier les fruits du travail d'un autre, puis a utilisé son pouvoir politique pour continuer à le faire après la guerre de Sécession. Les gigantesques inégalités de salaires entre les genres, les races et les ethnies – trait central de l'économie américaine que nous abordons au chapitre suivant – seront traitées, à supposer qu'on les mentionne, à l'aide d'un euphémisme comme *discrimination*. Ce n'est que depuis peu qu'on commence à utiliser des termes comme *exploitation* et *pouvoir* pour décrire ce qui se passe.

Trop peu de concurrence – trop de pouvoir dans un petit nombre de mains : ce n'est qu'une des raisons pour lesquelles les marchés, souvent, ne fonctionnent pas bien. Leur dysfonctionnement est une évidence : trop de gens gagnent trop peu pour vivre décemment ; les États-Unis dépensent plus par habitant pour la santé que tout autre pays du monde, et pourtant l'espérance de vie de leur population, déjà inférieure à celle des autres pays avancés, est en train de diminuer; nous avons une économie caractérisée simultanément par des maisons vides et des sans-abri. Les échecs les plus spectaculaires se produisent lorsqu'il y a un chômage massif – avec du travail à faire et des gens qui veulent le faire. La Grande Dépression des années 1930 et la Grande Récession commencée en 2007 sont les deux exemples les plus frappants, mais, depuis le début du capitalisme, les économies de marché ont toujours connu des périodes récurrentes de chômage élevé.

Dans chacune de ces situations, des politiques publiques, même quand elles ne fonctionnent pas parfaitement, peuvent améliorer les choses – par rapport à ce qui se passerait sans elles. Pendant nos récessions économiques, par exemple, la stimulation de l'État, par ses politiques monétaire et budgétaire, a réduit l'ampleur du chômage[41].

Au-delà de son action pour assurer le plein emploi, l'État a-t-il encore un rôle à jouer, ou faut-il laisser faire les marchés? Pour répondre, il faut commencer par comprendre que les marchés ne sont pas une fin en soi, mais un moyen au service d'une fin: une société plus prospère. La question centrale est donc: quand les marchés apportent-ils la prospérité, non pas seulement au 1 % le plus riche, mais à toute la société? La main invisible d'Adam Smith (en œuvrant pour son intérêt personnel, selon lui, on est conduit, comme guidé par une main invisible, à œuvrer pour le bien-être de la société) est peut-être l'idée la plus importante de la science économique moderne, et pourtant même Adam Smith comprenait que le pouvoir des marchés est limité et qu'on a besoin de l'action de l'État. La recherche économique moderne – tant théorique qu'empirique – nous a permis de mieux comprendre le rôle fondamental que joue l'État dans une économie de marché. Celui-ci est double: on a besoin de l'État pour accomplir ce que les marchés ne veulent pas et ne peuvent pas faire, et pour garantir que les marchés agissent bien comme ils sont *censés* le faire.

Pour que les marchés fonctionnent bien tout seuls, quantité de conditions doivent être satisfaites. Il faut que la concurrence soit robuste, que l'information soit parfaite et que les actes d'un particulier ou d'une entreprise ne puissent causer aucun dommage à d'autres (toute pollution doit être impossible, par exemple). En pratique, ces conditions ne sont jamais satisfaites – il s'en faut souvent de beaucoup. Et dans ce cas, les marchés, ça ne marche pas. Avant les réglementations de protection de l'environnement, notre air était irrespirable, notre eau n'était pas potable, on ne pouvait pas se baigner dans nos fleuves – et c'est ce qui se passe aujourd'hui en Chine, en Inde et dans les autres pays où la réglementation environnementale est trop souple ou sa mise en œuvre trop laxiste.

Soulignons un point très important pour une économie d'innovation dynamique : laissé à lui-même, le secteur privé dépensera trop peu pour la recherche fondamentale. Il en va de même pour d'autres champs d'investissement qui bénéficient à un large public (les infrastructures et l'éducation, par exemple). Les avantages que rapportent les dépenses publiques dans ces domaines dépassent de très loin leurs coûts. Ces dépenses doivent être financées, ce qui, bien entendu, nécessite des impôts[42]. (Évidemment, le secteur privé claironne ce qu'il fait : sa recherche appliquée est importante, mais elle repose sur la recherche fondamentale financée par l'argent public.)

Un jour, j'ai demandé au ministre des Finances de Suède pourquoi l'économie de son pays était si performante. Il m'a répondu : parce que les impôts sont élevés. On voit bien ce qu'il voulait dire : les Suédois savaient que la prospérité d'un pays exigeait de fortes dépenses publiques dans les infrastructures, l'éducation, la technologie et la protection sociale, et que l'État avait besoin de recettes pour financer durablement ces dépenses. Beaucoup de ces dépenses publiques sont complémentaires aux dépenses privées. Les progrès technologiques financés par l'État peuvent contribuer à soutenir l'investissement privé. Les investisseurs constatent que leurs efforts sont plus rentables quand ils trouvent une main-d'œuvre très instruite et de bonnes infrastructures. Pour que la croissance soit rapide, le progrès des connaissances est capital, et la recherche fondamentale qui le sous-tend doit être financée par l'État.

Ces éclairages contredisent totalement les politiques « de l'offre » de style Reagan, qui postulent que la déréglementation va libérer l'économie, la baisse des impôts la dynamiser, et les deux réunies conduire à la croissance économique. En réalité, après les réformes de Reagan, la croissance a ralenti. La déréglementation, notamment celle du marché financier, nous a valu les récessions de 1991, de 2001 et – la plus douloureuse – la Grande Récession de 2008. Quant aux réductions d'impôts, elles n'ont pas eu l'effet dynamisant prédit par les partisans de la politique de l'offre. Thomas Piketty et ses coauteurs ont montré que la baisse des taux d'imposition maximaux s'est en fait accompagnée, dans le monde entier, d'un rythme de croissance inchangé ou en baisse[43]. Comme l'avaient prévu les adversaires de ces réductions d'impôts, ni celles de Reagan pour les riches, ni celles qui ont été effectuées plus tard sous George W. Bush n'ont provoqué une hausse de l'offre de travail ou de l'épargne[44] – et, par conséquent, ni les unes ni les autres n'ont accéléré la croissance[45].

De toute évidence, l'économie de l'offre, avec sa foi dans les marchés libres comme voie royale vers la croissance, a beaucoup moins à offrir qu'on ne le prétend. La bonne tenue d'une économie dépend de bien d'autres facteurs que la faiblesse des taux d'imposition et le laxisme des réglementations.

Les dangers d'un retour à la reaganomie

De nombreux conservateurs sont presque aussi horrifiés que la gauche par Trump et son offensive contre les normes et les institutions. Ils avaient été à la pointe du combat pour la mondialisation, et la voir défaite de l'intérieur de leur propre parti est à leurs yeux une abomination. Mais qu'ont-ils à offrir au pays, ces *Never Trumpers* («Avec Trump, jamais!»), comme on les appelle souvent? Une nouvelle dose des politiques d'échec du passé, tout simplement. Des impôts encore plus bas pour les riches et les grandes entreprises, encore moins de réglementations, un rôle encore plus réduit pour l'État. Une version XXIe siècle de la reaganomie.

L'économie américaine actuelle se caractérise, dans une trop large mesure, par des marchés monopolistiques sous-réglementés où la création de richesse a cédé la place à l'exploitation. En même temps, il y a un danger réel dans la montée du populisme* et du nativisme aux États-Unis : c'est bien pire qu'une simple manœuvre de diversion. Nos problèmes ne viennent pas d'accords de commerce injustes ni des migrants, et ce que Trump a proposé dans ces domaines risque d'aggraver les difficultés du pays, y compris les souffrances des victimes de la désindustrialisation. De même, aucun pays, jamais, ne s'est placé sur une trajectoire de croissance rapide et durable en décidant simplement d'ignorer ses contraintes budgétaires, et c'est clairement ce qu'a fait Trump avec sa loi fiscale casse-budget de décembre 2017 et ses augmentations de dépenses publiques de janvier 2018.

Les vrais problèmes des États-Unis, nous le verrons, sont de notre propre fabrication : trop peu d'investissements dans la population, les infrastructures et la technologie ; trop de foi dans la capacité des marchés à résoudre tout ce qui ne va pas ; trop peu de réglementation là où nous en avons besoin ; et parfois, simultanément, trop de réglementation là où elle est inutile. Le show quotidien de Trump détourne notre attention du travail à faire sur ces grandes questions de fond.

La vraie cible, c'est notre démocratie

Ce livre porte essentiellement sur l'économie : il montre que notre situation actuelle est la conséquence prévisible de mauvais choix effectués dans le passé, et que nous pouvons en faire d'autres qui amélioreront les choses. Mais un de ses thèmes récurrents est l'entrelacs de la politique et de l'économie. Nos inégalités économiques se traduisent en inégalités politiques, et les secondes se reflètent alors dans des lois qui viennent encore aggraver les premières. De même, nos échecs économiques ont des effets sur

* Si l'on appelle volontiers « populistes » (en un sens péjoratif) les démagogues comme Trump, j'évite en général d'utiliser le terme dans ce livre. Parfois, les « populistes » sont simplement des responsables politiques honnêtes qui s'efforcent de satisfaire les revendications populaires – en matière d'éducation et de santé, par exemple – et qui le font au sein des limites imposées par l'économie. Mais, souvent, quiconque critique les théories de l'élite sur la déréglementation, la libéralisation et la privatisation est aussitôt étiqueté « populiste ». [*Note de l'auteur.*]

notre système politique. Trump en est une manifestation. Voici donc ce qui m'inquiète le plus pour l'avenir.

Au sein du 1 %, les vrais cupides aux idées courtes ont fini par comprendre que la mondialisation, la financiarisation et les autres éléments du credo économique en vigueur n'ont pas le soutien de l'immense majorité des Américains, et que c'est bien normal. De leur point de vue, ce constat a une conséquence extrêmement perturbante : si nous laissons la démocratie suivre son cours et si nous supposons un minimum de rationalité chez les électeurs, se disent-ils, les gens vont choisir de changer de cap. Ne pensant qu'à leur intérêt personnel, ces super-riches ont donc formulé une triple stratégie : duper, retirer le droit de vote et retirer le pouvoir[46]. Duper : ils disent aux gens que les mesures prises pour enrichir encore les riches, comme la loi fiscale de 2017, vont en fait aider les simples citoyens américains, ou qu'une guerre commerciale avec la Chine va, on ne sait comment, inverser la désindustrialisation. Retirer le droit de vote : ils travaillent dur pour que ceux qui pourraient voter pour des politiques progressistes n'aient pas le droit ou la possibilité de voter, en leur créant des difficultés pour s'inscrire sur les listes électorales ou pour se rendre aux urnes. Et, pour finir, retirer le pouvoir : ils soumettent l'État à des contraintes suffisantes pour qu'un gouvernement progressiste – si, malgré tous leurs efforts, il parvenait aux commandes – ne puisse pas faire ce qu'il faut pour réformer notre politique et notre économie. Un seul exemple : les contraintes imposées par une Cour suprême toujours plus partisane et idéologique.

Le pronostic – si nous ne changeons pas de cap – est la poursuite des tendances actuelles : l'économie, la politique et la société iront de mal en pis. L'offensive contre la science et les institutions fondatrices qui soutiennent le progrès depuis des siècles[47], d'abord et surtout celles qui ont mission d'évaluer et de dire la vérité, continuera. Tout cela aboutira à une croissance encore plus faible et à une inégalité encore plus forte.

Guerre prolongée ou troisième voie ?

Comme elle paraît lointaine, l'époque où le président John F. Kennedy déclarait : « Ne vous demandez pas ce que votre pays peut faire pour vous, demandez-vous ce que vous pouvez faire pour votre pays[48]. » Reagan a réorienté l'économie américaine, mais il a aussi cristallisé une réorientation des valeurs : vers le souci des biens matériels, vers l'égoïsme. Son approche n'a pas produit les fruits qu'il avait promis, mais cet échec n'a pas provoqué pour autant le changement de cap qu'on aurait espéré. On a doublé la mise sur ses idées fausses.

Comment réparer notre système économique ? Si l'on veut y réfléchir sérieusement, écartons d'abord une idée courante : puisque les États-Unis ont gagné la guerre froide, c'est que leur système économique a triomphé. En fait, ce n'est pas vraiment le capitalisme libéral qui a démontré sa supériorité[49], c'est le communisme qui a sombré.

Quand les États-Unis étaient en concurrence avec le communisme pour gagner les esprits et les cœurs sur toute la planète, nous étions tenus de montrer que notre système économique fonctionnait pour tous. Après l'effondrement de l'Union soviétique, on a eu l'impression qu'il n'y avait plus de concurrence, et le système a perdu son incitation à servir tout le monde.

La Chine, en utilisant le système qui lui est propre, l'« économie socialiste de marché aux caractéristiques chinoises », offre aux milliards d'habitants du monde en développement et des pays émergents une perspective dynamique très différente de celle des États-Unis. Or le prestige de l'Amérique a pris un coup très dur avec la crise de 2008, puis un autre encore plus dur avec l'accession de Trump au pouvoir. Le monde entier sait aussi, à présent, que le capitalisme à l'américaine profite surtout aux richissimes et laisse un très grand nombre de gens sans soins médicaux adéquats. Cette prise de conscience n'aide pas le *soft power* de l'Amérique.

Ceux qui croient en la démocratie devraient trouver cette situation très perturbante. Une bataille d'idées est en cours sur les divers systèmes économiques, politiques et sociaux possibles, et de vastes parties du monde se détournent des vertus du nôtre : cela devrait nous inquiéter.

Heureusement, le capitalisme à l'américaine n'est qu'une des nombreuses formes possibles d'économie de marché démocratique – nous l'avons vu, puisque nous venons d'évoquer la

Suède. D'autres démocraties utilisent des formes différentes, qui apportent une croissance économique aussi rapide et davantage de bien-être à la majorité de leurs citoyens.

Oublions notre arrogance sur notre système économique. Il est clair à présent qu'il a de graves insuffisances, notamment en matière de partage de la prospérité. Il existe un menu d'options intéressantes que nous devons prendre en considération: les autres formes possibles d'économie de marché ont souvent des points forts dont nous pourrions nous inspirer.

Une économie déformée déforme les esprits et la société

Cette guerre d'intérêts – déguisée en combat d'idées sur la meilleure façon d'organiser la société – ne va pas cesser de sitôt. Les grandes compagnies, par exemple, vont poursuivre leurs efforts pour obtenir davantage aux dépens de tous les autres.

Il ne s'agit pas d'une simple compétition sportive. Ce n'est pas vraiment pour avoir plus de chances de faire triompher dans le monde nos idées sur les marchés et sur la démocratie que nous devons chercher à réparer les insuffisances de notre économie et à en créer une nouvelle qui serait plus conforme à nos valeurs. C'est pour ce que cet effort nous apportera à nous – à chacun de nous et à notre pays.

Les cours d'économie habituels commencent par postuler que les êtres humains ont des préférences fixes: ils sont nés avec elles; ils sont qui ils sont, avec ce qu'ils aiment et ce qu'ils n'aiment pas. Tenir les goûts et préférences pour immuables est pourtant parfaitement absurde. En tant que parents, nous essayons d'influencer nos enfants; nous n'y réussissons pas toujours parfaitement, certes, mais à certains moments au moins nous pensons y parvenir. Les professionnels du marketing s'efforcent d'influencer nos habitudes d'achat. Nous sommes influencés par notre société et notre culture – et nous les influençons. La façon dont nous structurons notre économie joue ici un rôle central, puisqu'une très large part de nos relations avec les autres est d'ordre économique. La recherche en économie comportementale l'a confirmé. Ce n'est pas par accident que les banquiers ont fait montre d'un tel degré de turpitude morale: des expériences ont prouvé que les banquiers – notamment quand on leur rappelle qu'ils sont banquiers – agissent de façon plus malhonnête et égoïste[50]. C'est une déformation professionnelle. De même pour les économistes : il est possible que ceux qui ont choisi d'étudier l'économie soient au départ plus égoïstes que les autres, mais il est clair que, plus ils étudient l'économie, plus leur égoïsme s'accroît[51].

La forme d'économie de marché qu'a créée l'Amérique a produit des personnalités égoïstes et attachées aux biens matériels – souvent fort éloignées des idéaux que nous défendons pour nous et pour les autres. D'autres formes d'organisation économique poussent davantage à la coopération. Tout être humain associe l'intérêt personnel et l'attention à l'autre (l'altruisme) – Adam Smith lui-même l'a relevé[52] –, et la nature du système économique et social modifie l'équilibre entre les deux types de comportement[53]. Puisqu'elle comprend davantage de gens plutôt égoïstes, plutôt matérialistes, qui voient plus court, qui ont moins de moralité, notre société fait elle-même écho à ces traits.

Les conséquences peuvent être encore plus graves en politique. Une mentalité « de marché » où le gagnant rafle la mise peut envahir, et a envahi, nos institutions : la voici qui brise les normes, qui amoindrit l'aptitude à forger des compromis et à construire le consensus. Lâchons-lui la bride et elle détruira la cohésion nationale.

Nous sommes meilleurs que ce que nous sommes en voie de devenir. Nous pouvons être en désaccord sur les détails des objectifs que nous fixons à nos efforts – comme disent les économistes, il y a toujours des arbitrages à faire –, mais, sur les principes vraiment fondamentaux, il existe un large consensus. Concrétiser cette vision différente nécessitera une action collective. En économie, elle devra à la fois réglementer le marché et faire ce que le marché ne peut pas faire. Il nous faudra balayer les pseudo-préceptes qui proclament que les marchés s'autorégulent, sont efficients, stables ou impartiaux, et que l'État est inévitablement inefficace. En un sens, nous devons sauver le capitalisme de lui-même. Le capitalisme – associé à une démocratie tournée vers l'argent – crée une dynamique autodestructrice : elle risque d'anéantir simultanément toute apparence de marché impartial et concurrentiel et toute démocratie digne de ce nom. Une légère modification du système ne suffira pas. Nous sommes allés trop loin sur le mauvais chemin pour que ce soit possible. Nous devons construire un nouveau contrat social qui permette à chacun, dans notre pays riche, de vivre décemment.

Ce livre porte sur cette autre voie, cette autre façon d'avancer. Un autre monde est possible : il ne repose ni sur la foi fanatique, fondamentaliste, dans les marchés et l'économie du ruissellement, qui nous a mis dans cette triste situation ; ni sur le nativisme anti-migrants et le populisme de l'économie trumpienne, qui répudie l'état de droit international et lui substitue une « mondialisation avec une matraque » dont l'Amérique, en réalité, fera les frais. J'ai bon espoir : à long terme, la vérité vaincra. Les politiques de Trump échoueront, et ses partisans, les grands patrons au sommet comme les travailleurs dont il prétend promouvoir les intérêts, commenceront à le voir. Que se passera-t-il alors, que feront-ils ? Nul ne le sait. S'il existe une autre possibilité d'avancer, comme celle que je présente ici, peut-être la saisiront-ils.

CHAPITRE 2

Vers une économie plus déprimante

Il est arrivé quelque chose au puissant moteur économique de l'Amérique. Tout a commencé vers 1980. La croissance a ralenti. L'augmentation des revenus aussi, ce qui est plus grave – souvent, ils se sont même orientés à la baisse. Cela s'est passé presque à notre insu. C'est qu'au moment où l'économie ne parvenait plus à améliorer la situation d'une large part de la population, les enthousiastes de l'essor de la financiarisation, de la mondialisation et du progrès technologique s'extasiaient sur la «nouvelle économie» qui allait apporter une prospérité toujours plus grande, expression qui signifiait simplement pour eux, semble-t-il, un PIB toujours plus élevé. Certains de nos dirigeants économiques, notamment des présidents successifs de la Réserve fédérale, se félicitaient de la «Grande Modération»: à les en croire, nous avions enfin dompté le cycle des affaires, les fluctuations de la production et de l'emploi qui caractérisaient le capitalisme depuis ses débuts[1].

La crise financière de 2008 a montré que notre apparente prospérité avait été construite sur un château de cartes, ou, pour être précis, une montagne de dettes. Au fur et à mesure que de nouvelles statistiques venaient donner une image moins superficielle de l'économie, on voyait se dessiner, toujours plus clairement, des problèmes de fond et de longue durée. La croissance tant vantée se révélait plus lente, et de loin, que celle des décennies de l'après-guerre. Mais le plus perturbant, c'était que la croissance qui s'était tout de même produite avait profité à un tout petit nombre d'ultrariches. Si le PIB augmente à cause de l'augmentation du revenu de Jeff Bezos – alors que le revenu de tous les autres stagne –, on ne peut pas vraiment dire que l'économie va bien. Or ce scénario n'est pas loin de ce qui se passe aujourd'hui en Amérique, et cela fait quarante ans que ça dure : pendant cette période, le revenu moyen des 90 % inférieurs n'a pratiquement pas changé, tandis que celui du 1 % supérieur s'est envolé. (Voir Figure 2, où la courbe du bas représente le revenu moyen avant impôts des 90 % les plus pauvres et la courbe du haut celui du 1 % le plus riche.)

Certains économistes ne daignent même pas débattre de l'inégalité[2]. La tâche de l'économiste, disent-ils, est d'accroître la taille du gâteau. Si l'on y parvient, tout le monde en bénéficiera – comme disait le président Kennedy, la marée montante soulève tous les bateaux. J'aimerais que ce soit vrai. Mais c'est faux. Si la marée monte trop vite, elle peut fracasser les petits bateaux. Et elle le fait souvent.

Figure 2. – Évolution du revenu moyen avant impôts, États-Unis, 1974-2014 (en milliers de dollars 2016)

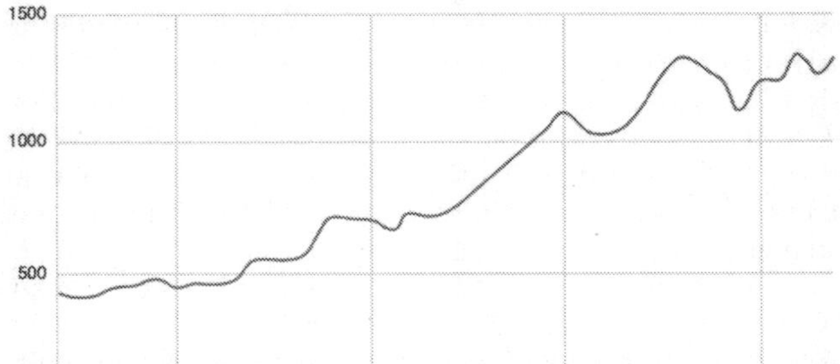

Source : World Inequality Database.

Une économie ne va pas bien non plus si le PIB augmente mais que, simultanément, l'environnement se dégrade et les ressources naturelles s'épuisent. Un pays qui vit du passé et n'investit pas dans l'avenir – ou qui détruit le patrimoine environnemental de ses enfants – est un pays où la génération actuelle s'enrichit aux dépens de ses descendants.

Dans chacune de ces dimensions, les États-Unis n'ont guère brillé, qu'on les compare à leur propre passé ou à leurs concurrents. Beaucoup d'Américains seront peut-être surpris de l'apprendre : pour eux, il va de soi que l'Amérique est plus grande, meilleure, plus forte à tous les points de vue que les autres pays. C'est ce que nos élus nous répètent en permanence. Mais, sauf pour qui tient à vivre dans un monde parallèle trumpien, les chiffres sont têtus : nous ne sommes pas le pays le plus performant, et de loin, même si l'écart qui nous sépare de la meilleure note est plus ou moins important selon les sources statistiques.

Parmi les nombreuses explications de ce malaise dans notre économie, il en est une qui est fondamentale : nous n'avons pas assimilé les leçons du chapitre précédent sur la véritable source de la richesse d'une nation. Trop de gens se sont laissés aller à croire que ce qui est rentable est nécessairement bon, sans voir que l'on peut gonfler les profits par l'exploitation, et non par la création de richesse[3]. La spéculation immobilière, les jeux d'argent de Las Vegas ou d'Atlantic City, les écoles à but lucratif qui profitent abusivement de leurs élèves peuvent faire la fortune de quelques-uns, mais ne sauraient servir de base au bien-être durable de toute la société. Dans les quarante dernières années, nous n'avons pas investi dans les infrastructures, ni dans notre population, ni dans la technologie. Même le taux d'investissement général de notre pays a été faible, à tel point qu'il n'a pas pu suivre le rythme du produit national[4].

Les chapitres qui suivent vont explorer les diverses formes qu'a prises ce grand virage de la création de richesse à l'exploitation – dans la mondialisation, la financiarisation et la monopolisation. Mais d'abord nous devons nous faire une idée plus précise de ce qui a mal tourné, et des raisons pour lesquelles l'appel de Trump à « rendre à l'Amérique sa grandeur » a rencontré un tel écho.

LE RALENTISSEMENT DE LA CROISSANCE

Pendant trente-quatre ans après la Seconde Guerre mondiale, de 1947 à 1980, les États-Unis ont eu un taux de croissance annuel de 3,7 %. Dans les trente-sept dernières années, de 1980 à 2017, le taux de croissance moyen n'a été que de 2,7 %, un point de pourcentage plus bas[5]. C'est une baisse considérable, de près de 30 %.

En outre, la crise de 2008 a montré qu'une large part de la croissance enregistrée dans les années d'avant la crise était insoutenable. Elle reposait sur des investissements inconsidérés, dont le meilleur exemple est peut-être la « surconstruction » sur le marché de l'immobilier résidentiel.

Comparaisons internationales des niveaux de vie

C'est l'un des aspects de l'exception américaine : nous avons un niveau de vie et un taux de croissance plus élevés que les autres – du moins nous a-t-on conduits à le croire. Nous sommes (croyons-nous aussi) plus efficaces et plus productifs. Cette conviction a un corollaire immédiat. Nous devrions être plus compétitifs que tous nos concurrents. Autrement dit, les autres devraient acheter davantage de nos produits, et nous, moins des leurs. Par conséquent, si nos produits ne « dominent » pas les marchés, c'est forcément que nos concurrents trichent. CQFD. Les recommandations sur la politique à mener découlent directement de ces axiomes simples : halte à la triche ! Et si les règles du commerce international ne nous permettent pas d'y mettre un terme, c'est forcément que ces règles elles-mêmes sont truquées. Tel est l'enchaînement logique qui a conduit à imposer des « obstacles au commerce », comme les droits de douane, qui sont des taxes sur les importations, ou les quotas, qui sont des limites quantitatives au volume d'un produit qu'on a le droit d'importer. Il est clair que l'esprit du protectionnisme – la protection des producteurs nationaux contre la concurrence étrangère – est bien vivant et au mieux de sa forme aujourd'hui.

Le seul problème que pose cet enchaînement logique, c'est que tous ses maillons sont faux. Nous nous intéresserons ici à sa prémisse : les États-Unis ont l'économie la plus productive et jouissent du niveau de vie le plus élevé. (Nous examinerons les autres étapes de ce raisonnement au chapitre 5 sur la mondialisation.)

La réalité, la voici: si l'on utilise l'indice de développement humain, une mesure large du niveau de vie, les États-Unis se classent treizième, juste devant le Royaume-Uni. Et quand on prend en compte le niveau d'inégalité, notre pays dégringole à la vingt-quatrième place[6].

En 2018, la Banque mondiale a lancé son propre «indice du capital humain», qui reflète la puissance de l'investissement d'une société dans sa population: il associe l'éducation, la santé et la simple capacité de survie[7]. Les États-Unis se sont classés au vingt-quatrième rang, bien loin derrière les *leaders* asiatiques, Singapour, le Japon, la Corée du Sud et Hong Kong, bien loin également de notre voisin du Nord, le Canada (classé dixième), et de la plupart de nos concurrents européens. La faiblesse des investissements dans le capital humain aujourd'hui conduira, bien entendu, à un faible niveau de vie demain.

L'OCDE (Organisation de coopération et de développement économiques), l'institut de réflexion officiel des pays avancés, soumet, à quelques années d'intervalle, des élèves du monde entier à des tests standardisés. Dans ces tests, que l'on fait aussi passer aux élèves de certains pays en développement, les Américains sont au-dessous de la moyenne en mathématiques – quarantième position sur les soixante-douze États participants – et ne brillent guère davantage en compréhension de l'écrit (vingt-quatrième position) et en sciences (vingt-cinquième position)[8]. Les États-Unis obtiennent régulièrement ces résultats déprimants. Leur pourcentage d'élèves qui n'atteignent pas le niveau de base est supérieur à la moyenne, mais ils ont aussi un pourcentage d'excellents élèves inférieur à la moyenne. Le Canada, la Corée du Sud, le Japon, le Royaume-Uni, la Norvège, la Lituanie et l'Australie nous devancent pour le taux de diplômes universitaires chez les 25-34 ans – le Canada de plus de 25 %, la Corée du Sud de près de 50 %[9].

La faiblesse des investissements en capital humain et physique se traduit, naturellement, par des taux de croissance de la productivité plus bas. Lorsqu'on compare les productions entre pays, il est important de prendre en compte les différences dans le nombre d'heures travaillées. Les Américains font plus d'heures que les habitants des autres pays avancés (en moyenne, 1780 heures par travailleur et par an, contre 1759 heures ailleurs – mais l'écart est particulièrement important avec certains pays européens, comme la France [1514 heures] ou l'Allemagne [1356 heures])[10]. Non que la semaine de travail soit beaucoup plus courte dans ces pays, mais les vacances y sont plus longues. Si le revenu par habitant est plus élevé aux États-Unis, l'écart s'explique en grande partie par le nombre supérieur d'heures travaillées. De fait, en termes de productivité – de production par heure de travail –, la comparaison est bien différente : dans la période qui a suivi la Grande Récession (2010-2016), la croissance de la productivité aux États-Unis a représenté moins de la moitié de la moyenne des pays avancés[11].

Depuis trente ans, notre croissance est beaucoup plus lente que celle de la Chine, à tel point que celle-ci est aujourd'hui la plus grande économie du monde[12], selon les mesures courantes qui servent à ce type de comparaisons. Et ce n'est pas tout : elle épargne plus, produit plus de biens industriels et commerce plus hors de ses frontières que les États-Unis[13].

Je donne souvent des cours en Chine, et, quand je présente les statistiques sur la situation de l'écrasante majorité des Américains, à l'exception des très riches, mes auditoires ouvrent de grands yeux, incrédules. Il y a quarante ans, la Chine était un pays pauvre ; il y a soixante ans, un pays très pauvre – son revenu annuel par habitant se situait autour de 150 dollars[14], ce qui, pour la Banque mondiale, relevait de l'« extrême pauvreté ». En quarante ans seulement, tandis qu'aux États-Unis les revenus stagnaient pour tous sauf à la pointe du sommet, ils ont plus que décuplé en Chine[15], et plus de 740 millions de personnes sont sorties de la pauvreté[16].

LA MONTÉE DE L'INÉGALITÉ

Si l'Amérique ne brille pas pour la croissance, elle bat tous les records pour l'inégalité. L'inégalité des revenus y est plus forte que dans tout autre pays avancé. Pour l'inégalité des chances, elle est aussi dans le peloton de tête. Inutile de préciser que cela contredit son identité traditionnelle : *the land of opportunity*, le pays où chacun a la possibilité de faire fortune[17].

Les travailleurs américains reçoivent une moindre part d'un gâteau qui grandit plus lentement – tellement moindre que leurs revenus stagnent. La part du travail, notamment si l'on en exclut le 1 % le mieux rémunéré de la population active (les banquiers et les PDG sont des « travailleurs » à des fins statistiques, mais pas au sens que nous donnons, pour la plupart, à ce mot), a connu une chute abrupte et sans précédent : elle est passée de 75 % en 1980 à 60 % en 2010. Elle a donc perdu 15 points de pourcentage en trente ans seulement[18].

En revanche, des catégories relativement peu nombreuses, les 10 %, le 1 % et plus encore le 0,1 % le plus riche, ont accaparé une part toujours plus large du gâteau national. Celle du 1 % a plus que doublé, et celle du 0,1 % presque quadruplé dans les quarante dernières années[19].

Beaucoup, chez les plus fortunés, ont fait valoir que tout le monde allait profiter des richesses prodiguées au sommet : les bénéfices allaient ruisseler vers le bas. Mais ce phénomène ne s'est pratiquement jamais produit, et sûrement pas depuis 1980. Nous avons indiqué plus haut que les 90 % les plus pauvres ont vu, pour l'essentiel, leurs revenus stagner. D'autres statistiques corroborent ce point. Le mécontentement aux États-Unis semble particulièrement vif chez les hommes, et c'est compréhensible. Chez les travailleurs employés à temps plein de sexe masculin, le revenu médian (tel que la moitié d'entre eux gagne plus et l'autre moitié gagne moins), après ajustement à l'inflation, n'a pratiquement pas changé en quarante ans[20] – et ceux qui ont un temps plein ont bien de la chance, puisque 15 % des hommes de la classe d'âge la plus active (25-54 ans) n'ont pas d'emploi du tout. À la base de la pyramide sociale, c'est encore pire : après ajustement à l'inflation, les salaires sont en gros au niveau d'il y a soixante ans[21]. Et ce n'est pas parce que le revenu global des États-Unis a stagné : le PIB par habitant a plus que doublé pendant ces soixante ans. Ni parce que la productivité des travailleurs n'a pas bougé : elle a été multipliée par sept au cours de cette période. En réalité, quelque chose est arrivé au pays à une date située entre le milieu des années 1970 et celui des années 1980. Avant, les rémunérations augmentaient au même rythme que la productivité : une hausse de la productivité de 1 % était suivie d'une hausse des salaires de 1 %. Depuis, un écart béant s'est ouvert : les salaires[22] augmentent de moins d'un cinquième des gains de productivité – ce qui veut dire qu'un autre acteur que le travail élargit sa part.

Parmi les travailleurs aussi, les inégalités salariales se sont accrues, ce qui se manifeste de toutes les façons possibles : stagnation ou baisse des salaires en bas, classe moyenne exsangue, montée en flèche des salaires au sommet. Au sein des entreprises, la rémunération du P-DG a énormément augmenté par rapport à celle du salarié moyen. Entre les entreprises, les différences de rémunération moyenne se sont aussi accrues. Cette hausse des inégalités salariales a de multiples causes, souvent liées, dont beaucoup seront analysées plus loin : la mondialisation et les changements technologiques ont fait baisser la demande en travailleurs non qualifiés ; les syndicats, qui poussaient à l'égalisation des salaires, se sont affaiblis. La concentration du pouvoir de marché s'est accentuée, et avec elle la dispersion dans la rentabilité des entreprises, selon qu'elles disposent ou non de ce pouvoir ; or les entreprises très rentables partagent un petite fraction de leurs gains avec leurs salariés[23].

Depuis de nombreuses années, je multiplie les mises en garde : la grande fracture – le grand fossé qui sépare les riches et les pauvres – est insoutenable, et, à long terme, même les riches ont intérêt à une répartition plus équitable du revenu[24].

Des chercheurs comme le regretté Sir Anthony Atkinson à Oxford[25], Thomas Piketty à Paris, Emmanuel Saez à Berkeley et Raj Chetty à Harvard ont publié quantité de données sur ce qui était en train de se passer, et, dans de nombreux milieux, leurs idées ont rencontré un grand écho. Le président Barack Obama, dans l'un de ses principaux discours, a déclaré que l'inégalité était le problème le plus urgent du pays[26] :

> Unissant leurs effets, la montée de l'inégalité et la panne de l'ascension sociale menacent dans leur fondement même le rêve américain, notre mode de vie et les valeurs que

nous défendons dans le monde. Et ce n'est pas seulement de morale que je parle ici. Quand l'inégalité augmente et que l'ascension sociale diminue, il y a des conséquences pratiques.

Néanmoins, dans la politique et l'économie américaine, il y avait manifestement des problèmes encore plus urgents. La reprise qui devait mettre fin à la Grande Récession était plus lente qu'Obama et son équipe économique ne s'y attendaient, et, au Congrès, les républicains avaient décidé de ne pas coopérer : il était donc presque impossible de faire voter la moindre législation autre que le simple maintien de l'État en fonctionnement. Pendant sa présidence, Obama n'a rien fait – n'a rien pu faire, peut-être – pour s'attaquer au problème de l'inégalité, même s'il comprenait son importance. Reconnaissons-lui cependant le mérite de l'Affordable Care Act (l'Obamacare), la « loi sur les soins abordables », qui a aidé à combattre l'une des manifestations les plus cruelles de l'inégalité : l'impossibilité de se faire soigner décemment. Quant au problème de l'inégalité, il ne s'est évidemment pas guéri tout seul – c'était impossible. Bien au contraire. Il s'est aggravé.

Les inégalités liées à la race, à l'ethnie et au genre

Les inégalités que l'on vient de décrire ne rendent pas pleinement compte des profonds clivages qui divisent notre société, car le pays est également accablé de fractures fondées sur la race, l'ethnie et le genre, nées en grande partie d'une discrimination brutale. Et cela, plus de cinquante ans après l'adoption d'une législation sur les droits civiques conçue pour éliminer ce type de discrimination. Au vu de notre histoire, il est essentiel de s'attaquer à ces fractures si l'on veut que notre pays soit un jour *une seule nation*. (De fait, à bien des égards, les exclusions du marché du travail à fondement raciste ou sexiste – puis les réactions contre les efforts pour accroître l'inclusion – sont cruciales pour comprendre les inégalités sur les marchés du travail américains.)

La situation s'est un peu améliorée dans la période qui a suivi le vote de la législation sur les droits civiques, mais ensuite les forces à l'origine de la ségrégation et de la discrimination ont monté une contre-offensive. Le mouvement a cessé de progresser et, à certains égards, s'est inversé.

Il y a une cinquantaine d'années, en 1968, au lendemain d'émeutes raciales qui avaient éclaté dans tout le pays, le président Johnson a nommé une commission pour en déterminer les causes profondes. Malheureusement, ses conclusions sonnent encore juste aujourd'hui. «Notre pays évolue vers deux sociétés, une noire, une blanche – séparées et inégales[27].» La commission a décrit un pays où les Afro-Américains étaient confrontés à une discrimination systématique, mal éduqués, mal logés et totalement privés d'opportunités économiques: pour eux, le rêve américain n'existait pas. Quant au ressort profond, son diagnostic était clair: la cause était «l'attitude et le comportement des Américains blancs envers les Américains noirs. Le préjugé de race a modelé notre histoire dans le passé et menace de défigurer notre avenir[28]».

Un demi-siècle après avoir engagé le combat pour éliminer la discrimination, où en sommes-nous? Aujourd'hui encore, les salaires des femmes représentent seulement 83 % de ceux des hommes, ceux des hommes noirs 73 % de ceux des hommes blancs, et ceux des hommes hispaniques 69 % de ceux des hommes blancs[29].

L'inégalité a bien d'autres dimensions aux États-Unis. Il y a notamment celle qui touche à la santé, l'inégalité des fortunes, et surtout l'inégalité des chances. Dans chacun de ces domaines, les écarts sont plus grands que dans les revenus.

L'inégalité face à la santé

Aucune statistique ne résume mieux la triste situation où se trouvent tant d'Américains que celles de la santé. Les Américains ont une espérance de vie plus courte que les citoyens de la plupart des autres pays avancés[30] – avec le Japon, l'écart est de plus de cinq ans –, et ils meurent de plus en plus jeunes: depuis 2014, les Centres de lutte contre la maladie annoncent chaque année un recul de l'espérance de vie[31]. Elle recule malgré les progrès de la médecine, qui l'ont prolongée presque partout dans le reste du monde en réduisant les taux de mortalité[32]. De plus, aux États-Unis, elle est très différente entre les riches et les pauvres, et cet écart-là grandit considérablement. Gary Burtless, de la Brookings Institution, formule en ces termes ce qui est arrivé à l'espérance de vie des femmes de cinquante ans entre 1970 et 1990 : « En deux décennies, l'écart d'espérance de vie entre les femmes du décile le plus bas et celles du décile le plus haut de la répartition des revenus est passé d'un peu plus de trois ans et demi à plus de dix ans[33]. »

L'existence de telles inégalités en matière de santé entre les États-Unis et les autres pays avancés, et entre Américains riches et Américains pauvres, était prévisible, puisque, jusqu'à l'Obamacare, l'Amérique ne reconnaissait pas à tous ses citoyens le droit aux soins médicaux – droit reconnu par la quasi-totalité des autres pays avancés.

Anne Case et Angus Deaton (qui a reçu en 2015 le prix Nobel d'économie) ont examiné de très près les statistiques disponibles sur les décès et ont fait une découverte qui a été un choc pour le pays : chez les hommes blancs d'âge moyen sans instruction universitaire, les taux de mortalité avaient fortement augmenté entre 1999 et 2013 (la dernière année disponible des statistiques qu'ils ont étudiées). Cette hausse était une inversion de la courbe de la mortalité dans cette cohorte, jusque-là orientée à la baisse. Elle allait aussi à contre-courant des tendances constatées dans la plupart des classes d'âge et des groupes ethniques aux États-Unis, ainsi que dans la grande majorité des autres pays industrialisés[34].

Les causes de ces décès étaient encore plus perturbantes. Case et Deaton les ont nommées les « maladies du désespoir » : l'alcoolisme, l'overdose et le suicide. Avec la stagnation des revenus au milieu et en bas de la pyramide sociale – aggravée par les énormes pertes d'emplois et de maisons qu'a provoquées la Grande Récession –, tout cela ne devrait surprendre personne[35].

Une baisse de l'espérance de vie de cette ampleur, sans lien avec aucune guerre ni pandémie (comme le sida), on n'en avait vu qu'une fois de mémoire d'homme : chez les citoyens de l'ex-Union soviétique après son éclatement, quand l'économie et la société elle-même s'étaient effondrées, avec une chute du PIB de près d'un tiers.

Il est clair qu'un pays qui connaît un tel désespoir, où tant de gens se droguent ou abusent de l'alcool, n'aura pas une main-d'œuvre saine. Il existe une bonne mesure du succès d'une société à produire des emplois de qualité et des travailleurs en bonne santé : la proportion de la population en âge de travailler qui participe à la population active employée. Et là, les États-Unis font bien pire que beaucoup d'autres pays. Une part au moins de notre piètre taux de participation à la population active est en lien direct avec nos piètres statistiques en matière de santé. Une étude récente effectuée par Alan Krueger, ancien président du Comité des conseillers économiques, a révélé que près de la moitié des « hommes de la classe d'âge des 25-54 ans » qui ne participent pas à la population active souffrent d'une maladie grave, et que, parmi ces malades, les deux tiers prennent des analgésiques prescrits par ordonnance[36]. Mais la mauvaise santé de l'Amérique n'est pas due à un climat malsain, ni à l'arrivée sur ses côtes de migrants malades. Il n'y a pas d'épidémie qui pourrait expliquer pourquoi on meurt plus jeune et on a une santé plus fragile aux États-Unis qu'en Europe et ailleurs. En fait, en partie au moins, le lien de cause à effet va dans l'autre sens : c'est parce que notre économie n'a pas produit de bons emplois avec des salaires décents que certains ont baissé les bras, et ce désespoir aboutit à des maladies sociales comme l'alcoolisme et la toxicomanie[37].

L'inégalité des fortunes

Aux États-Unis, l'inégalité des fortunes est encore plus forte que celle des revenus – le 1 % le plus riche possède plus de 40 % de la fortune américaine : c'est près du double de sa part dans le revenu[38]. (On appelle « revenu » ce que les particuliers gagnent en un an ; « fortune », les avoirs qu'ils possèdent – pour la plupart des Américains, il s'agit essentiellement de leur logement et de leur voiture, diminués de ce qu'ils doivent sur leur prêt automobile et leur crédit hypothécaire.) La fortune est particulièrement importante par le rôle essentiel qu'elle joue dans l'accès aux opportunités et à l'influence.

Au niveau mondial, ce qui se passe au sommet est pire encore. Chaque année, Oxfam publie des statistiques sur les inégalités extrêmes : quel est l'effectif du groupe de super-riches qui possède une fortune égale à celle des 50 % les plus pauvres des habitants de la planète, soit 3,9 milliards de personnes environ ? Ce chiffre diminue vite : en 2017, ces super-riches n'étaient plus que vingt-six[39]. Il y a quelques années, il fallait encore deux gros autobus pour transporter ceux qui possédaient, à eux tous, autant de fortune que la moitié la plus pauvre de la population mondiale. Aujourd'hui – on a vraiment du mal à l'imaginer –, à peine plus de deux douzaines d'individus, presque tous des hommes, pèsent aussi lourd économiquement que les populations entières de la Chine, de l'Inde et de l'Afrique réunies.

Nous avons cité plus haut deux grands moyens de s'enrichir : créer de la richesse ou la voler aux autres. Dans le cas de la fortune, il en existe un troisième : hériter.

Beaucoup de richissimes – notamment la famille Walton (héritière de la fortune Walmart*) et les frères Koch – ne sont pas parvenus au sommet par un dur travail, mais, du moins en partie, par la grâce de gros héritages[40]. Les Américains se plaisent à penser que l'inégalité des fortunes aux États-Unis n'est pas celle de la vieille Europe, fondée sur l'aristocratie foncière d'une époque révolue. Mais nous sommes devenus une ploutocratie héréditaire du XXIe siècle.

L'inégalité des chances

Les statistiques sur les inégalités de revenu, de santé et de fortune sont assez déprimantes. L'inégalité des chances l'est encore plus, tant elle contredit l'image que nous nous faisons de nous-mêmes et nos aspirations à une société juste.

Le revenu et la fortune au sein d'une génération se muent en fortune à la génération suivante, comme l'illustrent les Walton et les frères Koch. Les avantages – et les désavantages – passent d'une génération à l'autre. Et comme près d'un enfant sur cinq en Amérique grandit dans la pauvreté, ces enfants, en vertu de

* Géant américain des supermarchés et hypermarchés.

ce mécanisme, peuvent aisément se retrouver piégés. Ceux qui naissent dans la pauvreté ont peu de chances d'y échapper. Naître dans la bonne famille et grandir dans le bon quartier : tels sont devenus, aux États-Unis, les ingrédients majeurs du succès dans la vie[41]. Le rêve américain de l'égalité des chances est un mythe : aux États-Unis, les perspectives d'un jeune dépendent plus du revenu et du niveau d'instruction de ses parents que dans la quasi-totalité des autres pays avancés. Je dis à mes étudiants qu'ils n'ont qu'une seule décision clé à prendre dans la vie : choisir les bons parents. S'ils se trompent, leur avenir risque fort d'être compromis.

Évidemment, quelques-uns réussissent bel et bien à passer de la base au sommet ; mais le fait même que leurs cas soient si bien couverts par la presse confirme mon propos : ce sont des exceptions, et non la règle. En fait, bien plus que dans les autres pays, il y a en Amérique un *piège du bas revenu.* Ceux dont les parents se situent en bas de la répartition des revenus ont toutes les chances de finir en bas eux aussi. Un enfant qui a de mauvais résultats scolaires et des parents riches aura probablement une meilleure situation dans la vie qu'un enfant qui a de bons résultats scolaires et des parents pauvres[42].

La conjonction d'une croissance lente et d'une ascension sociale faible a été dévastatrice. Comme le fait remarquer Opportunity Insights, un projet de recherche de l'université Harvard, sous le titre « L'évanescence du rêve américain » : « Les chances qu'ont les enfants de gagner plus que leurs parents [...] étaient de près de 90 % pour les enfants nés en 1940 ; elles ont chuté à environ 50 % pour ceux qui entrent sur le marché du travail aujourd'hui[43]. » Dans la même veine, le Pew Mobility Project, projet de recherche financé par la fondation Pew, constate qu'un Américain sur deux seulement possède une fortune supérieure à celle de ses parents au même stade de leur vie[44].

CONCLUSION

L'économie américaine, comme celle de beaucoup d'autres pays avancés, n'a pas fonctionné correctement – notamment si « fonctionner correctement » signifie accroître le niveau de vie de la grande majorité des citoyens. Faiblesse de la croissance, stagnation des revenus et montée de l'inégalité sont bien sûr étroitement liées. Et elles résultent toutes les trois, au moins en partie, des politiques inaugurées sous le président Reagan il y a une quarantaine d'années – politiques inspirées par des erreurs graves et générales sur ce qui fait la force d'une économie. Les inégalités poussées à l'extrême, et celles que crée l'absence d'égalité des chances, sont, nul ne s'en étonnera, particulièrement corrosives pour le dynamisme économique. Sans égalité des chances, ceux qui naissent dans une famille pauvre ne vivront pas à la hauteur de leurs potentialités. C'est moralement inacceptable. Mais cela signifie aussi que l'Amérique gaspille sa ressource la plus précieuse : les talents de ses jeunes.

Le slogan « laissons faire le marché » n'a aucun sens et n'en a jamais eu : il faut structurer les marchés, ce qui passe par la politique. La droite l'a bien compris, et, à partir de Reagan, elle a restructuré les marchés pour les mettre au service des ultrariches. Mais elle a commis quatre erreurs capitales : elle n'a pas compris les effets délétères d'une inégalité toujours plus grande ; elle n'a pas compris l'importance de penser à long terme ; elle n'a pas compris la nécessité de l'action collective – le rôle majeur que doit jouer l'État dans la création d'une croissance équitable et durable ; et surtout, elle n'a pas compris l'importance de la connaissance – alors que nous nous targuions d'être une économie de l'innovation – ni celle de la recherche fondamentale, sur laquelle repose notre technologie. Elle a donc minoré le poids de facteurs clés qui contribuent éminemment au succès du capitalisme depuis deux siècles. Le résultat est, en gros, celui qu'on pouvait attendre : moins de croissance et plus d'inégalité.

Maintenant que nous avons pris la mesure de la gravité du problème, nous allons explorer, dans les chapitres qui suivent, deux grandes raisons de ces résultats déprimants : nous avons confondu les deux façons possibles de s'enrichir – la création de richesse, qui augmente la taille du gâteau économique national, et l'exploitation ; et nous n'avons pas repéré les diverses facettes de l'exploitation, à commencer par le pouvoir de marché. Le pays a consacré trop d'énergie à exploiter, trop peu à créer de la richesse réelle.

CHAPITRE 3

Exploitation et pouvoir de marché

Les manuels d'économie – et bien des discours politiques – soulignent constamment l'importance de la concurrence dans notre système. Ces quarante dernières années, la théorie et les données économiques ont pourtant pulvérisé leurs thèses : on ne peut plus dire que la plupart des marchés sont globalement concurrentiels, ni croire qu'une variante quelconque du « modèle concurrentiel » fournisse une description juste, ou même acceptable, de notre économie[1]. Cette image de concurrence innovante – et implacable – entre des milliers d'entreprises s'efforçant de servir mieux et moins cher le consommateur a-t-elle jamais été une bonne représentation de l'économie américaine ? À une lointaine époque, peut-être. Mais aujourd'hui, nous vivons dans une économie où quelques compagnies peuvent s'octroyer des profits colossaux et conserver leur position dominante pendant très longtemps.

La concurrence ? Les nouveaux dirigeants des technologies de pointe ne font même plus semblant de lui rendre hommage. Peter Thiel, l'un des grands entrepreneurs de la Silicon Valley qui fut aussi, brièvement, conseiller de Trump, le dit sans détour : « La concurrence, c'est pour les perdants[2]. » Warren Buffett, l'un des citoyens les plus riches et investisseurs les plus habiles des

États-Unis, l'a aussi fort bien compris. En 2011, il a déclaré à la Commission d'enquête sur la crise financière[3]:

> Le facteur le plus important lorsqu'on évalue une entreprise, c'est son pouvoir de fixer les prix. Si elle peut augmenter ses prix sans perdre d'activité au profit d'un concurrent, elle est très bonne. Et si elle est assez bonne, si c'est un journal en position de monopole ou un réseau de chaînes de télévision, même votre imbécile de neveu pourra la gérer[4].

À une autre occasion, il avait déjà expliqué à ses investisseurs qu'une barrière à l'entrée, c'était comme des douves autour d'un château:

> [Nous] pensons en termes de «douves», et de notre aptitude à les garder larges et infranchissables. Nous disons à notre directeur général: nous voulons que les douves s'élargissent chaque année[5].

Buffett voit juste, et le monde non concurrentiel qu'il décrit si franchement est une mauvaise nouvelle. Le problème? Les barrières à la concurrence sont partout. On a fait preuve d'une innovation débordante pour créer, mettre en œuvre et conserver du pouvoir de marché. Autrement dit, on a élaboré de nouveaux outils permettant aux chefs d'entreprise d'agrandir les douves qui les entourent et d'acquérir ainsi du pouvoir, dont ils se servent pour exploiter les autres et pour accroître leurs profits. On comprend bien pourquoi ces dirigeants n'aiment pas la concurrence: elle réduit leurs profits jusqu'au point où le rendement du capital est juste suffisant pour financer la poursuite de l'investissement dans leur entreprise, en rémunérant le risque. Ils veulent des gains supérieurs à ceux qu'un marché concurrentiel leur offrirait. D'où la nécessité pour eux d'«élargir les douves» afin d'empêcher toute concurrence, et l'innovation colossale qui a lieu dans ce domaine.

Que nous faut-il aujourd'hui? Innover pour contrer ces innovations – pour rétablir la concurrence et créer une économie plus équilibrée. Dans la dernière section de ce chapitre, nous montrerons comment faire.

VUE D'ENSEMBLE

Commençons par une question simple: pourquoi les prix des télécommunications, haut débit compris, sont-ils à ce point plus élevés aux États-Unis que dans beaucoup d'autres pays, et pour un service bien pire[6]? Y a-t-il une raison? Les inventions utilisées ont souvent été effectuées dans notre pays. Nos établissements d'éducation et de recherche, financés par l'argent public, en ont fourni les fondements intellectuels. Les télécommunications sont aujourd'hui une technologie mondiale, qui exige peu de travail humain – donc le niveau des salaires ne saurait être l'explication. La clé de l'énigme, c'est le pouvoir de marché. Et l'expansion de ce pouvoir est aussi, en grande partie, la clé de cette autre énigme formulée au chapitre précédent[7]: comment l'économie à première vue la plus innovante du monde peut-elle avoir une croissance si faible, et dont une si faible part ruisselle jusqu'aux citoyens ordinaires? Le pouvoir de marché permet aux entreprises d'exploiter les consommateurs en les faisant payer plus cher, et en profitant d'eux par toute une gamme d'autres moyens. La vie chère frappe les travailleurs autant que les bas salaires. Sans le pouvoir de marché, le jeu de la concurrence réduirait les surprofits à zéro. Or ces surprofits sont à la racine de la montée de l'inégalité aux États-Unis[8].

Le pouvoir de marché permet aussi aux entreprises d'exploiter directement les travailleurs en payant des salaires plus bas, et en profitant d'eux par d'autres moyens. Il se mue en pouvoir politique: puisque l'argent est la force motrice de la politique, les profits colossaux qu'engendre le pouvoir de marché permettent aux compagnies d'acheter une influence qui accroît davantage encore leur puissance et leurs profits – par exemple en affaiblissant les syndicats, ou en faisant obstacle à la mise en œuvre de la politique de la concurrence; en donnant toute liberté aux banques d'exploiter les particuliers; ou en structurant la mondialisation de façon à fragiliser les travailleurs.

Créer la richesse ou la voler?

Les pays ont deux moyens d'acquérir de la richesse: la prendre de force à d'autres pays, comme l'ont fait les puissances coloniales, ou la créer, en innovant et en apprenant. Du point de vue du monde dans son ensemble, la seconde méthode est la seule véritable source de création de richesse.

Il en va de même au niveau individuel. Certains peuvent s'enrichir en exploitant les autres. Dans des sociétés sans état de droit, par la force brute ; dans celles où la loi est injuste, par l'esclavage. Mais dans l'économie américaine moderne, ils usent de moyens bien plus subtils. Ils peuvent exercer un pouvoir de marché, en faisant payer le prix fort ; recourir à des structures de prix opaques, comme dans le secteur de la santé ; s'adonner au crédit prédateur, à la manipulation des marchés, aux délits d'initiés ou à quelque autre de ces pratiques abusives qui sont devenues la marque de fabrique du secteur financier (et que nous examinerons de plus près au chapitre 5)[9]. Une forme majeure de « vol de richesse » est la corruption. Dans les pays peu développés, elle passe parfois par des billets de banque dans une simple enveloppe blanche. La « corruption à l'américaine » est beaucoup plus raffinée : elle vise par exemple à faire voter des lois assurant que certaines entreprises seront surpayées quand elles vendront à l'État (les fournisseurs de matériel militaire sous contrat, les compagnies pharmaceutiques), ou que d'autres entreprises sous-paieront des ressources naturelles appartenant de droit au peuple (les compagnies pétrolières et minières, les sociétés forestières qui exploitent le domaine public)[10].

L'autre option, c'est de s'enrichir en innovant, en créant de nouveaux produits qui rapporteront de beaux profits, mais pour peu de temps – car d'autres vont vite les imiter ou les perfectionner en poussant plus loin l'innovation. Cette création de richesse fait grandir le gâteau économique national. C'est celle dont nous avons besoin.

Lorsqu'on s'enrichit par exploitation, il y a simple redistribution. Souvent, l'argent est aspiré au bas de la pyramide sociale et transféré au sommet ; il est d'ailleurs fréquent qu'on en perde au passage – qu'il y ait en fait destruction de richesse. C'est ce qu'ont fait les financiers, par divers moyens : crédit prédateur, règles abusives des cartes de crédit, manipulation des marchés, délits d'initiés. Nous verrons plus loin d'autres techniques apprises par les riches pour exploiter les autres.

Pouvoir de marché et partage du gâteau national

Les économistes libéraux aiment présenter le partage du revenu national comme la résultante du libre jeu de forces du marché impersonnelles – comparables aux forces de la physique qui déterminent notre poids. Nul ne réclame l'abrogation de la loi de la gravité : si la balance indique à quelqu'un qu'il a pris du poids, il ne s'en prend pas à la gravité, il incrimine ses habitudes alimentaires. Mais les lois de l'économie ne sont pas celles de la physique : les marchés sont configurés par des politiques publiques, et sont très loin, pour la plupart, d'être concurrentiels. La politique de l'État détermine, en particulier, qui détient un pouvoir de marché et à quel degré.

Les partisans de la liberté du marché se plaisent à citer Adam Smith quand il soutient que, en œuvrant dans leur propre intérêt, les particuliers et les entreprises sont conduits, comme par une main invisible, à servir les intérêts de la société. Ils oublient cette mise en garde du même auteur : « Il est rare que des gens du même métier se trouvent réunis, fût-ce pour quelque partie de plaisir ou pour se distraire, sans que la conversation finisse par quelque conspiration contre le public, ou par quelque machination pour faire hausser les prix[11]. » La conscience de ce danger permanent a conduit le Congrès, il y a cent vingt-cinq ans, à voter les lois antitrust, qui ont interdit les conspirations pour limiter la concurrence et posé des bornes aux pratiques anticoncurrentielles[12].

On peut penser le revenu national comme un gâteau partagé en trois parts : le revenu du travail, le rendement du capital et tout le reste. Pour les économistes, l'essentiel de ce reste porte un nom : les « rentes ». La rente foncière est l'exemple le plus évident, mais les revenus reçus pour les ressources naturelles, les profits de monopole et les sommes que rapporte la propriété intellectuelle (les brevets et copyrights) sont aussi considérés comme des « rentes ». Quelle est la grande différence entre les revenus du travail et les rentes ? Si les travailleurs produisent davantage, le « gâteau » national s'accroît. Sur des marchés parfaits, ils obtiennent, en retour de leurs efforts supplémentaires, exactement ce qu'ils ont ajouté au gâteau. Quant au propriétaire d'un terrain ou d'un autre bien qui engendre des rentes, il est payé pour l'unique raison qu'il les possède. Le terrain qu'il fournit peut rester le même: le propriétaire n'a rien fait pour ajouter quoi que ce soit au «gâteau» national, et pourtant il est en capacité de toucher un gros revenu. Ce qu'il reçoit, c'est de l'argent qui sans cela serait allé à d'autres. De même pour un monopole: quand son pouvoir s'accroît, le monopoliste accapare davantage de profits de monopole (ou rentes de monopole). Mais ici, le gâteau national peut simultanément diminuer: pour exploiter son pouvoir de marché, le monopoliste limite la production, afin de rendre moins abondants les biens qu'il produit.

Donc, dans le meilleur des cas, les rentes n'ajoutent rien à la croissance ni à l'efficacité. Dans le pire, elles les réduisent. Elles peuvent être nocives parce qu'elles imposent à l'économie des distorsions, parce qu'elles évincent les «bonnes» formes d'activité économique, qui sont à la base de la véritable création de richesse. La volonté d'augmenter ses revenus en acquérant davantage de rentes, nous l'appellerons tout naturellement *recherche de rente*. Plus il y aura de membres talentueux de la société qui se consacreront à la recherche de rente (qu'il s'agisse de gagner davantage par l'exercice d'un pouvoir de monopole, d'arnaquer les autres dans le secteur financier ou de les inciter au jeu d'argent ou à d'autres comportements néfastes), moins il y en aura qui feront de la recherche fondamentale, fourniront les biens et services dont les gens ont vraiment besoin et se livreront aux autres activités accroissant la richesse réelle de la nation. De plus, si ceux qui épargnent pour leur retraite ou pour léguer quelque chose à leurs descendants investissent dans des actifs engendrant des rentes comme l'immobilier, il y aura moins de demande pour de nouveaux actifs vraiment productifs, comme les usines et les machines renforçant la productivité des travailleurs.

Par conséquent, lorsqu'on voit les rentes augmenter, c'est inquiétant, surtout si elles proviennent d'activités nocives, comme l'intensification du pouvoir de monopole ou de l'exploitation des consommateurs. Et c'est ce qui se passe dans l'économie américaine aujourd'hui.

La part du travail et celle du capital diminuent, celle des rentes augmente

Un aspect frappant de la montée de l'inégalité est la diminution de la part du revenu national qui va aux travailleurs (nous l'avons vu au chapitre précédent). Mais la part du capital rétrécit également.

La part du capital est la fraction du revenu national qui va à ceux qui ont épargné et accumulé de la richesse sous forme, disons, de machines et de bâtiments ou de propriété intellectuelle (qu'on appelle parfois capital immatériel). Bien qu'il n'existe aucune source statistique claire à laquelle nous puissions facilement recourir, nous pouvons faire certains calculs sur des bases tout à fait solides. Par exemple, à partir des statistiques du revenu national, nous pouvons déterminer l'augmentation du stock de capital. Un pays peut investir davantage chaque année, mais simultanément une partie du capital ancien s'épuise. Nous pouvons donc évaluer l'ajout net effectué au capital chaque année, et, à partir de là, le montant total de capital dans l'économie à tout instant précis.

Pour estimer le montant total du « revenu du capital », nous multiplions cette valeur du capital par son taux de rendement. Malheureusement, il n'existe, là encore, aucune source simple vers laquelle nous pourrions nous tourner pour trouver le taux de rendement du capital. Les séries statistiques ordinaires sur les rendements *observés* fusionnent le rendement réel du capital – celui de l'épargne et de l'investissement – avec le rendement du pouvoir de marché. Notre objectif ici est de tenter de séparer les deux. En fait, la logique de notre raisonnement est simple. Nous pouvons déterminer facilement le rendement des actifs sûrs – c'est le taux d'intérêt que doivent payer les pouvoirs publics sur les bons d'État. La question est donc : quel est le pourcentage supplémentaire nécessaire pour indemniser le risque, autrement dit la « prime de risque » ? Le rendement « sans risque » du capital a diminué, parce que l'offre mondiale d'épargne en provenance de pays émergents comme la Chine a augmenté ; et sa baisse a été particulièrement nette lorsque est survenue la crise de 2008 : dans le monde entier, les taux d'intérêt «réels» (ce qui veut dire: «ajustés pour tenir compte de l'inflation») sont alors descendus jusqu'à zéro, ou au-dessous. De même, globalement, la prime de risque a diminué, car l'aptitude à gérer le risque s'est améliorée[13]. Si l'on additionne le taux de rendement «sûr» et la prime de risque, on obtient le taux de rendement du capital; et, puisque ses deux composantes sont aujourd'hui moins élevées qu'autrefois, le taux de rendement du capital est plus bas aussi. En multipliant la valeur du capital estimée plus haut par ce taux, on obtient le montant total du revenu du capital.

Le rapport entre le revenu du capital ainsi estimé et le revenu national a nettement diminué. De multiples travaux l'ont confirmé, certains en examinant de près le secteur des entreprises, d'autres en se concentrant sur l'industrie manufacturière, d'autres encore en étudiant l'économie dans son ensemble[14].

Si la part du revenu du travail et celle du revenu du capital ont rétréci toutes les deux, la part des rentes s'est forcément élargie – et de beaucoup. Aux États-Unis, même s'il y a eu une petite hausse de la rente foncière et de celle de la propriété intellectuelle, on voit bien ce qui constitue la source majeure de l'accroissement des rentes: ce sont les profits – les surprofits, au-delà de ceux qu'aurait rapportés une économie concurrentielle[15].

On parvient exactement aux mêmes résultats si l'on aborde le problème sous un autre angle. La richesse nationale est la valeur totale du stock de capital (tel qu'on l'a défini précédemment: les usines, les machines et l'immobilier professionnel et résidentiel), du foncier, de la propriété intellectuelle, etc., dans un pays. Des études ont constaté que, dans les pays les plus avancés, la croissance de la richesse nationale a été de loin supérieure à celle du capital. De fait, dans certains pays, notamment aux États-Unis, le rapport «fortune sur revenu» augmente, alors que le rapport «capital sur revenu» diminue[16]. La différence essentielle entre la richesse nationale et la valeur réelle du stock de capital est la valeur des actifs engendrant des rentes. Elle a énormément augmenté, même en proportion du PIB[17].

Quand nous examinons les diverses sources de la «richesse rentière», nous voyons qu'une grosse composante de son augmentation est la croissance des surprofits issus de l'exercice du pouvoir de marché. Et une large part de la hausse de la valeur capitalisée des profits concerne les compagnies technologiques. Mordecai Kurz, de l'université de Stanford, a montré récemment qu'environ 80 % de la capitalisation boursière des sociétés cotées en Bourse est attribuable aux rentes, ce qui représente près du quart de la valeur ajoutée totale, avec une forte concentration du phénomène dans le secteur de l'information et des télécommunications. Il s'agit d'un changement très net par rapport à la situation d'il y a trente ans[18].

COMMENT EXPLIQUER L'AUGMENTATION DU POUVOIR DE MARCHÉ ET DES PROFITS ?

Cette hausse des profits n'a rien de surprenant. Elle a deux faces, comme une pièce de monnaie. D'un côté, le pouvoir des travailleurs a été saigné à blanc, avec l'affaiblissement des syndicats et surtout la mondialisation, qui sera présentée au chapitre suivant[19]. De l'autre, marché après marché, le nombre de concurrents chute, ou le pourcentage des ventes qui vont aux deux ou trois plus gros acteurs augmente, ou encore ces deux phénomènes se conjuguent. La concentration des marchés s'est accrue[20] – de 1997 à 2012, elle l'a fait dans pas moins de 75 % des secteurs[21] – et, plus les marchés se concentrent, plus il y a de pouvoir de marché[22]. Les grandes entreprises ont usé de ce pouvoir pour augmenter leurs « marges » – c'est-à-dire leurs prix par rapport à leurs coûts[23]. Cela se traduit par de gros profits. Résultat : ces grandes compagnies font main basse sur une part de plus en plus large du revenu national ; et le taux de profit des entreprises atteint des sommets inégalés, puisque, ces derniers temps, leur rentabilité moyenne est passée d'environ 10 % à 16 % en quelques années[24]. Selon une estimation, vingt-huit sociétés seulement sur les cinq cents du S&P 500, l'index boursier de Standard and Poor's, ont reçu 50 % des profits de l'ensemble de ce groupe en 2016. Cela montre que la concentration du pouvoir de marché est plus forte aujourd'hui qu'autrefois[25].

Autres preuves de la concentration accrue et de l'expansion du pouvoir de marché

Notre économie devient moins concurrentielle. Les preuves? Elles nous entourent de toutes parts. Certaines sont évidentes. Nous le voyons dans les choix limités qui nous sont offerts pour la télévision par câble, l'accès à Internet, les services de téléphonie. Trois compagnies ont une part de marché de 89 % dans les réseaux sociaux, de 87 % dans les magasins de bricolage, de 89 % dans la fabrication des stimulateurs cardiaques et de 75 % sur le marché de la bière; quatre détiennent 97 % du marché des croquettes pour chats, 85 % de celui de la confiture et 76 % des revenus des lignes aériennes intérieures[26]. Mais des preuves, il y en a aussi dans de petits marchés de niche, d'un bout à l'autre de l'économie: les aliments pour chiens, les piles électriques, les cercueils[27]. Il arrive parfois que la concentration ne soit pas transparente: une seule et même compagnie possède un gros pourcentage des pharmacies, mais elle les exploite sous des noms différents.

Quand il n'existe qu'une seule compagnie dans une économie, nous disons qu'il y a «monopole». Quand les entreprises sont si nombreuses qu'aucune n'a le moindre pouvoir de fixer le prix, nous disons qu'il y a «concurrence parfaite». Avec la concurrence parfaite, si une société demandait ne serait-ce que légèrement plus que le prix du moment, ses ventes tomberaient à zéro. Dans le monde tel qu'il est, les entreprises ne sont pratiquement jamais assez nombreuses pour que le modèle concurrentiel constitue une approximation, même lointaine, de la réalité. Et les situations où une compagnie n'a aucun concurrent sont très rares. Le monde réel est dans le flou, dans la zone grise entre la concurrence parfaite et le pur monopole. Même avec quelques concurrents, une entreprise peut avoir un certain pouvoir sur ses prix. Si elle les fixe au-dessus de ses coûts de production, elle perd des ventes, mais pas tant que cela – ce choix reste rentable pour elle[28]. En règle générale, moins il y a de concurrents, plus la concurrence est faible et plus les prix sont élevés par rapport aux coûts[29]. La capacité à maintenir les prix au-dessus des coûts reflète un pouvoir de marché.

Face aux critiques contre le pouvoir de marché des géants technologiques, certains émettent une objection: si Google, disent-ils, domine le marché des moteurs de recherche, il n'en est pas moins en concurrence avec Facebook, et *vice versa*, pour les dollars de la publicité. Apple doit rivaliser avec Samsung sur le marché des smartphones. Certes, sur un marché, le pouvoir n'est presque jamais absolu ; il est toujours sous contrainte. Mais prétendre qu'il n'y a *aucun* pouvoir de marché pour la simple raison qu'il y a *un peu* de concurrence est une absurdité. Et du moment qu'il y a un certain pouvoir de marché, il existe un espace pour l'exploitation et pour les surprofits[30].

Le pouvoir de marché se manifeste sous d'autres formes que le haut niveau des prix et des profits – notamment dans la façon dont les entreprises traitent leur clientèle. Pour le règlement des différends, par exemple, beaucoup obligent leurs clients à renoncer à saisir le système judiciaire public, ce qui devrait être le droit de chacun dans une société démocratique. Les voici forcés de s'en remettre à des commissions d'arbitrage opaques, qui favorisent outrageusement les compagnies[31]. De fait, tous ou presque, contre notre gré, nous avons signé une renonciation à nos droits en acceptant une carte de crédit, en ouvrant un compte en banque, en signant un contrat d'accès à Internet ou en optant pour un opérateur de télécommunications : pratiquement tous nous imposent des dispositions semblables. En théorie, la grande vertu d'une économie de marché concurrentielle est de nous laisser choisir. En réalité, sur ce point comme sur beaucoup d'autres, nous n'avons pas le choix[32].

Il y a encore d'autres preuves de l'existence et du poids du pouvoir de marché. Sur un marché concurrentiel, une entreprise ne peut pas facturer à des clients différents le même produit à des prix différents : le prix est déterminé par le coût de production (marginal) et non par la valeur du produit aux yeux du client. Or ce type de discrimination par les prix est devenu courant dans notre économie numérique, comme nous le verrons de plus près au chapitre 6.

L'innovation dans la création du pouvoir de marché

Qu'il y ait eu expansion du pouvoir de marché, c'est indéniable. Il reste donc à se demander pourquoi. J'ai évoqué plus haut les réflexions de Warren Buffett sur la question : le meilleur moyen pour les entreprises de s'assurer durablement des profits consiste à s'entourer de douves qui créent des barrières à l'entrée, car elles évitent ainsi l'érosion de leurs profits par la concurrence qu'auraient créée de nouveaux entrants. Parmi les « innovations » récentes les plus lucratives aux États-Unis, il y a celles qui renforcent la capacité à créer et élargir ces douves, et aident à exploiter le pouvoir de marché qui en résulte.

Dans le modèle économique standard, créer un meilleur produit ne garantit pas des profits durables. D'autres peuvent entrer et faire disparaître ces profits par leur concurrence. Quand le combat sera fini, les entreprises n'auront que le rendement normal de leur capital, le montant juste nécessaire pour les indemniser de l'usage de leur argent et du risque qu'elles prennent. Il ne doit y avoir aucun rendement *en plus*. Bien évidemment, ce résultat ne plaît pas aux entreprises. C'est pourquoi une composante essentielle de la stratégie des compagnies innovantes est la création de barrières à l'entrée – ce que Warren Buffett appelle des douves –, afin que d'autres ne puissent venir les concurrencer et détruire ainsi leurs profits.

Des compagnies comme Microsoft ont été à la pointe de l'innovation en la matière, en inventant de nouvelles formes de barrières à l'entrée et d'habiles moyens de mettre hors jeu des concurrents existants : ces avancées de la fin du XXe siècle s'appuyaient sur les acquis des géants anticoncurrentiels qui les avaient précédées. La saga des guerres entre navigateurs Internet dans les années 1990 est instructive. À l'époque, Netscape était l'un des innovateurs les plus audacieux du secteur. Craignant que ce nouveau venu ne grignote son quasi-monopole sur les systèmes d'exploitation des ordinateurs personnels, la compagnie Microsoft a cherché à le chasser du marché. Elle-même avait développé un navigateur que beaucoup jugeaient de moindre qualité, Internet Explorer. Celui-ci ne pouvait pas vraiment l'emporter par ses propres mérites, mais, grâce à son pouvoir établi sur le marché des systèmes d'exploitation, Microsoft a pu l'imposer de force sur la quasi-totalité des PC aux États-Unis : en joignant son navigateur à son système d'exploitation, ce qui revenait à en faire cadeau. Comment concurrencer un navigateur offert gratuitement ? Cette mesure s'étant néanmoins révélée insuffisante, Microsoft a créé un autre dispositif, FUD (*fear, uncertainty, and doubt* – « peur, incertitude et doute »), sur d'éventuels problèmes d'interopérabilité avec Netscape[33]. Des mises en garde aux utilisateurs leur faisaient craindre que l'installation de Netscape ne nuise au fonctionnement de leur ordinateur. Par ces pratiques anticoncurrentielles et quelques autres, Microsoft a mis son adversaire hors de combat. Au début du XXIe siècle, Netscape n'avait pratiquement plus d'utilisateurs. Même après l'interdiction de ses pratiques anticoncurrentielles par les pouvoirs publics sur trois continents, Microsoft a maintenu sa domination, jusqu'au jour où, finalement, de nouveaux entrants (comme Google et Firefox) ont fait irruption sur le marché des navigateurs.

Aujourd'hui, ce sont les nouveaux géants technologiques qui abusent du pouvoir de marché. Les autorités européennes de la concurrence ont maintes fois constaté que des compagnies s'étaient livrées à des pratiques anticoncurrentielles, par exemple Google, d'abord en favorisant ses propres services dans les recherches sur Internet, puis en abusant de son pouvoir sur le marché des téléphones mobiles. Dans les deux cas, l'Union européenne lui a imposé des amendes record : respectivement 2,8 milliards et 5,1 milliards de dollars.

Il est une autre voie royale pour réduire la concurrence : abuser du système des brevets. Un brevet est une barrière temporaire à l'entrée. Nul n'a le droit de fabriquer un produit identique à un produit breveté. La plupart des Américains, quand ils pensent à l'usage probable des brevets, ont en tête la petite inventeuse qui obtient une protection juridique afin que de grandes compagnies ne puissent lui voler son idée. De nos jours, le tableau est loin d'être aussi simple, et les brevets sont souvent devenus d'efficaces barrières à l'entrée. Beaucoup d'innovations nécessitent aujourd'hui des centaines, voire des milliers de brevets. Et quand une entreprise crée un nouveau produit (par exemple une nouvelle puce électronique), elle risque fort d'empiéter involontairement sur l'un des innombrables brevets en vigueur. Seule une grande compagnie a les ressources nécessaires pour rechercher tous les brevets existants. De plus, les firmes géantes passent souvent entre elles des accords qui leur permettent de partager leurs brevets respectifs, faute de quoi elles seraient engluées dans des procès sans fin. Mais cette situation pose de vrais problèmes aux nouveaux entrants. Ils ne font pas partie du club. Ils savent que, quoi qu'ils fassent, quelles que soient leur inventivité et leur prudence, ils risquent réellement d'être poursuivis en justice. Or ils n'ont pas les ressources financières indispensables pour l'emporter au tribunal. Il est certain que de nombreux innovateurs potentiels sont dissuadés ne serait-ce que de tenter leur chance quand ils pensent aux risques de procès coûteux qui vont les mettre sur la paille, même si l'accusation est sans fondement[34]. La simple menace d'un procès pour violation de brevet suffit à glacer d'effroi une jeune inventeuse.

Une rapide recherche Internet avec les mots clés «violation de brevet» révèle de très nombreux procès, dans les centaines de millions de dollars, entre Qualcomm et Apple, Apple et Samsung, etc. Dans tous ces litiges, les seuls qui sont sûrs de gagner sont les avocats ; les seuls qui sont sûrs de perdre sont les consommateurs et les petites entreprises incapables d'entrer dans la mêlée. Tel est le capitalisme à l'américaine du XXIe siècle.

En matière de pratiques anticoncurrentielles, nos entreprises «innovantes» ne s'en tiennent pas là. Elles ont inauguré de nouveaux types de contrat pour faire jouer à plein leur pouvoir de marché. Dans le secteur des cartes de crédit, par exemple, ces nouveaux contrats ne permettent pas aux commerçants de faire payer un supplément aux clients qui utilisent des cartes très avantageuses pour eux-mêmes – et très onéreuses pour le commerçant. Les compagnies de cartes de crédit ont court-circuité *de facto* la concurrence par les prix[35]. En l'absence de concurrence, les compagnies dominantes (Visa, MasterCard et American Express) peuvent facturer aux commerçants des commissions qui représentent plusieurs fois les coûts de la fourniture du service[36]. Ces sommes seront évidemment intégrées aux prix des biens et services que les gens achètent avec ces cartes. Donc, même quand elles offrent des avantages financiers, il n'est pas certain que leurs clients soient gagnants. Mais une chose est sûre : ceux qui paient en liquide et ne bénéficient pas des rabais fournis par les cartes finissent par subventionner les riches détenteurs de cartes premium, notamment American Express[37]. Au regard du prix d'un achat, 1, 2 ou 3 % peuvent paraître de faibles montants, mais, multipliés par les milliers de milliards de dollars de transactions, ces modestes pourcentages représentent des dizaines de milliards – qui passent directement des poches des consommateurs aux coffres de ces sociétés financières[38].

Chaque secteur d'activité a démontré son inventivité en trouvant son propre moyen de perpétuer le pouvoir de marché. Les compagnies pharmaceutiques ont été particulièrement innovantes pour fermer la porte au nez des producteurs de génériques, qui font baisser les prix, donc les profits de « Big Pharma* ». Autrefois, elles leur versaient simplement des pots-de-vin pour qu'ils n'entrent pas, mais cette méthode a été condamnée, à fort juste titre, pour violation de la législation antitrust[39]. Elles ont donc trouvé des moyens efficaces de prolonger la durée de vie du brevet – pratique qu'on a baptisée *evergreening*[40].

Autre exemple de créativité dans le maintien du pouvoir de marché : la fusion préventive, particulièrement chère aux nouveaux géants technologiques. Elle consiste à racheter des concurrents potentiels avant qu'ils n'aient pu devenir une menace : dans ces conditions, les pouvoirs publics ne s'estimeront pas tenus de vérifier que l'acquisition ne réduit pas la concurrence. Et ces jeunes entrepreneurs sont tout disposés à vendre, souvent pour une somme colossale qui dépasse leurs rêves les plus fous, au lieu de prendre le risque de croiser le fer avec Google ou Facebook[41].

Les autres raisons de l'expansion du pouvoir de marché

Le renforcement du pouvoir de marché a bien d'autres causes que l'inventivité des entreprises pour trouver comment l'instaurer

* Terme désignant collectivement l'industrie pharmaceutique, notamment pour évoquer sa puissance et ses dérives.

et le perpétuer. Il résulte en partie de l'évolution de notre économie, tout simplement. Il y a eu par exemple réorientation de la demande vers des segments où le pouvoir de marché local, fondé sur la réputation locale, est important. Sur un territoire donné, il n'existe peut-être qu'un seul concessionnaire Ford, ou un seul agent de maintenance des tracteurs John Deere. Puisque les clients ramènent leurs véhicules ou leurs tracteurs au concessionnaire pour l'entretien, cela crée une sorte de pouvoir de marché local dont des compagnies comme John Deere tirent une bonne part de leur rentabilité, même si, sur le versant productif de leur activité, la concurrence a fait baisser les prix et les profits.

De même, certains secteurs d'activité où existe ce qu'on appelle un monopole « naturel » prennent davantage d'importance. Les monopoles naturels apparaissent quand la domination d'un marché par une seule entreprise permet des économies de coûts, par exemple dans les situations où les coûts moyens diminuent lorsque l'échelle de la production augmente[42]. Dans chaque localité, il est payant de n'avoir qu'une seule compagnie pour fournir l'électricité ou l'eau. Il y a une centaine d'années, de nombreux secteurs essentiels comme la sidérurgie ou l'automobile étaient dominés par quelques colosses. La concurrence était limitée, parce que les entrants étaient tout bonnement incapables d'atteindre l'échelle nécessaire pour réduire les coûts. Mais la mondialisation a tant élargi le marché qu'elle a changé la donne : bien qu'il soit difficile d'être un constructeur automobile compétitif si l'on ne produit pas au moins plusieurs centaines de milliers de voitures, le marché mondial est si vaste que de nombreuses compagnies peuvent malgré tout parvenir à l'échelle requise[43].

Aujourd'hui, c'est dans la « nouvelle économie » que la concurrence est limitée. Pour une large part de la nouvelle économie innovante, le coût fondamental est celui de la recherche-développement initiale. Lorsqu'on sert un client de plus, le coût supplémentaire est nul[44].

La modification des règles du jeu

Une large part de l'expansion du pouvoir de marché vient de la modification de règles du jeu implicites. Parmi les règles importantes, il y a celles qui visent à garantir que les marchés resteront concurrentiels: les lois antitrust dont nous avons parlé. De nouvelles normes antitrust, moins rigoureuses, ont facilité la création, l'utilisation abusive et l'exploitation du pouvoir de marché[45]. Et notre législation antitrust n'est pas restée au niveau de l'évolution de l'économie.

Le laxisme dans l'application des règles existantes joue aussi un rôle[46]: le nombre d'affaires antitrust portées devant la justice n'a jamais été aussi faible que sous les mandats du président George W. Bush, et Obama n'a pas fait beaucoup mieux. En 2015, les fusions-acquisitions – où des compagnies s'unissent pour devenir encore plus grandes et plus puissantes – ont atteint le chiffre le plus élevé de tous les temps : 4 700 milliards de dollars. Et, si toutes n'ont pas porté atteinte à la concurrence, beaucoup l'ont fait. Avec une politique publique de la concurrence inadéquate, les compagnies qui ont un pouvoir de marché, comme Google, Facebook et Amazon, peuvent l'exploiter à fond, en le renforçant, en l'amplifiant et en l'inscrivant dans la durée.

CROISSANCE ET POUVOIR DE MARCHÉ

Il est facile de voir que le pouvoir de marché aggrave l'inégalité. Mais il joue aussi un rôle dans la faiblesse de la croissance et les piètres performances de l'économie. Le pouvoir de monopole constitue, naturellement, une distorsion de l'économie de marché – il la rend moins efficace[47]. David Baqaee, de la London School of Economics and Political Science, et Emmanuel Farhi, de Harvard, ont récemment publié des estimations qui révèlent l'ampleur du coût qu'il lui impose: éliminer les marges nées de l'absence de concurrence accroîtrait la productivité de l'économie américaine d'environ 40 %[48].

La création de barrières à l'entrée fait partie intégrante du pouvoir de marché. Une économie concurrentielle dynamique se caractérise, au contraire, par l'entrée (et la sortie) d'entreprises, et la proportion de nouvelles entreprises y est en général élevée. Dans l'économie américaine, le pourcentage de jeunes entreprises est inférieur à ce qu'il était autrefois, et bien plus faible que dans beaucoup d'autres pays. Sur ce plan, les États-Unis sont nettement surpassés tant par la « vieille Europe » (par exemple l'Espagne, la Suède et l'Allemagne) que par des pays émergents comme le Brésil. Cela correspond bien au profil d'une économie où la concurrence décline, et où les compagnies qui réussissent parviennent à construire de puissantes barrières à l'entrée – en s'entourant de douves bien larges et profondes[49].

La nette augmentation du pouvoir de marché nuit à la productivité de l'économie. Mais elle peut aussi avoir des effets importants sur la demande des consommateurs. Puisque l'argent passe de la base de la pyramide économique à son sommet, la consommation totale diminue, du simple fait qu'en haut on consomme une moindre part de son revenu qu'en bas, où les gens doivent dépenser pratiquement tout pour vivre.

De plus, l'investissement faiblit, puisque le rendement additionnel que rapporte une production supplémentaire diminue lorsque le pouvoir de monopole augmente. Avec les monopoles, quand on produit plus, il faut baisser les prix, donc la hausse des profits peut être très inférieure à ce qu'elle serait sur un marché concurrentiel, où les prix sont fondamentalement insensibles au niveau de production d'une entreprise. Ce mécanisme contribue à expliquer une anomalie de ces dernières années : alors que les taux de profit ont été très élevés, il y a eu baisse des taux d'investissement (en pourcentage du PIB), qui sont passés de 17,2 % dans les années 1960 et 1970 à 15,7 % en moyenne de 2008 à 2017. Et ce déclin de l'investissement privé augure mal de la croissance future[50].

Un autre effet a déjà été signalé : l'innovation, qui devrait s'orienter vers la création de méthodes plus efficaces pour fabriquer de meilleurs produits, est en fait dirigée vers l'élaboration de meilleurs moyens d'instaurer et de maintenir un pouvoir de marché, afin d'exploiter les consommateurs. Si les sociétés financières ont excellé dans ce domaine, elles ne sont pas les seules : les prix Nobel George Akerlof et Robert Shiller le démontrent puissamment dans leur livre de 2015 *Marchés de dupes : l'économie du mensonge et de la manipulation*[51]. Nous avons signalé, par exemple, les profits que les compagnies du tabac, les groupes pharmaceutiques et les géants de l'alimentation ont tirés de la fabrication de produits addictifs, qui ne sont pas simplement superflus, mais vraiment nocifs.

Nous pensions traditionnellement que des profits élevés étaient signe du bon fonctionnement de l'économie américaine, d'un meilleur produit, d'un meilleur service. Mais à présent nous savons qu'ils peuvent également provenir d'une meilleure méthode pour exploiter les clients, d'un meilleur moyen de discriminer par les prix – de l'extraction d'un « surplus du consommateur » (le supplément que les gens acceptent de payer pour un produit en plus du prix qu'il aurait eu sur un marché concurrentiel). L'effet principal de cette exploitation est une redistribution de revenu : il passe des consommateurs vers les nouveaux super-riches et les entreprises qu'ils possèdent et contrôlent.

LE POUVOIR DE MARCHÉ DES TRAVAILLEURS S'EST AFFAIBLI

L'exploitation par les entreprises de leur pouvoir de monopole n'est que la moitié de l'histoire. Nous sommes aujourd'hui confrontés à la montée d'un autre problème : leur pouvoir de monopsone, leur capacité à utiliser leur pouvoir de marché contre ceux auxquels elles achètent des biens et services, et en particulier leur personnel[52]. Le mot « monopsone » renvoie à une situation où il n'y a sur un marché qu'un seul acheteur, ou un seul employeur. De même qu'il y a peu de marchés à vendeur unique (un monopole), il n'y a guère de marchés à acheteur unique. Quand nous avons parlé de « pouvoir de monopole », nous voulions dire que ces entreprises avaient un pouvoir de marché *significatif*, suffisant pour leur permettre de fixer leurs prix bien au-dessus du niveau concurrentiel et de faire des profits. Nous avons soutenu plus haut que l'évolution de l'économie avait conduit à un renforcement du pouvoir de marché, du moins dans de nombreux secteurs importants de l'économie. De même ici : ce qui nous intéresse est la diminution du pouvoir de négociation des travailleurs, et avec lui de leurs salaires.

Dans le modèle concurrentiel standard, il y a « atomicité » des marchés du travail, et les salaires sont fixés pour égaliser l'offre et la demande de travail. Personne n'a de pouvoir de marché. Le départ d'un employé n'a aucune conséquence pour l'entreprise – il lui suffit de se présenter sur le marché du travail pour trouver un employé identique au même salaire; surtout, le licenciement d'un travailleur n'a aucune conséquence pour lui: il trouve aussitôt un emploi équivalent au même salaire.

Mais ce monde-là n'est pas le nôtre. Lorsqu'un salarié la quitte, il est facile à l'entreprise de lui trouver un remplaçant, peut-être pas vraiment aussi performant, mais presque. En revanche, le travailleur est en général incapable de trouver vite et facilement un emploi équivalent, notamment quand le taux de chômage est élevé. S'il existe un poste disponible, il est peut-être dans une autre ville, ce qui oblige l'intéressé à déménager. Ce changement de lieu est coûteux pour lui et pour sa famille. Rester longtemps sans travail est tout simplement inenvisageable. Il y a le prêt pour la maison, la voiture et d'autres factures importantes à payer chaque mois. Bref, il y a une énorme asymétrie de pouvoir de marché en faveur de l'employeur[53].

Sur le marché des produits (celui des biens et services), le pouvoir de marché permet aux entreprises de fixer les prix au-dessus du niveau qu'ils auraient eu sans lui, et bien au-dessus du coût de production. Sur les marchés du travail, le pouvoir de marché permet aux entreprises de fixer les salaires au-dessous du niveau qu'ils auraient eu sans lui.

Bien que ce soit illégal, nombre de nos grandes compagnies se sont liguées, généralement en secret, pour que les salaires restent bas; et il a fallu les traîner en justice pour que leurs méfaits soient révélés publiquement. Sous Steve Jobs, Apple s'était entendu avec Google, Intel et Adobe: chacun s'abstiendrait de «débaucher» les salariés des autres – autrement dit, ces compagnies avaient décidé de ne pas se concurrencer. Les personnels concernés ont porté plainte contre cette conspiration anticoncurrentielle; l'affaire s'est soldée par le versement de 415 millions de dollars. Disney et un grand nombre de studios de cinéma ont payé une somme colossale pour mettre fin à une procédure judiciaire où ils étaient accusés de conspiration illégale « antidébauchage ». Même les contrats de franchise des fast-foods ont des clauses antidébauchage. La concurrence aurait fait grimper les salaires, et les compagnies le savaient. De nombreux contrats d'embauche comprennent des clauses restreignant la possibilité d'accepter un poste chez un concurrent, et elles ont aussi pour effet de réduire la concurrence et les salaires[54].

Adam Smith, on l'a vu, était conscient des risques de collusion entre compagnies pour faire monter les prix ; il était tout aussi inquiet de les voir faire bloc pour baisser les salaires[55] :

> Les maîtres sont en tout temps et partout dans une sorte de ligue tacite, mais constante et uniforme, pour ne pas élever les salaires au-dessus du taux actuel. [...] Quelquefois les maîtres font entre eux des complots particuliers pour faire baisser au-dessous du taux habituel les salaires du travail. Ces complots sont toujours conduits dans le plus grand silence et dans le plus grand secret.

Il semble avoir parfaitement prévu les menées des chefs d'entreprise du XXIe siècle, tant dans la Silicon Valley qu'à Hollywood.

Autres preuves du pouvoir de marché de l'employeur

Nous voyons chaque jour des preuves de ce pouvoir de marché des patrons : ils offrent à leurs salariés un emploi à temps partiel, alors que ces derniers aimeraient travailler à temps plein, simplement pour éviter qu'ils aient droit à l'assurance maladie ; ils les contraignent à des horaires de travail éclatés (quatre heures le matin, trois heures de pause, quatre heures le soir) ; ils changent leur emploi du temps chaque semaine et ne les en informent que le vendredi soir (on appelle cela « emploi du temps imprévisible », ou *on-call scheduling*, « à la demande »). Nous voyons encore une preuve de ce pouvoir de marché quand l'employeur oblige les travailleurs à effectuer des heures supplémentaires – souvent sans les payer au tarif qui devrait s'appliquer aux heures supplémentaires[56]. Ces politiques patronales sèment le chaos dans la vie familiale et inspirent à chaque salarié un sentiment d'impuissance[57].

Toute une gamme de changements dans les institutions (l'affaiblissement des syndicats[58]), les règles, les normes et les pratiques ont réduit le pouvoir de négociation des travailleurs. Par exemple, lorsque les syndicats négocient un meilleur accord pour le personnel, tous les salariés d'une usine en bénéficient – y compris les non-syndiqués. Mais certains aiment jouer les « resquilleurs » : profiter des acquis du syndicat sans payer de cotisation. C'est pourquoi les syndicalistes négocient souvent ce qu'on appelle des *union shops*[*] : tous les travailleurs sont tenus de cotiser pour financer les syndicats. Dans ces conditions, tous peuvent aussi participer aux votes, par exemple, sur ce que doit être la position de négociation du syndicat, sur les revendications qui sont les plus importantes pour les travailleurs.

Naturellement, les compagnies veulent payer les travailleurs le moins cher possible, donc elles n'aiment pas les syndicats. Elles veulent pouvoir licencier et mettre à pied les salariés à volonté – ce qui garantit leur docilité sur le lieu de travail et les contraint à supporter les coûts des fluctuations économiques. Elles savent qu'un travailleur isolé n'a aucun pouvoir de négociation quand il traite avec l'entreprise et sa direction, alors que collectivement les travailleurs peuvent en avoir[59]. Il est donc naturel que les employeurs veuillent affaiblir les syndicats par tous les moyens dont ils disposent. Une méthode simple consiste à leur compliquer la tâche dans la collecte des cotisations – en encourageant les salariés à « resquiller », à profiter des acquis de l'action du syndicat, comme les hausses de salaire, sans cotiser pour le financer. Et, bien entendu, sans ressources, les syndicats seront moins efficaces pour obtenir ce dont ont besoin les travailleurs. C'est pourquoi, dans de nombreux États, les compagnies ont fait appel aux autorités pour qu'elles votent des textes de loi interdisant les *union shops*. On les appelle les lois « sur le droit de travailler ». Il serait plus juste de dire : « sur le droit de resquiller »[60].

* Les *closed shops* sont les lieux de travail où seuls des syndiqués peuvent être embauchés. Les *union shops* sont une variante de ce système : l'entreprise peut embaucher des non-syndiqués, mais ceux-ci doivent rejoindre rapidement le syndicat.

L'affaiblissement des syndicats n'a pas eu pour seul effet de peser à la baisse sur les salaires des travailleurs[61]. Il a également éliminé la capacité du syndicalisme à faire barrage aux abus patronaux au sein de la compagnie, notamment quand les grands patrons s'octroient des rémunérations exorbitantes aux dépens non seulement des travailleurs, mais aussi des investissements dans l'entreprise, ce qui compromet son avenir. L'« économie du pouvoir compensateur » décrite par John K. Galbraith au milieu du XXe siècle est devenue une économie fondée sur la domination des grandes compagnies et sociétés financières – et plus encore des P-DG et autres hauts dirigeants en leur sein[62].

JUGULER LE POUVOIR DE MARCHÉ : METTRE À JOUR LES LOIS ANTITRUST POUR LE XXIe SIÈCLE

À la fin du XIXe siècle, les États-Unis ont été confrontés à une situation semblable à celle d'aujourd'hui : une expansion du pouvoir de marché et une aggravation de l'inégalité. Le Congrès a réagi en votant une série de textes législatifs pour limiter le pouvoir de marché et ses abus. En 1890, il a adopté le Sherman Antitrust Act, puis, au fil des vingt-cinq années suivantes, d'autres lois qui s'efforçaient d'assurer la concurrence sur le marché. Pourquoi ? Il est important de le rappeler. Parce qu'on était persuadé que les concentrations de pouvoir économique allaient inévitablement conduire à des concentrations de pouvoir politique. La législation antitrust ne reposait pas sur une analyse économique fine. Elle portait en réalité sur la nature de notre société et de notre démocratie[63].

Pendant une période, les lois antitrust ont fonctionné. Les grands monopoles ont été démantelés. Les fusions qui en auraient créé de nouveaux ont été freinées. Mais, dans les décennies qui ont suivi, la politique antitrust est tombée sous la coupe d'une armée de juristes et d'économistes conservateurs qui en ont réduit la portée. Ils se moquaient bien des effets généraux du pouvoir de marché sur notre économie ou sur notre démocratie. Leur seul objectif était d'écarter tous les obstacles aux intérêts d'affaires et aux projets des compagnies.

Quelques professeurs d'économie ont tenté de justifier intellectuellement ce coup de force. À l'université de Chicago, Milton Friedman a réuni autour de lui un groupe d'économistes qui jugeaient inutile de s'inquiéter du monopole, puisque les économies étaient naturellement concurrentielles[64]. Dans une économie innovante, selon eux, le pouvoir de monopole était temporaire, et la lutte pour devenir le monopoliste stimulait l'innovation et améliorait le bien-être du consommateur[65]. Leur précepte cardinal était simple : l'État est mauvais et le secteur privé est bon. Les tentatives d'ingérence de l'État dans les merveilleux mécanismes du marché – fût-ce pour juguler les monopoles – étaient parfaitement superflues et probablement contre-productives. Voilà pourquoi le risque collatéral de juger non concurrentielle une pratique reflétant les voies impénétrables qu'empruntaient souvent les marchés efficients inquiétait plus les autorités antitrust que celui de laisser une vraie pratique non concurrentielle perdurer[66].

L'École de Chicago a exercé une influence démesurée sur notre vie politique et notre système judiciaire. Elle a affaibli la législation antitrust, puisque les tribunaux postulaient d'emblée que les marchés étaient concurrentiels et efficients. Tout comportement apparemment anticoncurrentiel n'était en fait, à leurs yeux, qu'une réaction efficace aux nouvelles complexités du marché. La justice faisait peser une énorme charge de la preuve sur quiconque tentait de faire valoir qu'une entreprise s'était livrée à des pratiques anticoncurrentielles. Comme le résume un ancien cadre de la Federal Trade Commission (l'administration publique chargée de garantir la concurrence) : « Puisqu'il nous faut consacrer toute notre énergie à prouver que l'eau est mouillée, nous n'avons pas les moyens de nous attaquer aux vrais problèmes de concurrence. »

Prenons une forme courante de comportement anticoncurrentiel, la stratégie dite des « prix prédateurs ». Une grande firme bien établie, dominante, baisse ses prix ou prend d'autres mesures pour expulser ses rivaux du marché. Elle perd de l'argent à court terme, mais à long terme elle le récupère, et au-delà. Après l'entrée d'une nouvelle compagnie aérienne fraîchement créée, American Airlines avait coutume d'accroître sa capacité de transport et de baisser ses prix sur une route qu'elle voulait dominer. En général, il ne se passait guère de temps avant que la start-up crie « pouce » et se retire. Une fois qu'elle était partie, American Airlines réduisait la capacité et augmentait les prix. La tactique est habile. Elle s'appelle « prédation ».

Dans la théorie de « Chicago », toute tentative pour porter les prix au-dessus des coûts se heurte instantanément à une déferlante d'entrées de nouvelles firmes (c'est ce qu'elle prétend). Par conséquent, le recours aux prix prédateurs ne rapporterait rien à une entreprise : elle ne pourrait jamais récupérer ses coûts initiaux en fixant les prix, dans un second temps, au-dessus du niveau concurrentiel. Puisqu'ils croyaient dur comme fer aux théories de Chicago, les tribunaux imposaient à quiconque accusait une entreprise de prédation une lourde charge de la preuve – si lourde qu'il est devenu presque impossible d'intenter avec succès un procès pour prix prédateurs[67].

Que devons-nous faire aujourd'hui ? Changer ces *présomptions* fondées sur le postulat de marchés fondamentalement concurrentiels, et les charges de la preuve qui en découlent. Les pratiques anticoncurrentielles – les actions qui réduisent la concurrence sur le marché – doivent être présumées illégales, à moins qu'on n'établisse par des preuves fortes (*a*) que les gains d'efficacité sont importants et qu'une forte proportion bénéficie à d'autres qu'à l'entreprise, et (*b*) qu'on ne pourrait pas les réaliser d'une manière moins anticoncurrentielle[68]. Nous examinerons plus loin plusieurs autres changements de présomptions.

L'État doit aussi recourir plus activement à une gamme d'instruments plus large, au lieu de se contenter de limiter les fusions et de prohiber certaines pratiques anticoncurrentielles. Cela fait bien longtemps qu'il n'a pas démantelé une compagnie dominante comme la Standard Oil, mais il serait peut-être temps de se demander si Facebook doit se désinvestir d'Instagram et de WhatsApp. Il faut interdire les fusions qui aboutissent à des conflits d'intérêts majeurs (un fournisseur d'accès à Internet qui acquiert une entreprise créant du contenu de divertissement, par exemple), et, si elles ont déjà été autorisées, il doit y avoir, là encore, désinvestissement. Dans le même esprit, il faut interdire aux entreprises dotées d'un pouvoir de marché d'entrer dans des activités économiques qui les mettraient en conflit d'intérêts avec leurs clients existants[69]. On appelle parfois ces nouvelles politiques «réformes structurelles».

Une fois établis, on l'a vu, les effets d'un pouvoir de marché peuvent durer très longtemps. Donc, tant qu'un marché concurrentiel n'a pas été restauré, il peut être nécessaire que l'État réglemente pour faire en sorte qu'il n'y ait pas d'abus de pouvoir de marché. L'amendement Durbin à la loi Dodd-Frank sur la réglementation financière, par exemple, a donné autorité au Conseil des gouverneurs de la Réserve fédérale pour encadrer les commissions facturées aux commerçants par les cartes de paiement – tout en laissant non encadrées les commissions encore plus élevées que leur facturent les cartes de crédit[70].

Faire barrage au pouvoir de marché, d'où qu'il vienne

Nous avons besoin d'un nouvel élan pour combattre les excès de pouvoir de marché, partout où ils existent et d'où qu'ils viennent, et tenter de rétablir la concurrence dans l'économie. Abuser d'un pouvoir de marché, de quelque façon qu'on l'ait acquis, doit être considéré comme une violation des lois antitrust. Qu'elles émanent d'un pouvoir de monopole ou de monopsone, les pratiques anticoncurrentielles doivent être interdites par la loi, point final.

Aux États-Unis, lorsqu'une entreprise est parvenue à une position dominante par des moyens légitimes, sans pratiques déloyales contre ses concurrents, elle a toute latitude dans l'usage de son pouvoir de marché – elle pourra imposer non seulement des prix plus élevés, mais aussi des contrats anticoncurrentiels. En Europe, au contraire, une entreprise de ce type peut tout de même être accusée d'abus de pouvoir de marché.

Valeant, grande compagnie pharmaceutique, est la seule fabricante approuvée par la FDA (Food and Drug Administration) du Syprine, médicament hors brevet qui sauve la vie des patients atteints d'une affection rare du foie, la maladie de Wilson. En 2015, elle a utilisé son pouvoir de marché pour augmenter le prix de ce comprimé – en vente dans certains pays pour 1 dollar –, afin que la dose annuelle nécessaire coûte 300000 dollars[71]. Ce n'est qu'un exemple pris sur une longue liste d'abus dans ce seul secteur[72].

La théorie antitrust standard, telle qu'elle s'est constituée, se concentre en général sur les consommateurs, pense à court terme et, nous l'avons dit, présume avec conviction que les marchés sont naturellement concurrentiels. Donc, avec l'idée que se sont faite les tribunaux de l'action prédatrice – l'exclusion des concurrents pour établir une position dominante qui va permettre d'augmenter les prix –, ils se sont concentrés sur les avantages à court terme d'avoir des prix à la consommation plus bas, sans se préoccuper des dégâts à long terme.

Cette perspective court-termiste axée sur le consommateur s'avère aussi problématique quand il s'agit du monopsone. Le gigantisme de la compagnie Walmart lui confère une telle puissance qu'elle peut faire baisser les prix qu'elle paie à ses fournisseurs. Dans les régions où il y a beaucoup de chômage et peu d'employeurs, notamment, elle a le pouvoir de fixer les salaires et les conditions de travail au-dessous de ce qu'ils seraient dans une économie concurrentielle. C'est mauvais pour l'économie, même si elle partage avec ses clients un peu de ce qu'elle gagne grâce à son pouvoir de marché (de monopsone). Envisager le pouvoir de marché sous l'angle de son seul impact sur les consommateurs est donc une erreur. Dans sa quête implacable de profits, Walmart inflige au système économique des distorsions; et ce que gagne cette compagnie (y compris la part qu'elle cède à ses clients) est inférieur à ce que perd le reste de l'économie.

Les fusions

L'évolution de notre économie a lancé d'autres défis à la pratique standard de la lutte antitrust. Traditionnellement, les lois antitrust se sont concentrées sur la création de pouvoir de marché par des fusions et acquisitions. Mais, dans un secteur après l'autre, on a autorisé des fusions alors que la concentration du marché avait déjà atteint un niveau dangereux – le cas des compagnies aériennes et celui des télécommunications l'illustrent bien. Cela suggère qu'il faut durcir les contraintes.

Les entreprises affirment, bien sûr, que les fusions et acquisitions qu'elles proposent vont bénéficier au pays en raison de leurs économies d'échelle et d'envergure* – elles allèguent que des compagnies plus grandes sont plus productives. Mais la vraie raison de nombreuses fusions – tant horizontales (entre des entreprises dont les activités d'affaires sont concurrentes) que verticales (entre une compagnie et l'un de ses fournisseurs ou clients) – est le renforcement du pouvoir de marché. On doit obliger les entreprises à présenter des dossiers plus convaincants sur les gains d'efficacité attendus d'un projet de fusion. Si, après la fusion, les prix des produits augmentent, c'est un signal d'alarme: cela indique que la force motrice de l'opération a été l'expansion du pouvoir de marché[73].

Il faut aussi envisager avec plus de circonspection les conflits d'intérêts qui surgissent en cas de fusion: quand une compagnie d'Internet fusionne avec un fournisseur de divertissement en ligne, par exemple, on peut s'attendre à la voir utiliser son pouvoir de marché pour s'octroyer des avantages aux dépens des fournisseurs de divertissement concurrents, même si elle promet d'être «neutre». Nous aurons une économie plus dynamique et plus concurrentielle si nous proscrivons ces fusions lourdes de conflits d'intérêts inhérents; les gains d'efficacité statique revendiqués ont peu de poids au regard des effets anticoncurrentiels de longue durée[74].

De plus, la réglementation des fusions doit prendre en compte la probable configuration future des marchés. Actuellement, on n'interdit les fusions que lorsqu'il y a une importante réduction de la concurrence *sur le marché tel qu'il existe aujourd'hui.* Mais, dans un secteur dynamique, ce qui compte est l'effet de la fusion sur le marché tel qu'il va vraisemblablement devenir. Les géants technologiques comprennent les règles, et ils ne cessent de feinter le système. Ils se livrent, nous l'avons dit, à des «fusions préventives»: ils achètent des entreprises tôt, quand elles sont encore assez modestes pour échapper à l'examen antitrust, et éliminent

* Les économies d'échelle proviennent de la production d'un même bien en plus grande quantité. Les économies d'envergure proviennent de la production conjointe de plusieurs biens par une seule entreprise quand elle s'avère moins coûteuse que leur production séparée par des entreprises distinctes.

ainsi de futurs défis contre leur domination. Facebook a acquis Instagram (pour 1 milliard de dollars en 2012) et WhatsApp (pour 19 milliards de dollars en 2015 – plus de 40 dollars par utilisateur de la plateforme). Or cette compagnie avait le savoir-faire technologique requis pour construire elle-même des plateformes analogues. Et si elle ne l'avait pas, elle pouvait embaucher des ingénieurs qui maîtrisaient ces compétences. Il n'existe en réalité qu'une seule raison capable d'expliquer pourquoi Facebook était prêt à payer aussi cher : pour étouffer dans l'œuf la concurrence.

Il faut interdire ces fusions préventives. Toute fusion dont on peut raisonnablement penser qu'elle va réduire la concurrence dans l'avenir prévisible doit être prohibée[75].

Nouvelles technologies, nouveaux défis

Même s'il n'y avait eu aucune critique à faire sur l'évolution de la législation antitrust dans la seconde moitié du XXe siècle, il est clair qu'elle n'a pas su rester au niveau des défis lancés par la transformation de notre économie, les nouvelles technologies, les nouveaux contrats et les innovations dans la création et l'extension du pouvoir de marché.

Nous comprenons mieux aujourd'hui, par exemple, comment une série de pratiques et de clauses contractuelles minent la concurrence : si une entreprise dominante garantit qu'elle s'alignera sur le prix de n'importe quel concurrent, cela rend l'entrée d'un rival peu probable – il sait qu'il ne pourra pas gagner. Nous avons évoqué plus haut plusieurs dispositions des contrats de travail qui empêchent la concurrence pour l'embauche des travailleurs[76]. Les clauses d'arbitrage empêchent les salariés et les clients d'obtenir une réparation convenable si l'entreprise se conduit abusivement à leur égard. Les contrats entre commerçants et compagnies de cartes de crédit et entre compagnies aériennes et systèmes de réservation informatisés ont miné la concurrence et abouti à des profits exorbitants. Toutes ces dispositions doivent être vues pour ce qu'elles sont – anticoncurrentielles – et interdites par la loi.

Les géants technologiques savent déployer leur pouvoir sur de nombreux champs de bataille[77]. En faisant miroiter des milliers d'emplois, Amazon a conduit les municipalités dans tout le pays à surenchérir pour obtenir l'installation sur leur territoire de son second siège social – par exemple en lui offrant une fiscalité réduite, ce qui revenait, bien sûr, à transférer le fardeau fiscal à d'autres. Les petites entreprises ne peuvent agir ainsi, donc la puissance d'Amazon lui confère un énorme avantage sur les détaillants locaux. Il nous faut un cadre juridique préventif qui interdise ces courses au moins-disant[78].

Les droits de propriété intellectuelle et la concurrence

Il n'existe qu'un seul domaine où l'État avalise les monopoles : quand il y a octroi d'un brevet, l'innovateur obtient un pouvoir de monopole temporaire. Puisque nous entrons dans une économie fondée sur la connaissance, les droits de propriété intellectuelle (DPI) vont probablement jouer un rôle croissant.

Lorsqu'il y a pouvoir de monopole, le savoir n'est pas utilisé efficacement et les prix sont plus élevés qu'ils ne devraient l'être. Un régime de DPI bien conçu équilibre ces coûts importants et les avantages dynamiques issus des incitations à l'innovation que le système est censé fournir. Mais, ces dernières années, l'équilibre a été rompu : les grandes compagnies ont fait campagne avec succès pour obtenir des changements dans les DPI qui ont accru leur pouvoir de marché – à tel point qu'aujourd'hui on peut même se demander si le régime américain des DPI stimule encore l'innovation ou l'asphyxie[79]. Le prolongement de la durée de vie du copyright en est un exemple évident. Il n'existe aucune preuve que son extension à soixante-dix ans après le décès de l'auteur ait eu le moindre effet positif sur l'innovation. Cette disposition du Copyright Term Extension Act de 1998 a été surnommée l'article « Mickey Mouse » : elle a été puissamment soutenue par Disney, qui contrôlait le copyright de Mickey Mouse. Mais, pour le reste, elle n'avait aucun avantage à offrir à la société, et un coût considérable en termes de libre circulation du savoir[80].

En fait, certaines données indiquent que notre régime actuel de DPI ne se limite pas à faire monter les prix : il étouffe l'innovation. Quand la Cour suprême a décidé que l'on ne pouvait pas breveter les gènes produits par la nature, les conséquences ont été spectaculaires : les tests de recherche d'un gène crucial lié au cancer du sein, qui avait été breveté, sont vite devenus beaucoup moins chers et bien meilleurs[81].

Historiquement, les autorités antitrust ont été sensibles à la capacité des brevets à créer, amplifier et inscrire dans la durée le pouvoir de marché. En 1956, elles ont obligé AT&T à mettre ses brevets dans un fonds commun accessible aux autres. L'une des propositions avancées pour juguler le pouvoir de monopole de Microsoft a été de limiter la durée de vie de ses brevets[82]. En restreignant les droits de propriété intellectuelle par ces méthodes, on pourrait intensifier non seulement la concurrence, mais aussi l'innovation.

Élargir la portée de l'action antitrust : le pouvoir de marché au-delà des produits – le marché des idées

Lorsqu'on examine la concentration des marchés, les médias sont un secteur qui mérite une attention spéciale[83]. Traditionnellement, on mesure l'effet de leur concentration par leur seul pouvoir de marché dans le monde de la publicité, souvent au sens étroit du terme. Des fusions trans-médias (entre chaînes de télévision et presse écrite), qui réduisaient nettement l'accès à des points de vue diversifiés, ont été autorisées pour la simple raison qu'il y avait concurrence sur le marché « pertinent », celui de la publicité. C'est une erreur. Nulle part la concurrence n'est plus importante que sur le marché des idées. La bonne information des citoyens est essentielle au bon fonctionnement d'une démocratie[84]. Si une poignée de grandes compagnies ou de riches contrôlent tous les médias, leurs idées domineront le débat national.

Néanmoins, une large part de l'électorat reçoit son information politique d'un petit nombre de sources, en général des chaînes de télévision. Aujourd'hui, dans trop de localités à travers le pays, un point de vue ultraconservateur domine les médias[85].

La concurrence fait vraiment une différence. Un journal alternatif dans une ville peut imposer des limites au conseil municipal et au journal dominant. De plus, lorsqu'il n'y a qu'un seul média, de riches notables peuvent facilement le capturer. C'est pourquoi, dans les médias, les fusions d'entreprises et les abus de pouvoir de marché doivent être évalués à l'aune de critères encore plus rigoureux que dans les autres secteurs[86].

L'oligopole de l'édition universitaire est un exemple particulièrement injuste de pouvoir de marché. Le chapitre 1 a mis en lumière le rôle central de la connaissance dans l'amélioration de notre bien-être. Les progrès du savoir exigent la diffusion des idées. Mais, dans notre économie marchande, cette diffusion a été pour l'essentiel confiée au marché et a pris la forme d'un oligopole très concentré et très rentable: plus de la moitié des articles scientifiques publiés, et 70 % des travaux en sciences sociales, sortent chez cinq éditeurs seulement. D'où une situation qui ne manque pas de sel. Les éditeurs reçoivent les articles gratuitement (dans certains cas, ils sont même payés pour les publier) ; les recherches que rapportent ces textes sont en général financées par l'État; à la demande des éditeurs, l'essentiel du travail éditorial (la révision des articles) est effectué gratuitement par des universitaires; après quoi les établissements d'enseignement et les bibliothèques (en grande partie financés par l'État) paient les éditeurs. Leurs prix élevés et leurs surprofits signifient, naturellement, qu'il y aura moins d'argent pour financer la recherche[87].

CONCLUSION

Les marchés sont un puissant moyen d'organiser la production des biens et services: cette idée a exercé une influence considérable. Elle a été le socle intellectuel du capitalisme. Mais à présent deux siècles de recherche nous ont conduits à mieux comprendre pourquoi la main invisible d'Adam Smith ne se voit pas: parce qu'elle n'existe pas[88]. Le plus souvent, les incitations des entreprises les poussent à créer du pouvoir de marché, et pas seulement de meilleurs produits. Nous avons vu combien les compagnies américaines ont brillé dans cet exercice. Elles ont utilisé ce pouvoir pour exploiter leurs clients, leurs salariés et le système politique. L'effet net a été de ralentir la croissance, même dans une économie tenue pour innovante. Pis encore: cette croissance plus faible ne bénéficie qu'à une petite minorité. De fait, les dirigeants des compagnies ont même trouvé moyen d'exploiter leurs propres actionnaires, en tirant profit de points faibles dans les réglementations sur la gouvernance d'entreprise pour se verser des rémunérations démesurées[89].

Notre économie a considérablement changé depuis le vote des lois antitrust, et même depuis l'époque où les interprétations de l'École de Chicago l'ont emporté. Notre compréhension de l'économie a changé aussi : aujourd'hui, nous pouvons mieux saisir où le bât blesse dans le cadre juridique existant. Mais les préoccupations politiques et économiques de fond au sujet du pouvoir et de l'exploitation, qui ont inspiré la législation initiale, sont toujours présentes – et même encore plus fortes. Le droit de la concurrence a été trop rétréci, et trop influencé par les présomptions de marché concurrentiel. Nous devons réformer nos lois et nos pratiques antitrust pour intégrer les réalités du XXIe siècle et les acquis de la science économique moderne.

Mais juguler le pouvoir de marché n'est pas seulement une question d'économie. Il ne s'agit pas simplement de la capacité à augmenter les prix, à baisser les salaires ou à exploiter par d'autres moyens les consommateurs et les travailleurs. Le pouvoir de marché, nous l'avons dit et répété, se mue en pouvoir politique : impossible d'avoir une vraie démocratie avec les grosses concentrations de fortune et de pouvoir de marché qui caractérisent aujourd'hui les États-Unis[90]. Et cette situation a des retombées sociétales encore plus vastes : le revers de la médaille du pouvoir est l'*impuissance*. Trop d'Américains se sentent impuissants face à leur compagnie d'assurance maladie, à leur fournisseur d'accès à Internet, aux compagnies aériennes qui les transportent, à leur compagnie téléphonique, à leur banque. Et ils sont en colère. Cela a de lourdes conséquences pour eux individuellement, pour notre vie politique et pour tous les aspects de notre société[91]. Dans d'innombrables domaines, ils n'ont aucun choix : en tant que salariés, par exemple, ou comme clients de leur banque, ils n'ont d'autre choix que de renoncer expressément à leur droit à un procès public en cas de différend ; ils sont obligés, on l'a vu, d'accepter un arbitre favorable à l'entreprise ou à la banque.

Ce chapitre a montré qu'il existe des moyens simples de limiter le pouvoir de marché. Nous avons essentiellement examiné comment rétablir la concurrence sur les marchés des biens et services. Il est nécessaire aussi d'effectuer de grands changements dans notre cadre juridique pour poser des bornes au pouvoir qu'exercent les entreprises sur leur personnel : le plus important est de faciliter l'action collective des travailleurs pour promouvoir leurs intérêts. De même, lorsque les entreprises exploitent les consommateurs, ce qui est très fréquent, ces derniers doivent avoir de meilleurs moyens d'agir ensemble pour réclamer réparation. Il faut donc faire exactement le contraire de ce qu'ont fait les tribunaux et le Congrès quand ils ont rétréci le champ des recours collectifs en justice[92]. Nous devons également restreindre le pouvoir qu'ont les chefs d'entreprise de promouvoir leurs intérêts personnels aux dépens des autres parties engagées dans le développement futur de la compagnie, en particulier ses actionnaires, ses salariés et les localités où elle opère[93]. Pour y parvenir, il faut notamment accroître la transparence, et donner plus largement à ces parties voix au chapitre dans la prise de décision[94].

Dans toutes ces réformes, nous ne cherchons pas la perfection. Nous cherchons à juguler les pires excès du capitalisme américain du XXIe siècle. Les présidents Carter et Reagan, et ceux qui les ont suivis, ont réécrit les règles du capitalisme de telle façon que nous avons une économie plus instable, moins efficace et plus inégalitaire – une économie caractérisée par l'omniprésence du pouvoir de marché[95]. L'heure est venue de réécrire à nouveau ces règles. C'est un défi redoutable, parce qu'il passe par la politique, et que notre inégalité économique s'est traduite en inégalité politique. Nous y reviendrons dans la seconde partie. Mais d'abord, voyons comment la mondialisation et la financiarisation de notre économie ont contribué à créer du pouvoir de marché et de l'exploitation – et comment l'évolution technologique risque fort d'aggraver les choses.

CHAPITRE 4

L'Amérique en guerre contre elle-même sur la mondialisation

La mondialisation est au cœur de la crise économique américaine. D'un côté, ses adversaires la rendent responsable des malheurs de la classe moyenne en Amérique. Selon le président Trump, nos négociateurs commerciaux se sont fait berner par les habiles diplomates des autres pays. Nous avons signé de mauvais traités de commerce qui ont fait disparaître les emplois industriels américains[1]. Cette critique de la mondialisation a rencontré un immense écho, notamment dans les régions du pays qui ont vécu la désindustrialisation.

En face, les défenseurs de la mondialisation clament que tout cela est parfaitement absurde. L'Amérique a bénéficié de la mondialisation. Les politiques protectionnistes mettent en danger tout ce que nous avons gagné par le commerce extérieur. En fin de compte, disent-ils, même ceux qui ont perdu leur emploi à cause de la mondialisation, ou qui ont vu leur salaire s'effondrer, ne gagneront rien au protectionnisme. Ils y perdront, eux, les États-Unis, et le monde entier. À en croire ces partisans de la mondialisation, le coupable de la désindustrialisation et du malaise américain est ailleurs : la source réelle des pertes d'emplois et de la baisse des salaires des travailleurs non qualifiés est le progrès technologique. Condamner la mondialisation est une erreur judiciaire.

Depuis plus de vingt ans, je critique la façon dont la mondialisation a été gérée – mais d'un point de vue totalement différent. De mon poste d'observation d'économiste en chef à la Banque mondiale, c'était évident: dans le jeu mondial, les dés étaient pipés – non pas contre, mais *en faveur* des États-Unis et des autres pays avancés, et aux dépens des pays en développement. Les accords de commerce étaient injustes – parce qu'ils avantageaient les États-Unis et l'Europe au détriment des pays en développement.

Bernés, nos négociateurs commerciaux? C'est ridicule: nous avons obtenu pratiquement tout ce que nous voulions dans les négociations commerciales de la fin du XXᵉ siècle[2]. Contre l'opposition des représentants des pays en développement, nous nous sommes assuré des protections fortes de la propriété intellectuelle – qui protégeaient la propriété intellectuelle des pays avancés, mais pas celle des pays en développement. Nous avons réussi à imposer à des pays d'ouvrir leurs marchés à nos sociétés financières – et même d'accepter les dérivés et autres produits à haut risque qui ont joué un rôle central dans notre propre effondrement financier.

Les travailleurs américains ont été désavantagés, c'est vrai. Les moins qualifiés, en particulier, ont vu leurs salaires baisser, et la mondialisation y est pour quelque chose. Mais l'une des raisons, c'est que les négociateurs américains ont obtenu ce qu'ils voulaient. Le problème, c'est la façon dont nous avons géré la mondialisation, et c'est ce que nous voulions. C'est bien simple: les accords de commerce ont servi les intérêts des grandes entreprises au détriment des travailleurs de tous les pays, développés ou en développement. Nous n'avons pas fait, en tant que pays, ce que nous aurions dû faire pour aider les travailleurs que la mondialisation frappait. Nous aurions pu faire en sorte que la mondialisation profite à tous, mais la cupidité des entreprises était trop forte. Les gagnants ne voulaient pas partager leurs gains avec les perdants. En fait, elle leur plaisait bien, cette pression à la baisse sur les salaires, quand les travailleurs américains ont été mis en concurrence avec ceux des pays en développement. Elle grossissait encore plus leurs profits.

On pourrait avoir l'impression que, le président Trump et moi, nous sommes du même côté de la barrière dans la bataille contre la mondialisation, mais c'est faux. Fondamentalement, je crois à l'importance de l'état de droit – d'un système fondé sur des règles pour régir le commerce international. Nous avons besoin d'un état de droit dans notre économie – sans quoi aucune société ne peut fonctionner. De même, il nous faut un système international fondé sur des règles[3]. Trump, lui, veut revenir à la loi de la jungle : lorsqu'il y aura un différend commercial entre deux pays, ils vont « en découdre » et le plus fort gagnera. Puisque nous sommes plus forts que chacun des autres pays, se dit-il – bien à tort –, nous gagnerons tous ces combats et nous créerons ainsi un régime commercial international entièrement au service des intérêts américains. Deux points cruciaux lui échappent. Le premier : pourquoi un pays étranger entrerait-il dans ce système pour se faire exploiter, au lieu d'aller commercer et nouer des liens économiques avec des partenaires qui se comportent et traitent les autres décemment ? Le second : les autres pays peuvent s'entendre entre eux, et ils le feront. Certes, nous avons à peu près le même poids économique que la Chine ou l'Europe (même si l'économie chinoise devrait sous peu dépasser la nôtre de plus de 30 %) ; mais si elles se liguent toutes les deux contre nous – ou si de vastes populations dans le « tiers monde » se joignent à l'une ou à l'autre –, notre apparente supériorité disparaîtra vite.

Trump a tort de mettre tous les maux du pays sur le compte de la mondialisation – qu'il déclare les règles commerciales injustes ou les migrants indésirables –, mais les défenseurs de la mondialisation ont tort aussi de prétendre qu'elle n'a joué aucun rôle dans les épreuves des vastes composantes de la population qui ont vu leurs revenus stagner ou baisser, et que seul le progrès technologique est à blâmer. Le vrai coupable, en réalité, c'est nous : nous avons mal géré les conséquences des deux – de la mondialisation et du progrès technologique. Si nous les avions bien gérées, les deux auraient pu apporter les bienfaits promis par leurs partisans.

Il nous faut de meilleures règles internationales, plus justes. Mais ce dont l'Amérique a surtout besoin, c'est une meilleure gestion des changements provoqués tant par la mondialisation que par la technologie. Il y a une autre voie : le programme progressiste que j'expose plus loin dans ce livre.

Ce chapitre explique brièvement pourquoi la mondialisation n'a pas tenu ses promesses, et pourquoi le président Trump n'a fait qu'aggraver les choses. J'esquisse une autre forme de mondialisation, qui fonctionnera mieux tant pour les pays riches que pour les pays pauvres, et tout particulièrement pour les travailleurs des deux côtés – mais pas nécessairement pour les grandes multinationales qui ont fait main basse sur l'ordre du jour de la mondialisation.

LES SOUFFRANCES CAUSÉES PAR LA MONDIALISATION

La mondialisation a touché à la fois l'emploi et les salaires. C'est sur les travailleurs peu qualifiés qu'il est le plus simple de voir ses effets. Quand un pays avancé comme les États-Unis importe des biens à forte intensité de main-d'œuvre, qui demandent peu de qualifications, la demande de travail non qualifié aux États-Unis diminue, pour une raison simple : nous fabriquons moins de produits de ce type sur notre territoire. Pour qu'il y ait plein emploi, les salaires des travailleurs non qualifiés – ajustés pour tenir compte de l'inflation – doivent baisser[4]. Et s'ils ne baissent pas assez, le chômage augmente. C'est aussi simple que cela. Quiconque croit à la loi de l'offre et de la demande devrait comprendre pourquoi la mondialisation frappe les travailleurs peu qualifiés (en l'absence de programmes publics pour remédier à ses effets).

Il en va de même pour la main-d'œuvre en général : les États-Unis importent des biens intensifs en main-d'œuvre, donc la libéralisation des échanges commerciaux (qui ouvre les marchés américains aux produits étrangers en réduisant les droits de douane et d'autres obstacles au commerce) réduit la demande globale de main-d'œuvre, et par là même réduit aussi les salaires (réels) d'équilibre. Là encore, si les salaires ne diminuent pas, l'emploi le fera.

Les défenseurs du commerce extérieur affirment qu'il augmente le PIB d'un pays, car celui-ci profite de son avantage comparatif (qu'il le doive à sa spécialisation ou à ses ressources naturelles), après quoi, on ne sait comment, par un profond mystère, tout le monde s'en trouve mieux – autre exemple de la croyance dans l'économie du ruissellement. Même si le pays en bloc s'en trouve mieux, cela veut seulement dire que tous ses habitants *pourraient* vivre mieux ; les gagnants pourraient partager leurs gains avec les perdants afin que tout le monde soit bénéficiaire ; mais cela ne signifie pas qu'ils *vont* le faire – et, dans le capitalisme égoïste à l'américaine, ils ne le feront pas.

De plus, les défenseurs de la mondialisation soulignent que les exportations créent des emplois, mais ils se gardent de mentionner le nombre d'emplois que détruisent les importations. Si le commerce extérieur est à peu près équilibré et que les importations sont à plus forte intensité de main-d'œuvre que les exportations, le résultat net est que le commerce extérieur détruit des emplois.

On peut réagir par la politique monétaire, en diminuant les taux d'intérêt : si cette baisse des taux accroît l'investissement ou la consommation, le plein emploi sera peut-être rétabli. Mais parfois la politique monétaire ne fonctionne pas, ou du moins pas assez pour parvenir au plein emploi. Cela contribue à expliquer pourquoi, après l'admission de la Chine à l'OMC en 2001, le chômage a augmenté et les salaires ont baissé dans les régions américaines qui produisaient des biens en concurrence avec ceux qu'on importait de Chine en nombre toujours croissant[5].

Même si les politiques monétaire et budgétaire *finissent* par ramener l'économie au plein emploi, c'est souvent à court terme que la mondialisation détruit des postes de travail : les pertes d'emplois provoquées par une déferlante d'importations ont lieu plus vite que les créations d'emplois dues à des exportations supplémentaires, notamment quand les banques rechignent à prêter aux jeunes entreprises qui cherchent à profiter des nouvelles occasions offertes par un accord commercial fraîchement signé[6].

De plus, les traités de commerce et les lois fiscales ont de fait encouragé les entreprises à transférer la production industrielle hors de nos frontières, ce qui a détruit des emplois sur notre territoire. Non seulement les impôts sont plus faibles à l'étranger, mais nos accords commerciaux, en règle générale, y donnent aussi aux entreprises américaines des droits de propriété plus sûrs que ceux dont elles jouissent dans leur propre pays[7]. Ces traités protègent très souvent les compagnies contre les changements de réglementation publique – protection dont elles ne bénéficient pas aux États-Unis. Si la modification d'une réglementation nuit au résultat financier présent ou futur d'une entreprise, aux termes des dispositions des accords habituels sur l'investissement, elle peut porter plainte, et sa plainte sera entendue par une commission d'arbitrage amie des milieux d'affaires[8]. Historiquement, l'une des raisons pour lesquelles des compagnies s'installaient aux États-Unis, et non dans un pays en développement où les salaires étaient tellement plus bas, c'est qu'elles s'y sentaient « en sécurité ». Le gouvernement n'allait pas confisquer leurs biens sur un coup de tête. La sécurité des droits de propriété a été l'un des atouts maîtres de notre pays. Mais ces accords commerciaux ont changé la donne. Un investisseur américain qui place son argent au Mexique ou dans un autre pays couvert par des dispositions semblables est *mieux* protégé : non seulement le gouvernement étranger ne peut pas lui prendre ses biens sans l'indemniser, mais il ne peut même pas changer une réglementation. En revanche, le gouvernement américain peut changer ses réglementations sans lui verser la moindre indemnité. Les États-Unis ont donc abandonné l'avantage institutionnel capital que leur conféraient leur état de droit et la sécurité des droits de propriété.

Pourquoi un pays renoncerait-il si allègrement à une si large part de son avantage comparatif ? Les grandes compagnies réclamaient ces dispositions, parce qu'elles étaient dans leur *intérêt à court terme*. Ces articles des traités leur assuraient une main-d'œuvre meilleur marché non seulement à l'étranger, mais aussi aux États-Unis, puisqu'ils affaiblissaient le pouvoir de négociation des travailleurs. La menace d'une délocalisation des entreprises à l'étranger en devenait d'autant plus crédible. Si les compagnies voulaient modifier le rapport de forces au détriment des travailleurs, elles n'auraient pu choisir un meilleur moyen de le faire[9].

La mondialisation nuit aux simples citoyens américains d'une autre façon : en privant le pays de recettes fiscales. Les compagnies ont réussi à obtenir que leurs profits ne soient pas taxés deux fois – dans les pays étrangers où elles opèrent et aux États-Unis. Mais rien n'a été fait pour garantir qu'ils le soient au moins une fois. La mondialisation a permis aux grandes entreprises de jouer les pays les uns contre les autres. Elles ont persuadé les gouvernements que, s'ils ne réduisaient pas leurs taux d'imposition sur les sociétés, elles se relocaliseraient à l'étranger. Et certaines entreprises au pied léger l'ont vraiment fait, ce qui a donné une certaine crédibilité à l'argument[10]. Bien entendu, dès qu'elles ont obtenu une baisse de l'impôt sur les sociétés dans un pays, les compagnies se tournent vers d'autres pays et leur disent que, s'ils n'en font pas autant, elles s'en iront. On comprend qu'elles adorent cette course au moins-disant[11].

Nous devons réduire le taux de l'impôt sur les sociétés pour rester compétitifs avec les autres : cet argument a été invoqué par les républicains quand ils ont ramené ce taux de 35 % à 21 % en 2017[12], comme il avait été utilisé précédemment, en 2001 et 2003, pour justifier la baisse des taxes sur les plus-values et sur les dividendes. Les réductions d'impôts antérieures n'ont pas fonctionné – elles n'ont accru ni l'épargne, ni l'offre de travail, ni la croissance[13] –, et rien n'incite à penser que celles de 2017 seront plus efficaces. En fait, on a des raisons de croire qu'à cause de ces réductions d'impôts les revenus des Américains seront inférieurs dans dix ans[14]. Ce qui compte réellement pour attirer les entreprises, ce sont des facteurs comme une main-d'œuvre très instruite et de bonnes infrastructures, et pour en avoir il faut des impôts. Les grandes compagnies veulent « resquiller » : elles espèrent que d'autres financeront ces investissements publics de base et qu'elles en profiteront gratuitement.

Comme si cette course au moins-disant n'était pas assez lamentable, les entreprises ont profité d'obscures dispositions des lois fiscales – généralement introduites dans ces textes par leurs lobbyistes – pour faire chuter leurs impôts effectifs toujours plus bas, bien au-dessous du taux d'imposition «officiel» et parfois tout près de zéro. D'où l'effondrement du taux effectif de l'impôt sur les sociétés pour les multinationales aux États-Unis (le pourcentage de leur profit total qu'elles ont vraiment payé au fisc) : en 2012, il représentait à peine plus de la moitié du taux maximum officiel[15]. Google et Apple ont prétendu qu'une part colossale de leurs profits venait d'une poignée d'employés qui travaillaient en Irlande, et ces profits ont été imposés à 0,005 %[16]. Il serait assez simple d'éliminer ces failles du système, et c'était la promesse initiale de la loi fiscale de 2017. Comme c'étaient les grandes compagnies qui tenaient la plume pour la rédiger, il n'en a rien été. En réalité, la loi a aggravé la situation. Jusque-là, il existait une disposition, l'impôt minimum de remplacement, qui limitait le degré auquel les grandes entreprises pouvaient arnaquer le fisc. Il aurait fallu durcir ce mécanisme. On l'a supprimé.

Mais, pour nos grandes compagnies et nos ultrariches, les taux faibles et les failles béantes ne suffisaient pas. Des «paradis fiscaux», des refuges où règne le secret, comme Panama et les îles Vierges britanniques, ont été créés pour leur permettre de fuir le fisc par évasion ou évitement[17]. Il serait facile de les fermer. Il suffirait de déconnecter leurs banques du système financier américain tant qu'elles n'auraient pas accepté la transparence et les autres réglementations qui s'appliquent aux sociétés financières des États-Unis. Économiquement, cette mesure et les autres réformes exposées ici ne posent aucun problème : la difficulté, nous l'avons dit et répété, c'est la politique, l'influence des riches, qui feront tout pour conserver leurs «avantages acquis». Les banques américaines et européennes ont aidé à créer ces paradis fiscaux, dans le cadre des «services» qu'elles offrent à leurs clients riches, et à elles-mêmes[18].

La vraie coupable est-elle la mondialisation ou la technologie ?

Les défenseurs de la mondialisation, on l'a vu, accusent les changements technologiques d'être à l'origine des baisses de salaires et des pertes d'emplois. La technologie peut réduire la demande de main-d'œuvre, notamment faiblement qualifiée, et cette réduction peut faire chuter les salaires et grimper le chômage[19]. Quelle est la part exacte de la hausse du chômage ou de la baisse des salaires qui s'explique par la mondialisation? De nombreux économistes ont tenté de la déterminer. Mais les deux facteurs s'entremêlent à tel point que les distinguer me paraît fondamentalement impossible. L'observation essentielle, la voici: même s'il n'y avait eu aucun changement dans les technologies, la mondialisation aurait fait à elle seule des ravages chez les travailleurs américains – en l'absence d'aide de l'État. Et, dans une période où les mutations technologiques les mettaient à si rude épreuve, la mondialisation a encore aggravé leurs malheurs.

Néanmoins, au lieu d'aider les travailleurs, l'État, en particulier aux États-Unis, a fait à bien des égards le contraire. La mondialisation affaiblissait leur pouvoir de négociation, mais ensuite la législation sur les syndicats et les droits des travailleurs l'a dégradé encore plus. Une hausse du salaire minimum au même rythme que la croissance économique aurait pu protéger les plus mal lotis, mais non: on ne l'a même pas augmenté au rythme de l'inflation[20]. Bref, la politique, la technologie et la mondialisation sont inextricablement liées dans la genèse des problèmes d'aujourd'hui. Il est hors de doute que l'impuissance des syndicats face aux forces de la technologie et de la mondialisation les a considérablement affaiblis – pourquoi payer des cotisations à des organisations syndicales qui ne peuvent même pas empêcher les salaires réels de baisser? L'affaiblissement des syndicats a contribué au déséquilibre des accords commerciaux et à la stagnation du salaire minimum. Il n'y avait personne pour défendre les travailleurs, personne pour faire contrepoids à l'énorme influence des grandes compagnies. Les traités commerciaux ont été à la fois un reflet et une cause du déséquilibre croissant du rapport de forces économique. La façon dont on a géré la mondialisation a retourné le couteau dans la plaie: elle a redoublé la souffrance des travailleurs en proie à la désindustrialisation d'origine technologique.

LES ACCORDS COMMERCIAUX DU XXIe SIÈCLE

Dans les soixante dernières années, les droits de douane ont été considérablement réduits. Aujourd'hui, les négociations commerciales se concentrent en général sur d'autres questions, notamment les réglementations et autres obstacles au commerce «non tarifaires»[21], la propriété intellectuelle et l'investissement. Le Partenariat transpacifique (TPP) couvrant 44 % des échanges mondiaux, qui a été signé en 2016, mais que Trump a abandonné le premier jour de son mandat, en est une belle illustration. Comme le suggérait l'omission du mot dans son nom, le «commerce», au sens traditionnel du terme, n'était pas au cœur de ce traité[22]. Après mise en application complète, son effet net sur la croissance américaine n'aurait été que de 0,15 % du PIB, à en croire les propres estimations du gouvernement américain. Selon d'autres évaluations moins tendancieuses, même ce faible pourcentage était une exagération grossière[23].

Si le TPP et les autres accords récents ne portent pas essentiellement sur le commerce, de quoi parlent-ils ? D'investissement, de propriété intellectuelle, de réglementations – autant de problèmes qui préoccupent les entreprises. Le combat autour de ces nouveaux enjeux est nettement différent du conflit traditionnel dans les négociations commerciales sur les droits de douane. À l'époque, la lutte autour d'une réduction des droits de douane dressait les producteurs d'un pays (qui voulaient être protégés) contre ceux d'un autre (qui voulaient pouvoir pénétrer un nouveau marché), avec les consommateurs dans le rôle de grands bénéficiaires d'une baisse des prix. Aujourd'hui, il est fréquent que le conflit ne se situe pas entre intérêts commerciaux dans un pays et dans un autre, mais entre les consommateurs et les intérêts commerciaux dans les deux pays. Les citoyens veulent être protégés contre les produits dangereux et malsains qui sont mauvais pour l'environnement ; les entreprises du monde entier veulent simplement maximiser leurs profits, et les moins scrupuleuses exigent que l'État leur prête main-forte dans cette bataille, ce qui déclenche une autre course au moins-disant. Lorsqu'il est question d'harmoniser les réglementations (d'avoir des «normes» communes), cela veut dire en général harmoniser par le bas – le plus bas possible. Les avantages de ce type d'harmonisation sont au mieux limités, et leurs coûts peuvent être importants, notamment quand les grandes compagnies obtiennent ce qu'elles veulent et que la norme commune est de bas niveau. Beaucoup d'Européens s'inquiètent des organismes génétiquement modifiés (OGM) dans l'alimentation. Ils veulent qu'on les interdise, ou, au strict minimum, qu'on les signale par un étiquetage clair et net. Les États-Unis disent que cette mention va dissuader les Européens d'acheter des produits américains – et ils ont raison. Par conséquent, ils concluent que cet étiquetage est un obstacle au commerce. Mais là, ils ont tort: chaque pays doit avoir le droit de protéger ses citoyens, son environnement et son économie par les moyens qu'il juge appropriés. L'*intention* de ces mesures de transparence sur les OGM n'est pas le protectionnisme; elles répondent à d'authentiques préoccupations des citoyens européens. De même, un axe majeur de la politique commerciale américaine dans le dernier quart de siècle a été de forcer les pays à ouvrir leurs marchés aux dérivés (les produits financiers qui ont joué un rôle central dans le krach de 2008) – afin d'accroître les profits des sociétés financières américaines, et même si ces produits font courir de terribles risques aux économies des pays en question. Quand ils imposent des restrictions sur les dérivés, l'intention de nombreux pays n'est pas le *protectionnisme*, c'est la protection de leurs économies contre un produit financier réellement dangereux. J'estime que les États doivent avoir le droit de mettre en place ce type de protections, et je sympathise avec les pays opposés aux accords commerciaux qui tentent de les empêcher de le faire.

La propriété intellectuelle

Parmi les enjeux importants du commerce international aujourd'hui, il y a la propriété intellectuelle. «Big Pharma» – les industriels qui produisent les coûteux médicaments de marque – a essayé d'utiliser les dispositions des accords commerciaux sur la propriété intellectuelle pour faire barrage aux médicaments génériques, bien moins onéreux: elle fait tout ce qu'elle peut, par exemple, pour imposer un délai à l'entrée de ces concurrents sur le marché.

Un accord international fort sur la propriété intellectuelle était le rêve des multinationales, et en 1995 elles ont obtenu en partie ce qu'elles voulaient avec l'accord sur les «aspects des droits de propriété intellectuelle qui touchent au commerce» (ADPIC)[24]. Son objectif n'était pas d'aiguillonner l'innovation. Nous avons vu au chapitre 3 que les droits de propriété intellectuelle engendrent un pouvoir de monopole qui gonfle les profits, et que les régimes de DPI mal conçus ne stimulent même pas l'innovation. L'accord ADPIC visait en fait à grossir les profits de Big Pharma et des entreprises de quelques autres secteurs[25]. Il s'agissait de créer un flux financier garanti qui irait des pays pauvres et des marchés émergents vers les États-Unis[26]. Donc, bien évidemment, ce n'était pas un accord équilibré, même dans le champ de la propriété intellectuelle ; il ne reconnaissait pas la propriété intellectuelle des pays en développement – ni sur les ressources génétiques que renfermait leur riche biodiversité, et que nombre d'entre eux faisaient de gros efforts pour préserver, ni sur leur savoir traditionnel[27].

LE PROTECTIONNISME N'EST PAS LA BONNE RÉPONSE

Bien que la mondialisation, et tout particulièrement la libéralisation mal gérée des échanges internationaux, ait contribué à la désindustrialisation, au chômage et à l'inégalité, les mesures protectionnistes de Donald Trump ne résoudront aucun de ces problèmes. En fait, avec sa politique irréfléchie de démantèlement du système mondial fondé sur des règles, il risque fort d'en aggraver certains. Renégocier les accords commerciaux n'aboutira ni à la réduction du déficit commercial, ni au retour des emplois industriels. Pour une raison simple: le déficit commercial est essentiellement déterminé par des facteurs macroéconomiques, pas par les traités de commerce. Ces facteurs macroéconomiques déterminent le taux de change – qui est simplement la valeur d'une monnaie exprimée dans une autre – et le taux de change est l'élément crucial qui détermine le volume des exportations et des importations. Quand la valeur du dollar est élevée, nous exportons moins et importons plus[28].

Lorsqu'un pays, comme les États-Unis, épargne si peu que même ses maigres investissements sont supérieurs à son épargne, il doit importer des capitaux de l'étranger pour financer la différence. Quand des capitaux entrent dans un pays, le taux de change de la monnaie locale monte, puisque les investisseurs convertissent leurs devises dans cette monnaie. Donc, lorsque des capitaux arrivent aux États-Unis, le dollar monte par rapport, disons, à l'euro. Les biens et services américains deviennent alors plus chers pour l'Europe, ce qui provoque une baisse proportionnelle des exportations américaines. Et les produits européens deviennent moins chers, donc les États-Unis en importent davantage. Le nœud du problème est là: puisque les États-Unis importent davantage, des emplois disparaissent dans le secteur qui est en concurrence avec les importations. C'est ce qui provoque la demande de «protection» – une protection contre les importations étrangères, soit en limitant leur volume autorisé, soit en les taxant (en leur imposant des droits de douane). Sur des marchés très concurrentiels, même de faibles droits de douane peuvent exclure de fait les vendeurs étrangers[29].

Puisque le déficit commercial global est juste égal à la différence entre une épargne intérieure insuffisante et l'investissement intérieur*, les politiques qui comptent pour déterminer le déficit commercial sont celles qui modifient le volume global de l'investissement national ou celui de l'épargne nationale. C'est pourquoi la loi fiscale de 2017 aura plus d'effet sur ce déficit que n'importe quel traité de commerce bilatéral. Le mécanisme est clair. Quand la loi fiscale de 2017 a été votée, elle a énormément accru le déficit futur de l'État, donc accru simultanément le volume de capitaux que les États-Unis devront, en définitive, importer de l'étranger pour le financer. L'importation de ces capitaux va faire monter la valeur du dollar (par rapport à ce qu'elle aurait été sans cet afflux), donc elle va accroître aussi le déficit du commerce extérieur. C'est une relation simple: une augmentation du déficit budgétaire conduit très généralement à une augmentation du déficit commercial[30]. Et ce sera vrai quels que soient les succès de Trump dans ses négociations de traités de commerce.

* Dans l'équilibre de la balance des paiements, le déficit commercial est compensé par des flux entrants de capitaux de valeur égale, qui s'ajoutent à l'épargne intérieure pour donner l'investissement intérieur.

Les accords commerciaux comptent, bien sûr, mais pour la structure du commerce extérieur plus que pour le déficit commercial. Les changements de structure des échanges extérieurs modifient le déficit commercial *bilatéral* (celui qui existe entre deux pays précis), mais laissent largement inchangé le déficit commercial *multilatéral* (le montant total du déficit, la différence entre la valeur totale des exportations des États-Unis et celle de leurs importations). Si les États-Unis imposent, disons, des droits de douane de 25 % à la Chine, ils importeront moins de vêtements de Chine et davantage d'un autre pays, la Malaisie par exemple. Et puisque les vêtements malaisiens comparables sont un peu plus chers que ceux qui sont confectionnés en Chine (s'ils ne l'étaient pas, nous importerions déjà nos vêtements de Malaisie), le coût de l'habillement aux États-Unis va augmenter. Le niveau de vie des Américains va donc diminuer.

Notons bien, car c'est important, que, indépendamment du succès de Trump dans ses renégociations d'accords commerciaux, le retour d'une production industrielle aux États-Unis sera probablement limité[31]. Même si la production revient, ce sera dans des usines à très forte intensité en capital, qui ont peu d'ouvriers. Et rien ne dit que les nouveaux emplois seront localisés aux mêmes endroits que les emplois perdus. Le protectionnisme ne va donc pas résoudre le problème de ceux qui ont perdu leur travail dans l'industrie.

Prenons le nouveau traité de commerce entre les États-Unis, le Canada et le Mexique. Il est conçu pour conduire à une légère baisse des importations de pièces détachées automobiles en provenance du Mexique. Même si ses dispositions fonctionnent comme prévu, les voitures américaines deviendront plus chères et moins attrayantes. Peut-être gagnerons-nous quelques emplois de plus dans la production de pièces détachées, mais nous en perdrons dans la construction automobile, parce que les ventes de voitures construites aux États-Unis vont diminuer.

Autre exemple : les droits de douane imposés avec éclat par les États-Unis sur les panneaux solaires chinois en 2018. Ils ne vont pas relancer les mines de charbon. Il est même fort peu probable qu'ils conduisent à la création d'une industrie américaine des panneaux solaires. La Chine a déjà pris une telle avance dans leur production, et elle est si efficace, que les États-Unis auraient bien du mal à la rattraper, en particulier si l'on pense au coût du travail américain. Le plus probable, c'est que les panneaux solaires posés aux États-Unis continueront à être fabriqués en Chine, mais qu'avec les droits de douane ils seront plus chers, donc moins attrayants pour les consommateurs et les entreprises de notre pays. Le résultat sera de détruire des emplois dans l'installation de panneaux solaires, secteur naissant mais en plein boom qui employait beaucoup d'Américains – plus du double des effectifs de mineurs de charbon avant l'imposition de ce nouveau régime douanier. On avait prédit qu'avec ces droits de douane il y aurait moins d'emplois dans ces métiers verts. C'est bien ce qui s'est passé, semble-t-il, et la production d'énergie respectueuse de l'environnement a donc été réduite.

Qu'il y ait eu destruction d'emplois au cours de la mondialisation, c'est certain. Mais il y aura encore destruction d'emplois au cours de la démondialisation irréfléchie proposée par Trump. Le monde a créé des chaînes d'approvisionnement mondiales efficaces, et des pays avisés en ont profité. Si les États-Unis se retirent de ces chaînes d'approvisionnement, nos entreprises deviendront moins compétitives. Et surtout, il y aura de gros coûts d'ajustement. Notre adaptation à la mondialisation a été difficile, nous l'avons payée au prix fort – tout particulièrement nos travailleurs. Mais nous paierons à nouveau le prix fort quand nous essaierons de nous adapter à la démondialisation[32].

LA COOPÉRATION MONDIALE AU XXIe SIÈCLE

Le protectionnisme n'aidera pas les États-Unis, ni même les victimes de la désindustrialisation, mais il peut avoir des effets négatifs puissants sur les partenaires commerciaux de l'Amérique et sur l'économie mondiale. Au cours des soixante-dix dernières années, la communauté internationale a créé un système fondé sur des règles qui facilite le commerce et la coopération. Les États-Unis ont joué un rôle central dans sa mise en place. Nous ne l'avons pas fait par altruisme, mais parce que nous étions persuadés que ce type de système était meilleur pour le monde entier, États-Unis compris. Le commerce et les échanges, pensait-on, allaient promouvoir une meilleure compréhension d'un pays à l'autre, et cela contribuerait à la paix, en réduisant la probabilité des guerres qui avaient été le fléau du XXe siècle. C'était aussi de la bonne économie : une mondialisation fondée sur des règles, bien gérée, avait le potentiel d'être bénéfique pour tous les pays. Et, globalement, l'économie américaine en a profité – le problème est que nous n'avons pas fait le nécessaire pour que les fruits de cette croissance soient équitablement partagés.

Guerres commerciales et coopération mondiale

Aujourd'hui, ce système commercial mondial fondé sur des règles est attaqué. Quand le président Trump a laissé entendre pour la première fois qu'il allait déclencher une guerre commerciale contre la Chine, la réaction, aux États-Unis comme dans le reste du monde, a été l'incrédulité : ça n'arriverait pas. Après tout, une guerre paraissait trop contraire aux intérêts des deux parties, notamment à ceux des grandes entreprises, qui dictaient depuis si longtemps la politique économique internationale des États-Unis. Mais Trump n'a jamais brillé par sa rationalité ni par sa cohérence. Les escarmouches initiales sur l'acier, l'aluminium, les lave-linge et les panneaux solaires ont abouti en 2018 à une guerre commerciale totale : les États-Unis ont imposé des droits de douane sur plus de 200 milliards de dollars de produits chinois, et la Chine a exercé des représailles. Trump est certain que les États-Unis vaincront, puisqu'ils importent davantage de Chine qu'ils n'y exportent. Mais ce raisonnement est fallacieux pour plusieurs raisons. Ce qui compte, ce sont les instruments dont disposent les deux parties, leur détermination, leur capacité à frapper l'autre et à parer ses coups, et le soutien dont elles jouissent respectivement dans leur pays. Puisque la Chine reste une économie plus dirigée que les États-Unis, non seulement elle est en mesure de mieux cibler ce qu'elle fait, mais elle peut aussi mieux aider par des mesures compensatoires les secteurs qui, sans ces secours, souffriraient. La Chine souhaitait sortir de sa dépendance à l'égard des exportations, et les États-Unis ne font qu'accélérer ce processus – et qu'accroître sa détermination à faire progresser ses capacités technologiques. De plus, le pourcentage des exportations chinoises qui sont réellement « fabriquées en Chine » est bien inférieur au pourcentage des exportations américaines qui sont produites aux États-Unis. Un dollar de moins dans les exportations de la Chine a donc sur son économie un effet beaucoup plus faible qu'un dollar de moins dans les exportations des États-Unis sur l'économie américaine[33].

La Chine entre aussi dans cette guerre commerciale avec un autre atout : son peuple est plus uni derrière son gouvernement. Les États-Unis, eux, l'engagent alors que de larges composantes de leur peuple, peut-être majoritaires, y sont opposées[34]. Enfin, il existe de nombreuses contre-mesures, économiques ou non, que la Chine pourrait prendre, de la mise sous pression des compagnies américaines qui opèrent sur son territoire à une action plus agressive en mer de Chine méridionale.

Bien entendu, il est probable qu'à la fin tout le monde sera perdant, car les répercussions négatives du protectionnisme s'étendent bien au-delà des canaux économiques directs. Nous avons besoin de coopération internationale sur de nombreux autres fronts que le commerce extérieur. Par exemple, nous avons besoin de l'aide de la Corée du Sud et de la Chine dans nos rapports avec la Corée du Nord ; nous avons besoin de l'aide de l'Europe dans nos rapports avec la Russie. Cette aide, nous avons moins de chances de l'obtenir si nous sommes en guerre commerciale avec ces pays.

La mondialisation dans un monde à systèmes de valeurs multiples

Derrière la menace de guerre commerciale, il y a certains griefs de fond sur le système commercial mondial, des griefs qui dépassent la question des souffrances qu'il a provoquées à cause de la façon dont on l'a géré. De nombreux partisans de la mondialisation avaient postulé que nous pouvions avoir un régime de libre-échange entre des pays aux systèmes de valeurs très différents. Or les valeurs exercent sur notre économie – et sur notre avantage comparatif – une influence diffuse et importante. Il est possible qu'une société moins libre puisse réellement se révéler plus performante dans un domaine majeur comme l'intelligence artificielle. Le Big Data est crucial, et la Chine a moins d'inhibitions dans la collecte et l'usage des données. L'Europe pourrait-elle, ou devrait-elle, se plaindre du recours des États-Unis au travail des détenus (qui représentent près de 5 % de leur main-d'œuvre industrielle), en faisant valoir qu'il confère aux Américains un injuste avantage, puisque les prisonniers reçoivent en général des rémunérations de loin inférieures au salaire minimum ? Ou soutenir que, en n'imposant aucune contrainte à ses émissions de carbone, l'Amérique s'octroie un avantage déloyal ?

Il y a un quart de siècle, quand les États-Unis et l'Occident se sont engagés progressivement dans le commerce avec la Chine, ils avaient l'espoir que cette démarche allait accélérer sa démocratisation. L'Occident et tout particulièrement les États-Unis avaient vu dans l'effondrement du rideau de fer, nous l'avons dit, le triomphe de notre système économique et politique ; ce n'était qu'une question de temps avant que tous les pays, à l'exception peut-être de quelques mauvaises têtes, comme la Corée du Nord, voient la lumière et adoptent la démocratie et le capitalisme de style américain.

Mais c'était avant la crise financière de 2008, qui a montré les limites du capitalisme à l'américaine ; avant l'élection de Trump, qui a montré celles de la démocratie à l'américaine ; et avant que le président chinois Xi n'abolisse les limites de son propre mandat, ce qui suggérait que la Chine ne s'orientait peut-être pas vers une sortie de l'autoritarisme aussi rapidement que nous l'espérions, et qu'en fait elle évoluait peut-être dans l'autre sens. Le modèle économique propre à la Chine – que certains qualifient de capitalisme d'État et qu'elle-même appelle « économie socialiste de marché aux caractéristiques chinoises » – s'est révélé remarquablement robuste, et le pays a résisté à la crise mondiale de 2008 mieux qu'aucun autre. Même si sa croissance a maintenant ralenti, la Chine croît trois fois plus vite que l'Europe et deux fois plus vite que les États-Unis. Son succès, associé à ses programmes massifs d'aide extérieure, se révèle attrayant pour de nombreux pays du tiers monde qui s'efforcent de choisir un modèle économique.

Il y a quarante ans, quand la Chine a entamé sa transition vers une économie de marché, nul n'aurait pu imaginer que ce pays très pauvre aurait moins d'un demi-siècle plus tard un PIB comparable à celui des États-Unis. Le succès de la Chine dans certains domaines avancés, comme l'intelligence artificielle et la cybersécurité, a suscité des inquiétudes qui ne touchent pas seulement à la concurrence économique, mais aussi à la sécurité nationale. Les milieux d'affaires aussi sont devenus moins enthousiastes sur la Chine : alors qu'autrefois ils voyaient dans ce pays une mine d'or, la hausse des salaires, le durcissement des normes, environnementales ou autres, et l'intensification de la concurrence des compagnies chinoises signifient à leurs yeux que la Chine n'est plus aussi rentable qu'avant. Et les perspectives futures semblent encore moins brillantes.

Les entreprises américaines reprochent à la Chine d'exiger des *joint ventures* (qui comprennent un partage de la propriété intellectuelle) comme condition d'entrée sur son territoire. Cela leur paraît injuste. La Chine répond que nul n'oblige aucune entreprise à entrer sur son territoire ; elles entrent en connaissant les conditions[35]. La Chine est un pays en développement – certes grand –, avec un revenu par habitant égal au cinquième de celui des États-Unis. Elle travaille dur pour combler l'écart qui la sépare des pays avancés, notamment l'écart des connaissances, et dans quelques domaines, dont certains ont une importance considérable, elle y est parvenue. Aucune loi internationale, ni même aucune norme de comportement, n'interdit les *joint ventures,* avec tout ce que cela implique[36].

Cela dit, le succès de la Chine aujourd'hui est global et très diversifié. Il ne dépend pas seulement des *joint ventures* avec les compagnies occidentales ou du vol de propriété intellectuelle. Dans certains domaines, comme les réseaux sociaux ou l'intelligence artificielle, la Chine est déjà à l'avant-garde. Le nombre de brevets qu'elle reçoit augmente énormément[37]. Dans bien d'autres domaines, elle a déjà largement comblé l'écart des connaissances qui la séparait des pays avancés. Avec sa guerre commerciale contre la Chine, l'administration Trump ferme la cage alors que l'oiseau s'est déjà envolé[38].

Maintenant que nous ne pensons plus qu'une Chine qui commerce avec nous va vite se démocratiser – idée parfaitement ridicule –, une vraie question se pose: comment peut-il y avoir un commerce totalement ouvert avec un pays au système économique si différent? Que signifie, par exemple, commercer «sur un pied d'égalité» avec un pays qui se soucie peu de protéger la vie privée, mais qui entend pratiquer la censure et bloquer les sites Internet qu'il juge politiquement désagréables? Sous une forme plus discrète, c'est un problème dont on discute depuis longtemps. Les marchés émergents et les pays en développement soutiennent qu'il ne peut y avoir de système de commerce international juste tant que les États-Unis et l'Union européenne tiennent à subventionner leur agriculture – le secteur dont dépendent des milliards de pauvres du monde entier pour gagner leur vie. Les États-Unis affirment que l'économie chinoise baigne dans les subventions cachées. Celles-ci existent dans toutes les économies, répond la Chine – et elle cite les grosses subventions agricoles, les renflouements massifs du secteur financier et les énormes dépenses de recherche du département américain de la Défense, dont certains résultats se muent en produits de consommation (comme les avions civils de Boeing). L'Europe aussi a protesté contre ces subventions cachées à l'aéronautique, tout comme les États-Unis se plaignent de l'aide plus transparente de l'Europe à Airbus.

Nous nous trouvons aujourd'hui face à cette réalité: les pays sont différents et vont organiser leur économie de façon fondamentalement différente, en fonction de leurs valeurs et de leurs convictions. Tout le monde ne veut pas du capitalisme à l'américaine, avec ses grandes entreprises surpuissantes et son inégalité. Et tout le monde, assurément, ne veut pas du niveau d'intrusion de la Chine dans l'économie ni de son peu d'intérêt pour la protection de la vie privée. Un système de mondialisation sans entraves «hors valeurs» ne peut pas fonctionner; mais un système où les règles du jeu sont dictées par tel ou tel pays non plus. Il nous faudra trouver un nouveau type de mondialisation, fondé sur une forme de coexistence pacifique: nous reconnaîtrons que nous avons des systèmes économiques nettement différents, mais qu'il existe, malgré tout, de vastes domaines dans lesquels nous pouvons nous livrer à un commerce fructueux. Nous aurons besoin d'un ensemble minimal de règles – une sorte d'état de droit, que l'on pourrait imaginer comme un « code de la route » élémentaire. Nous ne pouvons pas obliger les autres à adopter notre système de réglementation, et on ne doit pas non plus nous contraindre à adopter les leurs. Il sera meilleur pour nous tous, et de loin, que ces règles soient mondiales, multilatérales, et déterminées d'un commun accord par tous les pays.

RÉPARER LA MONDIALISATION

Le protectionnisme n'est pas la réponse aux problèmes des États-Unis, ni à ceux du reste du monde. Mais remettre le couvert de la mondialisation telle qu'on l'a gérée ne l'est pas non plus. Continuer à faire ce que nous faisons depuis trente ans n'aura pas de meilleurs effets dans les décennies qui viennent. Selon toute probabilité, le résultat sera encore plus de souffrances, encore plus de troubles politiques.

Dans le passé, nous l'avons vu, on a géré la mondialisation en partant d'un ensemble de prémisses erronées : elle ne ferait que des gagnants (en fait, sans intervention de l'État, il y a de gros perdants) ; et elle serait *seulement* une question de bon sens économique (en réalité, la façon dont on l'a gérée a servi le projet politique des grandes entreprises en fragilisant la position des travailleurs et en accroissant la puissance des compagnies, notamment dans certains secteurs). Au nom de la mondialisation – pour que leur pays reste compétitif –, on a sommé les travailleurs d'accepter des baisses de salaires, une dégradation de leurs conditions de travail et des coupes dans les services publics essentiels dont ils ont besoin. Comment imaginer que de telles politiques puissent aboutir à une amélioration de leur niveau de vie ? Nous savons aujourd'hui que les avantages de la mondialisation en termes de croissance pour les pays industriels avancés ont été exagérés, et ses effets de répartition sous-estimés.

Certes, les marchés émergents qui ont bien géré la mondialisation, comme la Chine, ont joui d'un immense succès. La Chine a évité l'instabilité liée aux flux de capitaux à court terme – la *hot money* qui peut entrer et sortir d'un pays en un clin d'œil. Elle a encouragé les investisseurs étrangers, et elle l'a fait d'une façon qui lui a permis de réduire l'écart des connaissances qui la séparait des pays développés. Elle a favorisé les exportations en maintenant globalement un taux de change stable, et, aux premières étapes de son développement (mais pas dans la dernière période), en gardant sa devise légèrement au-dessous du cours qu'elle aurait dû avoir. Surtout, bien qu'elle ait laissé grandir l'inégalité, elle a fait en sorte que tout le monde ou presque bénéficie de la mondialisation (en sortant, comme nous l'avons dit, 740 millions de personnes de la pauvreté).

Il est tentant de dire que la croissance de la Chine a eu lieu aux dépens des pays avancés ; mais ce serait faux. Le raisonnement de la théorie standard qui soutient que le commerce international peut avoir lieu à l'avantage mutuel *des deux pays* est, en gros, correct (si les États gèrent bien les risques et les opportunités) ; au sein d'un pays, toutefois, d'importantes catégories peuvent voir leur situation se dégrader si l'État ne prend pas de mesures compensatoires. Aux États-Unis, l'État n'a pas pris les mesures qui s'imposaient, et les résultats sont ceux auxquels on pouvait s'attendre[39].

Les effets de la mondialisation vont bien au-delà de l'économie. On s'est beaucoup félicité des progrès de l'espérance de vie, avec la diffusion du savoir médical sur toute la planète ; ou de la reconnaissance mondiale de l'égalité des sexes grâce à la diffusion des idées sur toute la planète. Nous avons vu que le système mondial d'évitement fiscal et d'évasion fiscale a dérobé aux pays les recettes dont ils avaient besoin pour assurer des services publics de base. En même temps, la façon dont la mondialisation a été gérée a souvent fragilisé des collectivités locales, parfois même des États-nations. Les petits commerçants sont en général les piliers d'une commune. Mais leurs magasins sont aujourd'hui évincés par les grandes chaînes, qui ont un avantage certain pour l'achat de produits bon marché à l'étranger. Les gérants de ces points de vente sont plus attachés à leur compagnie qu'à la population locale, et souvent ils ne restent pas assez longtemps au même endroit pour s'y enraciner.

Les règles de la mondialisation n'ont pas été idéales, loin de là. Elles ont protégé les intérêts des grandes entreprises aux dépens des travailleurs, des consommateurs, de l'environnement et de l'économie. Big Pharma y a gagné une protection plus forte pour ses médicaments coûteux, en sacrifiant des vies humaines dans le monde entier. Les grandes compagnies ont obtenu un régime de la propriété intellectuelle qui biaise la concurrence en leur faveur et au détriment des petites entreprises, qui donne priorité aux profits sur les vies humaines et l'environnement, voire sur la croissance à long terme et l'innovation. Puisque nous avons rendu plus facile aux multinationales d'éviter la fiscalité, les travailleurs et les petites entreprises doivent assumer une plus large part du fardeau fiscal. Enfin, assurer, par nos traités, des droits de propriété plus sûrs aux investissements à l'étranger qu'à ceux qui ont lieu dans notre pays n'a aucun sens.

Il est facile d'établir une liste de réformes à effectuer. Nos accords sur l'investissement doivent se concentrer sur un seul objectif : garantir aux entreprises américaines qu'il n'y aura pas de discrimination contre elles[40]. Les dispositions de nos accords commerciaux sur la propriété intellectuelle doivent chercher à garantir l'accès de tous aux médicaments génériques, et non de gros profits à Big Pharma. De plus, nous devons nous préoccuper davantage de l'utilisation de la mondialisation à des fins d'évitement fiscal et d'évasion fiscale.

C'est une quasi-certitude : nous parviendrons à de meilleures règles commerciales internationales si nous les élaborons à travers un processus ouvert et démocratique. Actuellement, les accords sont négociés par le représentant des États-Unis au Commerce (l'US Trade Representative, USTR) et à huis clos – mais pas clos pour tout le monde. Les représentants des grandes entreprises sont de fait autour de la table, car l'USTR détermine avec eux les objectifs à atteindre, tandis que les parlementaires du Congrès se voient souvent fermer la porte au nez : l'USTR refuse même de leur dire quelle position il défend dans les négociations[41].

Mais surtout, quelles que soient les règles, nous devons aider les simples citoyens à s'adapter à l'évolution de l'économie, que les changements viennent de la mondialisation ou de la technologie[42]. Les marchés laissés à eux-mêmes ne sont pas doués pour opérer les transitions, pour transformer l'économie. Les pays qui ont aidé leur population face à la transition, comme la Suède et la Norvège, ont une économie plus dynamique, un électorat plus ouvert au changement et un niveau de vie plus élevé. Cette approche exige des politiques actives du marché du travail, pour aider les gens à se former à de nouveaux métiers et à trouver de nouveaux emplois ; et des politiques industrielles, pour garantir que de nouveaux postes sont créés au même rythme que les anciens sont détruits, et pour aider les territoires frappés par des pertes d'emplois massives à trouver de nouvelles opportunités économiques[43]. Elle nécessite aussi de bons systèmes de protection sociale, afin que nul ne passe entre les mailles du filet. Mais ceux qui ont géré la mondialisation et nos économies ont réclamé des coupes dans tous ces programmes – pour être compétitifs dans la mondialisation, ont-ils prétendu –, au moment même où nous en avions le plus besoin.

Il est facile – du point de vue économique au moins – de réécrire les règles de la mondialisation et de l'organiser plus intelligemment. J'exposerai plus loin (au chapitre 9) certains moyens de mieux gérer la mondialisation et le progrès technologique – afin que tous les citoyens, ou du moins leur écrasante majorité, en bénéficient, et que très peu soient abandonnés, voire aucun.

CHAPITRE 5

La finance et la crise américaine

La finance a éminemment contribué à créer le malaise économique, social et politique actuel: dans la crise économique qu'a subie l'Amérique pendant près de dix ans, dans la montée de l'inégalité, dans le ralentissement de la croissance, elle a joué un rôle central. Des ressources se sont dirigées vers elle au lieu de renforcer l'économie *réelle* – à commencer par certains de nos jeunes les plus talentueux. Un secteur qui aurait dû être un moyen au service d'une fin – la production plus efficace de biens et services – est devenu une fin en soi. Aucune économie moderne ne peut prospérer sans un marché financier fonctionnel au service de la société. C'est pourquoi il est essentiel de réformer le secteur financier pour que ce soit lui qui serve la société et non l'inverse.

Depuis la fondation de la République des États-Unis d'Amérique, on a eu peur de voir des banques puissantes miner la démocratie populaire – c'est pour cela qu'il y a eu tant d'opposants à la création de la First National Bank, et que le président Andrew Jackson a refusé de renouveler l'autorisation de la banque nationale lorsque sa charte, prévue pour vingt ans, est arrivée à expiration en 1836. Ces craintes se sont révélées plus que justifiées ces dernières années: les tentatives pour réglementer les banques afin de prévenir le retour d'une crise comme celle de 2008 l'ont bien montré. Plus des trois quarts des Américains estimaient qu'il fallait une réglementation stricte. Mais, avec cinq lobbyistes par membre du Congrès, les dix plus grandes banques du pays ont eu autant ou plus d'influence que 250 millions d'Américains. Il a fallu deux ans pour faire voter le projet de loi dit Dodd-Frank, conçu pour corriger les problèmes qui avaient conduit à la crise (il n'a été signé par le président et n'a reçu force de loi qu'en 2010), et il était très éloigné de ce qu'il aurait fallu. À peine l'encre de la loi Dodd-Frank était-elle sèche que cette armée de lobbyistes s'est mise au travail pour en réduire la portée – elle a remporté un énorme succès en 2018 : l'immense majorité des banques ont été soustraites à la surveillance plus rigoureuse prévue par cette loi[1].

Le renflouement de 2008 lui-même a montré la puissance des sociétés financières. Elles avaient provoqué la crise, mais l'État a prodigué massivement ses largesses aux banques et aux banquiers, sans les tenir en rien pour responsables du désastre qu'ils avaient causé. Simultanément, il n'a versé que des aides misérables à leurs victimes, qui avaient perdu leur emploi ou leur maison – ne voyant dans leurs souffrances, semble-t-il, qu'un dommage collatéral dans la « guerre de la cupidité » des financiers. Si l'on consulte l'agenda des entretiens d'Obama et de son secrétaire au Trésor, Tim Geithner, pendant qu'ils élaboraient leur plan pour ressusciter l'économie, on voit bien qui était autour de la table et qui n'y était pas. Les citoyens ordinaires en proie aux pires difficultés pour garder leur logement n'y étaient pas ; les grandes sociétés financières y étaient[2].

Il était nécessaire de sauver les banques, pour maintenir le flux du crédit (le sang dans les veines de l'économie). Mais on aurait pu sauver les banques sans sauver les banquiers, les actionnaires des banques et les détenteurs de leurs obligations. On aurait pu appliquer les règles normales du capitalisme : lorsqu'une entreprise quelconque, fût-elle une banque, ne peut pas payer ce qu'elle doit, ses actionnaires et les détenteurs de ses obligations perdent tout avant que les contribuables se voient réclamer quoi que ce soit[3].

De plus, puisque nous déversions des fonds dans les banques et sauvions ainsi leurs actionnaires et les détenteurs de leurs obligations, nous aurions pu leur imposer des conditions: utiliser cet argent pour venir en aide aux propriétaires en difficulté et aux petites entreprises, pas pour verser de grosses primes aux banquiers. Nous ne l'avons pas fait. Obama et son équipe ont fait confiance aux banquiers – alors que, au vu de leur comportement dans la décennie précédente, ils avaient toutes les raisons de *ne pas* leur faire confiance. Ils ont cru que, s'ils donnaient suffisamment d'argent aux banques, aux détenteurs de leurs obligations et à leurs actionnaires, cet argent allait d'une façon ou d'une autre ruisseler vers le bas; tout le monde en bénéficierait. Ce n'est pas ce qui s'est passé: dans les trois premières années de la reprise, 91 % de la croissance sont allés au 1 % le plus riche. Des millions de gens ont perdu leur maison et leur emploi, tandis que les banquiers qui avaient provoqué tout cela nageaient dans les millions de leurs bonus. Ce que nous avons eu n'a été ni efficace ni juste; mais nous avons eu ce à quoi il fallait s'attendre dans une démocratie où la balance est faussée en faveur des banques.

METTRE LE SECTEUR FINANCIER HORS D'ÉTAT DE NUIRE À LA SOCIÉTÉ

La plupart des efforts de réforme financière des deux côtés de l'Atlantique se sont fixé pour objectif d'empêcher les banques de nuire au reste de la société, comme elles l'avaient fait à grande échelle par leurs prêts inconsidérés, mais aussi par leur crédit prédateur, leurs pratiques abusives liées aux cartes de crédit et l'exploitation de leur pouvoir de marché. Dans les années qui ont suivi la crise de 2008, nous avons découvert que leur mauvaise conduite dépassait tout ce que nous aurions pu imaginer: la Wells Fargo, troisième banque américaine par ses actifs, ouvrait des comptes au nom de particuliers sans leur consentement; de très nombreuses banques étaient impliquées dans la manipulation du marché des changes et de celui des taux d'intérêt; les agences de notation et la plupart des banques d'affaires commettaient des fraudes massives.

Cette omniprésence de la turpitude morale est le défi le plus important et difficile à relever si l'on veut avancer: il faut changer les normes et la culture de la finance[4]. Les banquiers savaient que, face à une fraude massive ou à une violation généralisée des contrats – au refus pur et simple des banques d'honorer leur signature –, notre système judiciaire ne serait pas à la hauteur[5]. Poursuivez-nous devant les tribunaux, semblaient-ils dire ; ceux qui porteront plainte verront combien la justice est lente, dans le meilleur des cas pour eux ; et, dans le pire, nos arguments spécieux l'emporteront auprès d'un juge ami de la finance. Si les banques perdaient, elles seraient condamnées à payer ce qu'elles devaient, rien de plus. Mais peut-être allaient-elles gagner. Peut-être la partie lésée, moins fortunée que ces grandes sociétés financières, allait-elle jeter l'éponge et accepter un règlement à l'amiable où elle n'obtiendrait qu'une petite fraction de ce qu'on lui devait. Pour les banquiers, c'était un pari à sens unique où ils avaient tout à gagner. Pour leurs clients qui avaient compté sur les garanties de leur contrat, c'était entièrement différent : justice différée est justice refusée.

Notre système économique ne peut pas fonctionner s'il n'y a pas de confiance. C'est le point le plus important, et il l'est particulièrement pour les banques. Nous leur faisons confiance pour nous rendre notre argent quand nous le voudrons. Nous leur faisons confiance aussi pour ne pas nous escroquer quand nous leur achetons des produits financiers complexes. À de multiples reprises, les banquiers ont montré qu'ils ne sont pas dignes de cette confiance, et ont ainsi compromis le fonctionnement de toute l'économie. Leur horizon court les a conduits à abandonner tout semblant de souci de leur « réputation ». Aussi clair que Peter Thiel quand il avait dit que la concurrence est pour les perdants, Lloyd Blankfein, le P-DG de Goldman Sachs, n'en a pas fait mystère : la réputation d'honnêteté et de fiabilité – traditionnellement perçue comme l'actif le plus important d'une banque – est une relique désuète du passé. La banque d'affaires Goldman Sachs avait créé un titre qui était conçu pour se retrouver en défaut de paiement. Tout en vendant ce produit aux autres, elle-même pariait qu'il allait s'effondrer (elle le « vendait à découvert ») ; mais elle se gardait bien de dire à ses clients, évidemment, que ce titre avait été fabriqué dès l'origine pour s'effondrer, et qu'elle-même usait de cette information pour parier contre lui. Si vous jugez ce comportement immoral, vous faites probablement partie des 99 % de l'humanité au mode de pensée clairement anachronique, plus adapté à un monde révolu. Blankfein a mis fin à la notion de banquier digne d'être cru quand il a déclaré (en substance) : qui fait confiance à un banquier est un imbécile[6].

La vue courte du secteur financier – qui ne regarde pratiquement jamais au-delà du prochain trimestre – a aussi affaibli l'économie[7]. Le court-termisme a permis aux banques de sacrifier leur réputation à long terme sur l'autel de la quête des profits immédiats, quand elles escroquaient des investisseurs (comme Goldman Sachs) ou de simples déposants (comme la Wells Fargo). C'est ce même horizon court qui a poussé de nombreuses banques d'affaires et agences de notation à commettre des fraudes (ou la conviction de pouvoir le faire impunément).

DYSFONCTIONNEMENT DU SECTEUR FINANCIER, DYSFONCTIONNEMENT DE L'ÉCONOMIE

L'une des fonctions centrales du secteur financier s'appelle l'intermédiation : il met en contact ceux qui ont des fonds en excédent et ceux qui ont besoin d'en avoir davantage. Ce processus ne date pas d'hier : dans une économie agraire primitive simple, un agriculteur qui avait des semences en trop pouvait les offrir à un voisin. Dans une économie moderne, l'intermédiation consiste à prendre l'argent des ménages qui épargnent pour leur retraite, pour l'apport personnel dans l'achat d'une maison ou pour les études de leurs enfants, et à le transférer dans le secteur des entreprises, où il sera investi.

L'évolution qu'a connue le secteur bancaire a progressivement éloigné l'intermédiation de la mise en relation des épargnants avec les entreprises désireuses de se développer et de créer des emplois. Les banques sont devenues les intermédiaires entre les épargnants et les ménages qui souhaitent dépenser plus qu'ils ne gagnent, par exemple avec des cartes de crédit. Ce type de crédit est extrêmement rentable, tant il est facile de profiter des consommateurs, de leur imposer des taux d'intérêt usuraires, des pénalités de retard (même s'ils ne sont pas en retard), des frais de découvert et bien d'autres coûts. C'est devenu particulièrement net avec les progrès de la déréglementation, qui ont éliminé les contraintes sur le comportement prédateur des banques. Celles-ci ont pu encaisser de tous les côtés, en usant de leur pouvoir de marché pour imposer des commissions élevées aux consommateurs et aux commerçants *simultanément*. De plus, en matière de prêts, il est plus facile aux banques d'exploiter les consommateurs que les entreprises ; il y a plus d'argent facile à faire dans ce domaine qu'en prêtant aux PME. Les petites et moyennes entreprises ont donc eu de plus en plus de mal à se procurer des fonds, notamment auprès des grandes banques. De fait, en 2016, plusieurs années après la crise, le crédit aux PME (*non ajusté* à l'inflation) était encore inférieur d'environ 14 % à son niveau de 2008. Dans certains pays européens, sa baisse a été encore plus prononcée[8].

De même, les banques ont mal travaillé dans un des principaux domaines où l'intermédiation est nécessaire : entre les épargnants de longue durée et les investisseurs à long terme. Dans le monde, beaucoup d'épargnants pratiquent l'épargne longue : les fonds de pension ; les dotations des fondations et des universités ; et les fonds souverains, qui gèrent l'argent d'un pays pour ses générations futures. Parmi les besoins d'investissement les plus importants, beaucoup sont à long terme : par exemple les infrastructures, l'adaptation du système énergétique mondial à la réalité du changement climatique. Mais entre les investisseurs à long terme et les épargnants de longue durée, il y a les marchés financiers, qui voient court. C'est bien simple : les banquiers ne sont pas capables de prendre des décisions d'allocation de ressources à long terme. Ils veulent des projets à court terme avec des rendements rapides. Quant à créer des produits financiers qui aideraient à gérer les risques du long terme, ils ne sont pas du tout à la hauteur de la tâche.

De plus en plus, des banques multinationales de développement *publiques* qui se concentrent sur le long terme, comme la Banque mondiale, la Banque asiatique d'investissement dans les infrastructures, la Nouvelle Banque de développement (qu'on appelle aussi la Banque des BRICS[9]) et la Banque africaine de développement, se sont engouffrées dans la brèche. Mais elles sont sous-capitalisées et ne peuvent compenser pleinement le dysfonctionnement du système financier privé.

Moins d'intermédiation, davantage de paris, davantage d'efforts pour créer du pouvoir de marché

Les banques se sont aussi tournées vers des activités autrement lucratives que l'intermédiation. Par exemple, parier gros. Ce qui à Las Vegas s'appelle simplement un pari prend à Wall Street un nom plus chic : « dérivé » (pari sur ce qui va arriver, par exemple, aux taux d'intérêt, aux taux de change ou aux cours du pétrole), ou « dérivé sur événement de crédit » (*credit default swap*), où l'on parie qu'une entreprise ou une autre banque va ou ne va pas se retrouver en faillite ou quasi-faillite. Il ne s'agit pas ici de paris à 25 cents comme dans les machines à sous ; en général, on mise en méga-millions de dollars. Ce marché du pari existe parce qu'il est, de fait, partiellement garanti par l'État. Si les pertes sont trop lourdes, il renflouera la banque. Encore un moyen pour les banques de jouer sans risque : si l'affaire tourne à leur avantage, elles empochent les profits ; sinon, l'État vient les sauver. Et c'est uniquement parce que l'État les soutient que l'autre joueur accepte de parier : il sait que, quoi qu'il arrive, le contrat sera honoré.

La loi Dodd-Frank a tenté de mettre un terme à ce type de pari garanti par l'État, qui s'était révélé si coûteux. Cette forme de spéculation avait abouti au renflouement d'une seule compagnie, AIG, à hauteur de 180 milliards de dollars. Le montant de cette « aide sociale à une entreprise », versé en une seule fois, dépassait la totalité de l'aide sociale à l'enfance versée à tous les foyers pauvres d'Amérique pendant plus de dix ans[10].

La réaction des banques à ces efforts pour réduire leurs paris aux frais du trésor public a été d'une impudence ahurissante : en 2014, les lobbyistes de Citigroup ont écrit un article de loi rétablissant le droit des banques à parier, avec garantie effective de leurs pertes par l'État, et l'ont inséré en tant qu'amendement dans un texte législatif (de financement de l'État) qu'il fallait voter en urgence[11].

On en reste pantois : les banques refusent même d'assumer les risques liés au crédit immobilier. Dix ans après la crise financière, une douzaine d'années après l'éclatement de la bulle immobilière, l'État doit toujours garantir l'immense majorité de ces contrats. Les banquiers veulent bien toucher les commissions liées à l'octroi de prêts hypothécaires, mais pas assumer la responsabilité de leurs erreurs de jugement. Ils veulent que l'État éponge les pertes causées par leurs mauvais prêts. Quelle ironie ! Dans un pays qui se veut capitaliste dans l'âme, le secteur privé juge au-dessus de ses forces la tâche simple d'accorder des prêts immobiliers en supportant le risque ! Tous les projets de réforme du marché du crédit hypothécaire se sont brisés sur cet écueil : les banques soutiennent mordicus qu'elles ne peuvent pas ou ne veulent pas assumer les risques liés à l'octroi de ce type de prêts.

Les « fusions et acquisitions » constituent une autre reconversion lucrative pour les banques. Elles les facilitent. Autrement dit, elles aident les grandes entreprises à grandir encore, donc aggravent la concentration et le pouvoir de marché, déjà élevés. Une seule fusion ou acquisition peut rapporter aux banques des centaines de millions de dollars de commissions. Au chapitre 3, nous avons analysé les conséquences économiques et sociales de ces agglomérations de pouvoir – et les banques se sont faites les complices, voire les instigatrices, de cette mutation de l'économie.

Un troisième axe de l'activité des banques, très lucratif également, est particulièrement improductif pour la société : elles aident les multinationales et les riches particuliers à éviter de payer les impôts qu'ils doivent, en transférant l'argent des pays à fiscalité forte vers des territoires à fiscalité faible, quitte à contourner la loi, voire à l'enfreindre[12]. En même temps, les banques résistent aux tentatives de réforme du système fiscal et financier mondial. Des dizaines de milliards de dollars échappent à l'impôt chaque année.

Voici un exemple des méthodes des banques pour faciliter l'évitement fiscal. Il concerne Apple, qui a prouvé son ingéniosité, non seulement en fabriquant des produits très appréciés, mais aussi en esquivant l'impôt avec l'aide du secteur financier. Voyant l'immense trésor sur lequel cette compagnie était assise, certains de ses actionnaires voulaient recevoir l'argent immédiatement. Aux termes de l'ancienne loi fiscale (d'avant 2017), s'il laissait ces fonds à l'étranger, Apple n'avait rien à payer au fisc; mais s'il les transférait aux États-Unis, il devait s'acquitter de l'impôt sur ses profits. Il s'est donc tourné vers les marchés financiers. En empruntant pour verser un dividende, Apple a pu avoir le beurre et l'argent du beurre. Il a évité le rapatriement de ses profits et les impôts qui auraient alors été exigibles. Mais ses actionnaires ont eu ce qu'ils voulaient: de l'argent dans les poches.

Ici, comme dans l'exemple d'évitement fiscal évoqué plus haut – le transfert des profits d'Apple en Irlande –, la «conscience d'entreprise» fait totalement défaut: alors que sa propre croissance repose sur des technologies développées ou financées par l'État américain, Apple, comme les banques, veut bien prendre, mais pas donner – tout en faisant étalage de sa prétendue responsabilité d'entreprise. La responsabilité sociale d'entreprise, selon moi, c'est d'abord payer ses impôts.

Davantage de désintermédiation

Non content de ne pas jouer son rôle traditionnel d'intermédiation – faire passer l'argent du secteur des ménages à celui des entreprises –, le secteur financier va aujourd'hui encore plus loin: il fait l'inverse. Il fait passer l'argent du secteur des entreprises à celui des ménages, afin que les riches puissent jouir d'une plus large part de leur fortune immédiatement. Un des moyens de le faire, assorti de nets avantages fiscaux[13], consiste à aider les entreprises à racheter leurs propres actions sur le marché boursier en leur prêtant l'argent nécessaire, comme le montre l'exemple d'Apple. L'argent *sort* des entreprises. Elles en ont moins pour investir dans leur avenir. Elles pourront donc créer moins d'emplois. Ceux qui reçoivent cet argent sont bien sûr les détenteurs d'actions, catégorie où les très riches tiennent une place disproportionnée[14]. Les rachats d'actions sont si massifs que, ces dernières années, ils ont été constamment supérieurs à l'investissement des sociétés non financières (à leur formation de capital) – c'est une grosse différence avec la période d'après guerre, où ils étaient négligeables[15].

Après la loi fiscale républicaine votée en décembre 2017, il y a eu une forte hausse des rachats d'actions, et 2018 devrait battre tous les records[16].

DE LA BANQUE TRADITIONNELLE À UN SYSTÈME FINANCIER DYSFONCTIONNEL

Le secteur financier n'a pas toujours fonctionné aussi lamentablement qu'aujourd'hui. Pendant sa montée en puissance, qui l'a porté de 2,5 % du PIB en 1945 à 8 % quand la crise a éclaté, l'économie ne s'est pas améliorée. En fait, elle a ralenti son rythme de croissance et elle est devenue plus instable – jusqu'à subir la crise la plus grave depuis soixante-quinze ans.

Les faiblesses du secteur financier ne sont apparues que graduellement au fil du dernier quart de siècle, tandis que son évolution l'éloignait de l'activité bancaire traditionnelle. Nous avons expliqué comment fonctionnait une banque à l'ancienne: des particuliers lui confiaient leurs économies, elle les prêtait à des entreprises, et celles-ci utilisaient l'argent pour embaucher de nouveaux salariés ou acheter de nouvelles machines. L'argent allait à ceux qui étaient le plus capables d'en faire bon usage. La banque n'essayait pas de presser l'emprunteur comme un citron pour lui soutirer jusqu'au dernier centime: si elle facturait un taux d'intérêt élevé, elle le savait, elle allait décourager les emprunteurs responsables et encourager l'excès de risque[17]. De plus, elle avait une relation à long terme avec l'entreprise emprunteuse: elle l'aidait donc à traverser les mauvaises périodes comme les bonnes. Cette forme d'activité bancaire s'appelle la « banque relationnelle ».

L'activité bancaire moderne a changé tout cela de mille façons. Traditionnellement, les banquiers étaient des personnages compassés, mais très respectables, piliers de la vie collective de leur localité, qui tenaient à démontrer aux autres leur probité: ils voulaient que chacun se dise qu'il pouvait leur faire confiance et les laisser gérer son argent. Ils supportaient les conséquences en cas de problème: s'ils avaient mal fait leur travail et prêté à des emprunteurs qui ne pouvaient pas rembourser, ils perdaient leur capital.

Un nouveau modèle, celui de l'« octroi-cession », prédomine dans la banque du XXIe siècle[18]. Les banques prennent l'initiative d'octroyer des prêts, mais les cèdent aussitôt à d'autres, qui supporteront le risque de non-remboursement. Leurs profits ne reposent pas sur l'écart entre le taux que leur paient les emprunteurs et celui qu'elles-mêmes paient aux déposants, mais sur les commissions qu'elles facturent à toutes les étapes.

Le crédit est soutenu par les garanties de l'État

Le montant des prêts qu'une banque peut accorder ne se limite pas à celui de ses dépôts. À cet égard, on n'est pas du tout dans la situation agricole simple évoquée plus haut. À cette lointaine époque, une « banque des semences » ne pouvait donner des graines à un paysan désireux d'en planter davantage que si un autre paysan avait déposé auprès d'elle des graines à prêter. Mais les banques ont compris depuis des siècles qu'elles peuvent créer des comptes, en sachant qu'à tout moment on ne leur réclamera que l'argent présent sur une petite partie d'entre eux. Nous sommes entrés dans un système dit de « réserves fractionnaires », où le montant que la banque détient dans ses réserves n'est qu'une fraction de ce qu'elle doit. Aujourd'hui, ce système fonctionne parce que nous comptons sur l'État pour faire en sorte que les réserves soient suffisantes et que l'argent hors réserves soit géré prudemment, et pour intervenir en cas de manque de liquidités.

Même si le crédit n'était pas la plus lucrative des activités des banques, les banquiers faisaient un joli profit en prêtant de l'argent – pas seulement parce que les prêts rapportaient un taux d'intérêt supérieur à celui qu'ils payaient aux déposants, mais aussi parce qu'ils pouvaient les créer à partir de rien. Toute banque peut simplement inscrire dans ses livres de comptes qu'un particulier a un dépôt de 100 000 dollars (le droit de dépenser cette somme). En un sens, la banque doit ce montant à l'emprunteur. Mais en le prêtant, la banque crée simultanément un actif de valeur égale : le prêt lui-même. Le dépôt a une grande valeur pour l'emprunteur, car il lui permet de signer des chèques que les autres accepteront. S'ils sont prêts à les accepter, toutefois, c'est parce que, derrière la banque, il y a le gouvernement des États-Unis.

En fait, les banques gagnent de l'argent en monétisant – en profitant de – la confiance qu'inspire l'État américain. Cela signifie que, lorsqu'elles font faillite, les contribuables paient la facture. Puisque l'activité bancaire est extrêmement rentable et que plus ils prêtent, plus ils gagnent, les banquiers ont une incitation à persuader l'État qu'ils n'ont pas besoin de réserves importantes[19]. Ce fut l'une des grandes batailles dans le monde d'après la crise de 2008. Plus les réserves sont minces, plus les profits de la banque sont conséquents – mais plus le contribuable risque gros. Du point de vue de la société, cependant, l'enjeu n'est pas seulement ce déplacement du risque des banquiers et des banques vers l'État. Si l'on impose aux banques d'avoir davantage de réserves et que, de ce fait, elles ont plus à perdre, les banquiers prêteront avec plus de prudence, leurs prêts seront meilleurs et notre économie fonctionnera mieux.

Il y a désalignement entre les intérêts privés et ceux de la société

Bien entendu, ce n'est pas le comportement global de l'économie qui intéresse les banquiers ; c'est de faire des profits. Ici encore, les intérêts privés et ceux de la société ne sont pas alignés. À en croire son témoignage devant le Congrès sur les origines de la crise financière, par exemple, l'ancien président du Conseil des gouverneurs de la Réserve fédérale Alan Greenspan avait supposé que les banquiers allaient mieux gérer le risque. C'était la grande « faille » dans son raisonnement, a-t-il dit – une faille qui coûte à l'économie mondiale des milliers de milliards de dollars[20]. Il a été surpris. J'ai été surpris de sa surprise : quiconque comprenait l'économie et les incitations auxquelles banques et banquiers étaient confrontés pouvait aisément conclure qu'ils étaient incités à verser dans l'excès de risque. Greenspan aurait dû le savoir[21].

Le secteur financier a lui-même été victime d'un ensemble de théories devenues à la mode à l'époque de Reagan : les entreprises devaient œuvrer dans l'intérêt de leurs actionnaires ; ce choix conduirait au bien-être de toutes les parties prenantes et de notre économie en général[22]. Et par « actionnaires », on a fini par entendre non pas les investisseurs à long terme, qui se préoccupent du sort de l'entreprise sur plusieurs années ou plusieurs décennies, mais les spéculateurs à court terme, qui ne s'intéressent qu'au cours de l'action le jour même. Ils veulent les profits immédiats jusqu'au dernier dollar, et les effets à long terme sont le dernier de leurs soucis. Des structures d'incitation ont été mises en place pour encourager cette perspective court-termiste – et elles ont fonctionné : elles ont créé le plus grand désastre financier depuis soixante-quinze ans.

La contagion s'étend au reste de l'économie

Les maladies de la finance, par elles-mêmes, sont déjà pénibles. Malheureusement, dans les autres secteurs aussi, trop de dirigeants imitent le comportement des financiers. Ils s'efforcent d'égaler leurs énormes rémunérations et de reproduire les structures d'incitation qui contribuent à leur conduite à courte vue, en donnant priorité au cours boursier d'aujourd'hui sur la croissance de longue durée. Ajoutons que les entreprises sont inévitablement sensibles aux points de vue de leurs bailleurs de fonds : s'ils ont la vue courte, elles l'auront aussi. Le secteur financier a donc joué un rôle important dans la diffusion d'une des grandes maladies du capitalisme à l'américaine : on ne peut pas investir à long terme dans les compétences, les technologies et les usines sur la base d'un horizon trimestriel. Une économie à horizon court est une économie à croissance lente.

CONCLUSION

Le secteur financier illustre, à bien des égards, tout ce qui ne va pas dans notre économie. Il a été l'exemple par excellence de la recherche de rente : les banquiers se sont enrichis aux dépens du reste de la société dans un jeu à somme clairement négative, où leurs gains ont été de loin inférieurs aux pertes de tous les autres. Ils ont exploité ceux qui ne connaissaient rien à la finance, mais il n'y a pas d'honneur chez les voleurs : ils se sont aussi exploités entre eux. L'économie a été frappée de mille façons : des ressources qui auraient pu servir à la création de richesse ont été consacrées à l'exploitation, car le secteur financier s'est mis à grandir sans discontinuer, en attirant certains des esprits les plus talentueux. Mais qu'y a gagné le pays ? Moins de croissance, plus d'instabilité et plus d'inégalité. L'exemple du secteur financier réfute aussi avec éclat la théorie des marchés sans entraves : la recherche débridée de leur intérêt personnel par les banquiers n'a pas conduit au bien-être de la société, mais à la crise financière la plus colossale depuis soixante-quinze ans.

Dans la vie politique américaine, dont le moteur est l'argent, les banquiers avaient usé de leur fortune pour obtenir des législations qui leur permettaient de gagner encore plus aux dépens des autres, par la déréglementation. Et quand ils ont lamentablement échoué, ils ont usé de leur influence pour obtenir le plus gros renflouement public de l'histoire du monde, tout en laissant se débrouiller seules, pour l'essentiel, les victimes de leurs prédations – propriétaires en difficulté et travailleurs, au même titre.

La cupidité n'est peut-être pas la mère de tous les vices, mais la finance est certainement à la racine de nombre des maux dont sont accablés les pays. La courte vue et la turpitude morale de nos banquiers obsédés par l'argent ont fait tache d'huile : elles ont infecté notre économie, notre politique et notre société. Sur de nombreux plans, elles ont changé ce que nous sommes, rendant un très grand nombre d'Américains moins idéalistes, plus égoïstes et plus bornés.

D'un bout à l'autre de l'éventail politique, les électeurs américains en ont assez des grandes banques et de l'inconduite du secteur financier. En n'obligeant pas les banques à rendre des comptes pour leurs méfaits tout en leur allouant un renflouement proche de 1 000 milliards de dollars, Obama a contribué à la désillusion à l'égard de l'État et à l'ascension du Tea Party d'abord, et finalement de Trump[23]. Chacun pensait que le slogan de Trump, « Asséchons le marécage », visait avant tout l'influence de Wall Street, même s'il allait ensuite peupler son cabinet d'un nombre sans précédent de riches financiers.

La fureur du peuple à l'égard des grandes banques est justifiée. Elles ont utilisé leur pouvoir de marché pour nuire à la société, en prenant l'économie en otage. Sans leur pouvoir de marché et leur puissance politique, elles n'auraient pu commettre aucun de leurs méfaits impunément. Sur un marché efficient, concurrentiel, des entreprises qui auraient porté atteinte à leur propre réputation comme l'ont fait toutes nos grandes banques n'auraient pas survécu. Or non seulement elles ont survécu, mais elles engrangent à présent des profits record[24]. Et au lieu de punir les banquiers de leurs forfaits, nous les avons renfloués, parfois même en les récompensant. Un comportement aussi éhonté et répréhensible que celui qu'a eu la finance dans les dernières décennies doit avoir des conséquences, pour les sociétés financières comme pour les personnes. On peut soutenir que notre système politique paie aujourd'hui le prix de son inertie face aux méfaits du secteur financier : nous avons vu que les responsables politiques, dans les deux partis, étaient plus à l'écoute des banquiers que de ceux dont les systèmes politique et financier sont censés servir les intérêts.

Malgré tout, la finance a une importance vitale pour l'économie. Nous avons besoin de crédit pour lancer et développer des entreprises et pour créer des emplois. La finance est essentielle, mais rien dans son fonctionnement n'impose que le secteur financier soit aussi gigantesque qu'il l'est devenu. Nous avons aujourd'hui un secteur financier surdimensionné qui fait trop ce qu'il ne devrait pas faire et trop peu ce qu'il devrait faire. Il n'a pas usé de son pouvoir au service de la société, mais en vue d'extorquer des profits pour lui-même.

Nous avons compris les multiples méthodes employées par les professionnels du secteur financier pour nous nuire – bien que presque chaque jour qui passe révèle en la matière de nouvelles formes d'ingéniosité et de nouveaux exemples de dépravation morale. L'ensemble de réglementations capable de réduire efficacement les nuisances que ce secteur nous impose à tous, par l'exploitation directe comme par l'imprudence de ses prêts, est clair pour tout le monde. Le mettre en œuvre n'est pas si difficile[25]. Il faut des règles exhaustives qui empêchent les banques d'être trop grandes et trop interconnectées pour faire faillite, de se livrer à l'excès de risque, à la manipulation des marchés, à l'exploitation de leur pouvoir de marché, et d'avoir des comportements abusifs et prédateurs.

Mais la pire faute des banques n'a pas consisté dans leurs mille façons d'escroquer et d'exploiter les autres, ni dans l'excès de risque qui a mis à genoux l'économie mondiale. Elle a été de ne pas avoir joué leur rôle normal : financer les entreprises, à des conditions raisonnables, quand elles veulent faire des investissements qui permettraient la croissance de l'économie. Beaucoup de ces projets sont à long terme, mais l'horizon court des banques les a conduites à concentrer leur attention sur des sources de profit plus faciles. Les nombreux efforts qui visent à les empêcher de nuire sont passés à côté de cet enjeu crucial : garantir que le secteur financier fera vraiment ce qu'il est censé faire.

En limitant ses méthodes les plus risquées et abusives pour faire des profits, nous l'encouragerons à se consacrer davantage à son vrai rôle. Mais cela ne suffira pas. Nous devons aussi rendre ce secteur plus concurrentiel.

Dans de nombreux pays du monde, l'État doit jouer un rôle actif de bailleur de fonds pour financer les PME et les nouvelles entreprises, les investissements à long terme, notamment dans les infrastructures, les projets technologiques à haut risque, et enfin les territoires mal desservis – puisque, malgré les lois qui l'interdisent, nos banques pratiquent la discrimination. Même dans le pays le plus capitaliste de tous, les États-Unis, l'État joue depuis longtemps un rôle actif dans l'offre de financement. Il pourrait avoir à le faire encore plus activement – jusqu'à quel point, cela dépendra du succès de nos efforts pour réformer les réglementations et de ceux des banques pour s'autoréformer. Fournir des financements passant par le secteur public, par exemple en matière de prêts hypothécaires, ce sera aussi fournir une concurrence au secteur privé. Pour juguler l'exploitation pratiquée par ce secteur, agir ainsi sera peut-être plus efficace qu'essayer de lui imposer un comportement concurrentiel et responsable en le réglementant.

La difficulté n'est pas l'économie, mais la politique : dans un système politique qui carbure à l'argent, la finance, source de l'argent, aura inévitablement un grand pouvoir. Les banques, malheureusement, se battront bec et ongles contre les réglementations – celles qui freinent leurs mauvaises pratiques comme celles qui encouragent les bonnes. Donc, si économiquement la solution est simple, politiquement elle ne l'est pas. En même temps, cette situation illustre les craintes exprimées au tout début de notre République sur l'influence politique excessive d'un vaste secteur financier – et elle illustre aussi un thème central de la seconde partie de ce livre: si nous voulons mettre en œuvre les réformes économiques nécessaires, il nous faudra réformer notre système politique.

CHAPITRE 6

Le défi des nouvelles technologies

La Silicon Valley, avec les progrès technologiques qui lui sont associés, est devenue le symbole de l'esprit américain d'innovation et d'entreprise. Des personnalités hors norme, comme Steve Jobs et Mark Zuckerberg, ont apporté aux consommateurs du monde entier des produits qu'ils adorent et qui nous permettent de mieux nous rapprocher les uns des autres. Intel a fabriqué des puces électroniques qui permettent à nos produits de «penser» plus vite – de calculer plus vite – que les meilleurs cerveaux du monde. L'intelligence artificielle peut aujourd'hui battre l'être humain non seulement à des jeux simples, comme les échecs, mais aussi à d'autres plus compliqués, comme le jeu de go, où il y a plus de coups possibles que d'atomes dans l'univers[1]. Bill Gates, à première vue, illustre l'esprit américain dans ce qu'il a de meilleur: après avoir accumulé une fortune estimée à 135 milliards de dollars, il s'est mis à faire des dons massifs à des œuvres caritatives. Il consacre son énergie à combattre les maladies dans le monde et s'efforce d'améliorer l'éducation aux États-Unis.

Pourtant, malgré toutes ces vertus, ces progrès ont une face sombre. Ils inspirent des inquiétudes légitimes au sujet des pertes d'emplois. Et ce n'est pas tout: les industries nouvelles sont enclines à de nombreux abus, du pouvoir de marché aux violations de la vie privée et aux manipulations politiques.

LE PLEIN EMPLOI DANS UN MONDE HIGH-TECH

Le marché du travail inspire beaucoup d'angoisse. Au XXe siècle, nous avons créé des machines qui avaient plus de force que l'être humain. Aujourd'hui, nous pouvons en produire qui sont plus efficaces que lui pour les tâches répétitives. Et voici que l'intelligence artificielle lui lance un défi encore plus redoutable. Nous pouvons fabriquer des machines qui accomplissent mieux que lui des tâches programmées, mais aussi qui *apprennent* mieux, du moins dans certains domaines.

Les machines pourront donc devenir plus performantes que les humains à de nombreux postes clés. Améliorer ses connaissances générales et sa formation professionnelle peut être un palliatif à court terme pour de nombreux actifs, mais les ordinateurs sont aussi capables de remplacer les radiologues, et les remplacent effectivement, donc même un diplôme de médecine n'offre pas de refuge sûr. On prévoit que, dans quelques années, les voitures et camions autonomes permettront de se passer de conducteurs; si c'est vrai, c'est particulièrement préoccupant, car le métier de chauffeur routier est aujourd'hui une source d'emplois très importante pour les hommes qui n'ont qu'un diplôme du secondaire ou encore moins que cela.

Ces machines qui se substituent à la main-d'œuvre vont faire baisser les salaires, notamment ceux des peu qualifiés, et monter le chômage: telles sont les craintes. La réaction naturelle a été d'accroître les qualifications des travailleurs. Mais, dans bien des domaines, cela ne suffira pas: avec l'intelligence artificielle, les robots peuvent apprendre des tâches complexes plus vite et les exécuter plus efficacement que des humains même très instruits.

Certains disent: ne vous inquiétez pas! Par le passé, les marchés ont toujours créé des emplois quand l'économie se restructurait. De plus, affirment ces techno-optimistes, on exagère le rythme du changement. Il est vrai qu'il ne se remarque même pas dans les macrodonnées: ces dernières années, les gains de productivité ont été nettement plus faibles que dans les années 1990 et dans les décennies de l'après-guerre. Dans son best-seller *The Rise and Fall of American Growth: The U.S. Standard of Living Since the Civil War* [L'ascension et la chute de la croissance américaine: le niveau de vie aux États-Unis depuis la guerre de Sécession], Robert Gordon, de la Northwestern University, soutient qu'en réalité le rythme de l'innovation a ralenti[2]. Nous avons Facebook et Google, oui, mais ces innovations pâlissent comparées à l'importance de l'électricité, ou même des WC intérieurs et de l'eau propre qui ont tant contribué à améliorer la santé et la longévité.

L'expérience passée risque fort, toutefois, de ne pas être un bon guide pour l'avenir. Il y a plus d'un demi-siècle, John von Neumann, l'un des grands mathématiciens du milieu du XXe siècle, a suggéré qu'il existe peut-être un point[3] où il devient plus coûteux d'embaucher et de former un être humain que de produire une machine pour le remplacer. Ces machines seront produites par d'autres machines qui apprendront à les fabriquer. Ce qui compte lorsque des entreprises décident d'utiliser des machines au lieu de travailleurs humains, ce n'est pas seulement le gain de productivité; c'est aussi que l'opération – concevoir, fabriquer et gérer la bonne machine – est relativement simple et assez peu coûteuse. Les machines ne font pas grève. On n'a pas besoin d'une direction des ressources humaines pour faire en sorte qu'elles ne soient pas trop mécontentes. Elles ne sont pas perturbées par des émotions. La prévision de von Neumann s'est déjà réalisée pour certaines tâches; nous l'avons dit, des machines peuvent surpasser les radiologues. Mais l'élargissement de leurs capacités et l'ampleur de leur substitution au travail humain peuvent s'accélérer rapidement, à en juger par les progrès effectués en intelligence artificielle dans les cinq dernières années[4].

Certaines avancées de l'intelligence artificielle ne serviront pas à remplacer la main-d'œuvre, mais à la rendre plus performante. On appelle parfois ces innovations l'« intelligence assistée ». Ces inventions-là peuvent accroître la demande de personnel et faire monter les salaires. Dans le passé, une bonne part de l'innovation a été de ce type. Mais cette tendance va-t-elle se poursuivre ? Je n'y compterais pas. Si terrible qu'ait pu être le problème de l'emploi jusqu'ici, il est fort possible qu'il s'aggrave encore. La technologie pourrait évoluer dans des directions que la littérature économique qualifie de «polarisantes»: il y aurait une augmentation relative du nombre de postes exigeant des niveaux de qualification ultra-élevés, et le reste de la croissance de l'emploi aurait lieu dans des postes à très faible qualification, pour des salaires tout aussi faibles[5].

Lorsque les machines remplacent le travail humain, le chômage augmente – une situation que saisit bien cette histoire apocryphe, mais souvent répétée: le P-DG de la Ford Motor Company et le secrétaire général du Syndicat des ouvriers de l'automobile visitent une nouvelle usine où les robots font une large part du travail. «Comment ferez-vous pour que ces robots vous paient des cotisations? persifle le patron de Ford. Ils ne vont pas se syndiquer. — Et vous, répond le syndicaliste, comment ferez-vous pour qu'ils achètent vos voitures[6]?»

Le manque d'emplois aboutira à un manque de demande, et l'économie (faute d'une intervention forte de l'État) pourrait alors se stabiliser dans ce qu'on appelle une stagnation séculaire (c'est-à-dire de longue durée). Si ce scénario se confirmait, le progrès technologique – suprême ironie de l'histoire! – conduirait à la souffrance économique, et non au regain de prospérité qui aurait dû en résulter. Certains soutiennent que c'est précisément ce qui s'est passé aux États-Unis dans la période qui a précédé la Grande Dépression[7]. La rapidité de l'innovation dans l'agriculture a conduit à une chute rapide des prix de certaines denrées au cours de ces années d'avant la crise[8]. C'est pour cela que le revenu agricole net (le revenu final après déduction des frais d'exploitation) a baissé de plus de 70 % en termes réels de 1929 à 1932[9]. Le déclin précipité du revenu des agriculteurs et la diminution correspondante de leur fortune, puisque terres agricoles et maisons rurales perdaient de la valeur[10], ont eu plusieurs conséquences graves: les travailleurs agricoles sans emploi n'ont pas pu se permettre de s'installer en ville; et, puisque leurs revenus s'effondraient, les exploitants se sont mis à travailler encore plus dur et à produire davantage, ce qui a eu l'effet pervers d'aggraver la baisse des prix. En outre, avec ces revenus réduits, ils ne pouvaient plus acheter les biens produits dans les villes, comme les voitures. Dans ces conditions, les épreuves des agriculteurs ont vite eu des retombées en zone urbaine, et les conséquences sont alors revenues frapper les zones rurales: baisse des revenus dans les villes signifiait baisse de la demande de denrées agricoles, baisse des prix et aggravation du calvaire dans les fermes. L'économie a été piégée dans un équilibre à bas niveau dont elle n'a émergé qu'avec la Seconde Guerre mondiale. Une intervention massive de l'État – l'effort de guerre – a alors permis de faire passer beaucoup de gens des zones rurales aux grandes villes et de les former à de nouveaux emplois urbains. C'est ce qui a ouvert la voie à l'ère de prospérité de l'après-guerre.

La leçon de cette expérience est claire: si l'innovation n'est pas bien gérée, au lieu d'apporter la prospérité à tous, elle risque d'avoir l'effet diamétralement opposé. Aujourd'hui, grâce aux progrès de la science économique, nous savons mieux comment gérer une économie confrontée à l'innovation. Le point clé, c'est de maintenir le plein emploi. Nous pouvons le faire à l'aide de la politique budgétaire (en diminuant les impôts ou en augmentant les dépenses publiques – accroître l'investissement public peut être un moyen particulièrement efficace de stimuler l'économie) quand nous n'y parvenons pas par la politique monétaire (la baisse des taux d'intérêt ou l'augmentation de l'offre de crédit). Les politiques budgétaire et monétaire stimulent l'une et l'autre la demande globale, et, avec un stimulant suffisant, il est toujours possible de ramener l'économie au plein emploi[11].

Le «problème d'emploi» que pose la technologie avancée est donc en fait un problème politique. L'aveuglement idéologique, notamment quand il s'associe à une odieuse politique partisane, peut rendre politiquement difficile d'effectuer une stimulation budgétaire suffisante[12]. Nous l'avons vu au cours de la Grande Récession. La Réserve fédérale a ramené les taux d'intérêt à zéro, mais cela n'a pas suffi à rétablir le plein emploi. Néanmoins, les républicains et autres faucons antidéficit ont refusé les tentatives pour mettre en œuvre un stimulant budgétaire adéquat. Refus d'autant plus exaspérant qu'à ce moment-là l'État pouvait obtenir des fonds à des taux d'intérêt réels *négatifs* («réels» signifie: après prise en compte de la hausse des prix), et que la période était donc particulièrement propice pour faire les investissements publics dont le pays a terriblement besoin.

Trop compter sur la politique monétaire pose un problème supplémentaire : lorsque le coût du capital chute aussi bas, il est payant pour les entreprises d'investir dans des machines qui se substituent au travail. Elles doivent décider comment allouer les maigres ressources financières qu'elles consacrent à la recherche et à l'investissement, et elles le font en se concentrant sur les facteurs qui pèsent lourd dans leurs coûts. Puisque la Réserve fédérale a maintenu les taux d'intérêt à un si bas niveau pendant si longtemps, le coût du capital est particulièrement faible par rapport au coût du travail – et il n'est pas surprenant, dans ces conditions, que les entreprises s'intéressent surtout à réduire le coût du travail. La demande de main-d'œuvre, qui était déjà insuffisante pour maintenir le plein emploi, s'est donc encore affaiblie[13].

Baisse des salaires et hausse de l'inégalité

Même un retour au plein emploi risque d'être insuffisant. Si les machines *remplacent* la main-d'œuvre, alors, par définition, la demande de main-d'œuvre diminue à tous les niveaux de salaire. Aussi, pour ramener l'économie au plein emploi, les salaires doivent baisser. C'est une conséquence directe de la loi de l'offre et de la demande. Mais elle signifie que, sans intervention de l'État, de vastes composantes de l'économie vont se dégrader[14].

Certes, en théorie, le progrès technologique devrait pouvoir améliorer notre situation à tous – comme la mondialisation. La taille du gâteau national s'accroît ; il y en a davantage ; donc chacun peut en avoir une part plus grande. Mais avec le remplacement des travailleurs par des machines, cela n'arrivera pas tout seul : la réduction de la demande de main-d'œuvre, et en particulier de main-d'œuvre non qualifiée, va faire baisser les salaires, donc le revenu des travailleurs va diminuer, alors que le revenu national va augmenter. L'économie du ruissellement ne fonctionnera pas, de même qu'elle n'a pas fonctionné pour la mondialisation.

Mais l'État peut faire en sorte que tout le monde, ou du moins la majorité, améliore sa situation. Quatre ensembles de politiques au moins seront nécessaires: (1) Les règles du jeu économique doivent être plus justes, le jeu ne doit pas être truqué au détriment des travailleurs – et surtout les grandes compagnies technologiques ne doivent pas pouvoir utiliser les technologies nouvelles pour accroître leur pouvoir de marché, par les moyens qui seront exposés plus loin. En renforçant le pouvoir de négociation des travailleurs et en affaiblissant le pouvoir de monopole des entreprises, on peut créer une économie plus efficace et plus égalitaire. (2) Les droits de propriété intellectuelle doivent être réorganisés pour que les fruits des progrès, dont la plupart reposent sur la recherche fondamentale financée par l'État, soient plus largement partagés. (3) L'impôt progressif et les politiques de dépenses publiques peuvent aider à redistribuer le revenu.

Enfin, (4) nous devons reconnaître que l'État a un rôle à jouer pour aider l'économie à se restructurer dans sa transition de l'industrie aux services. C'est un changement du même ordre que les mutations structurelles qui se sont produites il y a un siècle, quand l'économie est passée de l'agriculture à l'industrie. Dans la transformation structurelle d'aujourd'hui, l'État devra peut-être faire encore plus qu'à cette époque, puisque, dans de nombreux secteurs des services en expansion, comme la santé et l'éducation, le financement public est capital, pour des raisons que l'on comprend fort bien. Par exemple, si l'État recrutait davantage de personnel pour s'occuper de nos personnes âgées, malades et handicapées et pour éduquer nos jeunes, et versait aux intéressés des rémunérations décentes[15], il ferait monter les salaires dans toute l'économie. Si, collectivement, nous nous soucions beaucoup de nos enfants, de nos malades et de nos personnes âgées, nous devrions être prêts à dépenser davantage pour eux. Si nous voulons des enfants plus instruits, par exemple, il nous faut des enseignants plus nombreux et mieux payés. Une rémunération plus élevée permettra, en particulier, d'attirer dans l'enseignement des personnes plus qualifiées. Faire tout cela exigera davantage de recettes fiscales, mais, puisque les progrès technologiques font grossir le gâteau – augmentent le revenu –, nous pourrons sûrement prélever ces impôts tout en laissant nos capitalistes et nos innovateurs fort bien lotis, mieux qu'ils ne le sont aujourd'hui.

Bref, le chômage, la baisse des salaires et l'aggravation, pour les travailleurs, des épreuves résultant des progrès technologiques sont des problèmes qui pourraient être facilement réglés s'il y avait la volonté politique de le faire. Nous reviendrons sur la meilleure façon de procéder dans la seconde partie du livre.

POUVOIR DE MARCHÉ ET INTELLIGENCE ARTIFICIELLE

Comme l'ont souligné les chapitres précédents, le pouvoir de marché s'accroît dans de nombreux secteurs. La piètre performance globale de l'économie et la montée de l'inégalité peuvent être liées l'une et l'autre à son expansion. Ces problèmes, et leurs conséquences, sont particulièrement aigus dans les nouveaux secteurs technologiques, pour des raisons qui ont été expliquées au chapitre 3.

Avec l'intelligence artificielle et le Big Data – le volume massif de données que des compagnies comme Amazon, Google et Facebook peuvent collecter sur chacun de nous –, on voit émerger le spectre d'une expansion encore plus vaste du pouvoir de marché. Si un géant (comme Google, Facebook ou Amazon) a une position de force, peut-être même dominante, dans un domaine où il peut collecter des données, il en sait alors plus long que les autres entreprises sur un particulier, tant qu'il ne partage pas ces données avec elles – et il n'a aucune incitation à le faire. Les défenseurs du Big Data font valoir qu'il peut servir à concevoir des produits plus adaptés aux souhaits des consommateurs et à les ajuster finement à leurs besoins. On espère aussi que l'information fournie sera extrêmement précieuse pour des soins médicaux personnalisés. Les moteurs de recherche affirment qu'ils utilisent les données pour mieux cibler la publicité, afin que chacun ait plus de chances de recevoir une information qui lui soit utile[16]. Telles sont les possibilités positives offertes par le Big Data. Mais les compagnies dominantes peuvent aussi utiliser ces données, au moyen de l'intelligence artificielle, pour augmenter leur pouvoir de marché et leurs profits aux dépens de leurs clients.

Les conséquences potentielles du pouvoir de marché que détiennent les nouveaux géants technologiques sont plus vastes et plus pernicieuses que tout ce qui a pu exister au début du XXe siècle. À cette époque, le pouvoir de marché de compagnies comme Swift, la Standard Oil, American Tobacco, l'American Sugar Refining Company ou US Steel leur permettait d'augmenter les prix qu'elles facturaient pour les denrées alimentaires, l'acier, le tabac, le sucre ou le pétrole. Aujourd'hui, l'enjeu ne se réduit pas aux prix.

L'existence du pouvoir de marché des nouveaux géants technologiques apparaît avec éclat chaque fois que Facebook change ses algorithmes, c'est-à-dire la façon dont il détermine ce que voient les utilisateurs et dans quel ordre. Un nouvel algorithme peut provoquer le déclin rapide d'un média, ou peut créer, puis, peut-être, supprimer, de nouveaux moyens d'atteindre de vastes publics (comme dans Facebook Live).

Dans ces conditions, les géants technologiques méritent toute l'attention des autorités de la concurrence : elles devront non seulement déployer contre eux leurs instruments habituels, mais aussi en créer de nouveaux pour combattre leurs façons innovantes d'étendre et d'exercer leur pouvoir de marché. Au strict minimum, nous l'avons dit, il faut envisager de séparer WhatsApp et Instagram de Facebook. Et il faut restreindre le champ des conflits d'intérêts, comme ceux que crée Google quand il ouvre sa boutique en ligne pour concurrencer les entreprises qui font de la publicité sur sa plateforme.

Mais il est pratiquement certain qu'il faudra aller plus loin, par exemple restreindre l'accès aux données et leurs usages possibles. Dans les sections qui suivent, je vais exposer certaines des idées les plus prometteuses.

Big Data et ciblage des clients

Puisque l'intelligence artificielle et le Big Data permettent aux entreprises d'estimer quelle valeur un particulier accorde à tel ou tel produit, donc combien il est prêt à le payer, ils donnent à ces entreprises le pouvoir de discriminer par les prix – de faire payer plus cher les clients qui tiennent le plus au produit ou qui ont le moins d'options[17]. Non seulement la discrimination par les prix est injuste, mais elle mine aussi l'efficacité de l'économie : la théorie économique standard repose sur l'absence de fixation discriminatoire des prix[18]. Tout le monde paie le même prix. Or, avec l'intelligence artificielle et le Big Data, des personnes différentes peuvent payer des prix différents.

Dans ces conditions, l'intelligence artificielle et le Big Data permettent aux compagnies technologiques d'extraire et d'accaparer une plus large part de la valeur produite par la société, ce qui détériore la situation des autres – les consommateurs ordinaires. On a montré, par exemple, que Staples* sait, par le code postal de ses clients, s'ils ont à proximité de chez eux un magasin qui vend des produits comparables ; s'ils n'en ont pas, l'entreprise peut faire payer plus cher les commandes sur Internet[19]. Les compagnies d'assurances connaissent les codes postaux de leurs clients, et peuvent facturer leurs services en conséquence – pas seulement sur la base du risque que courent ceux qui vivent dans telle ou telle zone, mais en fonction de leur propre pouvoir de marché et de leur capacité à faire payer davantage. En pratique, dans les deux cas (produits de consommation et assurances), les codes postaux où l'on facture les prix les plus élevés correspondent aux zones où résident surtout des minorités – donc il s'avère que l'intelligence artificielle et le Big Data sont de nouveaux instruments de discrimination raciale.

L'économie numérique du XXIe siècle a donné aux entreprises plus de possibilités de cibler ceux dont elles pourront tirer profit par d'autres moyens[20]. Elles ont à présent les moyens de s'attaquer à leurs points faibles. L'intelligence artificielle peut, par exemple, détecter un individu à personnalité addictive, susceptible de tomber sous la coupe d'un casino, et lui fournir les incitations nécessaires pour qu'il aille à Las Vegas ou au casino le plus proche. Elle peut, souligne la sociologue Zeynep Tüfekçi, exploiter chacune de nos faiblesses – un désir irrationnel de nouvelles chaussures, de sac à main, de plage sous les tropiques – et nous

* Gros détaillant d'articles de bureau.

alimenter en informations qui nous conduisent à dilapider nos revenus, car notre moi émotionnel l'emporte sur notre moi délibératif[21]. Les travaux du prix Nobel Richard Thaler ont décrit, chez de nombreuses personnes, une sorte de guerre intérieure permanente, pourrait-on dire, entre ces différentes identités. Les nouvelles technologies interviennent dans cette guerre du côté de nos moi inférieurs. On peut craindre que le Big Data et l'intelligence artificielle ne permettent aux entreprises de se faire une idée presque parfaite de ces dynamiques, et d'ajuster leurs pratiques en conséquence pour maximiser leurs profits.

Le Big Data a aussi une valeur inestimable dans de nombreux champs de recherche. Plus une compagnie de génétique a de données, mieux elle sera capable d'analyser l'ADN d'une personne et de détecter la présence de certains gènes. Les entreprises qui cherchent à maximiser leurs profits veulent donc collecter le plus de données possibles sur les gens – et ne pas les partager. Dans cette quête du profit, les vies perdues ne sont qu'une forme de dommage collatéral parmi d'autres, comme l'illustre l'histoire suivante. À partir de 1990, il y a eu un vaste effort international pour décoder la séquence génétique de l'être humain, le Projet du Génome humain. Il a été couronné de succès – en 2003, la tâche était achevée. Mais quelques entreprises privées ont compris que, si elles faisaient la course en tête, elles pouvaient battre le projet et obtenir un brevet sur n'importe quel gène qu'elles auraient décodé, et que ce brevet pouvait être une mine d'or. Par exemple, Myriad, une entreprise de l'Utah, a obtenu un brevet sur deux gènes, appelés BRCA1 et BRCA2, et a développé un test pour identifier les femmes qui les portaient. C'était une information précieuse, parce qu'une femme porteuse de ces gènes avait une forte probabilité d'être un jour atteinte d'un cancer du sein. Myriad facturait des prix outrageusement élevés – entre 2 500 et 4 000 dollars, prix du séquençage d'un génome entier. Elle rendait ainsi le test inabordable pour beaucoup de femmes. En outre, si ses prix étaient élevés, ses tests, comme tous les tests, étaient imparfaits. Pendant ce temps, des scientifiques de l'université Yale avaient mis au point un test qu'ils affirmaient plus précis, et qu'ils étaient prêts à fournir à un prix beaucoup plus bas. En sa qualité de «propriétaire» du brevet, Myriad n'a pas voulu les y autoriser. Pas seulement à cause des profits qu'elle aurait perdus, mais aussi parce qu'elle voulait les données. Cette histoire particulière finit bien: l'Association for Molecular Pathology a poursuivi Myriad en justice, en soutenant que les gènes existant naturellement ne devaient pas être brevetables. Le 13 juin 2013, dans un procès qui a fait date, la Cour suprême des États-Unis s'est déclarée à l'unanimité d'accord avec cette idée. Depuis, les prix du test ont chuté et sa qualité s'est améliorée, preuve frappante de l'effet négatif des brevets sur l'innovation[22].

Pour réaliser cette forme d'exploitation, les entreprises doivent disposer, bien sûr, d'un énorme volume de données sur chacun de nous, ce qui signifie violation de la vie privée. Seuls ceux qui ont fait quelque chose de mal doivent s'inquiéter des violations de la vie privée, disent certains. C'est faux. Quiconque possède un vaste ensemble de données sur quelqu'un d'autre peut organiser une divulgation partielle d'informations qui va suggérer, dans le meilleur des cas, que son intégrité est compromise. Les dictateurs et les régimes autoritaires ont compris depuis longtemps le pouvoir de l'information. C'est pourquoi les services secrets, de la Stasi est-allemande à la police secrète syrienne, ont jugé tout à fait prioritaire de tenir à jour des dossiers très détaillés sur toute personne ayant un intérêt politique. Pour y parvenir, il leur fallait de vastes réseaux d'espions. Le Big Data et la technologie de l'information permettent aux entreprises comme aux États de créer facilement un dossier électronique beaucoup plus épais que tout ce dont la Stasi a pu rêver. Ils renforcent l'aptitude de tout État autoritaire à devenir un État totalitaire.

Certains se rassurent à l'idée que le Big Data n'est pas aux mains de l'État, mais entre des mains privées, chez Google, Facebook ou Amazon. Pas moi. Lorsque nous réfléchissons aux problèmes de cybersécurité, la frontière entre public et privé devient moins nette. Les révélations d'Edward Snowden nous ont appris que l'État collecte déjà sur nous d'énormes quantités de données, et nous ont montré tout à fait clairement que, quelles que soient les données que possèdent les entreprises privées, la NSA peut aisément s'en emparer[23]. Quant aux révélations sur le comportement de Facebook avec ses données – quel usage il a fait ou autorisé des tiers (comme Cambridge Analytica) à faire de certaines d'entre elles, quelles mesures de sécurité il a prises ou non pour les protéger –, elles ne devraient pas trop nous rassurer non plus.

La dystopie de George Orwell *1984* et une autre plus récente, *Le Cercle*, de Dave Eggers, illustrent nos craintes d'un État Big Brother qui nous contrôlerait totalement – et le Big Data lui donne la capacité de contrôler ce qui était absolument inimaginable pour Orwell[24].

Bref, nous devrions nous préoccuper de la perte de notre vie privée. La vie privée, c'est du pouvoir. Les compagnies du Big Data le comprennent, mais il n'est pas évident que ce soit vrai de leurs victimes.

On peut user et abuser de ce pouvoir de mille façons. Les compagnies de type Facebook, Amazon et Google, qui ont accès à d'immenses volumes d'information, peuvent, on l'a vu, utiliser leur avantage informationnel pour renforcer leur position de marché vis-à-vis de leurs rivaux et pour faire jouer leur pouvoir de marché dans d'autres domaines. Avoir plus de données est un avantage colossal, qui rend l'entrée de concurrents sur le marché encore plus difficile, et peut-être impossible. La théorie économique et l'histoire nous disent toutes deux qu'un monopoliste bien retranché a moins d'incitations à innover. Il consacrera plus d'énergie à étendre et renforcer son pouvoir de marché qu'à chercher de meilleures façons de servir les autres[25].

Il y a eu encore plus perturbant : l'usage qu'a fait Facebook de ses données à des fins de manipulation politique, et pas seulement aux mains de la Russie aux États-Unis.

Réglementer les données et leur utilisation

Laisser de gigantesques volumes de données sous la coupe d'un nombre d'entreprises assez réduit a de vastes conséquences sociales en matière de pouvoir de marché, de vie privée et de sécurité. Nous devrions nous en inquiéter. Lorsqu'on réfléchit aux réactions possibles, il apparaît que l'État pourrait jouer plusieurs rôles : par exemple, assigner la propriété des données et réglementer la façon dont on peut les utiliser[26].

L'Europe a fait les premiers pas[27]. Évidemment, les géants technologiques prétendent que les responsables européens prennent ces mesures parce qu'ils sont antiaméricains. C'est faux. Ils les prennent pour deux raisons : la loi leur impose de maintenir un marché concurrentiel et, dans toute l'Europe, il y a un salubre intérêt pour la défense de la vie privée. Les États-Unis ont été lents à suivre, en partie au moins à cause de l'influence politique des géants technologiques[28].

L'un des ensembles de propositions avancées pour limiter tant le pouvoir que les abus des géants actuels repose sur l'idée de donner à chacun la propriété de ses données personnelles. Dans ces conditions, toute entreprise souhaitant les utiliser pourrait les obtenir, en les payant ; et l'intéressé pourrait interdire tout usage relevant de l'exploitation. Cela signifierait aussi qu'une partie au moins de la valeur des données lui reviendrait, au lieu d'aller aux compagnies technologiques. Il y a eu quelques tentatives en ce sens, donnant à chacun un minimum de contrôle sur ses propres données – en Europe, les particuliers doivent explicitement autoriser Google à utiliser leurs données. Les partisans du marché libre soutiennent cette solution : laissons chacun décider lui-même. Certaines compagnies d'Internet offrent donc une petite remise sur leur facture à ceux qui les autorisent à utiliser leurs données, et la plupart des clients acceptent. Le président d'une de ces compagnies s'est vanté auprès de moi du prix ridicule auquel son entreprise obtenait des données qui avaient pour elle tant de valeur et qu'elle monétisait si brillamment.

Certains diront : laissons faire ! Chacun décide librement s'il permet à d'autres d'avoir ses données. Mais il y a de nombreux domaines où, en tant que société, nous décidons d'intervenir dans les libres décisions individuelles. Il y a d'autres cadres où nous interdisons à chacun d'accomplir des actes qui ne nuisent qu'à lui-même, comme participer à une pyramide ou vendre ses organes. Les mêmes arguments valent pour ses données, mais avec encore plus de force, puisque, associées à celles des autres, elles peuvent accroître la capacité d'une entreprise à exploiter tout le monde dans l'économie. Les gens ne se rendent pas vraiment compte de ce qu'on fait ou de ce qu'on pourrait faire de leurs données, notamment si elles tombaient entre de mauvaises mains. Ils ne savent pas jusqu'à quel point les compagnies qui ont leurs données prennent des mesures de sécurité adéquates. La plupart ne connaissent même pas les lois sur la responsabilité des sociétés ou les conséquences d'une violation de données. Avec le système judiciaire inéquitable des États-Unis, obtenir réparation leur coûtera très cher, dans le meilleur des cas. Et le scandale Equifax illustre la malhonnêteté du secteur des entreprises en Amérique. Cette compagnie, qui avait collecté des données sur les particuliers, en général sans leur consentement, a subi en 2017 un piratage massif qui a permis de voler d'un seul coup des informations sur 150 millions d'Américains. Non seulement elle n'avait pas sécurisé les données, mais elle a ensuite tenté de gagner de l'argent sur le piratage lui-même en obligeant les victimes potentielles à signer une renonciation à poursuites judiciaires simplement pour savoir si leurs données avaient été volées ou non[29].

La réglementation de l'utilisation des données par les entreprises pourrait prendre plusieurs formes. La plus douce exigerait simplement la transparence : elle se limiterait à vérifier l'exactitude de l'information donnée par l'entreprise au public sur ses politiques de protection de la vie privée et de sécurité. Une réglementation plus stricte impliquerait une surveillance plus vigoureuse et des interdictions : certains usages et certaines ventes de données seraient prohibés. Nous pourrions au minimum garantir que les particuliers sauront ce qu'on fait de leurs données. Nous pourrions imposer des restrictions sur la réunion (l'« agglomération ») d'ensembles de données, puisque nous savons que les dangers de violation de la vie privée et d'exploitation des particuliers augmentent avec le volume de données dont dispose une entreprise. Chacun pourrait se voir demander son « consentement informé » sur l'usage de ses données. Le problème est de définir ce que cela signifie, et de faire le nécessaire pour que les intentions de la personne soient respectées. Beaucoup ont été choqués par l'usage massif de leurs données Facebook, alors même qu'ils pensaient avoir des réglages de protection forte de leur vie privée.

L'État pourrait aller plus loin: fixer un prix plancher à la rémunération d'un particulier en cas d'usage de ses données personnelles par une entreprise; ou même interdire à toute entreprise de conserver les données d'un particulier au-delà du temps nécessaire à la (aux) transaction(s) en cours le concernant[30].

Nous pourrions avoir une procédure d'examen régulier: toute entreprise détenant une grande quantité de données sur des personnes serait tenue de révéler à une commission de contrôle comment cette information est utilisée. Au vu des lourds antécédents de certains géants technologiques en matière de malhonnêteté, il faudrait des sanctions fortes pour toute fausse déclaration.

D'autres mesures encore sont envisageables. Nous pourrions imposer une taxe sur l'usage ou le stockage de données. (Les technologies qui autorisent la collecte, le stockage et l'usage de données en masse permettent aussi de les taxer facilement.) Nous pourrions exiger que les données soient exclusivement stockées sous forme agrégée, sans identifiants individuels (c'est ce qu'on appelle anonymiser les données): cela permettrait aux chercheurs de glaner des informations sur des structures de comportement, mais pas de cibler des individus[31].

Et nous pourrions même aller encore plus loin: considérer que les données sont un bien public, exiger que toutes les données stockées (à l'état brut ou traitées) soient accessibles à tous. Il serait alors moins facile aux géants technologiques actuels d'utiliser leur avantage en matière de données pour enraciner encore plus fermement leur pouvoir de monopole. Mais ici, la protection de la vie privée pose un problème épineux. Le contrôle du Big Data par une poignée de grandes compagnies technologiques renforce leur pouvoir de marché. Si nous voulons briser ce pouvoir de marché en rendant les données accessibles aux autres, nous aboutissons à un immense stock commun de données. Or ce stock commun plus vaste signifie une plus grosse perte de vie privée et davantage de possibilités d'exploiter les gens: entre les nouveaux entrants, ce sera à qui utilisera l'information pour extraire le plus de valeur, y compris en s'en servant pour profiter des consommateurs par les méthodes exposées plus haut. Il est donc possible que le résultat de cette politique soit un plus grand nombre d'abus. Il est à peu près certain que la solution passera par des restrictions limitant l'utilisation et l'agglomération des données.

Les nouvelles technologies et la menace contre la démocratie

Il y a encore plus troublant que les menaces potentielles des nouvelles technologies contre notre économie et notre vie privée : celles qu'elles font peser sur notre démocratie. Ces technologies sont des épées à double tranchant. Leurs partisans ont souligné le positif : la création d'un espace public élargi au sein duquel chacun peut faire entendre sa voix. Mais nous en avons vu un aspect beaucoup plus sinistre, par exemple avec les ingérences répétées de la Russie dans des élections démocratiques, en vue, semble-t-il, de fragiliser la confiance dans la démocratie occidentale. Les nouvelles technologies peuvent servir à des fins de manipulation, pas seulement pour augmenter des profits économiques, mais aussi pour encourager certaines idées et semer le doute sur d'autres. Les plus fortunés sont les mieux placés pour le faire – et la famille de Robert Mercer et quelques autres qui ont fondé Cambridge Analytica dans le cadre de leur effort secret et subversif pour manipuler l'élection de 2016 ont montré comment ils peuvent y parvenir. Les technologies nouvelles ont donc ouvert un nouveau boulevard par lequel le pouvoir et l'argent engendrent plus de pouvoir et plus d'argent.

Quantité de réformes ont été proposées. Aucune n'est convaincante, à la hauteur de la tâche. Certaines font peser une plus lourde responsabilité sur les plateformes. L'Allemagne – peut-être est-ce normal au vu de son histoire – a pris une position forte contre la diffusion des appels à la haine. Dans certains cas, il peut suffire d'introduire un délai : on ralentit Internet, on réduit les risques de voir la désinformation devenir virale ou déclencher une vague de fond. Dans l'intervalle, les processus de vérification des faits entrent en action ; étiqueter « vérifié » ou « non vérifié » les éléments partagés pourrait être utile.

Exiger la transparence des sources des publicités payées qui tentent de circuler sur les réseaux sociaux en tant qu'informations réelles aiderait aussi. Prohiber la publicité financée de l'étranger qui cible nos élections, également. Il faut le faire, même si cela réduit un peu les profits de Facebook et de Twitter. Pour prévenir l'utilisation des banques comme canaux du financement du terrorisme ou du blanchiment, nous leur imposons de «connaître leur client». Nous devons en faire autant pour Facebook, Twitter et les autres plateformes technologiques. Si l'on avait introduit et fait respecter sérieusement cet unique changement, il aurait beaucoup fait pour arrêter les interférences de la Russie dans les élections des États-Unis et d'autres pays.

Les plateformes des réseaux sociaux ont en fait la même activité que les directeurs de publication de la presse écrite: elles diffusent des informations et offrent un support publicitaire. Les journaux sont juridiquement responsables de ce qu'ils publient, mais les géants technologiques ont usé de leur influence politique pour ne pas l'être[32]. S'ils avaient une responsabilité juridique comparable, ils seraient plus attentifs à l'information qu'ils diffusent, ils investiraient davantage dans le contrôle, et nous aurions un Internet plus sûr et plus honnête[33].

Nous pouvons aussi tenter de créer des consommateurs d'information plus clairvoyants. Certains pays, comme l'Italie, développent l'éducation aux médias (y compris aux réseaux sociaux), qui rend les gens plus aptes à reconnaître les assertions manifestement fausses[34].

Des médias actifs, financés sur fonds publics, peuvent également jouer un rôle pour faire connaître, par exemple, les tentatives de la Russie pour s'ingérer dans la politique américaine. Si la Russie a été aussi efficace, c'est peut-être simplement parce que son action est passée inaperçue. Rien n'est plus important pour l'action collective, nous l'avons dit, qu'assurer l'intégrité des processus par lesquels nous prenons collectivement des décisions, et celle de l'information qui devrait permettre de les prendre rationnellement. C'est un bien public, qui exige de l'argent public. De nombreux pays (comme la Suède et le Royaume-Uni) ont des médias actifs, indépendants, mais à financement public, qui ont gagné la confiance du peuple. Néanmoins, beaucoup à droite veulent réduire l'envergure de ces brillants médias – peut-être parce qu'ils ont peur de la vérité, et parce qu'ils préfèrent les médias contrôlés par les riches (comme Murdoch et sa chaîne Fox News), plus susceptibles de prendre leur parti. Il faut résister à ces efforts ; et les pays qui n'ont pas de médias publics efficaces, indépendants et bien financés devraient envisager de créer ces institutions.

Malheureusement, ceux qui utilisent les technologies nouvelles à des fins manipulatrices comprennent les limites de notre cadre réglementaire et travaillent dur pour exploiter toutes ses failles. C'est une guerre et, pour l'instant, ceux qui veulent saper la démocratie semblent la gagner.

L'une des grandes raisons, ce sont les menottes que nous nous passons à nous-mêmes, dans nos efforts pour protéger la libre parole. Même la Cour suprême des États-Unis, très sensible au principe de liberté d'expression, a statué qu'on n'a pas le droit de crier « Au feu ! » dans un théâtre bondé (affaire *Schenck v. États-Unis*, 1919). Dans cette guerre pour un public bien informé, si nous voulons faire barrage à l'action corrosive de ceux qui utilisent la désinformation pour affaiblir nos démocraties, les mesures que nous venons d'évoquer sont de petites solutions de compromis. Il pourrait être nécessaire d'aller plus loin.

En définitive, le pouvoir de marché d'une plateforme comme Facebook, et la source potentielle d'abus qu'elle représente, sont peut-être trop grands pour le bien-être de la société, tout simplement. Quand la Standard Oil est devenue trop grande et trop puissante, nous l'avons démantelée. Mais, dans son cas, il n'y avait pas d'économies d'échelle importantes, donc les coûts économiques de la décision ont été limités. Facebook, en revanche, est peut-être ce que nous avons appelé plus haut un monopole naturel[35]. Il risque d'être à la fois difficile à démanteler et difficile à réglementer dans ce qu'il fait. De plus, son démantèlement pourrait accroître encore la difficulté de réglementer. Il n'y a peut-être pas d'autre option que de déclarer Facebook service public, avec l'étroite supervision publique que cela suppose[36].

Les adversaires de ces mesures s'inquiètent de leurs effets sur l'innovation. Bien qu'à mon sens nous puissions simultanément avoir des réglementations fortes et fournir de bonnes incitations à l'innovation, nous devons nous poser la question : jusqu'à quel point faut-il se préoccuper de possibles conséquences négatives de ces mesures, réglementaires et autres, sur l'innovation ?

Comme je l'ai indiqué plus haut, la valeur sociale globale de ces innovations est peut-être très inférieure à ce que les entrepreneurs de la Silicon Valley voudraient nous faire croire. La stricte supervision (ou même la propriété) publique pourrait nous permettre de réorienter l'innovation dans un sens plus constructif. Trouver un meilleur moyen d'envoyer aux consommateurs de la publicité ciblée, ou d'extraire davantage de surplus du consommateur, peut être précieux pour les entreprises – ces inventions peuvent être d'importantes sources de profits. Mais c'est encore un cas où les rendements sociaux et privés ne sont pas alignés. Le rendement social de la discrimination par les prix et des autres formes d'exploitation des consommateurs est en fait négatif[37].

Aux États-Unis et dans les autres pays qui ont une tradition démocratique forte, j'estime que, pour toutes les mesures, quelles qu'elles soient, qu'il faudra prendre pour dompter les réseaux sociaux – pour nous protéger des atteintes à la vie privée, de la manipulation politique et de l'exploitation de marché –, une supervision judiciaire et parlementaire vigoureuse pourrait fonctionner, avec la participation de la société civile dans un processus ouvert et transparent, même si, dans les pays où les institutions sont plus faibles et l'attachement à la démocratie moins ferme, on peut craindre des abus. De plus, nous pourrions élaborer un régime de réglementation efficace qui soutiendra l'innovation là où elle est utile[38]. Ces décisions risquent d'être des questions de vie ou de mort pour notre démocratie et notre société dans les années qui viennent.

LA MONDIALISATION À L'ÈRE DE L'INTELLIGENCE ARTIFICIELLE

Les divergences de vues sur la protection de la vie privée et la cybersécurité dans le monde représenteront peut-être à l'avenir l'obstacle le plus important à la mondialisation. Certains auteurs ont suggéré que nous nous dirigions vers un « splinternet », un Internet éclaté, car la Chine, les États-Unis et l'Europe s'orientent vers des cadres juridiques différents[39]. Si l'intelligence artificielle et le Big Data sont aussi importants que certains l'affirment, la

Chine, qui n'a pas le souci de défendre la vie privée, a peut-être un énorme avantage. Les compagnies américaines feront valoir que la Chine donne à ses entreprises une longueur d'avance en se désintéressant du problème de la protection de la vie privée, donc qu'elles ont besoin d'être protégées contre les firmes chinoises. Mais, en vertu de la même logique, les entreprises européennes pourraient demander à être protégées contre les compagnies américaines, puisque aux États-Unis les lois sur la vie privée et la sécurité sont plus laxistes.

Sous l'influence de nos géants technologiques, l'Amérique pourrait exiger (et, sous Trump, elle exige) que tout le monde s'aligne sur les normes américaines et que l'Europe abroge ses réglementations conçues pour protéger la vie privée[40]. Mais c'est une manière de voir particulièrement provinciale. C'est pour de bonnes raisons que les Européens se soucient de la vie privée. On ne voit pas pourquoi l'Europe devrait céder aux desiderata du gouvernement des États-Unis, qu'ils reflètent d'authentiques préoccupations des citoyens américains ou le pouvoir des géants de la technologie sur la politique de notre pays, où « il faut payer pour jouer ». Aller dans la direction de la Chine est (et doit être) inacceptable. Je redoute Big Brother. Mieux vaut nous joindre à l'Europe en ayant des protections fortes de la vie privée et, si nécessaire, imaginer des moyens de contrebalancer tout avantage que d'autres tirent d'un accès sans entraves au Big Data[41].

CONCLUSION

Ce chapitre a montré que certaines technologies nouvelles vont peut-être exacerber tous les problèmes exposés dans les chapitres précédents – notamment ceux qui sont liés à l'emploi et aux salaires, à l'inégalité et au pouvoir de marché. Elles en introduisent aussi plusieurs nouveaux, en particulier ceux qui concernent la vie privée et la cybersécurité. Les « solutions » ne sont pas claires, mais ce qui est clair, c'est qu'on ne peut pas laisser ces problèmes aux bons soins du marché.

Les chapitres qui précèdent ont montré dans quel sens l'économie de marché – notre système capitaliste – nous transforme.

Elle rend quantité de gens plus égoïstes et moins moraux. De même, l'un des aspects les plus perturbants de certaines technologies nouvelles est la façon dont elles changent *qui nous sommes*, individuellement et en tant que société.

Nous avons des preuves toujours plus nombreuses des multiples influences des technologies nouvelles sur chacun de nous et sur nos interactions avec les autres. Les plages d'attention raccourcissent. Or on ne peut résoudre les problèmes très difficiles avec des plages d'attention courtes. Les interactions entre personnes sont moins courantes, et quand nous en avons, c'est avec ceux qui nous ressemblent le plus. Donc notre société se polarise de plus en plus : chacun vit dans sa propre chambre d'écho. Dans un tel monde, trouver un terrain d'entente devient toujours plus difficile et, par conséquent, la coopération sociale se complique. Il y a davantage d'occasions d'être brutal, de harceler – d'exprimer ce que nous avons de pire en nous, et de le faire en privé, là où aucun des mécanismes sociaux correcteurs n'est en place. Bref, nous sommes peut-être mieux connectés avec les autres superficiellement, mais la force et la qualité des interactions sociales se dégradent.

Même chez les professionnels de ces technologies, on commence à s'en inquiéter. Où cela va nous mener, nul ne le sait. Mais il est déjà clair que, avec la division des États-Unis en deux camps qui se font la guerre, qui voient le monde à travers des prismes totalement différents et qui vont jusqu'à défendre la validité de « faits alternatifs », il est de plus en plus difficile d'élaborer des politiques consensuelles et d'avoir une vie politique qui fonctionne[42].

Rien de tout cela n'est une fatalité – du moins, pas au degré que nous avons atteint. C'est le thème central de ce livre. Les progrès de la technologie *devraient* être une bénédiction. Ils *devraient* nous permettre de mieux assurer à tous l'accès aux éléments fondamentaux d'une vie décente. Mais ces progrès peuvent aussi conduire à la paupérisation de vastes composantes de la population, et c'est probablement ce qui va se passer si nous ne prenons pas des mesures collectives fortes. Le chapitre suivant explique en détail pourquoi nous devons agir *ensemble*. Les problèmes ne peuvent être résolus et ne seront résolus ni par les marchés ni par l'action individuelle de chacun.

CHAPITRE 7

Pourquoi l'État ?

On peut faire beaucoup plus en travaillant ensemble que chacun de son côté. C'est un principe fondamental qu'on a compris depuis longtemps. Peut-être a-t-on pris conscience pour la première fois de la nécessité d'une « action collective » à grande échelle dans les sociétés rizicoles antiques qui dépendaient de l'irrigation. Tout le monde bénéficiait de la construction et de l'entretien des canaux : c'étaient des activités qu'il fallait organiser et financer collectivement. De plus, dans les nombreux endroits où les ressources en eau étaient limitées, il fallait des règles pour partager équitablement l'eau disponible – là encore, c'était forcément quelque chose qui se faisait collectivement. Ailleurs, c'est la défense, la protection de la communauté locale contre les maraudeurs, qui a conduit à des formes d'action collective précoces. La communauté, par la coopération de ses membres, était capable d'apporter un type de protection que chaque individu ne pouvait s'assurer par lui-même.

La Constitution des États-Unis montre que les citoyens des États fraîchement indépendants comprenaient la nécessité de l'action collective. Comme le déclare le Préambule :

> **Nous, le peuple** des États-Unis, en vue de former une union plus parfaite, d'établir la justice, d'assurer la paix intérieure, de pourvoir à la défense commune, de développer la prospérité générale et d'assurer les bienfaits de la liberté à nous-mêmes et à notre postérité, nous ordonnons et établissons la présente Constitution pour les États-Unis d'Amérique.

Tout cela, les citoyens ne pouvaient le faire qu'*ensemble.* Ils avaient un intérêt commun à s'unir, et pas seulement dans des associations volontaires, mais dans un *État,* avec tous les pouvoirs que cela impliquait. Pour que le bien-être social progresse, il ne fallait pas seulement des agriculteurs et des marchands œuvrant pour leur intérêt personnel dans un rêve libertarien*, mais aussi un État fort, doté de pouvoirs clairement spécifiés, mais limités.

Ce besoin d'agir collectivement a parfois paru entrer en conflit avec l'individualisme américain. Cette vision que nous avons de nous-mêmes (ou du moins de ceux d'entre nous qui ont le mieux réussi) se résume ainsi : nous nous sommes faits tout seuls, et nous aurions fait encore mieux si l'État ne nous en avait pas empêchés avec ses contraintes. Il s'agit pour l'essentiel d'un mythe. Au sens littéral, nul ne s'est fait tout seul ; le processus biologique ne le permet pas. Mais même nos plus grands génies comprennent que ce qu'ils font repose sur les travaux d'autres personnes[1]. Une simple expérience de pensée devrait nous inciter à quelque humilité : qu'aurais-je réalisé si j'étais né de parents habitant un village isolé en Papouasie-Nouvelle-Guinée ou au Congo ? Toute entreprise américaine bénéficie de l'état de droit, des infrastructures et des technologies qui ont été créés au fil des siècles. Steve Jobs n'aurait pas pu créer l'iPhone sans la multitude d'inventions qui y sont intégrées, dont beaucoup proviennent de recherches financées sur fonds publics dans le demi-siècle précédent.

* *Libertarian* signifie en fait « libertaire ». Le mot a pris un sens si particulier aux États-Unis qu'on le traduit couramment par « libertarien » : il désigne une composante de la droite dure attachée au libéralisme économique intégral, très hostile à l'intervention économique de l'État et très anti-autoritaire dans sa défense des libertés individuelles classiques.

Une société qui fonctionne bien exige donc un équilibre entre action individuelle et action collective. Dans les premières décennies après leurs révolutions respectives, l'Union soviétique et la Chine communiste ont perdu cet équilibre. On peut craindre aujourd'hui que nous soyons en train de le perdre aussi dans l'autre sens.

Dans ce chapitre, je voudrais explorer à la fois la nécessité de l'action collective et ses limites. Les chapitres précédents ont expliqué ce qui a mal tourné dans la mondialisation et dans la financiarisation. Nous avons montré les effets de la montée en puissance des grandes entreprises et de l'affaiblissement de la position des travailleurs. Nous avons constaté que tout cela a conduit à un ralentissement de la croissance accompagné d'une hausse de l'inégalité, et à l'appauvrissement effectif de vastes composantes de la population au fil du temps. Enfin, nous avons vu que les progrès de la technologie sont potentiellement capables d'aggraver encore les choses. Mais nous avons soutenu qu'aucune de ces évolutions n'était inévitable. Ces changements auraient pu être gérés tout autrement, et, s'ils l'avaient été, il y aurait eu davantage de gagnants et moins de perdants. Par eux-mêmes, les marchés ont fait ce que les règles du jeu leur permettaient de faire, ce qu'elles les incitaient à faire. Ce qu'il nous faut, ce sont des règles du jeu différentes – nous avons besoin d'action collective pour *réformer* notre économie de marché. Chacun des chapitres précédents a formulé à cet égard des suggestions spécifiques. Celui-ci tente de les réunir toutes, en énonçant un ensemble de principes capable de nous guider dans notre réflexion sur le rôle de l'action collective. Après avoir exposé ces principes généraux, nous verrons que, de plus en plus nettement, dans notre économie en pleine évolution, nous avons besoin de l'État – et non de son retrait, que réclament tant de gens à droite.

LA NÉCESSITÉ DE L'ACTION COLLECTIVE

Au fil du dernier demi-siècle, les économistes sont parvenus à mieux comprendre dans quelles circonstances une forme d'action collective est nécessaire pour réussir à atteindre des objectifs sociaux, car les marchés par eux-mêmes ne produisent pas de résultats efficaces ou justes[2]. Ce livre a maintes fois souligné les discordances omniprésentes entre rendements sociaux et rendements privés : en l'absence de réglementations, par exemple, nul ne prendra en compte dans ses calculs économiques le coût des pollutions qu'il crée. Par eux-mêmes, les marchés produisent trop de pollution, d'inégalité et de chômage, mais trop peu de recherche fondamentale.

Il y a certains biens, comme la défense nationale, dont nous bénéficions tous ; on les appelle « biens publics[3] », et il faut qu'ils soient fournis collectivement. Si nous comptons sur l'offre privée d'un bien public, nous n'en aurons pas assez. Les gens ou les entreprises ne pensent qu'à leur propre gain, pas aux avantages généraux de la société[4].

La défense est l'exemple le plus évident, mais il y en a beaucoup d'autres. De même que les économies rizicoles bénéficient d'un bon réseau de canaux, nous bénéficions tous d'infrastructures de grande qualité : les routes, les aéroports, l'électricité, l'eau et l'assainissement.

Les avancées du savoir sont aussi des biens publics. Le chapitre 1 a souligné que le progrès des connaissances est la source la plus importante des hausses du niveau de vie. Nous profitons tous d'innovations comme les semi-conducteurs et les lasers. C'est pourquoi la recherche fondamentale doit être financée par l'État.

L'un des biens publics les plus importants est un mode de gouvernement juste et efficace : c'est un grand avantage pour tous[5]. Le financement public des personnes et des institutions qui œuvrent dans l'intérêt général – y compris les médias et instituts de réflexion indépendants – est nécessaire pour que le pays soit bien gouverné.

Il y a beaucoup d'autres domaines où les marchés ne font pas ce qu'ils devraient faire et où l'action collective peut améliorer le bien-être. Si nous avons toute une gamme de programmes d'assurance sociale (des pensions de retraite à l'assurance maladie des personnes âgées et à l'assurance chômage), c'est pour une raison simple : ils portent sur de gros risques, qui ont de lourds effets sur le bien-être individuel, mais, avant que l'État ne s'en préoccupe, le marché ne proposait aucune assurance contre ces risques, ou le faisait à des prix extrêmement élevés, avec de gros coûts de transaction[6].

Les économies dynamiques sont toujours en transition, et, par eux-mêmes, les marchés ne gèrent pas bien ces transitions. Nous passons actuellement d'une économie industrielle à une économie d'innovation et de services, urbanisée, mondialisée, avec d'importants changements démographiques.

De plus, il est difficile de coordonner une économie vaste et complexe. Avant que l'État ne mette en œuvre des politiques actives pour gérer la macroéconomie, il y avait souvent de longues périodes de chômage de très grande ampleur. Les politiques keynésiennes ont raccourci les récessions et prolongé les expansions. Aujourd'hui, tout grand pays a une banque centrale gérée par l'État ; la plupart reconnaissent qu'il incombe à l'État de stabiliser l'économie et prennent cette mission au sérieux.

Même si les marchés étaient efficients et stables, les résultats pourraient être socialement inacceptables (comme ils le sont souvent) : trop de gens au bord de la famine et une trop large part de la richesse du pays accaparée par quelques-uns. L'un des rôles fondamentaux de l'État est d'assurer l'égalité des chances et la justice sociale pour tous. Puisque les marchés de capitaux ne les aideront pas, ceux qui ont eu la malchance de naître dans des familles pauvres ne pourront jamais, en s'appuyant sur leurs propres ressources ou sur celles de leurs parents, vivre à la hauteur de leurs potentialités. C'est injuste, et inefficace.

L'engagement de l'État dans toutes ces activités est essentiel. Ce point devrait faire consensus. Mais la façon dont l'État *organise* ces activités est une question plus compliquée. Dans certains domaines, il a démontré qu'il était un producteur beaucoup plus efficient que le secteur privé – pensons au versement des pensions de retraite qu'il effectue en passant par la Social Security, ou à l'assurance maladie qu'il gère à travers Medicare[7]*.

Les partenariats public-privé, par exemple en matière d'infrastructures, se sont parfois révélés un moyen efficace de fournir

* Medicare est l'assurance maladie publique qui couvre toutes les personnes âgées à partir de soixante-cinq ans.

des services. La partie privée avance le capital nécessaire pour construire la route sur le domaine public, la gère, disons, pendant trente ans, puis la remet à la partie publique. Mais souvent, dans ces partenariats, l'État supporte les risques et le secteur privé empoche les profits. Quand l'entreprise a répondu à l'appel d'offres par une offre qui s'avère inférieure à ses coûts, elle rompt le contrat; quand son offre est supérieure à ses coûts, elle garde les profits. C'est un pari à sens unique[8].

Le principe qui ressort de ces exemples est clair: nous avons besoin d'un État qui conserve une grande ouverture d'esprit sur la meilleure façon d'organiser la production et la fourniture des services. Ici comme ailleurs, l'idéologie n'est d'aucun secours. La foi quasi religieuse dans un secteur privé qui serait toujours et partout meilleur que l'État est fausse et dangereuse[9].

LA RÉGLEMENTATION ET LA RÉDACTION DES RÈGLES DU JEU

Dans de nombreux domaines, mieux vaut laisser la production au secteur privé. Mais cela ne signifie pas que celui-ci doit pouvoir faire tout ce qu'il veut. Il faut le réglementer. Nous devons comprendre pourquoi et quand nous avons besoin de réglementation, comment gérer au mieux le processus réglementaire, et pourquoi, dans bien des cas, le problème aujourd'hui n'est pas la surréglementation, mais la sous-réglementation.

Dans une société interdépendante, il *faut* une réglementation[10]. Pour une raison simple: ce que fait l'un a des effets sur les autres, et sans réglementation ces effets ne seront pas pris en compte[11]. Une entreprise qui pollue l'air abrège la vie de tous ceux qui le respirent, elle accroît chez eux le risque d'avoir une maladie pulmonaire – souvent de très peu, certes, mais si l'on multiplie ce «très peu» par des millions de compagnies, toutes ces pollutions s'additionnent. Il est clair qu'une entreprise sans conscience morale, dont le seul objectif est de faire des profits, préfère ne pas dépenser l'argent nécessaire pour cesser de polluer.

Les Dix Commandements étaient un ensemble de réglementations conçu pour une société simple, afin que ses membres puissent vivre ensemble paisiblement. Les feux tricolores sont un mécanisme réglementaire simple qui permet aux véhicules allant dans des directions différentes de passer chacun leur tour. Pour constater les avantages de cette réglementation et de bien d'autres, il suffit de se rendre dans n'importe quelle grande ville d'un pays en développement et d'observer le chaos qui découle de leur absence.

L'ensemble de réglementations requis pour faire fonctionner une société moderne est évidemment complexe. Les banques savent extorquer de l'argent aux autres par leur crédit trompeur et prédateur. Les plus grandes pratiquent l'excès de risque, en sachant bien qu'elles sont trop grosses pour faire faillite, donc qu'elles seront renflouées en cas de problème – 2008 n'a été que la plus récente des situations où l'État a dû les tirer d'affaire. Dans ces conditions, il est naturel d'essayer d'empêcher les banques de prendre des risques excessifs ou d'exploiter autrui. Elles ont plaidé pour la déréglementation – le démantèlement des réglementations qui les empêchaient de profiter des autres et de prendre des initiatives par trop risquées. En même temps, elles ont réclamé à grands cris et avec succès des lois stipulant que, dans les procédures de faillite, leurs dérivés – les produits risqués qui ont joué un si grand rôle dans l'effondrement de l'économie en 2008 – devaient être payés avant le personnel ou tout autre créancier. Ce faisant, elles ont obtenu ce qu'elles voulaient vraiment : un ensemble de lois et de réglementations qui leur donne priorité sur tous les autres acteurs. De même, en 2008 et dans d'autres crises, les banques ont exigé à tue-tête d'être renflouées par l'État.

Le véritable objectif de la vague de déréglementation que les banques ont tant fait pour promouvoir était donc de mettre en place une structure réglementaire qui leur était favorable. La question est toujours : *quelles réglementations faut-il?* et non : *faut-il déréglementer?* Aucun pays, aucune économie ne peut fonctionner sans lois ni réglementations. Les banques voulaient des droits sans responsabilités, un ensemble de réglementations et de politiques qui leur donnaient la liberté d'exploiter autrui et de se livrer à l'excès de risque, mais sans avoir à supporter les conséquences de leurs actes.

La «liberté» d'une personne peut être l'«asservissement» d'une autre. Le droit de l'une à polluer heurte de front le «droit» de l'autre à ne pas mourir de la pollution. La libéralisation des marchés financiers a donné aux banques le droit d'exploiter autrui – et, en un sens, elle leur a ouvert le droit de nous extorquer de l'argent à tous, puisque la crise financière qui en a résulté a forcé le pays à allonger dans les mille milliards de dollars.

Toutes les sociétés l'ont appris dans la douleur: il y a des gens qui cherchent à s'enrichir, non pas en inventant un meilleur produit ou en contribuant d'une autre façon au bien-être social, mais en exploitant. En exploitant leur pouvoir de marché. En exploitant les imperfections d'information. Et tout particulièrement en exploitant les plus vulnérables, les plus pauvres ou les moins instruits. Pour prendre un exemple classique: les trusts du conditionnement des produits de boucherie s'efforçaient de profiter des consommateurs en leur vendant de la viande avariée, jusqu'au jour où Upton Sinclair a révélé la chose dans son livre de 1906, *La Jungle*. Cet ouvrage a provoqué une telle fureur que l'industrie de la viande a *demandé* à être réglementée, afin de rétablir la confiance dans ses produits. Autre exemple: il est universellement admis qu'on ferait n'importe quoi pour empêcher ses enfants de mourir de faim, ou pour leur acheter des médicaments indispensables – y compris emprunter à des taux usuraires. C'est pour cela que tant de pays et de religions ont des lois et préceptes interdisant l'usure, et que les sociétés plus riches et plus humaines essaient de faire ce qu'elles peuvent pour que les gens ne se retrouvent pas dans ces situations extrêmes, où ils peuvent être si terriblement exploités par d'autres. Plus généralement, dès l'instant où il y a une trop grande asymétrie de pouvoir dans une négociation, on s'en inquiète, et on a bien raison.

Les adversaires de la réglementation prétendent que, face à l'exploitation, notre système judiciaire est assez dissuasif: à les en croire, l'exemple de criminels condamnés, comme Bernie Madoff, qui a profité des autres, est bien suffisant. Ce n'est pas le cas: il nous faut des réglementations pour que, dès l'origine, l'apparition même du comportement délictueux soit plus difficile. Mieux vaut prévenir de tels actes que nettoyer les dégâts après coup, car les dommages ne pourront jamais être complètement réparés – l'exemple de Madoff en est lui-même une preuve d'une parfaite clarté. De même, nous devons avoir des réglementations pour prévenir les comportements de prédation ; par exemple celui des universités à but lucratif, qui profitent du désir naturel qu'ont les gens de réussir, mais ne leur apprennent rien de sérieux ; ou le crédit prédateur, si caractéristique du marché des prêts hypothécaires avant la crise, et si caractéristique du prêt sur salaire aujourd'hui.

Bref, nous avons besoin de réglementations pour faire en sorte que les marchés fonctionnent comme ils sont censés le faire : de façon concurrentielle, avec des transactions entre parties bien informées, où l'une n'essaie pas de profiter de l'autre. Si l'on n'a plus confiance dans les marchés, si l'on cesse de les croire raisonnablement réglementés, ils pourraient même disparaître. Qui achèterait une action boursière si elle a de fortes chances d'être une arnaque ?

Le processus réglementaire

Il est difficile de concevoir un système réglementaire de bonne qualité, efficace, mais nous avons fait un travail remarquable en associant expertise et systèmes de contrôles et de contre-pouvoirs. Autant que faire se peut, nous voulons éviter la politisation du processus réglementaire. Le Congrès fixe les finalités et les objectifs des réglementations. Il laisse la responsabilité des détails à des agences indépendantes, mais tenues de rendre des comptes – à charge pour elles de mettre en œuvre l'intention du Congrès avec le plus d'impartialité possible (telle est du moins la théorie). Nous avons même créé des réglementations pour garantir que les réglementations seront conçues et appliquées de façon juste et efficace. Par exemple, pour toutes les réglementations majeures, notre système exige une analyse coûts-avantages – qui évaluera les avantages de la règle en question au regard de ses coûts. En général, les avantages sont plusieurs fois supérieurs aux coûts. La réglementation doit être soumise à enquête publique pour « avis et commentaires », processus transparent au cours duquel ceux qui ont des inquiétudes à son sujet peuvent formuler leurs objections. Les commentateurs peuvent suggérer des améliorations et des modifications. (Évidemment, les intérêts particuliers interviennent ici beaucoup plus souvent que les simples citoyens; c'est pourquoi ce cadre réglementaire est plus favorable aux entreprises qu'on ne pourrait le souhaiter dans l'idéal[12].) Après quoi l'agence qui propose la réglementation doit répondre aux commentaires, et publier la version définitive. Enfin, ceux à qui cette réglementation déplaît peuvent la contester en justice, en faisant valoir qu'elle ne correspond pas aux objectifs fixés par le Congrès, qu'elle viole une autre loi, réglementation ou règle de procédure de l'État, ou que, pendant son élaboration, la procédure n'a pas été correctement respectée. Bref, nous avons imposé d'énormes garde-fous démocratiques à notre processus de réglementation. Ce qui ne signifie pas que toutes les règles soient idéales. On a souvent une information loin d'être parfaite sur l'évolution future d'un marché, et le monde se révélera différent de celui auquel nous nous attendions. Parfois, le monde change, et une règle qui avait un sens à une époque devient absurde à une autre[13]. Mais toutes les institutions humaines sont faillibles. Nous avons fait un travail honorable en créant un cadre général qui fonctionne[14].

Rétablir les réglementations, à la fois individuellement et sur le principe

Dans l'immédiat, à tout prendre, notre économie a besoin d'être davantage réglementée, du moins dans certains domaines essentiels. Elle a changé à vive allure, et nos réglementations doivent en faire autant pour rester à niveau. Il y a vingt ans, par exemple, nous ne comprenions pas les dangers que représentent les émissions de carbone; aujourd'hui, nous les comprenons, et il nous faut des réglementations qui reflètent cette prise de conscience. Il y a vingt ans, l'obésité n'était pas le problème qu'elle est devenue; aujourd'hui, nous devons protéger nos enfants des aliments sucrés et salés, conçus pour être addictifs, qui contribuent à cette épidémie. Il y a vingt ans, nous n'avions pas la crise des opioïdes, qui a été en partie fabriquée par l'industrie pharmaceutique. Il y a vingt ans, nous n'avions pas une éruption d'écoles à but lucratif qui exploitent leurs étudiants et les prêts publics auxquels ils ont droit[15].

Le conflit sur la « neutralité du Net » illustre de façon saisissante la nécessité d'une réglementation et les méthodes qu'utilisent les grands intérêts d'entreprise pour manipuler le système à leur avantage.

On trouve trois grands fournisseurs d'accès aux États-Unis : Comcast, Charter et AT&T – il ne s'agit pas du tout d'un marché concurrentiel[16]. La neutralité du Net pose que ces « aiguilleurs » d'Internet doivent traiter tous ceux qui veulent se servir du réseau sur un pied d'égalité : ils ne sont pas autorisés, notamment, à privilégier quiconque en termes de vitesse du débit. En 2015, la neutralité du Net a pris force de loi quand la Federal Communications Commission (FCC) a publié son Open Internet Order : ce « règlement sur l'Internet ouvert » a décidé qu'Internet serait réglementé comme un service public, et interdit à ce titre toute discrimination entre les utilisateurs (d'où l'expression « neutralité du Net »). Mais deux ans plus tard seulement, en décembre 2017, Ajit Pai, le président de la FCC nommé par Trump, a abrogé l'Open Internet Order. Les fournisseurs d'accès ne sont aujourd'hui soumis à aucune limite légale dans leur pouvoir d'accélérer ou de ralentir les vitesses qu'ils accordent à telle ou telle entreprise en ligne[17].

La suppression de la neutralité du Net est trop récente pour qu'on puisse dire ce qui en résultera. Mais on peut redouter que, avec la loi de la jungle, les forts et les puissants l'emporteront – et cette crainte est intensément partagée par les nombreux consommateurs et économistes qui voient dans Internet un service public par essence. Les grandes entreprises vont conclure de meilleurs accords avec les fournisseurs d'accès. Ces derniers vont aussi s'avantager eux-mêmes. Ils vont exploiter à fond leur pouvoir de marché dans le contrôle d'Internet pour le transformer en pouvoir de marché dans la fourniture de contenus en ligne (de divertissement, par exemple).

Le cas des services de streaming vidéo montre bien comment la perte de la neutralité du Net pourrait nuire à la concurrence – en désavantageant même des compagnies de grande taille et apparemment puissantes. Netflix est très gourmand en données : son attrait pour ses clients repose sur son aptitude à transférer vite et sans à-coups des vidéos, ce qui nécessite un flux entrant de données rapide et massif à leur domicile. Dans ces conditions, en ralentissant les vitesses d'Internet auxquelles il a accès, on porterait un coup sérieux à sa viabilité. Si un fournisseur d'accès possède son propre service de streaming vidéo qui se trouve en concurrence avec Netflix, il pourrait s'avantager lui-même en étranglant l'accès de l'entreprise rivale au haut débit.

Sans la neutralité du Net, le fournisseur d'accès en position de monopole a aussi la capacité d'extorquer à des usagers comme Netflix un gros pourcentage de leurs profits. Il n'a qu'à réclamer à Netflix le paiement d'une prime pour avoir accès aux grandes vitesses. Si Netflix ne cède pas, autrement dit s'il ne paie pas la rançon, le fournisseur d'accès peut ralentir son service de façon aléatoire, même lorsqu'il n'y a aucun problème de capacité.

Les détracteurs de la neutralité du Net prétendent volontiers que le marché réglera ce type de problèmes : si les clients n'obtiennent pas ce qu'ils veulent, ils passeront chez un autre fournisseur d'accès qui leur enverra Netflix en streaming à grande vitesse. Mais comme il n'y a que trois grands fournisseurs d'accès nationaux, les consommateurs ont un choix limité ; en fait, dans bien des régions du pays, ceux qui veulent le haut débit n'ont qu'un seul choix possible[18]. Peut-être de nouveaux entrants viendront-ils offrir à long terme un accès plus fiable à Internet, mais, comme John Maynard Keynes l'a dit dans un autre contexte, à long terme nous serons tous morts : Netflix ne pourrait pas attendre. La prise de conscience de l'énorme pouvoir de marché dont disposent les fournisseurs d'accès met l'innovation sous l'étouffoir dans toute la branche. Résultat : davantage d'inégalité, moins d'innovation et moins de croissance[19].

L'ÉCHEC DE L'ÉTAT

Nous avons expliqué pourquoi l'action collective est nécessaire. Mais cela ne signifie pas qu'elle soit facile ni toujours réussie. L'action collective revêt de nombreuses formes et a lieu à bien des niveaux. Quantité d'organisations non gouvernementales et caritatives œuvrent dans l'intérêt général. Nos universités à but non lucratif, comme Harvard et Columbia, massivement soutenues par des contributions volontaires, comptent parmi nos organisations les plus efficaces : elles produisent des connaissances et les transmettent aux générations successives.

L'institution la plus importante pour l'action collective reste l'État[20]. Mais il y a un problème : les pouvoirs qui permettent à l'État d'améliorer le bien-être de la société peuvent aussi être utilisés par certains groupes ou certaines personnes au sein de la société pour promouvoir leurs propres intérêts aux dépens de ceux des autres. C'est ce qu'on appelle parfois l'« échec de l'État », par opposition à l'« échec du marché ». Les adversaires de l'action de l'État affirment, à tort, que faire appel à l'État pour pallier les échecs du marché est un remède pire que le mal, car l'échec de l'État est omniprésent. Comme nous l'avons expliqué dans ce livre, nous n'avons aucun moyen de nous passer de l'État. Nous ne pouvons pas retourner dans la jungle. Il nous faut l'action de l'État. Quel est le meilleur moyen de garantir qu'elle serve les intérêts de toute la société ? Telle est la vraie question, et les pays aux résultats les plus brillants sont ceux qui lui ont trouvé de bonnes réponses, et qui ont des États forts et efficaces. Pensons aux pays d'Asie orientale, qui, de pays pauvres en développement, sont devenus de puissants marchés émergents en l'espace de quelques décennies : pendant cette transition spectaculaire, ils avaient des gouvernements dont l'action a été cruciale dans leur développement[21]. Et l'État a aussi joué un rôle central dans l'expansion de l'économie des États-Unis tout au long de l'histoire du pays[22].

En étudiant les cas où l'engagement de l'État a réussi à atteindre l'objectif souhaité et ceux où il a échoué, les économistes en sont venus à mieux comprendre comment prévenir l'échec de l'État. De nombreux échecs sont liés à ce qu'on appelle la « capture », les situations où des entreprises privées et de riches particuliers usent de leur argent et de leur influence pour amener l'État à promouvoir leurs intérêts. Nous devons être constamment sur nos gardes contre cette éventualité, et créer des règles et des institutions qui rendront la capture plus difficile.

Les Pères fondateurs ont aussi compris que des médias critiques et indépendants sont une composante essentielle de toute démocratie en bonne santé. Un autre trait fondamental d'une démocratie qui fonctionne est la transparence.

De nombreux adversaires des idées que j'ai avancées dans ce livre associent un fort scepticisme à l'égard de l'État à une foi aveugle – et injustifiée – dans les marchés. J'ai évoqué plus haut la théorie du fondamentalisme de marché (on dit aussi parfois « néolibéralisme ») : selon elle, les marchés sans entraves sont par eux-mêmes efficients et stables ; si nous les laissions opérer leurs miracles et développer l'économie, tout le monde en bénéficierait (thèse qu'on appelle « économie du ruissellement »). Les chapitres précédents ont pulvérisé ces idées – comme si la crise de 2008, les poussées de chômage épisodiques et notre inégalité massive ne les réfutaient pas assez ! Tous ces problèmes seraient bien pires s'il n'y avait pas les interventions à grande échelle de l'État.

Au niveau le plus élémentaire, on l'a dit, il faut structurer les marchés par des lois et des réglementations – ne serait-ce que pour empêcher une partie ou une catégorie de profiter des autres ou de leur imposer des coûts (par exemple, une pollution). Ces lois et réglementations doivent être établies *par un processus public.*

De plus, il y a beaucoup de choses que les marchés, par eux-mêmes, ne font pas – par exemple, préserver notre environnement, investir suffisamment dans l'éducation, la recherche ou les infrastructures, ou encore, on l'a vu, nous assurer contre de nombreux risques sociaux importants auxquels nous sommes confrontés.

Le débat en cours sur le rôle de l'État

Dans la *realpolitik* de l'Amérique du XXIe siècle, c'est à ceux qui souhaitent préserver notre niveau de vie et les valeurs que je développe dans ce livre de persuader leurs concitoyens. Ils devront leur faire comprendre qu'il existe d'autres politiques possibles, plus conformes à leurs intérêts et à leurs valeurs que l'orientation suivie actuellement – le nativisme et le protectionnisme de Trump – ou la voie du « fondamentalisme de marché » sur laquelle Reagan a lancé les États-Unis il y a une quarantaine d'années. Malheureusement, trop souvent, des problèmes de société, comme l'avortement et les droits des gays, ont interféré, et nous n'avons pas pu nous faire entendre sur la question économique de base : comment avoir à la fois la croissance et l'égalité[23].

Mais, aujourd'hui, un obstacle majeur à l'acceptation des idées que j'ai avancées est le regard porté sur l'État : on n'a pas confiance en lui. Même si une action collective était souhaitable, la droite a encouragé une méfiance générale à l'égard de l'État.

La confiance ne peut exister que si l'on est convaincu que le système politique est juste, que nos dirigeants ne travaillent pas dans leur seul intérêt personnel. Rien ne la détruit aussi radicalement que leur hypocrisie et l'écart entre leurs promesses et leurs actes. Bien avant Trump, nos élites et nos dirigeants politiques (des deux partis) avaient créé les conditions de la méfiance, avec des politiques qui ont paru être exclusivement à leur profit. Qui a vraiment gagné aux stratégies suivies tout au long des années 1980 et 1990 ? Les élites. Tout le monde en bénéficierait, avaient-elles dit, mais ce discours était parfaitement absurde et intéressé. Après quoi, dans la Grande Récession de 2008 provoquée par leurs politiques, les mêmes élites s'étaient auto-renflouées : les banquiers avaient conservé leurs bonus et leurs fonctions, tandis que des millions de personnes perdaient leur maison et des dizaines de millions leur emploi[24]. C'était un désastre épouvantable, et il ne s'agissait pas d'une catastrophe naturelle, d'une grande crue comme on n'en voit qu'une fois par siècle. Pourtant, même s'il ne se passait pas un jour sans qu'on apprenne un nouveau méfait de nos banques et de nos banquiers, aucun financier, ou presque, ne se voyait demander des comptes. Si leurs actes n'étaient pas illégaux, ils auraient dû l'être. L'État a choisi un petit nombre de cas « pour l'exemple », une petite banque chinoise ici, un cadre moyen là. Mais les hauts dirigeants, ceux qui avaient été si amplement récompensés des « succès » de leur banque, de ses milliards de dollars de profits, jouissaient apparemment de l'immunité. Ils s'attribuaient le mérite des profits des banques, mais pas la responsabilité de leurs péchés[25].

Nous avions créé un système où les inégalités semblaient aussi colossales en matière de justice que de revenu, de fortune et de pouvoir. Voilà pourquoi tant d'Américains, évidemment, étaient furieux !

Il n'était pas fatal, toutefois, que leur fureur prenne la forme qu'elle a prise. Elle aurait pu s'orienter contre les principaux responsables des épreuves que subissait la classe moyenne en voie de disparition : ceux qui avaient préconisé la mondialisation et la financiarisation sans entraves, mais qui, simultanément, s'étaient opposés aux programmes de transferts et de fiscalité progressive, et avaient refusé toute assistance aux travailleurs privés d'emploi par la mondialisation ou frappés par la financiarisation, la déréglementation financière et leurs conséquences[26]. Pourquoi la fureur des victimes de ces politiques a pris la forme que l'on sait – un assaut contre ceux qui étaient *plus* en phase avec leurs intérêts, sans l'être parfaitement –, c'est une question qui sera sûrement débattue pendant des années. Peut-être parce que les démocrates style Clinton ou Obama paraissaient les plus hypocrites ; les républicains, au moins, ne faisaient pas semblant de se soucier des simples travailleurs. Ou peut-être par simple malchance : parce qu'a surgi un démagogue capable de formuler un grand récit dénonçant la trahison des Américains ordinaires par les élites « éclairées » et de s'en servir pour monter une OPA hostile sur le parti républicain. Ce n'était pas, cependant, une OPA vraiment hostile, car l'immense majorité des membres du parti ont accepté le racisme ordinaire, la misogynie, le nativisme et le protectionnisme de Trump, et même une augmentation des déficits sans précédent en temps de paix et hors récession, afin d'avoir ce qu'ils voulaient : des réductions d'impôts pour les riches et les grandes compagnies, et la déréglementation. En concluant leur pacte avec le diable, ils ont clarifié leurs valeurs et leurs priorités.

Comment se répandent les idées, comment s'ancrent-elles dans un pays, à une époque ? À bien des égards, cela reste un mystère. Rien ne semble inévitable, même s'il y a des conditions préalables qui rendent une issue plus probable qu'une autre. Il n'était pas fatal que l'Allemagne vive le cauchemar de Hitler, et à plusieurs moments les élites économiques ont eu des occasions de se dresser contre lui. Nous ne pouvons être sûrs de ce qui serait arrivé si elles l'avaient fait, mais peut-être que le cours de l'histoire eût été différent. Dans un demi-siècle, quelqu'un écrira-t-il une phrase de ce genre au sujet des milieux d'affaires américains d'aujourd'hui ?

LE BESOIN CROISSANT D'ÉTAT

Notre économie du XXIe siècle est nettement différente de celle du XXe siècle, et plus encore de celle qu'étudiait Adam Smith à l'aube de notre République. En raison de ces changements, il est impératif que l'État assume un rôle beaucoup plus important qu'à ces époques passées. Dans les paragraphes qui suivent, je décris six nouvelles caractéristiques de l'économie : chacune d'elles exige une intensification de l'action collective.

Une économie de l'innovation. La production des connaissances est différente de celle de l'acier ou des autres biens ordinaires. Par eux-mêmes, les marchés n'investiront pas suffisamment dans la recherche fondamentale, source vive dont jaillissent tous les autres progrès – c'est pourquoi l'État joue les premiers rôles, au moins dans son financement.

Une économie urbaine. En nous industrialisant, puis en passant à l'ère postindustrielle, nous nous sommes urbanisés. Les grandes agglomérations ont des avantages très nets, mais elles sont difficiles à gérer correctement. Dans une telle promiscuité, ce que fait une personne peut avoir des effets importants sur d'autres. Sans règles de la circulation, il y a des embouteillages et d'innombrables accidents ; sans règles environnementales et sanitaires, les villes seraient les lieux déplaisants qu'elles étaient autrefois, on y mourrait prématurément, les maladies y feraient rage. La pollution par le bruit les rendrait encore plus désagréables. Les villes « à urbanisation sauvage » des pays émergents nous montrent combien la vie urbaine peut devenir insupportable sans zonage.

Une économie bornée par des limites planétaires. Au temps d'Adam Smith, on n'avait guère conscience de la fragilité de l'environnement. Aujourd'hui, nous débordons des limites de notre biosphère. Les marchés laissés à eux-mêmes se sont montrés capables de rendre les villes invivables : pensons à la purée de pois du smog à Londres ou au brouillard de pollution à Los Angeles. Le marché n'a pas nettoyé ces villes de sa propre initiative : ce sont des réglementations publiques qui ont imposé des changements de comportement. À un faible coût pour chaque particulier et chaque entreprise, il y a eu d'énormes avantages pour tous.

Une économie complexe. Gérer une économie dans le monde d'Adam Smith, avec ses fermes et ses fabriques d'épingles, et gérer une économie de l'innovation postindustrielle, mondialisée et financiarisée, sont deux choses bien différentes. À l'époque, les fluctuations économiques étaient essentiellement liées au climat. Puis, pendant deux cents ans, il y a eu de grosses fluctuations dans l'activité des entreprises, qui ont infligé aux sociétés d'énormes coûts. La crise de 2008 n'était pas un acte de Dieu; elle était de fabrication humaine, c'est quelque chose que notre système nous a fait à *nous*. Notre système nous a trahis – et, à bien des égards, nous souffrons encore des conséquences économiques et politiques de l'événement. Il s'avère qu'un système économique plus complexe, où il y a davantage de relations internes et où chaque participant au marché s'efforce d'extraire le profit jusqu'au dernier dollar, est plus fragile[27].

Une économie en flux. Notre économie change sans répit. Nous sommes passés d'une économie agricole à une économie industrielle, puis à une économie de services. Nous nous sommes mondialisés et financiarisés. Aujourd'hui, nous devons apprendre à gérer une économie urbaine, complexe, au sein des limites de notre planète et avec une population qui vieillit rapidement, ce qui crée de nouveaux problèmes de répartition du revenu et du bien-être entre les générations. Comme je l'ai relevé, les marchés, par eux-mêmes, ne gèrent pas bien les transitions. L'une des raisons en est que ceux qui se trouvent dans les secteurs ou les régions en déclin n'ont pas les moyens de faire les investissements nécessaires pour entrer dans les secteurs d'avenir. Détroit (Michigan) et Gary (Indiana), ma ville natale, témoignent de ce qui se passe quand on laisse faire le marché. Les pays qui ont aidé leurs citoyens et les régions éprouvées à s'ajuster à l'évolution de l'économie, comme la Suède, ont une économie plus dynamique, et une vie politique plus ouverte au changement.

Une *économie mondialisée*, où ce qui se passe à l'intérieur d'un pays dépend souvent de ce qui arrive hors de ses frontières. Nous sommes devenus plus interdépendants, plus exposés à des risques, auxquels la plupart des gens sont souvent bien incapables de faire face. Il y a un plus grand besoin d'action collective mondiale pour gérer cette interdépendance, ces risques; mais la mondialisation économique est allée plus vite que la mondialisation politique – le développement d'institutions pour gérer la mondialisation économique. C'est toujours à l'État-nation qu'incombe la charge de faire face, une charge qui devient pour lui de plus en plus lourde, tandis que sa capacité à répondre aux besoins diminue, d'autant plus que les conservateurs soutiennent qu'il ne doit pas le faire. La mondialisation elle-même a joué un rôle dans l'affaiblissement de son aptitude à réagir: elle a offert de nouvelles possibilités à l'évitement fiscal et à l'évasion fiscale, et certains ont soutenu (à tort) que, pour être compétitif dans l'espace mondialisé, il fallait réduire les impôts et les programmes de l'État.

CONCLUSION

Dans ce chapitre, nous avons montré la nécessité de l'action collective. Quand nous menons ensemble une action concertée, nous pouvons obtenir de bien meilleurs résultats que lorsque nous agissons seuls. Les gens se rassemblent pour coopérer par les moyens les plus divers. Ils constituent des partenariats et des compagnies pour produire, des clubs et des sociétés conviviales pour entretenir des relations, des associations de bénévoles et des ONG pour défendre ensemble des causes auxquelles ils croient. Ils forment des syndicats pour engager des négociations collectives. Ils déposent devant la justice des recours collectifs, ces procès engagés en coopération par un groupe de personnes qui ont été victimes des agissements d'une grande compagnie, par exemple: les intéressés savent très bien qu'aucun d'eux, en agissant seul, ne parviendra à obtenir réparation[28]. L'une des stratégies des grandes entreprises et de la droite consiste à maintenir le déséquilibre des forces actuel, en faisant ce qu'il faut pour qu'il soit plus difficile de mener des actions collectives de ce genre, plus difficile aux travailleurs de se syndiquer, plus difficile aux particuliers de déposer des recours collectifs ou de saisir les tribunaux publics.

L'État est l'un de nos principaux moyens de travailler ensemble. La différence entre l'État et toutes les formes de coopération que nous avons citées est le pouvoir de coercition: il peut contraindre les personnes et les institutions à ne pas faire ceci (porter une arme, ce qui pourrait conduire à la mort du voisin et occasionner d'autres dégâts) ou à faire cela (payer ses impôts, afin que nous ayons une armée pour nous défendre). Puisque, dans notre société moderne, nous avons de multiples possibilités de nous entraider comme de nous nuire, l'État sera inévitablement complexe et de grande envergure. À cause du «problème du resquilleur», les contributions doivent être obligatoires, autrement dit, il doit y avoir des impôts: beaucoup de gens, on l'a vu, aimeraient profiter des biens et services fournis par les pouvoirs publics – de la protection assurée par l'armée, la police ou les pompiers au savoir fondamental produit par les laboratoires d'État ou à la défense de notre environnement – sans payer leur juste part des coûts. C'est donc dans le cadre d'un processus politique qu'il faudra décider ce que l'État doit et ne doit pas faire, comment il doit le faire et qui doit payer pour cela.

Comme les institutions de marché, les institutions politiques sont complexes. Elles ont le pouvoir de faire du bien, mais aussi du mal. Elles peuvent être utilisées pour redistribuer vers le haut – des plus pauvres et des classes moyennes vers les riches. Elles peuvent servir à faire respecter, maintenir et aggraver les rapports de pouvoir existants. Elles peuvent exacerber les injustices sociales au lieu de les réduire. Elles peuvent être un instrument d'exploitation au lieu d'être un outil pour prévenir l'exploitation.

Construire les institutions publiques de façon à augmenter nos chances d'avoir un État qui agira puissamment dans le bon sens: tel est le défi auquel les démocraties ont été confrontées depuis le début. Ce défi, les États-Unis doivent le relever aujourd'hui. Le prochain chapitre exposera certaines des réformes capitales qu'il faut mener pour garantir le bon fonctionnement de notre démocratie dans l'intérêt de la majorité de ses citoyens, et non d'une poignée d'ultrariches. Les chapitres qui le suivront montreront comment, avec cette démocratie reconstruite, nous pourrions reconstruire aussi notre économie, pour la rendre plus concurrentielle, plus dynamique et plus égalitaire – afin qu'une vie de classe moyenne redevienne à la portée de l'immense majorité des Américains.

SECONDE PARTIE

Reconstruire la politique et l'économie des États-Unis

La bonne voie pour avancer

CHAPITRE 8

Restaurer la démocratie

L'Amérique a été conçue en tant que démocratie représentative. Une décision d'une importance cruciale a été d'inclure dans le système des mécanismes forts de contrôles et de contre-pouvoirs, et la Déclaration des droits, pour garantir que les droits de la minorité seraient protégés par la majorité. Mais l'évolution concrète de la nation en a fait un pays où, manifestement, une minorité exerce le pouvoir sur la majorité. Nous avons un système d'élection présidentielle en vertu duquel deux des trois présidents entrés en fonction au cours de ce siècle ont accédé au pouvoir alors qu'ils étaient nettement minoritaires en voix. Et nous avons le charcutage des circonscriptions pour la Chambre des représentants, la seule composante du gouvernement qui était censée refléter de très près la population. Par exemple, aux élections de 2012, les démocrates n'ont même pas pu s'assurer la majorité à la Chambre, alors qu'ils avaient obtenu 1,4 million de voix de plus que les républicains. Et, en raison de la concentration de la population, le Sénat, délibérément conçu pour donner un poids égal à chaque État, a exacerbé le problème du contrôle par un parti minoritaire, du moins quand on compte les voix au niveau de l'ensemble du pays. Nous avons été à l'avant-garde dans le monde pour créer une démocratie et des institutions démocratiques modernes. Aujourd'hui, il est clair que nous sommes à la traîne. La situation aurait peut-être été différente si ces présidents et assemblées législatives s'étaient comportés avec un minimum de décence, avec une modestie qui aurait reflété cette réalité : ils n'ont pas le soutien de la majorité des Américains. Mais non : ils ont poussé à l'extrême, comme nul ne l'avait jamais fait, la politique où « le gagnant rafle la mise ». Cette domination de la majorité par la minorité est nettement antidémocratique. Elle a découragé les électeurs et affaibli la légitimité du gouvernement américain dans le pays et à l'étranger. Limiter les armes à feu, augmenter le salaire minimum, durcir la réglementation relative aux sociétés financières, les Américains sont pour, à de larges majorités. Pourtant, impossible de régler ces questions. Ce livre a commencé par une brève analyse de la loi fiscale 2017. En général, toute réduction d'impôts jouit dans l'opinion d'un soutien écrasant. Mais cette fois les électeurs ont compris que c'était une réduction d'impôts pour les riches, aux frais de la classe moyenne et de la prochaine génération. Cette loi a suscité dans l'opinion une réaction majoritairement défavorable – la plus défavorable de toutes les réductions d'impôts[1].

On le voit toujours plus clairement : l'objectif du parti républicain est une domination permanente de la minorité sur la majorité. C'est pour lui un impératif, car les politiques qu'il a défendues – de la fiscalité régressive (celle qui impose les riches à des taux plus faibles que les autres) aux efforts pour rétrécir la Social Security et Medicare et pour réduire l'État en général – sont une abomination pour la majorité des électeurs. Les républicains doivent faire en sorte que la majorité ne prenne pas le pouvoir. Et, si elle le prend, ils doivent s'assurer qu'elle ne pourra pas mettre en place les politiques qu'elle souhaite et qui œuvreraient dans le sens de ses intérêts. Comme l'écrit Nancy MacLean, professeure d'histoire à l'université Duke[2], ils doivent « enchaîner la démocratie ».

En faisant le point sur tout ce que les républicains ont déjà fait pour mettre en œuvre ce programme, nous aurons une image nette des réformes politiques dont l'Amérique a besoin, et qui sont des prérequis pour les réformes économiques durables que je préconise dans ce livre. Ce chapitre se concentre sur trois objectifs cruciaux : assurer l'équité des élections, maintenir un système efficace de contrôles et de contre-pouvoirs au sein de l'État, et réduire le pouvoir de l'argent en politique.

LES RÉFORMES DU DROIT ÉLECTORAL ET LE PROCESSUS POLITIQUE

Un système conçu pour protéger les droits de la minorité a été perverti. Dans une démocratie équitable, il est important de protéger les droits de la minorité. Mais il est important aussi de protéger ceux de la majorité.

L'effort pour permettre à la volonté politique de la minorité de l'emporter sur celle de la majorité commence par le contrôle du vote[3]. Dans notre pays divisé, la bataille politique autour du vote (qui autorise-t-on à voter ?) et de la représentation n'a rien de nouveau : dès la rédaction de la Constitution, les délégués des États du Sud ont réussi à augmenter leur propre représentation en exigeant qu'on la calcule « esclaves compris » – chaque esclave compterait pour les trois cinquièmes d'un homme libre, bien qu'il n'ait pas lui-même le droit de vote[4]. Mais, avec le durcissement récent de l'esprit partisan, cette bataille a pris un tour particulièrement odieux. Les républicains cherchent à priver du droit de suffrage ceux qu'ils jugent susceptibles de ne pas voter pour eux. De fait, en matière de retrait du droit de vote, le pays a une longue histoire : l'un des cas les plus flagrants est celui des repris de justice, qui dans de nombreux États ne peuvent pas voter. L'incarcération massive a pu avoir de nombreuses causes[5], mais il est clair que l'un de ses effets a été un retrait massif du droit de vote : 7,4 % des Afro-Américains – 2,2 millions de personnes au total – n'ont pas pu voter à l'élection présidentielle de 2016 parce qu'une loi de ce type, dans leur État, le leur interdisait[6].

Dans certains États dominés par les républicains[7], on tente aussi de contrôler le vote en rendant plus difficile à ceux qui travaillent de s'inscrire sur les listes électorales ou d'accéder à l'isoloir. Les républicains ne peuvent pas imposer une capitation, comme le faisaient autrefois les États du Sud ségrégationniste*; mais ils peuvent alourdir les coûts de transaction de l'inscription et du vote lui-même, et ce type d'initiative s'avère un mécanisme de dissuasion tout aussi efficace. Au lieu de simplifier le plus possible l'inscription de l'électeur – pour qu'il exerce son droit fondamental de citoyen –, par exemple en l'inscrivant sur les listes électorales lorsqu'il obtient son permis de conduire, ils lui rendent cette démarche aussi compliquée qu'ils peuvent le faire impunément. Ils vont exiger, par exemple, des documents d'identité fort difficiles à obtenir.

Historiquement, aucun parti n'a le monopole des mesures visant à retirer le droit de vote : quand les démocrates dominaient le Sud, ils s'efforçaient de décourager les Afro-Américains et les pauvres de voter, nous l'avons dit. Mais l'un des clivages apparus récemment concerne les opinions sur ces restrictions du droit de suffrage : aujourd'hui, le retrait du droit de vote est essentiellement un combat mené par un seul parti[8].

Et ce n'est pas tout. Avec la façon dont sont organisées les élections, ceux qui travaillent ont plus de difficultés pour voter : parfois à cause des heures d'ouverture des bureaux de vote (dans l'Indiana, ils ferment à 18 heures[9]) ; parfois parce que leur inscription sur les listes est contestée ; ou encore, parce qu'il y a trop peu de bureaux de vote et qu'on les a situés dans des endroits peu commodes. Les États-Unis sont un des rares pays où les élections n'ont pas lieu le dimanche, jour où la plupart des gens ne travaillent pas.

Le système électoral est injuste à d'autres titres. Le charcutage des circonscriptions, par exemple, garantit que certaines voix pèseront plus lourd que d'autres[10].

* Les États du Sud avaient instauré cet impôt par tête (*poll tax*) à la fin du XIXe siècle ou dans la première décennie du XXe siècle : seuls ceux qui l'acquittaient avaient le droit de vote. C'était une façon d'exclure la plupart des Afro-Américains sans enfreindre la loi interdisant le retrait du droit de suffrage sur la base de la couleur de peau. La capitation avait l'intérêt supplémentaire d'éloigner aussi des urnes beaucoup de Blancs pauvres et, après 1920, beaucoup de femmes issues de familles modestes, qui ne payaient l'impôt que sur une seule tête – celle du mari.

Six réformes pourraient faire une différence: (1) voter le dimanche (ou par correspondance, ou déclarer férié le jour du scrutin); (2) payer les électeurs pour venir voter (ou les mettre à l'amende s'ils ne votent pas, comme le fait l'Australie); (3) faciliter les inscriptions sur les listes électorales; (4) abroger les législations interdisant aux anciens détenus de voter; (5) mettre fin au charcutage des circonscriptions; et (6) ouvrir un chemin vers la nationalité américaine aux Dreamers* – ces jeunes qui ont grandi dans notre pays et ne connaissent aucun autre foyer que les États-Unis.

Ces réformes reposent sur un principe simple: tout citoyen américain doit voter et chaque voix doit avoir le même poids. L'Amérique a un pourcentage désespérément faible de citoyens qui votent[11]. Les mesures que je propose changeraient cette situation. Elles réduiraient aussi le pouvoir de l'argent – l'une des activités les plus coûteuses de toute campagne consiste à identifier qui est susceptible de soutenir son candidat et à faire en sorte que ces électeurs-là aillent vraiment voter. Avec plus de participation, on peut espérer un gouvernement plus représentatif. Voter est un acte de vertu civique; nous savons que participer à un scrutin a un coût en temps – souvent ressenti le plus vivement par les simples travailleurs. Dans une société où les paiements incitatifs sont devenus la norme, il ne reviendrait pas très cher de payer les gens pour les inciter à exercer leurs droits démocratiques – au lieu de construire des barrières pour les en dissuader.

«Pas de taxation sans représentation»: tel a été le mot d'ordre qui a déclenché la révolution américaine. Et pourtant nous avons créé un système où beaucoup de gens peuvent être taxés sans être représentés: ceux qui ont fait de la prison, comme on vient de le

* On appelle Dreamers («Rêveurs», par allusion au «rêve américain» qui motive l'immigration) les enfants de migrants sans papiers et les mineurs isolés sans papiers, souvent présents aux États-Unis depuis des années. Le programme DACA (Deferred Action for Childhood Arrival, «moratoire [sur l'expulsion] pour les arrivées dans l'enfance»), mis en place par Barack Obama pour les protéger, est une cible privilégiée de Donald Trump, qui en novembre 2018 a saisi la Cour suprême pour pouvoir le supprimer.

voir, et les migrants temporaires. Pour ne rien dire de nos concitoyens du District de Columbia ou de Porto Rico *.

Traversons en voiture la Vallée centrale de Californie et regardons les travailleurs migrants courbés dans les champs : ils vivent dans de grandes caravanes, boivent de l'eau polluée, souffrent de taux de morbidité élevés et sont politiquement impuissants[12]. Beaucoup appartiennent à des générations d'ouvriers agricoles qui ont régulièrement fait la navette entre les deux côtés de la frontière – pour eux, il n'y a aucune voie possible vers les droits politiques. Le tableau rappelle, jusqu'à un certain point, les champs de coton du Sud avant la guerre de Sécession. Plus grave encore : nos systèmes politique et économique coopèrent pour perpétuer ces injustices extrêmes. L'incarcération massive fournit le travail bon marché des détenus et garantit qu'un grand nombre de gens qui pourraient voter démocrate ne pourront pas voter du tout. Avec la main-d'œuvre immigrée temporaire, sans accès possible à la nationalité, on est sûr que les revendications de ces travailleurs ne seront pas mises en avant dans le processus politique, du moins par eux-mêmes. Ce sont des migrants *temporaires*, même s'ils reviennent peut-être tous les ans et si les États-Unis sont leur seule source de revenu, car nous ne les avons pas autorisés à être résidents permanents – parce que cela conduirait à leur naturalisation, donc leur permettrait de s'exprimer politiquement. Les employeurs aiment le système actuel, eux aussi : non seulement il leur fournit une main-d'œuvre docile et bon marché, mais les bas salaires de ces travailleurs les aident à peser à la baisse sur les salaires des autres.

* Les habitants du District de Columbia (c'est-à-dire de Washington, la capitale fédérale) et de Porto Rico (territoire associé aux États-Unis) n'envoient à la Chambre des représentants qu'un observateur sans droit de vote et ne sont pas du tout représentés au Sénat. Ceux de Porto Rico ne votent pas à l'élection présidentielle. Ceux du District de Columbia ne peuvent le faire que depuis 1961.

EMPÊCHER LES ABUS DE POUVOIR POLITIQUE : MAINTENIR NOTRE SYSTÈME DE CONTRÔLES ET DE CONTRE-POUVOIRS

Une longue expérience de la démocratie a montré l'importance des systèmes de contrôles et de contre-pouvoirs[13]. L'objectif premier de la démocratie est de faire en sorte qu'aucun personnage ni aucun groupe n'aura un pouvoir excessif – et, de fait, la Déclaration des droits américaine visait à garantir que même une majorité ne pourrait pas enlever certaines libertés à une minorité. On l'a orientée dans ce sens-là, parce qu'un pouvoir excessif est trop souvent utilisé abusivement (« Le pouvoir corrompt, le pouvoir absolu corrompt absolument », pour citer la célèbre formule de Lord Acton), et parce que tous les êtres humains et toutes les institutions sont faillibles. Un système de contrôles et de contre-pouvoirs est essentiel pour prévenir les agglomérations et abus de pouvoir. Qu'il a été alarmant de voir le président Trump miner notre système et notre administration professionnelle, dont le rôle est capital pour prévenir une politisation excessive des processus publics ! Il a proposé, par exemple, d'accroître le pouvoir discrétionnaire de licencier des fonctionnaires, inversant ainsi plus d'un siècle d'efforts pour dépolitiser l'État. Les décisions sur l'action publique, notamment les lois et réglementations qui gouvernent notre pays, sont prises dans le cadre d'un processus politique, mais leur exécution doit être impartiale et objective, réalisée par l'intermédiaire d'une administration apolitique. L'un des points forts des États-Unis a été la compétence et l'intégrité de son administration – et Trump essaie de saper tout cela[14]. La droite critique depuis longtemps l'incompétence de l'État ; peut-être ces « réformes » visent-elles à faire de cette critique une prophétie autoréalisatrice, dans le cadre du programme concerté de déstabilisation de l'État, qui le rendra réellement plus faible et plus politisé.

Il va sans dire que la résistance à ces tentatives pour affaiblir notre système est une composante cruciale d'un programme politique progressiste ; en fait – c'est la leçon à en tirer –, il nous faut renforcer nos systèmes de contrôles et de contre-pouvoirs, ainsi que le rôle de notre fonction publique professionnelle et de nos agences indépendantes. Nous devons réfléchir davantage aux moyens de maintenir la responsabilité des services de l'État devant les institutions démocratiques tout en empêchant leur politisation et en renforçant leur professionnalisme, leur efficience et leur efficacité[15]. C'est possible : d'autres pays l'ont montré.

Le pouvoir judiciaire

Les attaques de Trump contre le pouvoir judiciaire ont été particulièrement virulentes. Quand de multiples tribunaux ont jugé l'un après l'autre que sa décision d'interdire aux musulmans de voyager* était un abus de pouvoir – qui violait les droits fondamentaux de la personne humaine –, il a agi comme d'autres présidents confrontés à une décision de justice qu'ils n'approuvaient pas : il a fait appel. Mais il a fait plus, en s'inspirant du répertoire des despotes de tous les pays : il a attaqué les tribunaux eux-mêmes, et fragilisé ainsi la confiance dans le pouvoir judiciaire et son rôle d'arbitre équitable[16].

La Cour suprême, toutefois, n'a pas attendu la présidence Trump pour perdre son statut d'arbitre sage et impartial. Il s'est agi plutôt d'une glissade progressive, due à la stratégie de long terme des républicains : la peupler de juges susceptibles de fonder leurs décisions sur leur idéologie et sur les intérêts des élites en place. Cette stratégie a manifestement payé : les deux dernières décennies ont vu toute une série de décisions extrêmement partisanes. Certes, les présidents ont toujours souhaité une Cour suprême qui soutienne leurs idées ; traditionnellement, toutefois, ils jugeaient important aussi de maintenir son image d'arbitre juste, équilibré et judicieux. C'est peut-être le président George H. W. Bush qui a eu le mérite douteux de lancer l'assaut contre la Cour suprême, avec la nomination d'un juge vraiment non qualifié, Clarence Thomas.

* Il s'agit du décret présidentiel 13769, signé par Trump une semaine après son entrée à la Maison-Blanche, et couramment appelé Muslim Travel Ban (interdiction de voyage aux musulmans). Il interdisait l'entrée sur le territoire américain à tous les citoyens de sept pays musulmans. Malgré les vigoureuses réactions des tribunaux, la Cour suprême a validé l'interdiction pour la grande majorité des citoyens de cinq pays musulmans, et celle-ci est entrée en vigueur.

Les efforts éhontés des républicains pour peupler les tribunaux de juges partisans ont créé un autre problème, lié au flou de l'ensemble de « principes » qui sous-tend leur coalition – une coalition très spéciale, puisqu'elle réunit, par exemple, les libertariens, les protectionnistes de style Trump et les patrons des grandes compagnies[17]. Ce problème n'est jamais plus flagrant que lorsque la Cour suprême doit trancher sur la politique et les règles du jeu politique, par exemple quand elle a de fait choisi George W. Bush comme président des États-Unis, même s'il était nettement minoritaire dans le vote populaire*. Normalement, les républicains sont fermement attachés aux droits des États. Mais, dans *Bush v. Gore*, si l'État concerné avait eu satisfaction, Gore aurait été élu. Les juges républicains de la Cour suprême ont donc foulé aux pieds leurs valeurs habituelles pour obtenir le résultat politique qu'ils souhaitaient[18]. De même, quand la Cour suprême a autorisé des contributions illimitées aux campagnes électorales par son arrêt *Citizens United v. Federal Election Commission*, qui a renforcé le rôle de l'argent et de l'inégalité économique dans notre système politique, elle a suggéré qu'en un sens l'argent n'avait pas (encore) corrompu la politique américaine.

Pour les juges « conservateurs » (républicains partisans), le problème était de prendre des décisions apparemment cohérentes et de principe tout en restant fidèles aux positions du parti républicain. Plus celui-ci devenait un parti sans principes, plus leur tâche se compliquait terriblement[19].

Résultat : une Cour suprême perçue par beaucoup comme un simple instrument de plus dans un vaste affrontement partisan, et non comme une institution capable de « jugements de Salomon » dont la sagesse est censée unir le pays ; une Cour suprême qui a aggravé les divisions économiques et raciales de l'Amérique et exacerbé ses fractures philosophiques et politiques déjà profondes[20].

Il serait naïf de penser que nous pourrions avoir une Cour suprême totalement au-dessus de la politique. Mais nous

* George W. Bush avait obtenu 47,9 % des voix et Al Gore 48,4 %. Mais la Cour suprême, en décidant d'interrompre le recomptage ordonné par la Cour suprême de Floride, avait assuré à Bush la majorité des « grands électeurs » chargés d'élire le président.

pourrions avoir une Cour plus équilibrée, où ce jeu manœuvrier n'aurait pas lieu avec une telle intensité. Une réforme institutionnelle simple pourrait nous faire avancer dans cette direction : remplaçons la nomination à vie par un mandat, disons, de vingt ans. Cette proposition est dans l'air depuis plusieurs décennies, mais, ces derniers temps, elle a davantage d'intérêt immédiat et de partisans, la Cour suprême devenant une institution toujours plus divisée[21]. En moyenne, deux juges, approximativement, parviendraient en fin de mandat au cours de chaque présidence (de quatre ans)[22]. Cette réforme pourrait aussi réduire l'incitation à l'extrémisme partisan, comme celui qu'on a vu à la fin de l'administration Obama, quand le Congrès a refusé ne serait-ce que de prendre en considération le candidat extrêmement qualifié proposé par Obama, Merrick Garland[23].

La Constitution ne précise pas le nombre de juges de la Cour suprême. De l'avis de beaucoup, puisque les républicains ont violé à tant d'égards les normes traditionnelles, notamment en refusant même d'examiner la nomination de Garland, les démocrates, s'ils parviennent à contrôler la présidence et les deux chambres du Congrès, doivent répliquer en augmentant l'effectif de la Cour suprême d'au moins deux juges. Si séduisante que puisse être cette proposition, elle pourrait conduire à un nouvel affaiblissement des institutions démocratiques américaines : chaque camp serait tenté d'ajouter des juges à la Cour quand il le pourrait pour s'en assurer le contrôle – jusqu'au jour où le parti adverse prendrait le pouvoir. La Cour est déjà trop largement perçue comme une arme dans la lutte entre les partis, et rien de plus ; une telle mesure risquerait de confirmer cette vision.

Néanmoins, il ne peut être acceptable qu'une minorité, en usant sans vergogne de tous les mécanismes que nous avons décrits, s'installe au pouvoir, puis, une fois en place, peuple de ses partisans la Cour suprême afin d'être sûre que, si elle perdait le pouvoir, ses intérêts et son idéologie continueront à l'emporter grâce aux juges idéologiques qu'elle a nommés.

Limiter dans le temps le mandat des juges de la Cour suprême, comme je l'ai proposé plus haut, est probablement le meilleur moyen de sortir de cette situation inextricable. La prochaine administration démocrate devrait proposer officiellement cet amendement, et, en attendant qu'il soit adopté et produise pleinement son effet, elle devrait, à titre de mesure temporaire, augmenter le nombre de juges à la Cour suprême.

LE POUVOIR DE L'ARGENT

Le pouvoir croissant de l'argent est le pire défaut, peut-être, du système politique américain – à tel point que, pour décrire notre système, le principe « un dollar, une voix » est plus exact qu'« une personne, une voix ». Nous connaissons tous les composantes de cette odieuse connexion entre argent et politique : les lobbyistes, les contributions de campagne, les portes tournantes et les médias contrôlés par les riches. Les grandes fortunes et les grandes compagnies prospères usent de leur pouvoir financier pour acheter du pouvoir politique et pour diffuser leurs idées, parfois avec de vraies « *fake news* ». Fox News est devenu emblématique du procédé, et son pouvoir est à présent bien documenté[24].

Ceux qui ont de l'argent l'utilisent pour en engranger encore plus par le biais du système politique. Les compagnies pétrolières ont sollicité et obtenu l'accès aux parcelles publiques couvrant des gisements de pétrole et d'autres minerais à une petite fraction de la valeur de ces ressources. Ces grandes compagnies volent bel et bien les citoyens américains – mais c'est un vol furtif : peu d'Américains savent qu'on leur fait les poches. L'administration Clinton a essayé de les contraindre à payer les ressources du pays à leur valeur, et elles ont mené campagne, avec succès, pour pouvoir continuer à les obtenir au rabais.

Pile, les entreprises sous-paient à l'État des ressources publiques ; face, l'État surpaie ses achats au secteur privé. Dans la loi qui assure aux personnes âgées l'accès aux médicaments au titre de Medicare, les compagnies pharmaceutiques ont inséré une petite disposition : l'État américain, le plus gros acheteur de médicaments dans le monde, n'aurait pas le droit d'en négocier le prix. Cette disposition et quelques autres ont été intégrées sur ordre des compagnies pharmaceutiques pour leur permettre d'augmenter leurs prix et leurs profits. Ça a marché. Les médicaments coûtent bien plus cher lorsqu'ils passent par Medicare que s'ils sont fournis par les autres programmes de l'État, comme Medicaid pour les plus défavorisés ou l'aide médicale aux anciens combattants. *Pour les mêmes médicaments de marque, Medicare paie 73 % de plus.* Résultat : chaque année, les contribuables sont obligés de verser aux compagnies pharmaceutiques un supplément de dizaines de milliards de dollars[25].

Qu'est-ce que cela dit de notre système politique quand non seulement le président, mais aussi certains des plus gros donateurs de contributions politiques, notamment au parti républicain, sont des gens qui ont fait fortune en gérant des casinos, tristement célèbres pour leur rôle dans le blanchiment d'argent, d'autres activités illicites et l'exploitation de l'addiction au jeu[26] ? Ils savent que leur sort dépend de l'indulgence des pouvoirs publics. Si l'État prenait une position trop agressive sur le blanchiment, c'en serait fini de leur bonne fortune. De même, les promoteurs immobiliers savaient qu'insérer dans une loi fiscale une petite disposition leur accordant un traitement privilégié pouvait leur rapporter énormément – par exemple celle, votée à la fin de l'année 2017, qui autorise en substance les fiducies immobilières à jouir du taux d'imposition réduit (20 %) concédé aux petites entreprises[27]. Et ils savaient aussi qu'un petit changement de réglementation pouvait anéantir leur « modèle d'entreprise » – par exemple l'obligation de révéler le nom du véritable acquéreur d'un bien immobilier coûteux, ce qui aurait pour effet d'inhiber, voire de faire cesser, l'usage de l'immobilier à des fins de blanchiment[28]. Les exemples que je viens de donner dans cette sous-section comptent peut-être parmi les formes de recherche de rente les plus nocives par les distorsions qu'elles infligent à l'économie, et les plus répugnantes. Mais, bien évidemment, un gouvernement dirigé par des chercheurs de rente gouverne *pour* les chercheurs de rente ; et ce type de gouvernement sera pauvre en croissance et en justice sociale.

La Cour suprême accroît le pouvoir de l'argent en politique

Combattre le pouvoir de l'argent tout en restant dans les limites de notre cadre démocratique, avec notre foi puissante dans la liberté de la presse et la liberté d'expression, n'est pas simple. Mais d'autres pays tout aussi attachés à la démocratie et aux libertés de la presse et d'expression ont fait mieux que nous.

Dans une large mesure, nos problèmes sont de notre propre fabrication – ou, soyons précis, de celle de notre Cour suprême, qui, dans certaines décisions votées à l'étroite majorité de cinq juges contre quatre, a pris des positions extrêmes. *Citizens United* en est un exemple[29]. L'arrêt de la Cour dans cette affaire a autorisé sans aucune limite les contributions des sociétés, des associations à but non lucratif et des syndicats aux PAC (*political action committees*, comités d'action politique*) ; seules les contributions de ces entités effectuées directement pour les campagnes électorales restent soumises à des restrictions. Il est stupide de soutenir qu'il faut autoriser aux sociétés des dépenses illimitées faute de quoi on réduirait leurs « droits ». Les sociétés ne sont pas des personnes. Les personnes ont des droits, mais les sociétés sont des créations de l'État, et, à ce titre, nous pouvons les « doter » de toutes les caractéristiques que nous voulons. Nous ne réduisons en rien les droits de la personne humaine quand nous posons des limites aux contributions des entreprises. On pourrait d'ailleurs soutenir la thèse opposée. J'achète une action sur la base de ce que je pense des perspectives économiques d'une compagnie. Ce n'est pas très bon pour l'économie s'il faut que je me demande du même souffle : suis-je d'accord avec les jugements politiques du P-DG ? En fait, les actionnaires n'ont pas leur mot à dire dans les décisions de l'entreprise et, quand un P-DG utilise l'argent de sa compagnie pour faire de la politique, c'est presque aussi détestable que s'il s'en servait pour s'enrichir personnellement[30].

Puisque l'argent n'est pas remis au candidat, la Cour a jugé que, tant qu'il n'y a aucune coordination directe avec lui, la dépense n'« engendre ni la corruption ni l'apparence de la corruption ». La seconde assertion est visiblement fausse. Et la simple impression

* On appelle « comité d'action politique » toute organisation privée constituée pour mener une action politique, par exemple pour soutenir (notamment financièrement) ou pour combattre certains candidats ou certaines lois.

qu'il y a corruption peut éroder la confiance dans nos institutions démocratiques. L'une des raisons qu'ont tant d'Américains de croire le système politique truqué est qu'ils pensent, avec raison, que sa force motrice est l'argent[31]. N'en doutons pas : aux yeux de la plupart de nos concitoyens, ce qui se passe, c'est de la corruption. Purement et simplement. Si une compagnie du tabac fait savoir qu'elle va dépenser de fortes sommes pour soutenir les candidats opposés à la réglementation des cigarettes, cela lui donne inévitablement une influence disproportionnée[32] ; sa déclaration d'intention va, par exemple, inciter des candidats à se prononcer publiquement contre la réglementation anti-tabac. C'est une forme de corruption, pas moins grossière et tout aussi efficace que les vieilles méthodes. Apparemment, les cinq juges qui ont soutenu l'arrêt *Citizens United* ne vivaient pas dans le même monde que le reste de l'Amérique – ou faisaient de leur mieux pour trouver des arguments favorables aux puissances d'argent proches du parti républicain[33].

Une autre décision a été pire encore, dans une affaire concernant l'Arizona. Cet État avait tenté d'égaliser les contributions ou les dépenses quand elles dépassaient un certain montant, afin de mettre les candidats, autant que faire se pouvait, sur un pied d'égalité (si un candidat riche, par exemple, dépensait 100 millions de dollars pour sa campagne alors que son adversaire ne pouvait en aucun cas réunir une telle somme, l'État versait de l'argent au compte de campagne du second[34]). La Cour suprême a jugé que les particuliers avaient le droit de créer un déséquilibre entre les candidats par leurs contributions financières, et que cette initiative de l'État de l'Arizona les privait, en fait, de ce droit[35].

UN PROGRAMME POUR RÉDUIRE LE POUVOIR DE L'ARGENT EN POLITIQUE

Un vaste ensemble de mesures s'imposent pour faire reculer le pouvoir de l'argent dans la vie politique. Elles ont trois objectifs : réduire le besoin de financements privés ; accroître la transparence ; et limiter les contributions et autres sources d'influence des puissances d'argent.

Promulguer de meilleures lois sur l'obligation de divulgation

On supposait que l'obligation de divulgation allait freiner le pouvoir de l'argent : le grand soleil est le plus puissant des antiseptiques. Les membres du Congrès qui votaient contre la réglementation du tabac seraient peut-être plus embarrassés pour le faire si le grand public savait qu'ils avaient reçu de grosses sommes de l'industrie du tabac. La transparence ne s'est pas révélée aussi efficace qu'on l'avait espéré, pour deux raisons. D'abord, les élus et les intérêts qu'ils servent ont un aplomb éhonté auquel nul n'aurait pu s'attendre. Puisque l'influence de l'argent est omniprésente, il leur est facile d'écarter d'un revers de main la révélation de tel cas précis : « Tout le monde fait ça. » Deuxièmement, nous avons introduit dans notre système de transparence suffisamment de failles pour le rendre inefficace, notamment grâce à l'opacité notoire des comités d'action politique.

Une transparence véritable et complète serait un pas dans la bonne direction. Même si nous ne pouvons la rendre absolument parfaite, nous pourrions en avoir beaucoup plus qu'aujourd'hui, et cela aiderait. Il n'y a aucune raison de ne pas révéler pleinement qui sont les contributeurs des comités d'action politique et ce que font ces comités.

Limiter les dépenses de campagne

Mais la divulgation obligatoire ne suffit pas. Nous devons limiter les dépenses de campagne. Et c'est là qu'apparaît la tension entre les principes de liberté d'expression et d'équité des élections. Quels sont les meilleurs moyens de concilier les deux ? Réduire le besoin d'argent ; réduire les avantages qu'apportent les contributions ; et rendre plus difficile aux riches et aux puissants d'en verser, notamment sans limite de montant par le canal secret des comités d'action politique. Ce dernier point est particulièrement important, étant donné le déséquilibre de la fortune et du pouvoir aux États-Unis.

Deux mesures réduiraient considérablement le besoin d'argent : financer les campagnes électorales sur fonds publics et imposer aux sociétés de télédiffusion et radiodiffusion publiques (toutes celles qui utilisent les ondes publiques et les droits de passage accordés par l'autorité publique pour le câble) de donner un temps d'antenne adéquat aux candidats. Rendre le vote obligatoire, comme on l'a proposé plus haut, aiderait aussi : une large part des dépenses de campagne sert à « aller chercher les voix » des électeurs les plus susceptibles d'approuver les positions du candidat.

L'égalisation publique des dépenses réduirait également le pouvoir de l'argent : on compenserait les grosses contributions reçues par un candidat, ou les grosses dépenses d'un candidat très riche, en versant de l'argent public pour la campagne de ses concurrents sans ressources financières. Cette mesure nécessiterait aussi que la Cour suprême inverse sa décision sur ce point ; il suffirait qu'un seul juge change son vote.

Les sociétés à responsabilité limitée sont des créations de l'État, et n'ont donc d'autres droits, je l'ai dit, que ceux que leur confère l'État. Restreindre leur droit de verser des contributions politiques ne viole en rien les droits de la personne humaine garantis dans la Constitution. Les personnes qui possèdent la société sont autorisées à verser des contributions – dans le respect, bien sûr, des restrictions imposées par le Congrès. Ces restrictions sur les dons individuels sont logiques : il s'agit d'un effort raisonnable pour limiter le pouvoir de l'argent. Mais il est parfaitement absurde de ne pas imposer des obligations encore plus strictes aux entreprises et aux comités d'action politique opaques.

Bref, il faut inverser la décision de la Cour suprême dans l'affaire *Citizens United* – l'arrêt qui autorise de fait des dépenses illimitées pour les campagnes politiques[36]. Mais même sans cette inversion, on peut faire beaucoup. Les sociétés ne devraient être autorisées à verser une contribution politique que par le vote d'une majorité qualifiée de leurs actionnaires (disons, les deux tiers) : le P-DG ne doit pas être le seul à faire entendre sa voix. Si les actionnaires veulent contribuer personnellement, c'est autre chose – et ce type de contribution est déjà bien réglementé.

En finir avec les portes tournantes

L'un des moyens d'influence les plus odieux, ce sont les «portes tournantes», le «tourniquet»: les responsables politiques sont payés, mais pas immédiatement, plus tard, par des postes lucratifs dans le secteur privé quand ils quitteront leurs fonctions publiques[37]. Ce «pantouflage» est omniprésent et corrosif. Lorsqu'on voit les responsables du Trésor et d'autres ministères, dès qu'ils cessent de servir le pays, aller aussitôt travailler à Wall Street, on se demande s'ils ne servaient pas Wall Street depuis le début. Mais les portes tournantes sont partout au sein de l'État, y compris dans l'armée, dont les généraux et autres hauts responsables passent en douceur du service de leur pays à celui des entreprises sous contrat avec le Pentagone.

Diverses administrations présidentielles ont œuvré pour freiner l'accès aux portes tournantes, sans grand résultat. L'une des raisons de cet échec est claire: quelle que soit la règle, les intéressés trouvent moyen de la contourner. En général, il peut y avoir des dispositions restrictives qui leur interdisent de traiter *directement* avec l'administration publique d'où ils viennent. Mais ils peuvent donner des conseils à leurs collègues dans l'entreprise sur ce qu'il faut dire à qui – et faire sentir leur présence par divers autres moyens.

L'essentiel dont on a besoin dans ce domaine, ce sont les bonnes normes et la bonne éthique. Et l'éthique du capitalisme américain du XXIe siècle, dont le principe cardinal est: «la cupidité, c'est bien», contrecarre la mise en place de bonnes normes. Lorsqu'on a exercé des responsabilités publiques, et plus encore si l'on a d'autres ambitions politiques pour l'avenir, on devrait se dire qu'accepter un gros chèque de Goldman Sachs en échange d'un petit discours pourrait paraître inconvenant. Particulièrement pour un ex-secrétaire au Trésor, un ex-secrétaire d'État ou un ex-président. Tout haut responsable devrait se sentir très gêné de recevoir de l'argent d'une société financière ayant bénéficié d'une mesure qu'il a prise dans le cadre de ses fonctions. Des dirigeants publics scrupuleux, surtout en ces temps de scepticisme massif envers l'État, devraient avoir le souci de ne pas donner l'impression, même fugitive, de la corruption. Mais, selon les normes du capitalisme du XXIe siècle, un ancien haut responsable de l'État qui refuse ce type de jackpot passe pour un imbécile.

IL FAUT UN NOUVEAU MOUVEMENT

Face au dangereux bourbier économique et politique où se sont égarés les États-Unis, il y a de quoi se sentir désespéré, paralysé. Tous nos problèmes sont inextricablement liés entre eux. Par où commencer ? On peut se dire : impossible de le savoir. Mais il faut absolument commencer, et pas à petits pas : sur tous les fronts. Pour le faire, il nous faudra changer la vie politique. Le dysfonctionnement de nos mécanismes de vote et de représentation a amplifié celui de notre système politique.

Qu'est-il censé faire, ce système ? Traduire nos idées, nos convictions et nos opinions en politiques concrètes. Nous élisons des responsables publics qui sont censés voter des lois et des réglementations conformes à nos convictions. Au cœur de ce processus, il y a nos partis politiques. Mais ils inspirent un désenchantement général. Quand on ne les perçoit pas comme ouvertement corrompus, on les juge, dans le meilleur des cas, opportunistes. De plus, ces dernières années, des éléments extrémistes du parti républicain comme le Tea Party ont participé activement aux élections primaires, et ils l'ont fait en tant que forces centrifuges, accentuant la division du pays[38].

La désillusion à l'égard des partis a conduit certains à conclure : passons-nous d'eux, ils ne sont pas nécessaires dans l'Amérique du XXIe siècle. C'est une erreur, mais il est certain qu'il nous faut les réinventer, pour garantir qu'ils s'ancrent d'abord et avant tout dans les plus hautes valeurs de l'Amérique[39].

Ce qui motive les gens, en particulier les jeunes, à participer à la vie politique aujourd'hui, ce sont des *mouvements* qui défendent telle ou telle cause. Certains s'engagent pour les droits des femmes, d'autres pour l'égalité des chances économiques, d'autres encore pour le logement, l'environnement ou la lutte contre les armes à feu. Bien que ces mouvements mettent l'accent sur des problèmes différents, un fil conducteur commun les traverse : *l'ordre des choses actuel est injuste, il sacrifie certaines catégories de la population et ignore des dimensions importantes du bien-être.* Ces mouvements progressistes seront plus efficaces s'ils travaillent ensemble, s'il s'allient entre eux, s'ils font cause commune : le tout est plus grand que la somme de ses parties. Le parti démocrate doit se réinventer comme porte-voix de cette alliance.

Les mouvements sont importants. Ils peuvent stimuler la prise de conscience, susciter un large soutien. Mais le succès total passe généralement par l'action politique, et pour la mener il faut l'appui d'un des deux partis au moins. Par lui-même, un mouvement a peu de chances de réussir. Et, même si de nombreuses causes devraient jouir d'un soutien bipartisan, et si quelques-unes en jouissent effectivement, la Grande Fracture de l'Amérique se reflète en pratique dans le clivage entre ses deux partis. On pourrait même dire que c'est encore pire : le parti républicain, je l'ai dit, est une alliance problématique entre la droite religieuse, les cols bleus mécontents et les ultrariches. À bien des égards, ces différentes composantes ont des intérêts en conflit – les cols bleus mécontents veulent que les salaires augmentent, les grandes compagnies et les ultrariches veulent qu'ils diminuent ; les entreprises sont en position de force vis-à-vis de leur personnel quand les marchés sont ouverts et le chômage élevé, et les intérêts des travailleurs mécontents sont diamétralement opposés. La loi fiscale 2017 a montré comment cette contradiction se résout dans la pratique : les milliardaires et les grandes entreprises ont eu de grosses exonérations, et la classe moyenne, une augmentation d'impôts.

Entre les mouvements progressistes, il n'y a aucune tension de ce genre. Ils partagent une vision d'une société meilleure, avec plus d'égalité et de bien-être pour tous. Lorsqu'il y a des différences, celles-ci portent sur les priorités et les stratégies. Réduire les déchets toxiques et limiter l'accès aux armes à feu sont deux moyens d'augmenter l'espérance de vie. Notre qualité de vie sera meilleure si nous avons un environnement plus sain et si tous les enfants ont accès aux soins médicaux ainsi qu'à une bonne éducation.

Néanmoins, les divers mouvements progressistes semblent parfois être en conflit les uns avec les autres. Certains font valoir, par exemple, que se concentrer sur les droits et l'émancipation des victimes de l'oppression économique détourne l'attention des droits et de l'émancipation des victimes du racisme et du sexisme. Martin Luther King Jr avait compris que justice raciale et justice économique sont indissociables. Il a appelé sa célèbre manifestation d'août 1963 dans la capitale nationale la «Marche sur Washington pour l'emploi et la liberté». L'une des raisons de la persistance des clivages raciaux dans les revenus est la fracture économique croissante qui divise le pays.

De même, toute croissance économique malsaine pour l'environnement est insoutenable; et les effets d'un environnement dégradé – qu'il s'agisse des déchets toxiques ou du plomb dans la peinture – sont le plus vivement ressentis par les pauvres. Il y a donc une complémentarité claire et nette entre les mouvements pour la justice environnementale et les mouvements pour la justice sociale, raciale et économique. Bref, les divers mouvements progressistes sont complémentaires. Ils peuvent et doivent travailler ensemble.

Dans le passé, les partis nationaux se pensaient comme des organisations capables de réunir les populations de l'ensemble des cinquante États. Il y avait des divergences de vues entre les États, car certaines régions étaient plus libérales que d'autres. Mais, dans l'Amérique du XXIe siècle, la géographie donne un tout autre éclairage sur la politique. Il y aura probablement plus de ressemblances entre les habitants des grandes villes de tout le pays qu'entre les populations rurales et urbaines d'un même État. Dans les villes, on est confronté à un ensemble de problèmes; dans les zones rurales, à un autre; dans les banlieues, à un troisième. La politique restera locale, bien entendu; mais il nous faut repenser les partis nationaux en fonction des identités politiques naturelles du XXIe siècle, qui dépassent de très loin le local et se soucient des grands enjeux nationaux et internationaux du jour.

JUGULER L'INFLUENCE DE LA FORTUNE DANS NOTRE DÉMOCRATIE

Aucun effort pour réparer un système politique démocratique ne peut réussir, j'en suis persuadé, quand la fracture économique est trop importante. Les réformes que j'ai exposées dans ce chapitre sont nécessaires, mais, si le fossé entre les fortunes et entre les revenus est trop grand, les riches l'emporteront – d'une façon ou d'une autre. Même avec une radio et une télévision publiques et des subventions publiques aux journaux, une personne très fortunée comme Rupert Murdoch pourra utiliser son argent pour dominer ne serait-ce qu'une niche du marché, et créer une secte aux idées tordues.

Avec les plus instruits, les systèmes de vérification des faits peuvent être très efficaces – personne, dans les 65 % à 70 % d'Américains qui ne sont pas ses chauds partisans, ne prend une déclaration de Trump au sérieux avant vérification des faits qu'il évoque : trop de ses assertions sont des mensonges, et trop de celles qui restent sont des demi-vérités[40]. Mais Trump et Fox News peuvent créer un clan d'inconditionnels qui semblent totalement imperméables à la vérité – ou du moins immunisés contre elle par inoculation d'un vaccin très puissant. De plus, si leur objectif est de miner la confiance dans les institutions de l'État, il leur suffit pour le faire de semer le doute. Les gens ne croient peut-être pas ce que dit Trump, mais s'ils sont sceptiques aussi sur ce que disent ses adversaires, de son point de vue c'est une victoire. Les cigarettiers criaient victoire quand les fumeurs se mettaient simplement à douter des études scientifiques qui démontraient que fumer était mauvais pour la santé. De même, s'ils parviennent simplement à semer le doute, Trump, Murdoch et tous ceux qui souhaitent détruire les institutions de l'État sont gagnants.

Murdoch a fait ouvertement ce que les riches ont toujours fait d'une manière ou d'une autre : utiliser le pouvoir de l'argent pour aider à modeler la société[41]. Inévitablement, lorsqu'il y a de gros écarts de fortune, les riches ont une influence tout à fait disproportionnée. Même quand les campagnes électorales sont financées pour l'essentiel sur fonds publics, on a besoin de ceux qui peuvent offrir au parti telle ou telle forme de soutien matériel, et on les écoute.

Bien entendu, dans toute société, certains citoyens s'expriment mieux, sont plus astucieux, comprennent mieux ce qu'il faut faire. Il n'y aura jamais de cadre parfaitement égalitaire. Mais les très grands écarts de fortune ne permettent pas seulement à quelques-uns de vivre plus confortablement que les autres – ils permettent aussi aux riches d'influencer indûment l'orientation de la société et de la politique. En un sens, c'est une perversion radicale du rôle de l'État. Celui-ci est censé aider ceux qui ne peuvent pas s'en sortir seuls, protéger les vulnérables, redistribuer le revenu des riches aux pauvres, et rédiger des lois qui traitent au moins équitablement les citoyens ordinaires. Or, dans une société où l'inégalité des fortunes est excessive, il risque de faire exactement l'inverse. Les simples citoyens ont ressenti puissamment cette « perversion » au lendemain de la crise de 2008. Mais la réaction du mouvement du Tea Party – ôter tout pouvoir à l'État – est la mauvaise réponse : sans l'État, l'exploitation des pauvres par les riches serait encore plus forte. Avec la loi de la jungle, ce sont les riches et les puissants qui gagnent.

Donc, pour éviter cette dystopie, nous devons trouver moyen de créer une société plus égalitaire, sans concentrations dangereuses de pouvoir. Et nous nous heurtons ici au problème fondamental, inextricable, de la politique démocratique dans des sociétés extrêmement inégalitaires comme les États-Unis. Comment se libérer de cet équilibre, sortir de ce cercle vicieux où l'inégalité économique mène à l'inégalité politique, qui maintient, préserve et même accroît l'inégalité économique ?

On peut le faire, mais seulement s'il existe un pouvoir compensateur – on l'appelle parfois « le pouvoir du peuple ». De vastes effectifs de personnes vraiment engagées, dans des mouvements tels que ceux que j'ai évoqués plus haut, si ces mouvements travaillent de façon concertée et s'expriment à travers un parti politique, peuvent peser plus lourd que l'argent. La défaite des candidats républicains très bien financés Mitt Romney (à l'élection générale de 2012) et Jeb Bush (à la primaire républicaine de 2016) a été un rappel cinglant qu'en politique l'argent ne fait pas tout. Mais il n'a pas besoin de tout faire pour déformer notre économie et notre société.

C'est pourquoi les deux ensembles de réformes présentés ici sont *tous les deux* essentiels et complémentaires : nous devons faire davantage pour limiter l'influence de l'argent ; mais nous devons aussi réduire les inégalités de fortune. Sinon, nous ne parviendrons jamais à juguler comme il convient le pouvoir de l'argent en politique.

CHAPITRE 9

Restaurer une économie dynamique, qui offre à tous des emplois et des chances

La première partie a analysé le marasme où sont tombés les États-Unis et bien d'autres pays avancés: la croissance est lente, il y a peu d'occasions de progresser, l'inquiétude monte et la société se divise. Les divisions sont si profondes que la politique est paralysée, en un temps où il faudrait résolument s'unir pour trouver comment sortir de ce bourbier. Il y a une issue: il est possible de relever les défis de la financiarisation, de la mondialisation et du progrès technologique par des méthodes qui intensifient la concurrence, développent l'emploi et permettent une prospérité plus grande et mieux partagée. Mais nous ne pourrons pas effectuer les réformes économiques dont nous avons besoin sans changer d'abord la politique, de la façon indiquée au chapitre précédent.

Dans ce chapitre et le suivant, nous étoffons un programme économique fondé sur les principes déjà esquissés. Il peut rétablir la croissance et la justice sociale et mettre à la portée de la grande majorité des citoyens la vie de classe moyenne à laquelle ils aspirent. Tout cela ne sera possible que s'il y a davantage d'action collective: l'État doit jouer un rôle plus important. S'il est correctement défini, ce rôle accru ne contraint pas la société, il la libère et libère ses membres individuellement, en permettant à chacun de vivre à la hauteur de ses potentialités. De plus, en limitant le pouvoir qu'ont certains de nuire aux autres, l'État peut soulager ceux qui, sans son action, devaient être constamment sur leurs gardes, prendre sans cesse des mesures pour se protéger.

Gérer les marchés pour qu'ils servent notre économie est un volet de l'effort pour remettre l'Amérique sur la bonne voie. Le marché peut faire des miracles – mais pas le capitalisme distordu, difforme, qui s'est constitué dans l'Amérique du XXIe siècle. Certains chapitres ont expliqué comment amener les marchés à fonctionner comme il faut[1] – en ayant des lois sur la concurrence plus strictes et mieux appliquées et en gérant mieux la mondialisation et le secteur financier, notamment. Ces réformes sont nécessaires. Elles ne sont pas suffisantes. Elles font partie d'un programme économique progressiste, mais ce programme a beaucoup d'autres éléments.

Ce chapitre commence par une analyse de la croissance et des moyens de la rétablir : non pas en démantelant les réglementations qui empêchent certains d'exploiter tous les autres, mais en restaurant les vrais fondements de la richesse exposés au chapitre 1. Il s'attaque ensuite aux défis du moment : effectuer la transition de l'économie industrielle du XXe siècle à l'économie de services innovante et verte du XXIe siècle par des méthodes qui maintiennent les emplois et les chances de progresser ; assurer une meilleure protection sociale ; mieux s'occuper de ceux qui, parmi nous, sont âgés, malades ou handicapés ; et améliorer la santé, l'éducation, le logement et la sécurité financière de tous nos concitoyens.

Promouvoir une économie plus dynamique et plus verte. Promouvoir la justice sociale, avec plus d'inclusion et de sécurité. Ces deux programmes sont indissociables. Le chapitre précédent a rappelé ce qu'en pensait Martin Luther King Jr : il faut s'attaquer simultanément au problème économique – l'emploi et l'égalité des chances – et à la discrimination raciale. Nous poussons ce raisonnement encore plus loin : on ne peut pas séparer la sécurité économique, la protection sociale et la justice sociale de la création d'une économie plus dynamique, innovante, et de la protection de l'environnement. Trop souvent, les économistes pensent en termes d'arbitrage : si l'on veut plus de ceci, il faut accepter d'avoir moins de cela. Mais, du moins dans la situation où nous nous trouvons aujourd'hui – une société extrêmement inégalitaire où la discrimination raciale est générale, l'insécurité, omniprésente, et la dégradation de l'environnement, massive –, tous les objectifs que nous nous fixons sont de fait complémentaires.

CROISSANCE ET PRODUCTIVITÉ

Comme on l'a vu au chapitre 2, la croissance économique a ralenti dans les quatre dernières décennies. Elle dépend de deux facteurs : la population active et la productivité – la production par heure travaillée. Quand l'une ou l'autre augmente, la production de l'économie augmente aussi. Bien entendu, l'important n'est pas seulement d'accroître le produit national, mais aussi le niveau de vie des Américains ordinaires[2], et pour cela les gains de productivité ne suffisent pas. Il faut également que les simples citoyens en reçoivent une juste part. Le problème des décennies récentes se résume ainsi : ni la participation à la population active ni la productivité n'ont bien progressé, et les bénéfices des rares gains réalisés sont allés aux ultrariches.

La population active : accroissement et taux de participation

L'accroissement de la population active dépend en partie de facteurs démographiques que l'État ne peut guère influencer : le vieillissement de la génération du *baby boom* et la baisse des taux de natalité[3]. Mais l'État peut agir sur l'immigration et sur le taux de participation à la population active. Trump est bien décidé à réduire la première – ce qui ralentit la croissance – et n'a aucun programme concernant le second, alors qu'il existe certaines options attrayantes. Nous pourrions faire entrer davantage de femmes dans la population active en prenant des mesures pour faciliter la vie de famille (des horaires plus flexibles, de meilleures politiques de congé parental, de l'argent pour les crèches et les garderies). Avec des politiques de formation actives, un plus grand nombre de personnes dont les compétences actuelles sont peu adaptées au marché du travail pourraient trouver un bon emploi.

Nous n'avons jamais traité correctement nos « seniors ». Combien d'entre eux, parce qu'ils vieillissaient et que leurs compétences n'étaient plus nécessaires, ont été remerciés pour leurs années de bons et loyaux services et envoyés paître ! Ces mises à la retraite « forcées », alors que les intéressés pouvaient et voulaient travailler, étaient un gaspillage de ressources humaines ; mais le coût pour l'économie dans son ensemble restait gérable tant que les plus de cinquante ans représentaient un petit pourcentage de notre population active. Ce ne sera plus le cas dorénavant. Si nous ne faisons rien, l'accélération de l'innovation peut amplifier le phénomène : il y aura davantage de salariés mis à la retraite plus tôt. Avec une population vieillissante, les coûts pour notre société seront encore plus lourds. En ces temps où il nous faut réformer le lieu de travail pour l'adapter aux besoins des familles avec enfants, et en particulier des femmes, nous devons aussi le changer pour l'adapter à nos travailleurs vieillissants. Heureusement, certains efforts pour accroître la flexibilité seront utiles dans les deux cas (par exemple, des horaires plus souples, une plus large place faite au travail à temps partiel et davantage de possibilités de travailler depuis son domicile, ce qui est bien plus facile dans le monde actuel avec Internet). Là encore, malheureusement, ce sont des réformes que le marché ne fera pas tout seul. Le pouvoir des grandes entreprises sur leur personnel est trop écrasant ; elles n'ont pas besoin de ces changements ; et elles se moquent bien de leurs avantages pour notre société en général. C'est pourquoi l'État devra intervenir activement pour que ces réformes soient faites.

Notre taux de participation à la population active serait aussi plus élevé si nous avions un peuple en meilleure santé. Pourquoi l'Amérique a-t-elle une population plus malade que dans les autres pays avancés, qui vit moins longtemps, qui est moins capable et moins désireuse de participer à l'activité économique ? Ce n'est pas à cause de son climat, ni de l'air que nous respirons ou de l'eau que nous buvons. Il nous faut de meilleures réglementations pour nous protéger de l'industrie alimentaire, qui fait tout ce qu'elle peut pour nous gaver en permanence d'aliments addictifs malsains. Il nous faut aussi un meilleur système de soins et d'assurance maladie, nous y reviendrons au chapitre suivant. Enfin, pour avoir une population active plus saine, il faut l'extraire du désespoir créé par trente ou quarante ans de politiques économiques mal orientées[4]. Même si nous nous désintéressions totalement de la souffrance humaine, nous pourrions justifier toutes ces réformes du pur point de vue de la croissance économique.

La productivité

La productivité est également influencée par quantité de variables. Si une population active est heureuse et en bonne santé, elle sera productive – et on voit très bien pourquoi, dans la moitié inférieure de la répartition des revenus aux États-Unis, on risque fort de n'être ni heureux ni en bonne santé. De même, il est évident que la discrimination omniprésente sur les marchés du travail américains n'est pas seulement décourageante et injuste pour ceux qui en sont victimes; elle signifie aussi qu'il n'y a pas ajustement optimal entre les travailleurs et les emplois.

Les chapitres précédents ont montré que le pouvoir de marché déforme notre économie et mine la croissance et l'efficacité. Les monopoles ont moins d'incitations à innover, et les «barrières à l'entrée» qu'ils mettent en place étouffent en fait l'innovation. Juguler le pouvoir de marché est donc un des éléments d'un programme de développement de la croissance et de l'emploi, et pas seulement d'un plan de lutte contre les excès de pouvoir et l'inégalité.

Une autre grande lacune de la situation de ces dernières années est l'insuffisance des investissements dans les infrastructures. Il *semble* y avoir consensus sur leur importance, mais ce consensus est superficiel. Les républicains ont montré que réaliser ce type d'investissement était pour eux beaucoup moins prioritaire qu'offrir des réductions d'impôts aux grandes entreprises prospères. Quelques semaines seulement après le vote, à la fin de l'année 2017, de la loi fiscale républicaine, dont les largesses envers les riches représentent quantité de milliers de milliards de dollars[5], une haute responsable de l'administration Trump a déclaré: les infrastructures restent notre priorité, mais nous n'avons pas d'argent[6]. Ils auraient dû y penser plus tôt, les républicains. Effectivement, avec leur loi fiscale, les États qui ont de fortes dépenses auront plus de mal à maintenir leurs recettes[7], et il est pratiquement certain qu'ils seront amenés à réduire les dépenses publiques pour les infrastructures par rapport au niveau qu'elles auraient eu sans cette législation. On peut aussi prédire sans difficulté que les déficits massifs du budget fédéral résultant de la loi fiscale de 2017 freineront les futures dépenses fédérales pour les infrastructures.

Créer une société de l'apprentissage

Ce livre a souligné d'emblée quelle est la véritable source de la richesse d'un pays, donc de ses gains de productivité et de niveau de vie : la connaissance, l'apprentissage et les progrès de la science et de la technologie. C'est bien cela, plus que toute autre chose, qui explique pourquoi notre niveau de vie est tellement plus élevé aujourd'hui qu'il y a deux cents ans – non pas seulement pourquoi nous avons davantage de biens matériels, mais aussi pourquoi nous vivons plus longtemps, et en meilleure santé tout au long de notre existence.

Au centre de notre économie de la connaissance et de l'innovation, il y a la recherche. La recherche fondamentale produit du savoir, un « bien public », quelque chose dont tout le monde pourrait bénéficier si on le mettait en accès libre. On connaît la vision de base des économistes sur les biens publics : le marché, par lui-même, les fournit en quantité insuffisante. De plus, dans le cas du savoir, lorsque les entreprises privées produisent des connaissances, elles s'efforcent de les garder secrètes. Cela limite les avantages que la société peut en tirer et accroît simultanément le risque de pouvoir de marché. C'est pourquoi il est essentiel qu'il y ait de gros investissements *publics* dans la recherche, notamment la recherche fondamentale, et dans le type de système éducatif qui peut soutenir les progrès du savoir.

L'administration Trump ne comprend pas ce mécanisme, mais elle va plus loin : elle le combat activement. C'est comme pour les infrastructures. Elle a tenu à donner des centaines de milliards de dollars de réductions d'impôts aux milliardaires et aux riches compagnies tout en proposant de grosses coupes dans les dépenses publiques pour la recherche.

La nouvelle loi fiscale a instauré un impôt sur certaines de nos grandes universités engagées dans la recherche, et accordé simultanément des avantages fiscaux aux spéculateurs immobiliers. À ma connaissance, aucun pays n'a jamais prélevé d'impôt sur les universités qui font de la recherche ; tous reconnaissent le rôle essentiel que jouent ces dernières dans la croissance, donc leur versent de l'argent public. La taxe imposée par Trump aux universités est faible, mais elle est significative, et dangereuse, en tant qu'expression de valeurs. Aucun grand pays n'est devenu prospère grâce à la spéculation immobilière, bien que celle-ci puisse faire la fortune de quelques-uns. Manifestement, la loi fiscale républicaine n'a pas vu les différences entre la richesse des nations et celle des particuliers : elle a encouragé la spéculation et découragé la recherche et l'éducation.

De plus, il importe de bien comprendre une autre erreur essentielle dans le raisonnement qui sous-tend la loi fiscale de 2017. Les républicains espèrent que, même si la recherche sur fonds publics ralentit et s'il y a pénurie d'investissements publics dans les infrastructures, leurs baisses d'impôts encourageront les entreprises privées à prendre le relais et à investir davantage. Deux fois déjà, le pays a tenté cette expérience. Avec un espoir : la diminution des impôts allait stimuler la croissance, l'épargne et l'investissement. Les deux fois, l'expérience a échoué. Après la réduction d'impôts Reagan, on l'a vu, la croissance a été bien inférieure non seulement à ce qu'il avait promis[8], mais même à ce qu'elle était dans les décennies précédentes. Après les réductions d'impôts Bush, l'épargne a chuté – le taux d'épargne des particuliers est tombé à presque rien. Et, si l'investissement a rebondi, c'est surtout parce qu'on a beaucoup investi dans l'immobilier, aventure qui, pour le dire aimablement, ne s'est pas très bien terminée[9]. Aujourd'hui, les perspectives sont pires encore : puisque la Réserve fédérale estime que nous sommes près du plein emploi, elle va relever les taux d'intérêt *plus vite qu'elle ne l'aurait fait autrement*, donc décourager l'investissement privé. (Bien entendu, si l'incertitude internationale créée par les guerres commerciales de Trump contribue à précipiter un ralentissement mondial, la Réserve fédérale ne relèvera peut-être pas les taux d'intérêt, elle pourrait même les baisser. C'est un scénario particulièrement vraisemblable si l'« effet dopant » de la réduction d'impôts s'épuise vite et que ses conséquences négatives – ses distorsions et l'énorme hausse du déficit budgétaire – s'installent solidement.)

Pour élargir notre base de connaissances, nous devons aussi rester une société ouverte – ouverte aux idées et aux personnes venues d'ailleurs. À certains égards, le flux de connaissances à travers les frontières est l'aspect le plus important de la mondialisation. Nous n'avons pas le monopole de la production du savoir ; et si nous nous isolons des autres, nous en souffrirons comme eux[10]. Avec une baisse de l'investissement public et privé, une distorsion de l'allocation des investissements, et Trump qui ferme nos frontières aux meilleurs cerveaux étrangers, on voit mal comment ses politiques pourraient améliorer la productivité et la croissance.

Si nous voulons accroître la productivité, voici par où nous devons vraiment commencer : encourageons la recherche, tant par la fiscalité que par les dépenses publiques, en augmentant le soutien financier à nos établissements d'enseignement supérieur et en gardant le pays ouvert – notamment aux idées et aux personnes venues de l'étranger. Après quoi il faudra aller au-delà de l'abrogation de la loi fiscale : nous devrons augmenter les impôts des entreprises qui n'investissent pas aux États-Unis, qui n'y créent pas d'emplois, et consacrer une partie de ces recettes fiscales à développer les infrastructures et à investir dans la technologie et dans la science.

FACILITER LA TRANSITION VERS UN MONDE POSTINDUSTRIEL

Comme la plupart des pays d'Europe, les États-Unis ont eu du mal à s'adapter à la désindustrialisation, à la mondialisation et aux autres grands virages de l'économie et de la société. Encore un domaine où les marchés ont besoin de l'aide de l'État ! Faciliter la transition après coup est extrêmement coûteux et problématique.

Nous aurions dû faire davantage pour aider ceux qui perdaient leur emploi à cause de la mondialisation et des progrès technologiques, mais l'idéologie des républicains a dit non: qu'ils s'en sortent tout seuls! En fait, l'État doit anticiper les grands traits des bouleversements structurels à venir. L'adaptation au changement climatique et à l'évolution démographique ne sont que deux des nombreux problèmes de «transition» auxquels notre économie et notre société seront confrontées dans les années qui viennent. Les nouvelles technologies examinées au chapitre 6 – notamment la robotisation et l'intelligence artificielle – en poseront d'autres.

Une importante leçon a été tirée d'épisodes récents et plus anciens de tels tournants: laissé à lui-même, le marché n'est pas à la hauteur de la tâche. Pour une raison simple que nous avons déjà formulée: les plus touchés, par exemple ceux qui perdent leur emploi, sont les moins capables de s'en sortir tout seuls. Le bouleversement en cours signifie souvent que leurs qualifications ont moins de valeur. Il leur faut parfois se déplacer vers les zones où se créent des emplois – et les prix de l'immobilier dans les régions en croissance sont souvent bien plus élevés. Même si, après formation, ils pourraient avoir de bonnes perspectives d'emploi, ils n'ont pas les moyens financiers de suivre une formation recyclante, et les marchés, en général, ne leur avanceront l'argent qu'à des taux usuraires. Ces derniers ne prêtent à des taux normaux qu'à ceux qui ont un bon emploi, de bons antécédents de crédit et une bonne valeur nette dans leur maison – autrement dit, à ceux qui n'ont pas besoin d'argent.

Donc, faciliter la transition est une fonction essentielle de l'État. Il s'en acquitte par ce qu'on appelle des «politiques actives du marché du travail». Elles aident le travailleur à se recycler dans de nouvelles activités et à trouver un nouvel emploi. L'État dispose aussi d'un autre instrument: les «politiques industrielles», qui aident l'économie à se restructurer dans les métiers d'avenir, et soutiennent la création et le développement d'entreprises, en particulier des PME dans ces nouveaux secteurs[11]. Certains pays, notamment en Scandinavie, l'ont démontré: si elles sont bien conçues, les politiques actives du marché du travail et les politiques industrielles peuvent créer des emplois au même rythme qu'il s'en détruit et faire passer les salariés des anciens postes aux nouveaux. Il y a eu des échecs, mais seulement parce qu'on a été insuffisamment attentif aux facteurs indispensables au succès de ces politiques[12].

Les politiques territoriales

Lorsque l'État veut mettre en œuvre des politiques industrielles et des politiques du marché du travail, il doit être sensible aux questions de localisation. Trop souvent, les économistes ignorent le capital social et autre qui est intégré à un lieu particulier : quand les emplois quittent un territoire et se déplacent ailleurs, ils suggèrent parfois que les gens devraient se déplacer aussi. Mais, pour de nombreux Américains, avec leurs liens de famille et d'amitié, ce n'est pas si simple ; d'autant plus que, au prix où sont les garderies, beaucoup dépendent de leurs parents pour pouvoir aller travailler. La recherche de ces dernières années a souligné l'importance des liens sociaux, de la communauté locale, dans le bien-être individuel[13].

Plus généralement, les décisions sur la localisation ne sont pas efficaces. Trop de gens veulent s'agglutiner dans les grands centres urbains, ce qui congestionne ces derniers et soumet à fortes tensions les infrastructures locales[14]. Pourquoi les usines se sont-elles déplacées vers des zones rurales du Midwest et du Sud ? Les salaires étaient bas, l'école publique garantissait que les travailleurs étaient néanmoins assez qualifiés pour être très productifs, et nos infrastructures étaient d'une qualité suffisante pour qu'on puisse facilement livrer les matières premières aux usines et en faire sortir les produits finis. Mais certaines des mêmes forces qui avaient permis ces bas salaires contribuent aujourd'hui au problème de la désindustrialisation. Si les salaires étaient faibles, l'une des raisons était le manque de mobilité – avec une mobilité parfaite, les salaires seraient les mêmes partout (à qualification égale). Or, si l'on veut comprendre pourquoi la désindustrialisation est aussi douloureuse, ce manque de mobilité est essentiel.

Bref, nous avons besoin de politiques ciblées sur des *lieux* particuliers (des villes ou des régions en difficulté), ce qu'on appelle des politiques territoriales, pour aider à rétablir et à revitaliser des localités. Certains pays ont merveilleusement mis en œuvre ce type de politiques : en Angleterre, Manchester, la capitale mondiale du textile au XIXe siècle, s'est réinventée – avec l'aide de l'État britannique – en centre universitaire et culturel. Elle n'est peut-être pas encore redevenue aussi prospère qu'à sa grande époque, mais il est instructif de la comparer à Détroit, que les États-Unis ont purement et simplement laissé faire faillite.

L'État a joué un rôle central dans la transition de l'agriculture à une économie industrielle ; il doit aujourd'hui en faire autant dans la transition vers la nouvelle économie du XXIe siècle[15].

LA PROTECTION SOCIALE

L'un des facteurs les plus importants de dégradation du bien-être individuel est le sentiment d'insécurité. L'insécurité peut aussi nuire à la croissance et à la productivité : quand des travailleurs se demandent avec angoisse s'ils vont être expulsés de leur maison ou perdre bientôt leur emploi et seule source de revenu, ils ne peuvent se concentrer sur leurs tâches comme ils le devraient. Lorsqu'on se sent en sécurité, on peut entreprendre des activités plus risquées, qui souvent rapportent plus. Dans notre société complexe, nous sommes constamment confrontés à des risques. Les nouvelles technologies peuvent éliminer des emplois, même si elles en apportent aussi de nouveaux. Le changement climatique crée de nouveaux risques incalculables – nous en avons récemment fait l'expérience avec des ouragans, des incendies. Là encore, les gros risques comme ceux-là, ou ceux qui touchent au chômage, à la santé et à la retraite, ne sont pas bien gérés par les marchés[16]. Dans certains cas, comme le chômage et la couverture maladie des personnes âgées, les marchés ne proposent aucune assurance, tout simplement ; dans d'autres, comme la retraite, ils ne fournissent des pensions qu'au prix fort, et, même alors, il manque à leurs produits certaines caractéristiques importantes – par exemple, l'indexation sur l'inflation. C'est pourquoi la quasi-totalité des pays avancés ont des assurances sociales qui couvrent au moins un grand nombre de ces risques. Les États sont devenus tout à fait compétents pour fournir cette assurance

– les coûts de transaction de la Social Security, la caisse de retraite publique américaine, représentent un faible pourcentage de ceux d'une compagnie d'assurances privée rendant des services comparables. Nous devons reconnaître, cependant, que notre système d'assurances sociales a de grosses lacunes : de nombreux risques importants ne sont toujours pas couverts – ni par les marchés ni par l'État.

L'assurance chômage

C'est une des plus grandes lacunes de notre système de protection sociale : notre assurance chômage couvre un risque relativement limité – rester sans emploi pendant vingt-six semaines –, mais laisse sans couverture un risque beaucoup plus sérieux : le chômage de longue durée. Une réforme simple serait de renforcer considérablement le programme existant, en prévoyant de meilleures indemnisations, pour des périodes plus longues, et en couvrant un plus grand nombre de gens. Une réforme plus complexe consisterait à donner à certaines prestations la forme de prêts « dépendant du revenu » – autrement dit, dont le remboursement dépendra du revenu futur de l'intéressé. Une petite période de chômage ne modifie guère le revenu d'une personne à l'échelle de toute sa vie ; le véritable « échec du marché » est l'impossibilité pour cette personne sans emploi d'emprunter sur la base de son revenu futur pour maintenir le niveau de vie de sa famille dans l'immédiat. Nous pourrions changer cela[17].

Bien entendu, nous souhaitons que les travailleurs qui perdent leur emploi en retrouvent rapidement un autre, et les politiques actives du marché du travail évoquées plus haut peuvent grandement les y aider. Des programmes qui les encouragent à prendre un autre emploi même s'il n'est pas aussi bien payé que celui qu'ils ont perdu pourraient être utiles aussi. Souvent, les gens ont des attentes irréalistes sur le salaire qu'ils *devraient* avoir, sous-estimant l'intérêt d'avoir un emploi – pas seulement le revenu, mais les liens sociaux, avec d'importants effets sur le bien être – et le coût de ne pas en avoir pour leur employabilité future[18].

Chaque fois que nous réfléchissons aux programmes d'assurance chômage, il est essentiel de garder en mémoire qu'ils ont un autre avantage, macroéconomique : ils servent de stabilisateurs automatiques – quand l'économie faiblit et ne crée pas d'emplois assez rapidement, ils entrent en jeu automatiquement, et le revenu qu'ils injectent aide le pays à maintenir son équilibre économique[19]. Avoir en place des programmes prêts à contrer une grave récession, comme celle qu'ont vécue les États-Unis après la crise de 2008, est fort judicieux : ces protections ne nous coûtent pas très cher dans les périodes où le marché du travail est tendu, et, malgré les dépenses qu'elles déclenchent, elles nous épargnent de très lourdes pertes pendant les récessions. Sans elles, le ralentissement ou la régression de l'économie serait bien pire. La relative faiblesse du système de sécurité sociale aux États-Unis est l'un des facteurs qui expliquent la sévérité de la Grande Récession de 2008 : elle a été bien plus grave qu'en Allemagne ou dans d'autres pays d'Europe du Nord, dont certains, à l'origine, avaient subi un choc plus dur.

Le revenu de base universel

Certains, notamment dans les milieux de la haute technologie, ont avancé une proposition fascinante : compléter nos mécanismes de sécurité sociale existants par un revenu de base universel. D'autres ont même suggéré que ce revenu devait remplacer les multiples programmes d'aide sociale actuels. Fondamentalement, un revenu de base universel serait une allocation versée à tous les citoyens. Tout le monde recevrait un chèque de l'État, disons le premier du mois. Bien entendu, ceux qui ont de bons emplois reverseraient à l'État, sous forme d'impôts, beaucoup plus qu'ils n'auraient reçu. Le revenu de base servirait de filet de sécurité pour tous, mais sans les coûts administratifs qu'impliquent des programmes ciblés comme l'assurance chômage et les bons d'alimentation[20].

Les partisans de ce système font expressément valoir son utilité pour atténuer les effets négatifs de l'évolution actuelle de l'économie : la robotisation s'accroît, et la richesse peut se créer à vive allure alors que les possibilités de trouver un emploi traditionnel se raréfient.

Le revenu de base universel a quelques avantages très nets. Il pourrait faire progresser l'égalité et soutenir financièrement ceux qui ne trouvent pas d'emploi. Il pourrait éliminer les procédures bureaucratiques nécessaires pour avoir accès à chacun des multiples programmes d'aide et de protection sociale, comme les bons d'alimentation et Medicaid[21].

Mais je ne crois pas que se limiter à procurer un revenu soit la bonne méthode : pour la plupart des gens, le travail est un aspect important de la vie. Cela ne signifie pas qu'il doive durer quarante heures par semaine ; la population active a survécu – plus que survécu, mieux vécu – quand la semaine de travail est passée de soixante à quarante heures, et nous pourrons survivre si elle est encore raccourcie, disons, à vingt-cinq heures. La réduction du temps de travail a conduit, en fait, à une hausse de la productivité, et beaucoup ont trouvé des façons productives d'utiliser leur temps de loisir supplémentaire, même si d'autres, très nombreux aussi, ne l'ont pas fait.

Les tâches indispensables ne manquent pas, et une bonne partie d'entre elles ne pourront pas être accomplies par des robots avant un certain temps. Nous pourrions embellir nos villes, nous devons mieux prendre en charge nos concitoyens les plus fragiles, âgés et malades, mieux éduquer nos jeunes. Il y a des gens qui veulent travailler, il y a du travail nécessaire à faire, et le marché est incapable de mettre en contact ces gens et ce travail. C'est donc à l'État de passer à l'action – avec le programme d'emploi que je vais exposer à la section suivante.

Beaucoup, dans la jeune génération, me disent que cette obsession du travail est une façon de penser caractéristique du XXe siècle, et qu'un revenu de base universel minimal leur permettrait de vivre une vie spirituelle, ou une vie consacrée à aider les autres, sans emploi en bonne et due forme. L'idée n'est pas à écarter – mais je reste persuadé qu'elle ne résout pas les problèmes économiques inhérents au chômage massif, ni les déficits de dignité qu'il crée. L'emploi reste la colonne vertébrale d'une économie saine, et nous avons besoin d'un vaste programme comme celui que je présente plus loin pour soutenir un marché du travail solide.

Mais avant d'aborder ce sujet, nous devons noter une autre limite de l'idée de revenu de base universel : étant donné la pingrerie de la politique budgétaire américaine, il est invraisemblable qu'un système de revenu de base universel puisse être assez généreux pour apporter un soutien financier qui approcherait, même de loin, le niveau de subsistance. Si l'on voulait le faire, son coût exigerait de substantielles augmentations d'impôts.

DES EMPLOIS DÉCENTS, AVEC DE BONNES CONDITIONS DE TRAVAIL

Au cœur de l'angoisse sociale aux États-Unis et en Europe occidentale – et au centre du rétablissement d'une économie dynamique –, il y a les emplois. Les bons emplois. Purement et simplement. Ceux qui en ont un redoutent que les migrants le leur prennent et fassent baisser les salaires. Ils craignent que la mondialisation les délocalise à l'étranger. Quant à l'argument classique des économistes – lorsque les anciens emplois sont détruits, de nouveaux emplois bien meilleurs sont créés –, ils y voient pour l'essentiel un conte de fées. Même si cette destruction créatrice fonctionne pour quelques-uns, il est clair que pour beaucoup elle ne marche pas.

La plupart des gens ont du mal à maintenir un équilibre raisonnable entre leur vie et leur travail. Les femmes veulent progresser dans leur carrière, mais aussi avoir une famille heureuse. Les hommes veulent faire leur part, mais s'inquiètent souvent, eux aussi, des arbitrages nécessaires entre leur promotion professionnelle et les autres dimensions de leur vie – la possibilité, surtout, de passer plus de temps chez eux. Beaucoup, hommes et femmes, se sentent mal à l'aise de travailler pour des entreprises qui pillent notre environnement, ou simplement qui ne jouent pas le rôle positif qu'elles pourraient jouer.

Par eux-mêmes, les marchés sont mauvais pour assurer le plein emploi, et pires encore pour garantir que les emplois seront bien payés. Face à ces problèmes d'équilibre entre vie et travail, ils sont encore plus inopérants.

Si notre économie est plus riche, que ce soit en raison de la mondialisation ou de l'évolution technologique, nous pourrions évidemment utiliser les fruits de ce progrès pour améliorer le sort de tous, ou du moins de l'immense majorité. Il n'est ni fatal, ni nécessaire, ni bon qu'une si large part des bénéfices aille au 1 % – dans certaines années récentes, la quasi-totalité de l'accroissement du PIB. Puisque nous sommes aujourd'hui infiniment plus riches qu'avant, il est certain que nous pourrions gérer notre système économique d'une façon qui n'inflige pas de telles épreuves à tant de familles – et cela dans une économie si prompte à rendre hommage aux « valeurs familiales ». J'explique ici ce que l'État peut faire pour créer l'économie que nous devrions avoir.

Assurer le plein emploi

Aucune politique n'est plus importante pour l'égalité, la croissance et l'efficacité que le maintien du plein emploi. Et l'ingrédient principal d'un style de vie de classe moyenne, c'est un emploi décent. Cela suppose qu'il y ait des emplois – un cadre macroéconomique qui assure le plein emploi. Bien que de nombreux économistes conservateurs soient persuadés que les marchés fonctionnent toujours efficacement, il est évident qu'il y a eu de longues périodes au cours desquelles le marché, par lui-même, n'a pas réalisé le plein emploi. Le chômage de masse est un immense gaspillage de ressources. De nombreux économistes estiment que l'instrument principal à utiliser est la politique monétaire : la baisse des taux d'intérêt. Que ce raisonnement soit correct ou non, il est clair que, à certains moments – pensons à la dernière décennie, par exemple –, la politique monétaire ne suffit pas, à elle seule, à ramener le pays au plein emploi[22]. Dans ces périodes-là, il faut mettre en œuvre des politiques budgétaires fortes : augmenter les dépenses de l'État ou réduire les impôts ; et cela, même s'il en résulte un déficit budgétaire.

Il y a fallu une décennie, mais, dix ans après le début de la Grande Récession, les États-Unis sont enfin parvenus tout près du plein emploi. (En septembre 2018, 3,7 % de la population active était sans emploi.) Ces statistiques donnent toutefois une image embellie de la situation : 70 % seulement de la population en âge de travailler a un emploi, pourcentage bien inférieur à celui d'autres pays, comme la Suisse et l'Irlande – 80 % et 86 % respectivement[23]. Et beaucoup aux États-Unis – environ 3 % – ont un emploi à temps partiel involontaire, parce qu'ils ne peuvent trouver de poste à temps complet. Le taux de chômage américain pourrait être plus élevé s'il n'y avait pas tant de gens en prison – près de 1 % de la population en âge de travailler, une proportion bien supérieure à celle de tout autre pays[24]. La lenteur de la hausse des salaires réels reflète l'atonie du marché du travail : même après toutes ces années de stagnation pendant la Grande Récession, ils n'ont augmenté en 2017 que de 1,2 % pour les salariés à temps complet de plus de seize ans, ce qui les laisse encore au-dessous de leur niveau de 2006[25].

La politique budgétaire

Même quand la politique monétaire n'y parvient pas, la politique budgétaire peut stimuler l'économie. Il faut augmenter les dépenses pour des activités à multiplicateur élevé (des activités qui apportent à l'économie une grosse stimulation par dollar dépensé) – par exemple, rémunérer davantage les enseignants pour en avoir de meilleurs – au détriment de celles qui n'ont pas ce profil – par exemple, payer des « contractants » étrangers pour combattre dans une guerre extérieure[26]. Cela peut donner un grand coup de fouet à l'économie quand la demande est insuffisante, comme ce fut le cas dans les années qui ont suivi la crise financière de 2008. On peut le faire aussi en déplaçant le fardeau fiscal des catégories pauvres et moyennes vers ceux qui sont plus capables de payer l'impôt, parce qu'on dépense un pourcentage bien plus élevé de son revenu en bas de la pyramide qu'au sommet. C'est exactement le contraire, bien sûr, de ce qu'a fait la loi fiscale promulguée en décembre 2017. Le système fiscal régressif de l'Amérique, où les mieux lotis paient au fisc un pourcentage inférieur de leurs revenus que les moins favorisés, n'est pas seulement injuste : il affaiblit aussi la macroéconomie, en détruisant des emplois. De même pour les milliers de failles et d'esquives fiscales qu'utilisent les super-riches : elles n'aggravent pas seulement l'inégalité, elles déforment l'économie et l'affaiblissent.

Certains impôts se révèlent bénéfiques pour l'économie – quelques-uns peuvent même la stimuler. En imposant une taxe sur les émissions de carbone, on encouragerait les entreprises à investir dans des technologies de réduction de ces émissions; elles devraient se rééquiper pour prendre en compte la fin de la subvention massive au carbone qu'elles recevaient de fait[27]. Et l'économie en retirerait un triple avantage: un meilleur environnement, des recettes utilisables pour faire face à certains besoins à long terme du pays, et une hausse de la demande qui développerait l'emploi et accélérerait la croissance[28].

Même en présence de contraintes budgétaires inspirées par des inquiétudes au sujet du déficit et de la dette nationale, on peut utiliser pour stimuler l'économie une politique budgétaire bien conçue. Le *principe du budget équilibré* pose qu'une augmentation d'impôts accompagnée d'une hausse du même montant des dépenses publiques stimule l'économie; et, si les impôts et les dépenses sont soigneusement choisis, le coup de fouet donné à l'économie – donc au marché du travail – peut être très important[29].

Il est un domaine où la politique budgétaire peut avoir un avantage particulièrement puissant: l'investissement dans les infrastructures. Pendant des années, celles-ci ont souffert de sous-investissement, ce qui implique que les besoins sont gigantesques et que les rendements seront élevés. En améliorant les infrastructures, on peut accroître l'investissement privé, puisque les entreprises bénéficient d'un meilleur accès aux marchés. La dépense publique va donc encourager la dépense privée. Autre avantage: elle va faire économiser des ressources. La congestion des aéroports et des routes entraîne un gaspillage considérable de ressources *privées*.

Un investissement bien conçu dans les infrastructures peut avoir des avantages supplémentaires. Les gens doivent pouvoir se rendre aux postes de travail qui existent – et souvent les systèmes de transports publics sont inadéquats ou simplement absents. Le nouveau programme d'infrastructures doit comprendre un bon réseau de transports en commun publics qui mette en contact les gens et les emplois.

Un autre domaine où une politique budgétaire ciblée peut faire une différence est la recherche: le secteur privé s'enrichit grâce aux avancées de la science et de la technologie financées par l'argent public. De fait, un gros pourcentage des progrès essentiels des trois derniers quarts de siècle ont été financés en grande partie sur fonds publics : d'Internet au navigateur ou au radar, la liste est longue[30].

Ces mesures qui amplifient la demande totale, et par conséquent la croissance quand il y a insuffisance de demande, sont simultanément des mesures qui agissent sur l'offre, qui augmentent la production potentielle de l'économie. Et elles fonctionnent, à la différence de la méthode Reagan pour stimuler l'offre (baisse des impôts, déréglementation), qui ne marche pas.

D'autres pays ont jugé utile d'avoir une banque nationale d'investissement dans les infrastructures pour aider à financer ces divers investissements. Le meilleur exemple est l'Europe. La Banque européenne d'investissement a consacré plus de 94 milliards de dollars par an à des projets qui ont contribué à la croissance de l'Union européenne et accru le niveau de vie de ses habitants : des trains à grande vitesse reliant les grandes villes, un réseau électrique fiable, un bon réseau routier[31]. L'Amérique devra dépenser énormément pour satisfaire les besoins en infrastructures de notre économie en croissance, et une banque du même type aiderait à fournir les ressources financières nécessaires[32].

Un emploi garanti pour tous ceux qui veulent travailler

En temps normal, les mesures exposées jusqu'ici permettent à l'économie d'atteindre le plein emploi. Mais il est loin d'être certain que cela restera vrai dans l'économie vers laquelle nous nous dirigeons. L'« idéologie du marché » a si puissamment influencé la pensée de la plupart des économistes que, à les en croire, on peut et on doit réaliser le plein emploi en s'appuyant essentiellement sur le secteur *privé*, pour peu que l'État mène ses politiques budgétaire et monétaire correctement. Ils en sont persuadés. Mais que se passera-t-il si ce n'est pas le cas ?

Il y a une autre solution : l'État peut embaucher des travailleurs. Dans l'Amérique du XXIe siècle, nous devons reconnaître un nouveau droit : le droit de quiconque peut et veut travailler à avoir un emploi. Si le marché échoue à lui en donner un, et si nos politiques budgétaire et monétaire n'y arrivent pas non plus, l'État doit le faire. La sécurité économique est importante pour les gens, et le gain de sécurité qu'apporterait cette « sauvegarde » aurait une valeur inestimable. D'autant plus qu'il y a beaucoup de travail absolument indispensable. Un grand nombre de nos écoles sont dégradées, il faut les rénover, au moins les repeindre. Nos villes pourraient être nettoyées, embellies[33]. Nous l'avons déjà dit : le travail ne manque pas, les gens désireux de le faire non plus. Notre système économique et financier trahit à la fois notre société et ces personnes, et c'est vraiment regrettable.

L'Inde a offert ce type de garantie (cent journées de travail) à ses citoyens ruraux prêts à faire du travail manuel non qualifié, et environ 50 millions d'Indiens par an ont profité de ce programme. Si un pays pauvre comme l'Inde peut se le permettre, les États-Unis le peuvent aussi. Là-bas, cette initiative a eu un avantage supplémentaire : elle a contribué à faire augmenter les salaires ruraux, ce qui a réduit l'extrême pauvreté ; il y a de fortes chances qu'aux États-Unis elle orienterait également à la hausse les salaires des moins favorisés, ce qui aiderait à réduire l'inégalité[34].

Améliorer les emplois, rétablir l'équilibre vie-travail et réduire l'exploitation

Le monde du travail et la nature des familles ont changé depuis la Seconde Guerre mondiale. À l'époque, la norme était bien différente : une seule personne gagnait de l'argent dans une famille (l'homme) et l'autre (presque toujours la femme) restait à la maison ; aujourd'hui, dans une très large proportion des ménages, les deux adultes sont dans la population active. Dans ces conditions, nous avons besoin d'une forme de flexibilité qui n'existait pas dans le passé. Il nous faut, par exemple, des politiques de congé parental, et les entreprises doivent proposer des horaires plus flexibles. Une aide de l'État est également nécessaire pour faciliter la garde des enfants[35]. Et surtout, il faut en finir avec des abus de pouvoir de marché comme les emplois du temps imprévisibles et les horaires éclatés évoqués au chapitre 3.

Si nous pouvions réaliser tout cela en persuadant gentiment les employeurs, ce serait sympathique. Mais cette méthode n'a pas marché dans le passé et ne marchera probablement pas davantage à l'avenir. Les réformes évoquées plus haut pour rééquilibrer le rapport de forces entre travailleurs et employeurs sont essentielles. Parvenir à un marché du travail plus tendu l'est également. Mais, selon toute vraisemblance, ces facteurs ne suffiront pas. Il nous faudra des réglementations et des incitations, des récompenses et des sanctions. Ces changements n'auront pas seulement des avantages économiques pour la famille, mais aussi pour toute l'économie, et leurs bienfaits pour la société iront bien au-delà d'une quelconque augmentation du PIB : ils vont promouvoir l'inclusion et réduire l'écart persistant des salaires et des revenus entre les hommes et les femmes.

RÉTABLIR L'ÉGALITÉ DES CHANCES ET LA JUSTICE SOCIALE

Même les plus chauds partisans des marchés le comprennent : par eux-mêmes, les marchés n'assureront pas la justice sociale et l'égalité des chances, notamment dans les territoires victimes de discrimination et dans une société comme celle des États-Unis, où près d'un cinquième des enfants grandissent dans la pauvreté. Sur des marchés du travail concurrentiels (et, je l'ai souligné, ils le sont rarement), les salaires sont déterminés par l'offre et la demande. Le jeu des forces du marché peut laisser les travailleurs peu qualifiés avec un salaire trop faible pour survivre, sans parler d'avoir une vie intéressante. Une des grandes missions de l'État est donc de promouvoir la justice sociale. Il doit faire en sorte que chacun ait un revenu qui lui permette de vivre ; que les jeunes aient les qualifications dont ils ont besoin pour s'épanouir, et qu'ils aient accès à de bonnes possibilités d'emploi adaptées à leurs compétences, quels que soient le revenu, le niveau d'instruction, la condition sociale ou la situation à tous égards de leurs parents ; et que certaines personnes ou entreprises n'utilisent pas leur pouvoir de marché pour s'approprier une part démesurée du gâteau national[36].

Dans notre marche vers une économie plus dynamique, nous devons intégrer à notre plan ces objectifs généraux de la société que sont l'égalité des chances et la justice sociale. Il nous faut d'abord rendre plus égalitaire la répartition du revenu de marché (ce qu'on appelle parfois la « prédistribution »). Mais, quels que soient nos efforts, il est à peu près certain que l'inégalité des revenus de marché sera trop élevée. Une fiscalité plus progressive, des transferts et des programmes de dépenses publiques nous aideront alors à égaliser davantage les niveaux de vie[37]. Si nous réussissons à rendre les revenus de marché plus égalitaires, la charge qui pèsera sur la redistribution sera moins lourde. Cet accent mis sur la *prédistribution* est important. Il montre clairement que parvenir à une plus juste répartition du revenu n'est pas seulement une question de *redistribution*, d'impôts sur les riches pour donner aux plus nécessiteux.

La création des inégalités a lieu dans le processus même d'engendrement des revenus, lorsque les entreprises exercent un pouvoir de monopole ou de monopsone, ou lorsqu'elles exploitent les autres (par les méthodes décrites dans les chapitres précédents), ou encore lorsqu'elles pratiquent la discrimination contre les plus vulnérables ou contre ceux qui appartiennent à des races ou groupes ethniques particuliers. Elle a lieu aussi quand les P-DG profitent des faiblesses de la gouvernance d'entreprise pour se verser des rémunérations exorbitantes, ce qui laisse moins d'argent pour payer les travailleurs ou investir dans la compagnie. Prohiber ces pratiques, réformer les lois sur la gouvernance d'entreprise, adopter de meilleures législations du travail, durcir et faire appliquer les lois anti-discrimination et pro-concurrence – toutes ces mesures sont des moyens faciles (sauf politiquement) de créer une répartition des revenus plus équitable. Nous l'avons dit : les marchés n'existent pas sous vide ; il faut les structurer par des lois, des réglementations et des politiques. Certains pays ont mieux réussi cette structuration, ce qui leur a donné plus d'efficacité et des revenus de marché plus égalitaires.

Ce ne sont pas seulement les lois influant sur les revenus individuels qui créent l'inégalité[38], mais aussi celles qui rendent possible aux entreprises de pratiquer l'exploitation. Notre système financier est conçu pour accroître l'inégalité : les plus démunis paient des intérêts élevés quand ils empruntent, mais touchent de faibles intérêts quand ils déposent leur argent à la banque. Les « réformes » du secteur financier – comme l'abolition des plafonds sur les taux d'intérêt facturés – n'ont fait qu'aggraver les choses. La concurrence toujours plus limitée qui règne encore dans ce secteur porte trop souvent sur les moyens d'exploiter les moins méfiants[39].

Il existe de nombreuses réformes qui pourraient conduire à une société plus égalitaire. Parmi les autres politiques qui aideraient les plus défavorisés, citons par exemple l'augmentation du salaire minimum, ou le versement de subventions aux salaires et de crédits d'impôt sur le revenu du travail, qui complètent ce que paie le secteur privé afin de porter la rémunération à un niveau permettant de vivre[40].

Le rôle de la transmission intergénérationnelle de l'avantage et du désavantage

Même si les hauts revenus des nantis ne viennent pas de l'exploitation des moins favorisés, leur situation privilégiée peut nous paraître injuste quand ils ne la doivent pas à leurs propres efforts, mais à un héritage. Et là, nous en arrivons au problème clé de la transmission intergénérationnelle de l'avantage et du désavantage. Il est évidemment inévitable que ceux qui ont de plus gros revenus, une plus grande fortune et un niveau d'instruction plus élevé fassent ce qu'ils peuvent pour avantager leurs enfants ; et plus les inégalités de revenu, de fortune et d'éducation sont importantes dans une génération, plus elles le seront aussi à la génération suivante. C'est pourquoi les mesures qui réduisent les inégalités *aujourd'hui* font partie intégrante de l'action pour renforcer l'égalité des chances demain[41].

Il est insupportable qu'un garçon ou une fille issus d'une famille pauvre aient d'emblée pour destin de ne pas vivre à la hauteur de leurs potentialités. Aucune société dotée d'humanité ne peut condamner un enfant parce que ses parents ont joué de malchance ou fait de mauvais choix. Dans un pays où un enfant sur cinq grandit dans la pauvreté, ce n'est pas une question théorique ; c'est un problème concret à régler de toute urgence. C'est pourquoi les programmes de nutrition et de santé infantiles et ceux qui développent les possibilités d'éducation, de la prématernelle à l'université, ont une telle importance.

Un enseignement public gratuit d'excellente qualité peut être une force puissante pour assurer la cohésion d'une société. Il y a cinquante ans, la discrimination contre les femmes leur fermait l'accès à de nombreux métiers; les emplois dans l'éducation pouvaient donc attirer des femmes de grand talent pour un faible salaire. Lorsque certains aspects de la discrimination de genre se sont atténués et que les femmes sont entrées dans d'autres secteurs, le vivier de femmes très qualifiées que l'on pouvait embaucher en tant qu'enseignantes à des salaires relativement faibles a diminué. Pour maintenir la même qualité d'éducation avec cette nouvelle dynamique dans le personnel, nous devons augmenter les salaires dans l'enseignement (et par conséquent les dépenses publiques qui lui sont consacrées) bien plus que nous ne l'avons fait.

D'autre part, la ségrégation économique s'est accrue dans le pays, et les enfants pauvres vivent de plus en plus dans des quartiers où les autres enfants sont pauvres aussi. Dans ces conditions, notre système scolaire à base locale aboutit à des inégalités d'éducation importantes, et celles-ci s'aggravent[42]. Les enfants des communes riches peuvent donc recevoir un meilleur enseignement que ceux des communes pauvres. Cette structure se perpétue dans l'enseignement supérieur et les universités, puisque les frais de scolarité ont augmenté beaucoup plus vite que les revenus au milieu et en bas de l'échelle. Les enfants de familles pauvres n'ont souvent qu'un seul moyen de faire de hautes études: contracter une dette écrasante. Ils se trouvent face à un choix fort déplaisant: soit renoncer aux études supérieures et se condamner ainsi à une vie de bas salaires; soit faire ces études en s'endettant lourdement pour le restant de leurs jours.

Une éducation pour tous, *publique* et de qualité, est donc au centre de tout programme qui œuvre pour l'égalité et l'égalité des chances. Il faudra pour cela dépenser plus, au niveau national. Comment pouvons-nous espérer que l'éducation attire de bons enseignants quand l'écart entre leur rémunération et celles qu'on gagne dans la banque, ou ailleurs dans notre société, est d'une telle ampleur? Et comment pouvons-nous espérer que l'enseignement soit de grande qualité partout quand les écarts entre les bassins de ressources des collectivités locales sont si importants? La question n'est pas de motiver les enseignants par une «rémunération incitative»: leur donner des miettes, fût-ce 2000 dollars de plus si leurs élèves réussissent mieux, ne réduit en rien l'inégalité des salaires entre les professeurs et, disons, les banquiers. De plus, les enseignants sont des professionnels spécialisés, et la «rémunération incitative» dénigre leur conscience professionnelle. Un chirurgien spécialiste des opérations à cœur ouvert serait offensé si on lui disait: «Pour vous motiver, je vous paierai davantage si l'opération réussit.» Le chirurgien donne tout dans chaque acte chirurgical. Il en va de même pour un gros pourcentage de nos enseignants. Nous aurions de meilleurs résultats si nous leur témoignions davantage de respect (au lieu de les attaquer en permanence, eux et leurs syndicats, comme c'est devenu la mode dans certains cercles de réflexion sur la réforme pédagogique), si nous recrutions de meilleurs professeurs en leur versant de meilleurs salaires (ce qui mettrait fin à l'héritage de la discrimination de genre qui a longtemps été le fléau de la profession) et si nous leur donnions de meilleures conditions de travail, notamment, dans bien des cas, des classes moins chargées[43].

LA DISCRIMINATION

L'un des vrais cancers de la société américaine est sa discrimination raciale, ethnique et sexuelle. Nous nous éveillons à peine à son omniprésence et à sa persistance, dont les preuves les plus récentes ont été les données graphiques sur les violences policières* et les statistiques sur l'incarcération massive. La discrimination est un problème moral, mais elle a des conséquences économiques. Comme tout cancer, elle mine notre vitalité. Les victimes de la discrimination ne sont jamais en mesure de vivre à la hauteur de leurs potentialités, et c'est un gaspillage de la ressource économique la plus importante du pays: ses citoyens.

Comme on l'a vu au chapitre 2, dans l'effort pour réduire la discrimination raciale au fil du dernier demi-siècle, les progrès ont été lents et souvent interrompus. Pendant quelques années, l'effet

* Voir, par exemple, les données graphiques en ligne à l'adresse <https://mappingpoliceviolence.org>.

de la législation sur les droits civiques s'est fait sentir et la ségrégation a diminué, après quoi les tribunaux ont bloqué toute nouvelle avancée, et finalement, en 2013, la Cour suprême a annulé des dispositions essentielles du Voting Rights Act, la loi sur le droit de vote de 1965[44]. Le chapitre 2 en a donné les preuves: le rêve américain est devenu un mythe pour ceux qui naissent en bas de la pyramide des revenus, et notamment pour les membres des minorités. La discrimination raciale, ethnique et sexuelle est un facteur constitutif de l'aggravation de l'inégalité économique, du manque de possibilités de progresser et de la ségrégation économique et sociale.

Les nombreuses formes de discrimination

En Amérique, la discrimination revêt de multiples formes. Pour le financement, le logement et l'emploi, elle est souvent subtile, mais en matière de police et de justice, elle n'est que trop flagrante. Rien ne définit autant l'Amérique, à ses propres yeux comme à ceux des autres, que son attachement à l'état de droit et à la justice. Le serment d'allégeance par lequel de nombreux enfants américains commencent leur journée d'école comporte la belle formule: «[...] avec la liberté et la justice pour tous». Mais c'est comme le rêve américain: il s'agit d'un mythe. Une formulation plus exacte serait: «[...] avec la justice pour tous ceux qui peuvent se la payer», et devrait préciser: «notamment s'ils sont blancs». L'Amérique est devenue célèbre dans le monde entier pour avoir enfermé plus de gens en prison (en proportion de sa population) que tout autre pays. C'est ahurissant: les États-Unis ont 25 % des détenus de la planète bien qu'ils n'aient que 5 % de la population mondiale, et, parmi ces prisonniers, les Afro-Américains tiennent une place disproportionnée[45]. Ce système d'incarcération massive[46] commence à être reconnu pour ce qu'il est: non seulement parfaitement injuste et discriminatoire, mais aussi parfaitement inefficace[47].

Que faire?

Des héritages aussi anciens que les discriminations raciale et sexuelle ne prendront pas fin tout seuls. Nous devons comprendre les bases institutionnelles profondes du racisme et des autres formes de discrimination et les extirper[48]. Ce qui veut dire que l'égalité raciale, ethnique et sexuelle ne se concrétisera pas tant que nous ne ferons pas respecter énergiquement nos lois antidiscrimination, partout dans notre économie. Mais nous devons aller plus loin. Il nous faut aussi une nouvelle génération de législations sur les droits civiques.

Pour promouvoir l'égalité des chances, nous avons besoin de programmes de discrimination positive et de programmes économiques. Il existe dans notre pays de multiples «pièges de la pauvreté»: qu'elles vivent dans certaines régions, comme les Appalaches, ou qu'elles aient certaines origines, comme les Amérindiens et les Afro-Américains, il y a des catégories de personnes qui ont besoin d'aide pour améliorer leur sort[49]. Nous avons fini par comprendre par quels mécanismes les avantages, et les désavantages, peuvent être transmis d'une génération à l'autre. Nous devons appliquer ces leçons pour briser les «pièges de la pauvreté», où qu'ils soient et quel que soit leur fondement.

L'accès à l'éducation, à la nutrition et à la santé est nécessaire (mais pas suffisant). Puisque nous constatons que notre système d'enseignement à base locale et à financement local est devenu un mécanisme de perpétuation de l'inégalité économique, il nous faut une augmentation massive des fonds fédéraux. Puisque nous constatons que le désavantage des enfants pauvres commence avant même leur entrée à l'école, il nous faut aussi des programmes nationaux d'éducation préscolaire.

Justice raciale et justice économique sont inextricablement liées. Si nous réduisons globalement les inégalités, si nous faisons le nécessaire pour que les familles les plus défavorisées puissent donner à leurs enfants les mêmes possibilités que les familles les plus favorisées, nous pourrons beaucoup avancer dans le sens de la justice raciale, économique et sociale, et dans la création d'une économie plus dynamique.

RÉTABLIR LA JUSTICE ENTRE LES GÉNÉRATIONS

Il y a une dimension de l'équité à laquelle les responsables politiques consacrent souvent de belles paroles, mais guère plus: le bien-être des générations futures. La loi fiscale de 2017 provoquera de gigantesques déficits budgétaires, donc alourdira la dette publique. Ironie de l'histoire: les républicains du Congrès discouraient contre l'endettement excessif – quel fardeau ce serait pour les générations futures! – jusqu'au jour où ils ont eu une occasion d'enrichir les grandes entreprises et les milliardaires. Il y a trois aspects de la justice intergénérationnelle qu'on a vraiment négligés, et un programme progressiste doit corriger cette attitude.

D'abord, ce qui est vraiment un fardeau pour les générations futures, c'est le manque d'investissement, tant public que privé. Les meilleures estimations suggèrent que le stock de capital des États-Unis n'a même pas tenu le rythme de la croissance du revenu. Si nous ne donnons pas à nos jeunes une éducation adéquate, ils ne pourront pas vivre au niveau de leurs potentialités. Et si nous n'investissons pas dans les infrastructures et la technologie, le monde dont ils hériteront ne pourra pas maintenir les niveaux de vie que nous avons eus.

Deuxièmement, notre planète est irremplaçable. Si les choses tournent mal ici, nous n'avons pas d'autre endroit où aller. Pourtant, cette planète, nous la pillons dangereusement – le pire danger étant le changement climatique. Chaque année, de façon aujourd'hui prévisible, les dégâts s'amplifient. Même la façon dont l'État s'y prend pour penser les problèmes environnementaux et prendre ses décisions est injuste pour nos enfants. Souvenons-nous de ce qui a été dit au chapitre 7: chaque fois que l'État envisage une réglementation, il est tenu d'effectuer une analyse coûts-avantages. Dans le cadre de cette analyse, il doit comparer, disons, les coûts d'une réglementation environnementale *aujourd'hui* avec les avantages qu'elle rapportera non seulement tout de suite, mais aussi à l'avenir. Si nous imposons, par exemple, des restrictions sur l'énergie sale des centrales électriques à charbon, les coûts peuvent grimper dans l'immédiat, mais les avantages en termes de meilleure santé et d'atténuation du changement climatique vont durer de nombreuses années. La question clé, lorsqu'on mène ces analyses coûts-avantages, est: comment devons-nous comparer un dollar d'avantages futurs et un dollar de coûts actuels? Dans les procédures de l'administration Trump, un dollar («réel») dans cinquante ans, quand nos enfants seront dans la force de l'âge, vaut seulement 3 cents. Autant dire qu'avec elle l'avenir perd beaucoup au change! Tant que l'avantage d'une réglementation environnementale pour nos enfants n'est pas plus de trente fois supérieur à ce qu'elle nous coûte aujourd'hui, la position de l'administration Trump est qu'il ne faut pas l'adopter. Avec ce mode de calcul, qui traite nos enfants comme quantité négligeable, on va évidemment conclure qu'agir contre le changement climatique n'a aucun intérêt[50].

Troisièmement, pour toute une série de raisons, de vastes composantes de la jeunesse n'ont pas les possibilités dont moi-même, par exemple, j'ai pu bénéficier à mes débuts. Des millions de jeunes ont sur les bras une lourde dette d'études qui ne leur permet pas de choisir librement leur carrière – ils pensent constamment aux échéances qu'ils doivent payer –, ni même de fonder une famille ou d'acquérir une maison. Entre ma jeunesse et la leur, les prix de l'immobilier sont montés en flèche par rapport aux revenus, en raison de l'argent facile, d'un code des impôts mal conçu et de la déréglementation financière. C'est *notre* génération qui a empoché les plus-values. La suivante doit trouver les moyens d'avoir un logement à un prix abordable. Ce fossé dans le bien-être d'une génération à l'autre est l'un des plus perturbants. Les parents qui ont fait d'excellentes affaires dans l'immobilier peuvent partager leur richesse avec leurs enfants, qui plus tard la transmettront aux leurs. Mais les parents qui ne possèdent aucun bien immobilier n'ont pas grand-chose, ou rien du tout, à transmettre à leurs enfants et petits-enfants: leurs descendants devront se démener au milieu des difficultés. Les inégalités de la génération actuelle peuvent ainsi s'amplifier encore dans la suivante. Comment nous tirer de là? Les réformes fiscales détaillées à la fin de ce chapitre et les programmes de prêts hypothécaires et de prêts d'études proposés dans le suivant offrent une issue.

LA FISCALITÉ

Un système fiscal progressif, équitable et efficace est un élément important d'une société juste et dynamique. Nous avons évoqué les grandes activités que l'État doit prendre en charge, notamment l'instruction publique, la santé, la recherche et les infrastructures ; il doit aussi faire fonctionner un bon système judiciaire ; et fournir un minimum de protection sociale. Tout cela exige des ressources, donc des impôts. Ce n'est que justice que les plus capables de payer – ceux qui, en général, reçoivent plus de notre économie – contribuent davantage. Mais, nous l'avons vu au chapitre 2, les plus haut placés sur l'échelle des revenus ont en fait un taux d'imposition plus bas que les autres, qui gagnent moins. Sur ce point comme sur bien d'autres, la situation n'a fait que s'aggraver depuis trois décennies – et la loi fiscale de 2017, qui augmente les prélèvements fiscaux sur la majorité des contribuables de classe moyenne pour offrir des réductions d'impôts aux grandes entreprises et aux milliardaires, se distingue comme la pire, peut-être, des législations fiscales de tous les temps.

Si l'on demandait simplement aux entreprises et aux particuliers riches de payer leur juste part de l'impôt – modeste changement par rapport à notre système régressif actuel –, cette mesure suffirait à rapporter dans les deux mille milliards de dollars sur dix ans[51]. Il faudrait pour cela non seulement relever les taux, mais aussi éliminer les innombrables failles que les lobbyistes au service d'intérêts particuliers ont aidé à introduire dans notre code des impôts[52]. Au lieu d'imposer l'immobilier à un taux privilégié (comme l'a fait la loi fiscale de 2017), il faudrait taxer les rendements du foncier à un taux plus élevé. Quand on prélève des impôts sur les travailleurs, il est possible qu'ils ne travaillent pas aussi dur ; quand on taxe le capital, il est possible qu'il s'en aille ailleurs, ou que les gens épargnent moins[53]. Rien de tel pour le foncier. Il est toujours là, qu'il soit taxé ou non. De fait, le grand économiste du XIXe siècle Henry George soutenait que les rendements du foncier – les rentes – devaient être imposés à 100 %[54]. Fiscaliser les rentes peut rendre l'économie plus productive. Aujourd'hui, une large proportion de l'épargne passe dans le foncier, pas dans les actifs productifs (les investissements dans la recherche, les usines et les machines). Taxer les plus-values immobilières et les rentes inciterait à réorienter une plus large part de l'épargne vers le capital productif[55].

D'autres taxes peuvent simultanément accroître la performance économique et faire rentrer de l'argent. Par exemple, une taxe sur les émissions de carbone rappelle aux ménages et aux entreprises que nous devons absolument réduire ces émissions[56]. Sans ce type d'impôt, les gens ne prennent pas en compte le coût social de leurs activités émettrices de carbone. Cette taxe stimulerait aussi des investissements et des innovations qui réduiraient les émissions de carbone, et elle pourrait éminemment contribuer à l'effort pour atteindre d'importants objectifs fixés aux conférences internationales de Paris (2015) et de Copenhague (2009) en vue de limiter le réchauffement de la planète[57]. Sans une taxe de ce genre, il sera difficile de les atteindre ; et si l'on n'y arrive pas, les coûts seront colossaux. En 2017, déjà, le monde a connu un chiffre record de pertes dues aux catastrophes naturelles d'origine climatique, dont une perte de 245 milliards de dollars attribuable aux ouragans Harvey, Irma et Maria, manifestation de la plus forte variabilité du climat, dûment prédite, qui accompagne le réchauffement de la planète[58]. La hausse du niveau de la mer aura aussi d'énormes coûts pour les États côtiers ; la Floride et la Louisiane seront en grande partie submergées ou subiront beaucoup plus souvent des inondations liées aux grandes marées. Wall Street aussi sera inondé, mais certains vont dire que ce ne serait pas un mal.

Il y a un principe général : chaque fois que le rendement privé d'une activité économique est supérieur à son rendement social, une taxe améliorera le bien-être. Autre exemple d'impôt nécessaire : les transactions financières à court terme sont, dans leur grande majorité, socialement improductives. En général, elles ont lieu parce que quelqu'un espère faire un profit aux dépens d'un autre grâce à une information supérieure. Les deux peuvent même se croire gagnants. À bien des égards, la Bourse n'est que le casino du riche. Et si parier peut offrir un certain plaisir immédiat, l'argent passe simplement de la poche de l'un à celle de l'autre. Les paris – et les transactions à court terme – ne rendent pas l'économie plus riche ni plus productive, et finissent souvent très mal pour l'une ou l'autre des parties. Les transactions excessives, en particulier celles qui sont liées au trading haute fréquence, ne remplissent aucune fonction sociale[59]. Une taxe bien conçue sur les transactions financières ne rapportera pas seulement de l'argent : elle améliorera aussi l'efficacité et la stabilité de l'économie.

Bien entendu, les intérêts particuliers feront bloc contre chacune de ces taxes. Je ne veux pas prétendre que ce sera politiquement facile. Mais, politique mise à part, on ne manquerait pas d'argent pour que l'Amérique cesse d'être un pays riche peuplé de pauvres – et pour qu'une vie de classe moyenne soit à la portée de tous les Américains.

CONCLUSION

Les réformes présentées dans ce chapitre, associées à celles qui ont été évoquées précédemment, sont nécessaires pour créer une économie plus dynamique, avec une croissance plus rapide, et qui sera au service du peuple au lieu de mettre le peuple à son service. Beaucoup de ces propositions n'ont rien de nouveau : diverses variantes de ces stratégies, nous l'avons dit, ont été mises en œuvre avec succès dans d'autres pays. Ce n'est pas l'économie qui pose problème. C'est la politique.

Même si nous réglons la question politique et réussissons à concrétiser les réformes présentées ici, il peut rester difficile d'atteindre un niveau de vie de classe moyenne : des familles dotées d'emplois raisonnables risquent, malgré tout, de ne pas parvenir à se ménager une retraite suffisante, ou à envoyer leurs enfants à l'université. Que faire ? Coopérer, comme les agriculteurs qui, traditionnellement, s'entraidaient pour construire une nouvelle grange, ou comme les familles qui se serrent les coudes en temps de besoin : notre société fonctionne mieux quand tout le monde travaille ensemble. Le programme concret qui vise à rétablir la croissance pour tous s'inscrit dans une ambition plus générale : mettre la vie de classe moyenne à la portée de tous. Le chapitre suivant explique comment cet objectif peut être atteint.

CHAPITRE 10

Une vie décente pour tous

C'est en associant les marchés, la société civile et des réglementations et programmes de l'État comme l'école publique gratuite qu'on a créé la vie et les emplois de classe moyenne du siècle dernier – et assuré aux travailleurs une existence bien meilleure que la condition misérable qui était la leur un siècle plus tôt. Mais, au fil des quarante dernières années, nous avons cru, semble-t-il, que ces acquis allaient de soi. Nous nous sommes endormis sur nos lauriers. Résultat : un très grand nombre de nos concitoyens ont les pires difficultés à conserver ce style de vie, et pour beaucoup il est devenu hors d'atteinte. Quand les salaires de très vastes composantes de la population stagnent ou déclinent pendant un demi-siècle dans le grand pays le plus prospère du monde, il est clair qu'il y a un problème quelque part. Les réformes présentées au chapitre précédent feront beaucoup pour garantir que le salaire net de chaque travailleur permette au moins de vivre dans l'Amérique du XXIe siècle. Elles sont aussi potentiellement capables de rétablir une croissance durable. Mais, pour quantité d'Américains, elles ne suffiront pas à donner accès à une vie de classe moyenne, à une vie décente.

Au cours des dernières décennies, les marchés, sur ce point, n'ont pas bien travaillé : ils n'ont pas assuré les conditions de base d'une vie décente pour tous. Certains de leurs échecs sont à présent compris. Les marchés préfèrent n'assurer que les bien-portants, et ils consacrent d'énormes ressources à faire le tri pour les distinguer des autres. Mais une société où il faut être en bonne santé pour s'assurer ne sera ni en bonne santé ni productive. De même, les marchés peuvent faire du bon travail pour éduquer les enfants des riches. Mais une société où seuls les enfants des riches reçoivent une éducation de qualité n'est ni juste ni efficace.

Parfois, on entend des conservateurs dire : aspirer à corriger les échecs du marché et à surmonter leurs limites, c'est très bien, mais cela coûte cher. C'est quelque chose que nous ne pouvons pas nous permettre dans l'immédiat, surtout avec notre dette publique massive. Pure absurdité ! Des pays bien plus pauvres que les États-Unis font mieux que nous pour satisfaire les aspirations de leurs citoyens à la santé et à l'éducation pour tous, ainsi qu'aux autres prérequis d'une vie décente[1].

D'ailleurs, les États-Unis eux-mêmes faisaient mieux il y a une soixantaine d'années. À la fin de la Seconde Guerre mondiale, nous étions bien plus endettés, et bien plus pauvres, avec un revenu par habitant ne représentant que le quart de ce qu'il est aujourd'hui[2]. Néanmoins, dans les années d'après guerre, nous avons pu nous permettre, avec le GI Bill, d'offrir l'enseignement gratuit dans les meilleurs établissements à tous ceux qui avaient combattu pendant la guerre, ce qui voulait dire, en fait, à tous les hommes jeunes et à beaucoup de femmes – sauf les Afro-Américains, à qui l'on a refusé nombre des avantages du GI Bill[3]. De même, sous le président Eisenhower, nous avons étendu notre réseau routier national et promulgué le National Defense Education Act, coup d'envoi d'un programme massif pour stimuler le progrès scientifique et technologique. Sous le président Johnson, nous avons lancé Medicare et, sous le président Nixon, nous avons élargi la Social Security. Si nous avons pu nous offrir tout cela à cette époque, nous pouvons nous l'offrir aujourd'hui. C'est une question de choix – et nous avons fait les mauvais.

Dans les propositions qui vont suivre, une idée centrale est l'*option publique*[4]. L'État s'est montré plus efficace que le secteur privé dans de nombreux domaines. Les coûts administratifs des programmes de retraite publics ne sont qu'une petite fraction de ceux du secteur privé. Les pays dotés de systèmes de santé publics dépensent moins et ont de meilleurs résultats que les États-Unis avec leur système de soins propulsé par le profit. Néanmoins, les Américains jugent important d'avoir le choix. Avec l'option publique, l'État crée un programme alternatif de base qui fournit des produits comme l'assurance maladie, les pensions de retraite ou les prêts hypothécaires. La concurrence entre les secteurs public et privé portera un coup décisif au pouvoir de marché. Elle élargira la liberté de choix des citoyens et atténuera le sentiment d'impuissance qu'ils éprouvent aujourd'hui : leurs options sont si limitées, et ils sont si souvent victimes des abus du secteur privé[5] ! Grâce à la présence de l'option publique, ils vivront mieux, avec l'impression de mieux contrôler leur vie.

À long terme, sur certains marchés, les programmes publics et privés coexisteront (comme ils le font aujourd'hui pour assurer des revenus pendant la retraite). Dans certains domaines, le secteur privé parviendra à élaborer une offre sur mesure qui satisfera mieux les besoins de profils particuliers. Dans d'autres, sauf pour quelques niches destinées aux très riches, je crois bien que le privé disparaîtra. On verra qu'il n'est pas compétitif. Dans d'autres domaines encore, la majorité des citoyens s'adressera à lui. Mais, dans tous les cas, l'option publique créera une concurrence entre le privé et le public, donc un choix plus large, et encouragera le secteur privé à devenir plus efficace, plus compétitif et plus réactif, en baissant ses prix et en améliorant ses services.

Malheureusement, le pays s'est orienté dans la mauvaise direction. Le président Obama avait proposé une option publique dans le cadre de l'Affordable Care Act. Le secteur privé, qui ne voulait pas de concurrence, a réussi à la supprimer[6].

L'Amérique s'enorgueillissait de l'« exception américaine ». L'expression signifiait : l'Amérique est spéciale et se démarque des autres pays parce que son histoire est unique en son genre. Ces derniers temps, cette « exception » a pris une connotation sinistre : plus d'inégalité, moins d'égalité des chances, plus de détenus, une espérance de vie en baisse et de loin plus courte que dans les pays aux niveaux de revenu comparables. Le système d'assurance maladie privé des États-Unis coûte bien plus cher que les systèmes publics d'Europe, pour des résultats de loin inférieurs aux leurs. Tout cela suggère que nous devrions, pour le moins, prêter davantage attention à ce qui se fait ailleurs. L'Amérique devrait cesser une bonne fois pour toutes de s'imaginer qu'il n'y a rien à apprendre des autres pays. Ces derniers ont été très attentifs à ce que nous avons fait, et quand ils ont repéré un dispositif qui fonctionnait et qui semblait susceptible de fonctionner aussi pour eux, ils l'ont imité en l'adaptant. Nous devrions en faire autant.

L'ACCÈS AUX SOINS MÉDICAUX POUR TOUS

L'Affordable Care Act (l'Obamacare) a été un premier pas important vers l'accès de tous les Américains aux soins médicaux. Il est largement améliorable, évidemment, notamment à cause du refus de certains États de participer à l'élargissement de Medicaid (qui assure les soins médicaux aux plus défavorisés). Mais sur certains plans la situation se dégrade, en particulier depuis le vote de la loi fiscale de 2017, qui a supprimé l'obligation faite à tous les particuliers de contracter une assurance. La suppression de l'obligation, associée au maintien des règles interdisant toute discrimination contre les personnes souffrant de maladies préexistantes, crée pour les compagnies d'assurances privées une spirale mortifère: leurs clients en bonne santé les quittent, attendant pour y revenir d'en avoir besoin, ce qui provoque nécessairement une hausse des primes, puisque les seuls à s'assurer sont les malades ou ceux qui sont sur le point d'avoir besoin d'une assurance maladie; la hausse des tarifs incite au départ encore plus d'assurés relativement bien portants, et dans ces conditions les primes deviennent encore plus chères[7]. Si l'on veut avoir un système d'assurance universel, qui couvre tout le monde – et il y a de bonnes raisons économiques et sociales de le souhaiter –, il faut soit instaurer une assurance maladie publique, sur le modèle des systèmes européens à payeur unique, soit imposer à chacun l'obligation de contracter une assurance privée, comme l'a fait l'Obamacare, soit verser de grosses subventions publiques aux compagnies d'assurances[8]. Dans une société du chacun-pour-soi, où il y a peu de solidarité sociale, l'idée de faire subventionner les malades par les bien-portants peut paraître choquante, mais ne l'oublions pas : tout le monde ou presque finira par « mal se porter ». Même parmi les plus robustes, lorsque la vie touche à sa fin, seuls ceux que frappe sans crier gare une mort subite ne font jamais appel au système de santé.

Si Trump et les républicains n'ont proposé aucun substitut à l'Obamacare (alors que leur slogan était : « Abroger et remplacer ! »), c'est parce qu'il n'y a pas d'autres solutions. Obama et les démocrates ont travaillé dur pour créer un système dans lequel tous ceux qui étaient déjà couverts pouvaient garder leur assurance, mais qui garantissait aussi une couverture à tous les autres. C'était un système imparfait, mais il créait un cadre améliorable au fil du temps.

Une pièce cruciale lui manquait, car elle n'avait pas pu franchir l'obstacle du Congrès : l'option publique. Celle-ci aurait rendu Medicare accessible à tous ceux qui le souhaitaient, moyennant paiement. Dans ces conditions, nul ne serait resté sans assurance, même si toutes les compagnies privées avaient décidé de ne plus assurer personne dans certaines localités. Et l'option publique aurait en même temps créé une concurrence, donc restreint les abus de pouvoir de marché au sein d'un secteur où ils ont de fortes chances de se produire, puisqu'il n'y a qu'un petit nombre de compagnies dans la plupart des régions géographiques.

En supprimant l'obligation individuelle de s'assurer, Trump et les républicains ont peut-être réussi à briser l'Obamacare, programme qui s'est révélé immensément populaire. Si c'est le cas, des millions d'Américains supplémentaires se retrouveront sans assurance maladie, notamment ceux qui ont des maladies préexistantes. Des millions d'autres seront confrontés à une hausse des primes, particulièrement douloureuse quand on prend de l'âge et que sa santé décline – lorsqu'on a le plus besoin d'une assurance, mais qu'il n'est pas facile de se l'offrir. Il n'y a que deux orientations possibles : rétablir l'obligation et les subventions publiques, mais cette fois avec l'option publique ; ou instaurer le payeur unique, où l'État (le « payeur unique ») fournit à tous l'assurance maladie de base. Comme le démontre le système du Royaume-Uni, on peut avoir côte à côte un robuste marché privé de complémentaires santé et une assurance maladie à payeur unique.

LA RETRAITE

Après avoir peiné toute leur vie, les travailleurs méritent une retraite décente. Dans les années où leurs capacités déclinent, ils ne devraient pas avoir à se demander avec angoisse s'ils vont parvenir à joindre les deux bouts, devenir dépendants d'une organisation caritative ou de leurs enfants, ou se trouver dans l'obligation de prendre un emploi à temps partiel au salaire minimum chez McDonald's – une situation bien inférieure à celle où ils avaient prévu de se trouver à ce stade de leur existence. Bien entendu, nous l'avons dit au chapitre précédent, l'État doit faire en sorte que les personnes âgées qui peuvent et veulent travailler puissent trouver un emploi intéressant, où elles utiliseront les compétences et les connaissances qu'elles auront acquises tout au long de leur vie.

À droite, certains œuvrent à rétrécir la Social Security, élément clé du financement de la retraite pour la plupart des Américains. Lorsqu'ils parlent de la Social Security, ils utilisent le terme péjoratif d'*entitlement**, pour essayer de recadrer le programme comme s'il s'agissait d'un cadeau, et non d'argent gagné: les salariés ont versé des cotisations à la caisse de retraite publique pendant toute leur vie professionnelle, exactement comme s'ils avaient acheté une pension de retraite à une compagnie d'assurances. Il y a quelques différences capitales: le secteur privé est moins efficace, ses coûts de transaction sont plus élevés; il s'efforce d'écrémer de grosses sommes en tant que profits; et il fournit une couverture des risques moins exhaustive; mais il lie plus étroitement cotisations et prestations.

* Le terme *entitlement* signifie «droit à prestation»; c'est l'idée que l'on retrouve en français dans l'expression «ayant droit». Mais aux États-Unis le mot a une connotation très différente, car on l'utilise dans la langue courante pour parler des sans-gêne qui se croient tout permis et pensent que tout leur est dû: ils ont «le sentiment d'avoir droit» (*a sense of entitlement*).

Le président George W. Bush a essayé de privatiser la Social Security, de livrer les gens à l'exploitation des marchés privés, de les forcer à se fier aux vicissitudes de la Bourse – au risque d'être écrasés par des forces économiques incontrôlables quand un krach boursier anéantira toute leur épargne retraite. Il est particulièrement douloureux de penser à tout cela aujourd'hui à travers le prisme historique de la Grande Récession, provoquée par les grandes banques américaines, ces mêmes banques sur lesquelles les gens étaient censés compter, selon ce mythe, pour la sécurité de leur retraite. Ceux dont les économies n'avaient pas été réduites à néant par la crise financière ont alors été confrontés à un nouveau problème, venu cette fois de la Réserve fédérale, dans ses vaillants efforts pour ressusciter l'activité économique malgré l'intransigeance des républicains du Congrès, qui refusaient de fournir le stimulant budgétaire dont l'économie avait besoin. Quand la banque centrale a fait descendre ses taux d'intérêt vers zéro, ceux qui avaient prudemment placé leur argent en bons d'État ont vu disparaître totalement le revenu qu'ils avaient prévu pour leur retraite – et cette catastrophe n'avait rien à envier à celles qu'auraient pu provoquer une inflation galopante ou un krach boursier.

Dans d'autres pays, avant même la Grande Récession, ceux qui avaient été contraints de recourir à des comptes retraite privés avaient constaté une diminution de leurs pensions de retraite, à cause des commissions prélevées par les sociétés qui géraient leurs comptes – dans certains cas, la baisse atteignait 30 à 40 %[9]. C'est pour cela, bien sûr, que le secteur privé veut gérer les comptes retraite: pour les commissions. La privatisation est un simple transfert d'argent des poches des retraités à celles des banquiers. Rien ne prouve que les banquiers génèrent des rendements plus élevés ou plus sûrs. Bien au contraire.

Et ce n'est pas tout: beaucoup d'Américains ont été victimes de prédateurs financiers, en quête de personnes dont ils pourraient profiter – là encore au moyen de commissions démesurées et souvent cachées[10].

La leçon est claire: on ne peut pas demander aux Américains de compter sur les marchés pour leur retraite. Les fluctuations des valeurs boursières et des revenus qu'elles génèrent sont trop importantes, et les banquiers trop avides. Il faut une autre solution – non pas le rétrécissement de la Social Security que réclame la droite, mais sa revitalisation, pour lui assurer des bases financières saines et offrir une *option publique*. Le moyen le plus simple de créer l'option publique en matière de retraite serait d'autoriser chacun à déposer des fonds supplémentaires sur son compte à la Social Security, ce qui lui vaudrait une hausse proportionnelle de sa pension de retraite.

L'option publique apporterait au secteur privé une vraie concurrence, et pourrait peut-être amener les banques et les compagnies d'assurances à élaborer de meilleurs produits financiers, avec des coûts et des commissions moins élevés – en fait, l'option publique peut même être un meilleur instrument qu'une réglementation de l'État pour encourager le bon comportement. Il va de soi que les professionnels du secteur financier sont des adversaires acharnés de l'option publique. Ils sont intarissables sur leur foi dans la concurrence, mais, quand ça devient sérieux, ils aiment bien leurs petits arrangements entre amis.

L'un des aspects de la revitalisation de la Social Security consisterait à élargir les instruments dans lesquels elle peut investir, afin de l'éloigner des bons d'État américains, qui rapportent peu. Une possibilité serait de placer l'argent dans un fonds d'investissement généraliste, ou dans les obligations qu'émettra une Banque d'investissement dans les infrastructures, fraîchement créée sur les bases exposées plus haut (une version américaine de la Banque européenne d'investissement). Pour notre économie, les rendements de ces investissements dans les infrastructures sont importants. Et, en versant une modeste fraction de ces rendements à des détenteurs d'obligations – disons, à 5 % –, on consoliderait simultanément les bases financières du fonds fiduciaire de la Social Security.

L'ACCÈS À LA PROPRIÉTÉ

Tout comme elle a révélé les faiblesses de notre système de retraite, la crise financière de 2008 a mis à nu celles de notre système de financement immobilier. Des millions d'Américains ont perdu leur maison, souvent en raison des pratiques prédatrices et frauduleuses du secteur financier du pays. Notre système de crédit hypothécaire[11] reste brisé, et l'État fédéral continue à garantir l'immense majorité de ces prêts[12]. Les sociétés financières américaines ont clairement signifié qu'elles ne veulent accepter aucune «réforme» qui les rendrait responsables des risques des prêts hypothécaires qu'elles accordent. En fait, elles disent qu'elles ne peuvent assumer la responsabilité des produits financiers qu'elles créent! Une décennie après la crise, aucun consensus ne se dégage, semble-t-il, sur la voie à suivre. Il existe une réponse simple. Il faut comprendre que les changements intervenus dans la technologie moderne et les systèmes informatiques permettent de mettre en place un système de crédit hypothécaire du XXIe siècle. Parmi les problèmes centraux de tout système de financement hypothécaire, il y a la sélection (il faut vérifier si telle maison est adaptée à telle famille, et si elle a une valeur suffisante) et l'exécution des conditions du prêt, notamment la collecte des mensualités.

Pour le problème de la sélection, la base de données essentielle est l'historique des revenus de la famille. Or cette base de données existe déjà dans le secteur public, et elle est exhaustive : on la trouve à la caisse de retraite publique, la Social Security Administration, et au service des impôts, l'Internal Revenue Service (IRS). Est-il nécessaire que cette information soit copiée sur papier, transmise, vérifiée, puis entrée à nouveau dans une autre base de données appartenant à une société privée? Procéder ainsi n'a rien d'efficace. Une seconde base de données essentielle est celle des transactions immobilières, qui permet au prêteur d'estimer la valeur du nantissement. Là encore, puisque toutes les ventes font l'objet d'un enregistrement public, il existe une base de données complète, sur laquelle on peut se fonder pour estimer le plus exactement possible la valeur actuelle de tout bien immobilier[13].

D'autres données sont pertinentes, bien sûr, pour accorder un prêt hypothécaire : il faut savoir si la maison est la résidence principale de l'acquéreur ou s'il a l'intention de la mettre en location. La plupart de ces informations figurent, elles aussi, dans les déclarations d'impôt – les particuliers peuvent déduire les intérêts quand il s'agit de leur résidence principale, et ils déclarent leurs revenus locatifs sur un formulaire séparé. Et si, dans la marche à la crise de 2008, on a massivement fraudé (menti) dans le processus de titrisation[14] (l'agglomération des prêts hypothécaires dans des « titres », qui sont ensuite vendus à des investisseurs), il est probable qu'il y ait beaucoup moins de mensonges lorsque ce type d'information est déclaré à l'IRS – les conséquences pourraient être plus graves.

Ces facteurs suggèrent que nous pourrions utiliser l'IRS pour collecter le règlement des mensualités des prêts immobiliers. D'autant plus que procéder ainsi permettrait d'importantes économies[15].

Ces moindres coûts de transaction et d'information permettraient de grosses réductions des frais de dossier et de gestion d'un prêt hypothécaire. Un prêt immobilier sur trente ans avec 20 % d'apport personnel pourrait être accordé à un taux d'intérêt légèrement supérieur au taux d'emprunt à trente ans de l'État sur le marché, et l'État pourrait encore faire un profit[16]. De plus, si l'on veut aider les familles américaines à gérer le risque de l'accession à la propriété immobilière, on pourrait créer de nouveaux produits hypothécaires – par exemple des prêts où l'on pourrait réduire les mensualités quand le revenu familial subit une baisse importante, avec un allongement correspondant de la durée de remboursement. Ces produits n'atténueraient pas seulement le risque de coûteuses saisies, mais aussi l'angoisse que ressentent les gens en cas de coup dur, comme une perte d'emploi ou une maladie grave.

Le fond de l'affaire, c'est que les marchés privés ont fait du mauvais travail : ils n'ont pas aidé leurs clients à gérer le risque. Les banquiers s'intéressaient davantage à les exploiter le plus possible – et à augmenter leurs commissions. Ce faisant, ils ont créé des prêts hypothécaires toxiques, des prêts qui *aggravaient* les risques auxquels les particuliers étaient confrontés. C'est pour cela que des millions d'Américains ont perdu leur maison. Parmi eux, beaucoup en avaient déjà acquis la pleine propriété, ils y vivaient depuis de nombreuses années ; mais ils se sont laissé persuader par les banquiers d'« encaisser » les bénéfices des fortes hausses des prix immobiliers en contractant un « second prêt », gagé sur la valeur de leur maison. Ils ne pouvaient pas perdre (leur avait-on dit) – et pourquoi attendre d'être à l'article de la mort pour jouir de l'aubaine créée par le boom de l'immobilier ? Mais ils ont bel et bien perdu.

Le système de crédit hypothécaire que nous avons aujourd'hui, avec l'État en première ligne, est un partenariat public-privé où la partie privée empoche les gains sous forme de grosses commissions, tandis que la partie publique éponge les pertes. Ce n'est pas le capitalisme efficace dont parlent les manuels ou les partisans des marchés libres et sans entraves. Mais c'est bien l'ersatz de capitalisme à l'américaine qui s'est constitué dans la pratique. Ce n'est pas le genre d'économie de marché auquel nous devons aspirer, ni celui qui fait augmenter les niveaux de vie.

En résumé, il nous faut un marché du crédit hypothécaire comprenant le type d'option publique innovante suggéré plus haut. Un tel marché ne permettrait pas seulement à davantage d'Américains d'acquérir une maison ; il leur permettrait aussi de garder cette maison – leur avoir le plus important.

L'ÉDUCATION

Tous les Américains veulent que leurs enfants puissent développer pleinement leurs potentialités, ce qui nécessite de leur donner la meilleure éducation adaptée à leurs talents, à leurs besoins et à leurs désirs. Malheureusement, notre système éducatif n'a pas évolué avec son temps. L'année scolaire de neuf mois et la journée courte, c'était très bien dans une économie agraire du XIXe ou du début du XXe siècle et à une époque où les mères étaient au foyer, mais, dans le monde actuel, ça ne marche pas. La structure des études ne correspond pas non plus aux avancées de la technologie, qui permettent aujourd'hui à chacun d'accéder instantanément à une information qu'on trouvait exclusivement, il n'y a pas si longtemps, dans les meilleures bibliothèques – voire à plus de données encore.

Et surtout, notre système d'éducation est devenu un rouage important dans la montée de l'inégalité : il existe une corrélation forte entre le niveau d'instruction et de revenu des parents et le niveau d'études atteint par l'enfant, d'une part ; et, d'autre part, entre l'éducation et le revenu futur[17]. Donc, notre système éducatif défaillant aggrave la transmission intergénérationnelle du privilège – au lieu d'être, comme autrefois l'école publique, la force égalisatrice la plus puissante de notre société.

Pour égaliser les chances en matière d'éducation, il faut un programme exhaustif – de la prématernelle pour tous à l'accès de tous à l'enseignement supérieur et aux universités, sans dette d'études écrasante. Nous savons à présent qu'il y a déjà des écarts importants quand les enfants entrent à l'école, et la prématernelle peut contribuer à les réduire[18].

Il y a plusieurs moyens d'assurer l'accès universel à l'enseignement supérieur, notamment une forte baisse du coût des études universitaires et les prêts publics « dépendant du revenu », où le montant à rembourser est fonction du revenu de l'emprunteur après ses études[19]. On peut calibrer ces prêts pour que la dette étudiante ne redevienne jamais la menace qu'elle constitue aujourd'hui. C'est un système qui a été très efficace en Australie, et il pourrait fonctionner aux États-Unis. Mon objectif ici n'est pas d'évaluer les mérites respectifs de ces deux solutions, mais seulement de démontrer que nous pouvons nous permettre d'assurer l'accès universel – et même que nous ne pouvons pas nous permettre de *ne pas* faire ces investissements. Dans un programme qui vise à assurer une vie décente à tous les Américains, garantir à tous l'accès au supérieur à des conditions abordables doit être un élément central.

Le pays a un problème de prêts non remboursables. Nous avons laissé des millions de jeunes gens accablés de dettes d'études qui dépassent leurs capacités de paiement : elles pèsent dans les 1 500 milliards de dollars. Elles leur gâchent la vie, les forcent à tout remettre à plus tard – se marier, acheter une maison, ou même accepter l'emploi qu'ils aimeraient –, parce qu'ils doivent consacrer toute leur énergie à rembourser ces emprunts onéreux. Cette situation nuit aussi à notre économie.

Aggravant encore les choses, le secteur financier a fait donner toute la puissance de ses lobbyistes pour rendre pratiquement impossible de se décharger de ce type de dette par une faillite personnelle. Il faut inverser cette loi : pourquoi celui qui a emprunté pour investir dans ses propres capacités serait-il traité plus durement que celui qui l'a fait pour acheter un yacht ?

Il faut aller plus loin : il doit y avoir une option publique, des prêts d'études sur fonds publics. À ceux qui supportent déjà le poids d'une dette d'études, il faut offrir un moyen de convertir les prêts privés en prêts publics[20]. Et les prêts publics doivent tous être transformés en prêts dépendant du revenu, avec un taux d'intérêt à peine supérieur au taux d'emprunt de l'État : pas question de faire du profit sur des jeunes qui essaient de réussir dans la vie.

De plus, lorsqu'un système scolaire – primaire et secondaire – repose aussi massivement que le nôtre sur les impôts locaux, le résultat est clair : les enfants des communes pauvres auront une éducation de moindre qualité que ceux des communes riches. Malheureusement, ce problème ne cesse de s'aggraver. Mais c'est un problème que nous pouvons résoudre[21]. L'État fédéral doit prendre des mesures incitatives afin que les États fassent plus d'efforts pour égaliser les financements entre localités riches et pauvres, et il doit lui-même dépenser plus pour aider à « égaliser les chances » entre les États. Enfin, puisque les plus défavorisés ont besoin d'aide pour rattraper les autres, l'assistance spéciale de l'État fédéral doit être encore plus forte dans les districts où vivent de gros effectifs de personnes démunies.

CONCLUSION

Une vie décente, au fond, n'a qu'un petit nombre d'éléments clés : les gens veulent un emploi payé convenablement ; un minimum de sécurité avant comme après leur départ en retraite ; une éducation pour leurs enfants ; une maison à eux ; et l'accès à des soins médicaux de qualité. Dans chacun de ces domaines, le capitalisme à l'américaine a trahi de vastes composantes de notre population. Nous pouvons faire mieux. Le programme que je viens d'esquisser n'est qu'un début. Il ne peut pas régler pleinement certains problèmes de fond qui suppurent depuis l'ère Reagan. Nous aurions dû agir pour aider ceux qui perdaient leur travail et dont les qualifications ne correspondaient pas aux nouvelles technologies. Nous ne l'avons pas fait. Nous aurions dû améliorer nos systèmes de santé et d'éducation. Nous ne l'avons pas fait. Nous aurions dû aider les villes confrontées à la désindustrialisation et à la destruction de leur communauté humaine. Nous ne l'avons pas fait. Ces défaillances, nous en payons aujourd'hui le prix. Nous ne pouvons refaire l'histoire, et nous aurions tort de tenter de revenir au passé. Nous devons faire du mieux que nous pouvons avec les cartes que nous nous sommes nous-mêmes données.

Le programme que j'ai exposé est réalisable dans le respect des contraintes financières qui s'imposent aujourd'hui à notre pays. Avec lui, nos familles vivront mieux et notre économie sera plus forte. À ceux qui disent : nous ne pouvons pas nous le permettre, je réponds : ce que nous ne pouvons pas nous permettre, nous, pays riche, c'est de ne pas faire le nécessaire pour que cette vie de classe moyenne soit à la portée d'un plus grand nombre de nos concitoyens.

Un autre monde est possible, et ce programme progressiste peut nous aider à le créer.

CHAPITRE 11

Reprendre l'Amérique

Donne-moi tes fourbus, tes pauvres,
Tes masses confinées brûlant de vivre libres,
Infortunés rebuts de tes côtes grouillantes.
Envoie-moi ces sans toit meurtris par les tempêtes,
Je lève haut ma lampe près de la porte d'or !

Inscription sur la statue de la Liberté.
Extrait du sonnet d'Emma Lazarus,
« Le nouveau colosse »

Notre régime politique a dérivé si loin que nous sommes aujourd'hui contraints de nous poser des questions fondamentales pour guérir les maux qui nous accablent. Des réajustements mineurs des dispositifs existants ne nous conduiront pas à notre but.

D'abord, à quoi croyons-nous, en tant qu'Américains ? J'en suis convaincu : malgré la période où nous nous trouvons et l'image que nous offrons actuellement au monde, nous sommes toujours, au fond, un pays qui croit à l'équité, à l'égalité des chances, et dans tout ce que représente la statue de la Liberté, avec son inscription épique. Nous sommes toujours un pays peuplé de gens qui se soucient de leur prochain et des moins favorisés. Nous avons aussi le souci de la vérité, de la connaissance, et de notre communauté locale ; nous sommes bien plus que de rudes individualistes qui galopent à cheval dans les Rocheuses.

Si nous voulons restaurer notre vie politique, puis notre économie, pour qu'elles incarnent et défendent ces valeurs, il nous faut commencer par examiner ce que sont nos valeurs – et par reconnaître le dangereux échec de notre classe politique à les exprimer dans l'action publique.

LA DISCORDANCE ENTRE NOS VALEURS ET LA RÉALITÉ SOCIALE

Quelles sont les valeurs américaines ? Demandez-le à un responsable politique, il vous dira une chose. Observez ce qu'il fait, vous en déduirez une autre. La question peut sembler naïve, mais elle est au cœur du sujet si l'on veut guérir la maladie qui nous frappe en tant que pays. Et je n'entends pas « valeurs » au sens que donne souvent à ce mot la droite religieuse : les valeurs telles qu'elles s'expriment dans nos choix *personnels* et dans notre vie familiale. Non, je parle ici des valeurs qui orientent nos politiques *publiques*, nos programmes, nos perspectives économiques[1].

C'est l'une des contradictions des sciences économiques : nous modélisons les individus de façon simpliste, comme s'ils étaient purement égoïstes et attachés au matériel. Or, même après mûre réflexion, nous savons que les êtres humains ne se résument pas à cela. Nous aspirons à l'argent, mais nous ne voyons rien d'admirable à la cupidité démesurée, à l'avidité outrancière de biens matériels, ni à la dépravation morale qui permet à certains de faire fortune. D'aucuns aspirent à se faire remarquer, d'autres préfèrent l'anonymat ; mais peu de gens admirent Trump de s'être fait remarquer par des propos constamment et délibérément trompeurs et un narcissisme permanent.

Nous admirons aussi ceux qui se dépensent pour les autres. Nous souhaitons pour la plupart, je pense, que nos enfants soient attentionnés et généreux, pas égoïstes et intéressés. Bref, nous sommes beaucoup plus complexes que l'*Homo economicus* si bien étudié par les économistes, individu autocentré qui cherche sans cesse à s'autosatisfaire – entièrement différents de lui, en fait. Néanmoins, si nous ne faisons aucun effort pour reconnaître que nous avons des élans plus admirables et pour les intégrer à nos modèles et à nos politiques, les motivations moins nobles – l'avarice et l'indifférence au bien-être des autres – vont combler le vide. Le vaisseau du pays va dévier, pénétrer dans des mers ténébreuses où on laisse les plus vulnérables s'en sortir seuls ; où les hors-la-loi sont récompensés ; où les régulateurs sont en fait « capturés » par ceux qu'ils sont censés réglementer, et les gendarmes, intimidés par ceux qu'ils doivent contrôler ; où les gains économiques vont surtout aux déjà riches, puisqu'ils viennent de l'exploitation, et non de la création de richesse ; et où des idées comme la vérité, les faits, la liberté, l'empathie et les droits sont de simples instruments rhétoriques à utiliser quand c'est politiquement commode.

Regardons autour de nous : il est évident que notre pays, à l'ère Trump, file toutes voiles dehors sur ces eaux ténébreuses. Néanmoins, certains signes indiquent aussi que nous pouvons encore trouver une route pour en sortir. Le dégoût que nous inspire le comportement de nos chefs d'entreprise et de nos dirigeants politiques est bon signe : il signifie que nous ne sommes pas encore un parfait miroir du système économique à base d'intérêt personnel et de cupidité que nous avons créé. Cela dit, si rien n'est fait pour changer le cours que suit la nation, nous lui ressemblerons de plus en plus.

Des mythes masquent nos défaillances

Toute société crée des mythes, des histoires et des récits qui reflètent ses valeurs et façonnent sa culture, notamment sa jeunesse. Au mieux, les mythes peuvent renforcer des valeurs communes et donner un élan. Quels sont les nôtres ? L'individualisme coriace, le *self-made man*, l'entrepreneur qui crée des emplois et le rêve américain. Le mythe du rêve américain est important, parce qu'il renforce une certaine vision de l'Amérique : *the land of opportunity*, le pays où l'on peut faire fortune. Il sert à nous distinguer des autres pays, de la « vieille Europe », dont tant d'Américains sont venus il y a si longtemps, en quête de possibilités d'ascension sociale.

L'Américain pauvre, dur au travail, qui s'enrichit est un archétype national[2]. Quiconque travaille suffisamment peut y arriver, nous disons-nous. Pourtant, nous l'avons déjà vu dans ce livre, les statistiques indiquent massivement le contraire. Beaucoup de ceux qui travaillent dur n'y arrivent pas. Et beaucoup de ceux qui y arrivent ne le font pas à force de travailler, mais par les sombres pratiques des milieux d'affaires et à force d'avoir les bons parents.

Nous sommes tant épris de notre propre image mythifiée que nous soutenons obstinément qu'elle est réelle même quand les faits hurlent le contraire. Par exemple, beaucoup restent persuadés que la possibilité d'ascension sociale est une qualité immuable du pays, bien que les statistiques nous disent l'inverse. Par une ironie de l'histoire, notre attachement à notre image mythologique nous conduit à embrasser des politiques qui, de fait, minent l'expression de nos valeurs – et rendent de moins en moins probable que le rêve américain puisse devenir réalité. Si chacun peut se tirer d'affaire tout seul à force de se retrousser les manches, nous n'avons aucun besoin de programmes d'aide financière pour les plus défavorisés : ces derniers vont bien trouver un job, et ils pourront faire des études universitaires tout en travaillant. Nous n'avons pas vraiment besoin non plus de programmes de discrimination positive pour égaliser les chances des victimes de ces préjugés bien ancrés : s'ils ont du cran et de la détermination, ils vont surmonter l'obstacle, et ça les rendra meilleurs encore. Mais nous avons vu les statistiques : même avec l'assistance, certes limitée, que nous leur apportons, les jeunes issus des familles pauvres et des groupes discriminés n'y arrivent pas, tout simplement[3]. Les probabilités qui jouent dans l'autre sens sont écrasantes, si bien qu'on est obligé de conclure : le rêve américain est une fiction. À quiconque « y est arrivé » en venant d'une famille blanche à revenu moyen-supérieur, il suffit d'un instant de réflexion honnête pour n'être plus sûr du tout qu'il aurait pu le faire s'il était né dans un autre milieu familial.

Néanmoins, le mythe structure la couverture médiatique du sujet : quand nos médias découvrent quelqu'un qui a réussi à passer de la base de la pyramide à son sommet, ils consacrent à cette histoire beaucoup d'encre et de temps d'antenne, ce qui renforce nos idées préconçues sur nous-mêmes. C'est ce que les psychologues appellent le «biais de confirmation»: nous accordons beaucoup de poids aux faits qui concordent avec nos croyances antérieures – nos mythes fondateurs. Et nous récusons les preuves flagrantes qui les contredisent – qui démontrent qu'au sommet les élites s'autoperpétuent et qu'à la base on est pris au piège de la pauvreté et de l'inégalité.

Ou prenons le mythe du «rude individualisme». Les patrons savent que le rude individualisme, ça marche rarement: une entreprise ne réussit que par le travail d'équipe, par la coopération. Les compagnies organisent souvent des équipes en leur sein, car cela renforce la solidarité, la cohésion, le travail en commun. Elles tentent parfois de tirer profit de l'esprit de compétition de leurs salariés en encourageant de saines rivalités entre ces équipes internes. Il arrive que, pour stimuler cette concurrence, la rémunération soit en partie fondée sur la performance de l'équipe, stratégie totalement contraire à la théorie économique traditionnelle. Celle-ci explique que le travail collectif ne peut pas réussir, parce que les membres de l'équipe vont essayer de se décharger sur leurs coéquipiers. Nous savons bien, pour la plupart, qu'il n'en est rien. Nous souhaitons tous être bien vus par nos pairs, et nous ne le serons pas si nous sommes perçus comme des resquilleurs. Ce n'est que l'une des multiples erreurs de la théorie économique standard dans sa modélisation du comportement humain et de la nature humaine, mais ses modèles ont conduit à une économie qui façonne vraiment les Américains et leurs comportements dans un sens souvent incompatible avec leurs valeurs les plus hautes[4].

La tension entre disposition au changement et conservatisme bien ancré

À en croire un autre de nos mythes et récits nationaux, nous sommes un pays toujours disposé au changement. De fait, certains semblent aimer changer pour changer. Mais, si l'on regarde l'Amérique de plus près, on aperçoit un contre-courant puissant, un conservatisme bien ancré dans certaines régions du pays[5]. Ces Américains regardent constamment dans le rétroviseur: ce qui existait dans le passé leur paraît préférable à ce que l'avenir nous réserve.

En matière de politique économique et sociale, remonter le temps n'est pas une option viable, ni d'ailleurs souhaitable si elle était possible. Désirons-nous vivre moins longtemps ? Être en moins bonne santé ? Avoir un revenu par habitant très inférieur ? Si Trump réussissait à ramener le pays en arrière, comme il le souhaite, en rendant à notre économie industrielle, par exemple, sa grandeur du milieu du XXe siècle, les conséquences devraient être évidentes pour tous : remonter le temps, ça se paierait – par une baisse du niveau de vie de l'immense majorité, même si les emplois des mineurs de charbon étaient rétablis.

Au niveau international, les risques du regard en arrière sont encore plus grands. Nous ne pouvons faire semblant d'être dans la même situation qu'il y a trois quarts de siècle. La réalité est là : l'Amérique ne domine plus le monde comme elle le faisait au lendemain de la Seconde Guerre mondiale. Toute tentative pour réaffirmer cette domination-là échouera inévitablement : notre position dans l'économie mondiale et, plus largement, notre influence dans le monde s'affaibliront encore davantage.

Aujourd'hui, notre pays est beaucoup plus riche qu'à cette époque (au moins selon les mesures traditionnelles, comme le PIB), mais cette prospérité, beaucoup n'y ont eu aucune part. C'est le problème posé par les changements économiques des quatre dernières décennies, et un thème central de ce livre. Certains ont subi une chute non seulement relative, mais même absolue de leurs perspectives de revenu. De nombreux Américains ont senti que, peu à peu, une vie de classe moyenne devenait pour eux hors d'atteinte.

Face aux changements, la bonne réponse est d'évaluer chacun d'eux, d'accepter ceux qu'on ne peut vraiment pas modifier, et de concevoir des politiques assurant, dans la mesure du possible, que le nouveau cours reflétera nos valeurs et que les gens, en particulier les plus vulnérables, n'en souffriront pas.

Depuis les années 1980, les États-Unis ont été incapables d'avoir ce type de réaction équilibrée. Par exemple, certains nous disent que nous devons accepter les yeux fermés l'avancée de la mondialisation telle qu'elle a lieu actuellement, tandis que d'autres s'accrochent à un passé imaginaire et tentent de rejeter tout ce qui est nouveau et différent – pas seulement les tendances lourdes de l'industrie et de l'automatisation, mais même les flux mondiaux de marchandises et de personnes. Le chapitre 4 l'a montré : aucune de ces deux attitudes ne nous permettra d'aller de l'avant.

Les États-Unis sont sûrement capables de ne pas se contenter d'accepter le changement économique, mais de le diriger. Nous l'avons fait à maintes reprises. L'économie et la société du XXIe siècle sont nettement différentes de celles d'il y a trois quarts de siècle, sans parler de celles de la fin du XVIIIe siècle. Des construits sociaux et des institutions sociales comme le racisme, l'esclavage et la discrimination sexiste ne sont plus acceptables pour l'immense majorité des Américains, du moins je le pense et l'espère.

Quand la Constitution a été rédigée, nous étions une société agraire : plus de 70 % de la population dépendait directement ou indirectement de l'agriculture. Dans les années 1950, nous étions une société industrielle manufacturière. Aujourd'hui, nous sommes une société postindustrielle : l'industrie manufacturière emploie moins de 10 % de notre population active.

Cette évolution des conditions économiques nécessite une évolution du rôle de l'État. Il doit changer non seulement ce qu'il fait, mais même sa façon de le faire. Si les réglementations et les dépenses publiques se sont accrues, ce n'est pas parce que les politiciens ont voulu accaparer plus de pouvoir, mais parce que c'était nécessaire au bon fonctionnement et au dynamisme d'une économie du XXIe siècle, postindustrielle, urbaine et innovante.

Aucun de nos succès dans la gestion de ces problèmes n'a été remporté en laissant chacun agir seul. Tous l'ont été par la coopération – qui, avec le temps, s'est élargie. On est passé de l'image, chère au folklore américain, du village rassemblé pour construire une grange à des modes de travail en commun plus systémiques, notamment l'acceptation de certaines lois et réglementations, de certains compromis qui limitent la liberté individuelle sans entraves. Néanmoins, les formes et l'envergure de la coopération qu'exige notre économie du XXIe siècle sont nouvelles et sans précédent. Aucune comparaison n'est possible entre le niveau d'action collective aujourd'hui nécessaire et celui dont on avait besoin à la fin du XVIIIe siècle – époque où a été rédigée la Constitution et que certains regardent avec tant de nostalgie et de tendresse.

NOS VALEURS

Les sous-sections précédentes ont décrit les nombreux mythes qui nous ont fait raisonner de travers sur la nation que nous sommes et sur ce que nous devons faire. Malgré toutes les divisions qui ont marqué notre pays ces dernières années, nous continuons à partager bien des valeurs. Nous croyons à l'égalité (dans notre grande majorité au moins). Pas une égalité totale, mais une égalité bien plus forte que celle qui ressort de l'économie d'aujourd'hui. Nous croyons en particulier à l'égalité des chances, à l'égalité devant la justice, et à la démocratie – pas le système que nous sommes devenus, « un dollar, une voix », mais celui que nous avons appris en classe, « une personne, une voix ». Nous croyons à la tolérance, au droit de chacun d'agir comme il lui plaît tant qu'il ne nuit pas aux autres. Nous croyons à la science, à la technologie et à la méthode scientifique : elles sont essentielles pour comprendre l'univers et elles améliorent notre niveau de vie.

Nous croyons aussi que nous pouvons recourir à la raison et au débat pour trouver de meilleures façons d'organiser les affaires de la société, pour fonder de meilleures institutions économiques et sociales ; et celles-ci vont ensuite accroître notre bien-être matériel, mais aussi créer une société où des personnes différentes seront mieux à même de travailler ensemble, et réaliseront ainsi infiniment plus qu'en travaillant seules. C'est vrai même si nous ne sommes pas pleinement rationnels et, heureusement, pas totalement égoïstes. Adam Smith a souligné l'importance de nos *sentiments moraux*[6] ; ces valeurs morales constituent un aspect important de ce que nous sommes.

La Constitution a été un produit de cette forme de raisonnement et de débat argumenté. C'est en raisonnant que les Fondateurs ont compris que les êtres humains étaient faillibles, et toutes les institutions humaines aussi. Les institutions pouvaient être améliorées. La Constitution elle-même a reflété cette idée – elle a prévu une procédure d'amendements. Elle a utilisé des systèmes de contrôles et de contre-pouvoirs. Elle a même prévu la destitution du président; nul n'était au-dessus des lois.

Nous sommes d'accord, également, sur les principes fondamentaux qui doivent être intégrés dans toute économie de marché qui fonctionne, par exemple l'état de droit. Et nous estimons, pour la plupart, que l'état de droit doit veiller particulièrement à protéger les droits des simples citoyens contre les puissants.

Bien que l'idée soit peut-être moins courante, la plupart de ceux qui comprennent la distinction que j'ai faite entre la richesse des nations et celle des particuliers seront aussi d'accord sur ce point; ils voudront récompenser ceux qui font grandir le gâteau national par leur créativité et leur travail; mais ils ne devraient ressentir aucun enthousiasme pour ceux qui s'enrichissent en exploitant les autres, en les volant ouvertement ou furtivement, tous ces chercheurs de rente qui pullulent aujourd'hui. La plupart des gens (sauf les chercheurs de rente eux-mêmes) en conviendront: nous devons orienter l'économie de façon à encourager la création de richesse aux dépens de la recherche de rente.

Au fondement de l'idée que se faisaient les Fondateurs du rôle de l'État, il y avait une compréhension des limites du pouvoir de la majorité. Les Constituants avaient compris qu'il fallait construire un système de gouvernement qui garantirait les libertés individuelles, mais qui les mettrait en balance avec l'intérêt collectif. L'État pourrait, par exemple, prendre à un particulier sa propriété pour les besoins publics, mais seulement en l'indemnisant convenablement.

Globalement, pendant plus de deux siècles, notre système de gouvernement, fondé sur ces valeurs et ces convictions partagées[7], a bien fonctionné. Mais le système peut aussi, comme aujourd'hui, conduire au dysfonctionnement, quand une des parties ne joue pas le rôle qu'elle est censée jouer, et à l'impasse, quand il y a désaccord sur tout. C'est l'une des raisons pour lesquelles, au fil des années, un pays fondé sur tant de nobles idéaux a souvent mis un temps excessivement long à faire des choix moraux apparemment élémentaires. Nous sommes maintenant, à nouveau, dans l'un de ces moments où notre système semble nous trahir.

LES ANGOISSES ACTUELLES

Aujourd'hui, la fragilité de nos normes et institutions démocratiques nous inquiète, à juste raison. Quand nos systèmes économique et politique ne fonctionnent plus pour de larges composantes de la population, beaucoup de nos concitoyens regardent ailleurs ; ils deviennent alors des proies faciles pour les démagogues et leurs fausses promesses. Ces démagogues accusent certains « autres » – des éléments extérieurs – d'être à l'origine des épreuves vécues par la société, et ils accuseront encore plus fort ces « autres » quand leurs propres promesses n'aboutiront à rien.

Nos problèmes actuels vont bien au-delà d'une situation bloquée et de l'incapacité de nos institutions politiques à vivre avec leur temps. Un système conçu pour protéger la minorité contre les abus de la majorité a été complètement retourné en sens inverse. C'est maintenant à la majorité de se demander avec angoisse comment elle peut se protéger contre les abus d'une minorité qui a pris le pouvoir et qui, à présent, l'utilise pour perpétuer sa domination.

Ce qui est à craindre, ce sont des règles du jeu écrites dans une très large mesure par cette minorité, que l'on a définie plus haut comme une coalition entre les ultrariches, les évangéliques conservateurs et les familles ouvrières mécontentes, le programme économique étant fixé pour l'essentiel par les élites fortunées, dût-il contrarier les intérêts des autres composantes. En un sens, avec cette alliance informe, le pays souffre encore plus que s'il était gouverné exclusivement par et pour le 1 %. On voit bien pourquoi : pour maintenir l'unité de la coalition, les élites doivent jeter occasionnellement un os à ronger à leurs partenaires, pratiquer un dangereux protectionnisme à tel moment, rendre l'avortement difficilement accessible aux femmes de milieu modeste à tel autre.

Si mauvaise que soit la situation, elle pourrait être bien pire – et Trump nous entraîne dans cette direction. Je n'ai pas passé beaucoup de temps dans ce livre à critiquer les politiques précises qu'il a proposées. Même quand il les a mises en œuvre, elles ne constituent pas le vrai danger, car on pourra les inverser. Ce qui m'inquiète davantage, ce sont ses agissements plus difficiles à inverser : les attaques contre nos institutions, contre notre conception de ce qu'est une bonne société et de la façon dont il faut s'y prendre pour le découvrir ; l'aggravation des fractures qui nous divisent, pas seulement dans les revenus et la fortune, mais aussi dans les convictions ; et la disparition de la confiance, qui est nécessaire pour qu'une société diversifiée fonctionne.

Le travail de sape contre les institutions publiques

S'inspirant d'Andrew Jackson, Trump s'efforce de miner simultanément notre système de réglementation et notre fonction publique professionnelle. Au nom d'un credo revu et augmenté de la politique où « le gagnant rafle la mise », il a réclamé un nouveau pouvoir discrétionnaire de licencier les fonctionnaires, afin de pouvoir embaucher ses amis et les lobbyistes d'entreprise qui le soutiennent.

En un sens, il a simplement poussé à l'extrême la guerre prolongée des républicains de notre époque contre les « bureaucrates sans visage ». Mais, en réalité, la plupart des agents de l'État aujourd'hui gèrent efficacement et équitablement des programmes que nous aimons et dont nous avons besoin : ils nous envoient nos chèques de la Social Security, font le nécessaire pour que nous recevions nos prestations d'assurance maladie passant par Medicare et Medicaid, nous défendent contre des menaces extérieures (notre armée) et des désordres intérieurs (le FBI), préservent notre patrimoine naturel et gèrent les parcs nationaux (le National Park Service).

Nous comptons à présent sur l'État pour nos systèmes de protection sociale – la Social Security, l'assurance chômage, Medicare. Ces systèmes, nous les avons parce que les gens les veulent et qu'ils en ont besoin. Le marché n'a pas fourni ces prestations, et l'État a comblé le vide[8].

Comme les républicains avant lui, Trump a aussi reproché à ces agents de l'État d'être inefficaces. Certes, tout le monde a constaté des cas d'inefficacité dans l'administration, mais c'est vrai aussi dans le secteur privé – je peux aisément me souvenir d'innombrables exemples dans mes contacts avec les compagnies aériennes, ma société de téléphonie, mon fournisseur d'accès à Internet et ma compagnie d'assurances. Comme nous l'avons signalé plus haut, les coûts de transaction de la Social Security ne sont qu'une petite fraction de ceux des compagnies privées qui versent des pensions de retraite. Au regard de ce qui se passe dans le monde, notre système de santé privé, c'est moins de santé pour beaucoup plus d'argent. Globalement, les fonctionnaires ont à peu près le même effectif en chiffres *absolus* aujourd'hui qu'il y a un demi-siècle, bien que le nombre de personnes qu'ils servent ait augmenté de plus de 100 millions et que leurs tâches se soient considérablement diversifiées[9].

Selon les analyses conservatrices standard, les dépenses publiques autres que celles de la Social Security et de Medicare sont fondamentalement du gaspillage. C'est ignorer les énormes avantages que nous apportent les dépenses de l'État pour l'éducation et les infrastructures. Les rendements de ces investissements sont en fait supérieurs à ceux de la plupart des investissements privés, ce qui confirme un large consensus : nous affamons financièrement nos investissements publics.

Certains investissements de l'État ont des rendements encore plus élevés : ceux qu'il consacre à la recherche-développement, aux avancées que ce livre a mises au tout premier plan en y voyant la source des hausses de niveau de vie. Imaginons ce que seraient notre société et notre économie – et même notre vie – sans la recherche parrainée par l'État. Il nous faudrait mourir plus jeunes. Nous n'aurions pas Internet, le smartphone, le navigateur ou les réseaux sociaux.

Trump a monté comme jamais le volume des hurlements contre les réglementations et contre nos fonctionnaires, en affirmant que le processus réglementaire était géré par des administratifs irresponsables. Comme nous l'avons vu, sa description était totalement fausse – un mensonge de plus. Les réglementations et le processus réglementaire sont eux-mêmes extrêmement réglementés. Il y a un système fort de contrôles et de contre-pouvoirs et une responsabilité très étendue, devant les tribunaux comme devant le Congrès. Et heureusement : avec ces contrôles sur le processus réglementaire, il est impossible de défaire facilement, sur un coup de tête, les réglementations elles-mêmes. Sans quoi Trump et son équipe auraient pu court-circuiter toutes les procédures démocratiques et réécrire les règles pour favoriser les grandes compagnies, en laissant les simples citoyens, notre environnement et notre économie sans protection face aux caprices de ces entreprises et à leur quête incessante de profits.

Imaginons ce que serait la vie si, à chaque achat de produit financier, il fallait craindre d'avoir été délibérément escroqué par la banque ; si, à chaque achat de jouet, il fallait redouter que la peinture soit toxique ou que certaines pièces se cassent et étouffent son enfant ; si, en montant dans une voiture, il fallait se poser nerveusement la question de sa sécurité[10]. Nous avons oublié dans quelle situation nous étions il y a cinquante ans : un pays où l'air était irrespirable et l'eau imbuvable. Nous pouvons voir à New Delhi et à Pékin comment tout cela aurait pu tourner, s'il n'y avait pas eu des réglementations environnementales fortes et imposées énergiquement.

L'attaque contre notre système de gouvernement et nos institutions de savoir

J'ai soutenu dans ce livre que les hausses de niveau de vie des deux cent cinquante dernières années ont deux piliers : une meilleure compréhension de la façon dont il faut organiser la société (les contrôles et contre-pouvoirs, l'état de droit) et une meilleure compréhension de la nature (les avancées de la science et de la technologie). Trump et son équipe, on l'a vu, ont tenté de miner l'une et l'autre – là encore, dans certains cas au moins, en poussant à de nouvelles extrémités une offensive plus discrète des républicains.

Notre vie politique s'est tant dégradée que des évidences qui autrefois allaient de soi – comme l'état de droit et le système de contrôles et de contre-pouvoirs – sont aujourd'hui contestées tous les jours[11].

Nous avons parlé, par exemple, des attaques contre le pouvoir judiciaire et contre les médias. Si nos mécanismes de contrôles et de contre-pouvoirs ont, dans l'ensemble, fonctionné, certaines réglementations clés sont en passe d'être modifiées[12]. Mais Trump et ses semblables voient bien maintenant que ce sont justement ces mécanismes qui les empêchent d'appliquer leur programme: restructurer notre économie et notre société pour les mettre encore plus au service de leur clique de chercheurs de rente. Ils ont donc intensifié leur offensive contre ces institutions. Il est clair qu'une vigilance constante est nécessaire si nous voulons maintenir nos institutions démocratiques.

Même la vérité et la science sont prises pour cibles par des dirigeants politiques qui n'ont aucune retenue, aucun scrupule quand ils peuvent cimenter leur pouvoir en manipulant les pires instincts de l'électorat. L'aspect peut-être le plus dangereux à long terme de l'administration Trump, on l'a vu, est son attaque contre l'épistémologie – contre nos convictions sur ce qui est vrai et sur les moyens de déterminer la vérité.

La tâche la plus difficile sera de guérir la fracture profonde de notre corps politique. L'élargissement du fossé économique exacerbe toutes les autres divisions. Nous avons expliqué – c'est le point essentiel – que, pour avoir dans notre société les formes de contrôles et de contre-pouvoirs permettant à notre pays de bien fonctionner comme un tout cohérent, il faut limiter l'inégalité des fortunes et des revenus: les inégalités extrêmes, comme celles que nous avons aujourd'hui, aboutissent à des inégalités de pouvoir, y compris de pouvoir politique. Le pouvoir de marché est préoccupant dans tous les domaines, mais il l'est particulièrement dans les médias. Nous en avons déjà des preuves: le pouvoir de marché dans ce secteur peut contribuer à modeler (ou à manipuler) les résultats politiques.

Bref, les ravages qu'on est en train d'infliger à nos institutions économiques et politiques sont bien réels. On ne les effacera pas en un jour: l'héritage laissé par Trump va perdurer longtemps après son départ.

Quelques rais de lumière

En adoptant une position extrême dans un vieux débat sur le rôle de l'État, Trump a réussi à faire prendre conscience du besoin d'État et de bon gouvernement, avec des systèmes forts de contrôles et de contre-pouvoirs et l'obligation de rendre des comptes.

En Europe, certains dirigeants signalent un effet positif de Trump : il a rapproché les pays européens. Ces derniers voient aujourd'hui plus clairement ce qu'ils veulent défendre et ce à quoi ils s'opposent ; et ils mesurent mieux la menace que constitue l'appel de l'extrême droite au racisme ordinaire. Ils sont, par exemple, favorables à un système international fondé sur des règles, tout comme ils sont pour l'état de droit chez eux. Un état de droit international – même sous une forme limitée – est aussi important pour le fonctionnement de l'économie et de la politique internationales que l'état de droit national pour l'économie et la politique nationales. En se retirant d'accords signés par ses prédécesseurs, Trump a fragilisé le droit international et les traités. Puisqu'on voit bien qu'on ne peut pas compter sur la bonne foi, on sera, dorénavant, beaucoup plus attentif à ce qui se passe lorsqu'un signataire s'en va.

Des nuages encore plus sombres à l'horizon

Comme les jours sombres que nous vivons sont différents de ce moment, il y a trente ans, où la démocratie et les marchés paraissaient triompher à la chute du rideau de fer ! Les marchés libres mondiaux, croyait-on alors, allaient être la torche qui finirait par répandre les idéaux démocratiques partout sur terre.

Si certains avaient peut-être oublié le fascisme des années 1930 et s'accrochaient béatement à la vision optimiste d'une humanité et d'un monde fondamentalement bons, Trump et Poutine nous ont rappelé qu'en fait certains acteurs vraiment malintentionnés sont à l'œuvre ; il y a une lutte entre le bien et le mal, où le mal l'emporte parfois, malheureusement, notamment à court terme. Ces expériences nous ont appris quels dégâts une poignée de mauvais dirigeants peuvent provoquer dans la société. Mais, du moins jusqu'à présent, le sens moral de l'immense majorité de l'humanité *finit* par l'emporter. Notre tâche aujourd'hui est de faire en sorte que cela se passe à nouveau.

L'Amérique s'est toujours enorgueillie de son *soft power*, de l'influence mondiale bénéfique qu'elle exerce. Certes, nous n'avons jamais été aussi bons que nous l'avons prétendu : il y a eu beaucoup de sinistres épisodes pendant la guerre froide. Néanmoins, les États-Unis ont effectivement promu, dans l'ensemble, la démocratie, les droits humains et le développement économique. Mais nous voyons aujourd'hui que cette médaille a un revers : Trump offre un modèle que d'autres imitent dans le monde, et il est fait de racisme, de misogynie et de subversion de l'état de droit. Nous avons des institutions qui (jusqu'à présent) nous ont protégés. Dans d'autres pays où ont jailli des démocraties « illibérales », comme la Hongrie et les Philippines, ce n'est peut-être pas le cas.

Avec cette génération de dirigeants sans scrupules aux commandes, hostiles à l'idéal de vérité, le monde et le pays risquent une désintégration beaucoup plus grave, une situation où il finira par devenir dangereux ne serait-ce que de lancer pacifiquement un appel à l'action, comme le fait ce livre. On frémit à l'idée du type d'événement – contraction économique, guerre ou crise sécuritaire – qui pourrait, d'une chiquenaude, nous précipiter dans l'abîme.

LE « DOPAGE » DE TRUMP

Constatant le succès de l'économie des États-Unis et la hausse des cours de la Bourse dans les années qui ont suivi l'élection de Trump, certains y ont vu la preuve du bien-fondé de ses politiques. Quant à moi, on aura compris maintenant que le programme économique de Trump me paraît voué à l'échec (et je pense que les dirigeants qui appliquent dans d'autres pays le même type de stratégie nativiste et populiste échoueront aussi). Le « dopage » créé par l'énorme augmentation du déficit, puisque Trump a réduit les impôts et accru les dépenses publiques, sera de courte durée – mais même pendant qu'elle jouissait de cet effet dopant, la performance de l'économie américaine n'a été qu'un peu supérieure à la moyenne des pays avancés[13]. Le boom boursier lui-même a été bref, il s'est épuisé avant la fin de la deuxième année de mandat du président. Les problèmes de fond de notre économie restent sans solution ou se sont aggravés : la faiblesse des salaires réels, la hausse de l'inégalité, la mauvaise santé, la baisse de l'espérance de vie, l'anémie de l'investissement à long terme. Les politiques économiques de Trump – y compris la loi fiscale de 2017, notamment quand elle sera totalement appliquée – vont aggraver l'inégalité et réduire la population couverte par l'assurance maladie. La loi fiscale va éloigner encore plus le pays de la seule voie menant à une croissance durable : l'économie de la connaissance, dynamique et innovante. Elle a aussi bafoué les principes de responsabilité budgétaire qui semblaient être le credo inébranlable du parti républicain et des milieux d'affaires. Tout le monde a vu que ces idées n'étaient pour eux qu'un instrument, un argument commode, par exemple, contre toute hausse des dépenses destinées aux Américains défavorisés ou à la classe moyenne, mais facilement oublié dès l'instant où il s'agissait d'une réduction d'impôts pour les riches et les grandes entreprises. C'est un miracle que les Américains n'aient pas perdu toute confiance en qui que ce soit.

Élargir les fractures économiques, raciales et ethniques est évidemment mauvais pour la société et pour la démocratie, mais aussi pour l'économie. Cela revient à infliger des distorsions au marché du travail, puisque de vastes composantes de la population ne vivent pas à la hauteur de leurs potentialités. À cause des barrières opposées à l'immigration, nous ne pourrons pas faire appel à certains des meilleurs talents du monde, et nous ne pourrons pas combler certaines lacunes importantes sur notre marché du travail.

Pour bien fonctionner, une société et une économie ont besoin de confiance et de stabilité ; Trump sème la méfiance, et ses politiques capricieuses, notamment une guerre commerciale sans stratégie claire ni objectifs précis et réalistes, ont créé une vaste incertitude. La loi fiscale de 2017 a été menée au pas de charge, sans auditions en commission, en faisant voter au Sénat une version initiale qui comportait des changements illisibles, si bien que les sénateurs ne savaient même pas à quoi ils donnaient leur approbation. La méthode bafoue les procédures démocratiques, et le résultat est une loi criblée d'erreurs, d'incohérences et de failles que tel ou tel intérêt particulier y a insérées quand tout le monde avait le dos tourné. Adoptée sans large soutien populaire et sans une seule voix démocrate, il est pratiquement certain qu'elle sera en grande partie abrogée quand le vent politique aura tourné. Les largesses aux entreprises étaient censées promouvoir l'investissement. Les politiques protectionnistes de Trump aussi. Elles ne l'ont pas fait. L'une des raisons est que l'investissement exige la stabilité, et que les politiques trumpiennes ont nourri l'incertitude.

Mais soyons clair: même si l'effet dopant durait assez longtemps pour valoir à Trump un second mandat, les dommages à long terme que ce président aura infligés à notre économie et à notre société risquent de les affecter en profondeur. Comme nous l'avons montré, Trump s'est attaqué aux piliers mêmes de notre civilisation, ceux qui ont vraiment fait notre «grandeur» et qui sont à la base des progrès remarquables du niveau de vie.

COMMENT NOUS EN SOMMES ARRIVÉS LÀ

Le récit des événements qui nous ont menés où nous en sommes est bien connu: la mondialisation, la financiarisation et les technologies nouvelles se sont déployées d'une manière qui a laissé de nombreux travailleurs sur la touche, et ce mode de déploiement a été largement déterminé par les politiques économiques suivies[14]. Même quand le cycle des affaires est devenu ascendant en 2018, trop de gens ont constaté que l'économie n'améliorait pas leur bien-être, qu'elle ne pouvait pas les ramener au point où ils en étaient dix ans plus tôt, avant le grand assaut de la crise financière. L'inégalité des fortunes est aujourd'hui infiniment pire qu'avant la Grande Récession de 2008, époque où elle était déjà très forte; avec la loi fiscale de 2017 et l'obsession de l'administration Trump pour la déréglementation, elle va probablement devenir encore plus exorbitante et douloureuse.

Tant des républicains comme George Bush père que des démocrates comme Bill Clinton avaient promis que les politiques néolibérales de libéralisation et de mondialisation apporteraient la prospérité à tous. Aujourd'hui, ces promesses apparaissent pour ce qu'elles étaient : des platitudes intéressées (ou de purs mensonges). Ne nous étonnons pas de voir monter la désillusion pour les élites et leur « système ».

Associons ces déceptions aux progrès du marketing et de l'économie comportementale (avec une pincée d'intervention russe), et on comprendra comment on a pu vendre la poudre de perlimpinpin trumpienne à près de la moitié du pays[15]. Puisque les élites trahissaient, la manipulation a pris.

Les États-Unis ne se sont pas retrouvés dans leur périlleuse posture actuelle du jour au lendemain. Il y a eu des mises en garde. On a dûment signalé que de larges composantes de la population avaient de grosses difficultés, et que, si ces problèmes n'étaient pas réglés, la situation pouvait aisément permettre l'ascension d'un démagogue[16]. On ne savait peut-être pas quelle forme le défi allait prendre, mais le risque était là. Nos dirigeants ont choisi d'ignorer ces avertissements et, en ce sens, nos épreuves actuelles, en tant que pays, sont de notre propre fabrication : nous avons fait fausse route sur l'économie, sur la politique et sur les valeurs.

Nous avons fait fausse route sur l'économie. Nous avons cru que les marchés sans entraves – avec réductions d'impôts et déréglementation – étaient la panacée qui résoudrait tous les problèmes économiques. Nous avons cru que la finance, la mondialisation et le progrès technologique, par eux-mêmes, apporteraient la prospérité à tous. Nous avons cru que les marchés, laissés à eux-mêmes, étaient toujours concurrentiels – donc nous n'avons pas compris les dangers du pouvoir de marché. Nous avons cru qu'en recherchant aveuglément le profit on aboutirait au bien-être de la société.

Nous avons fait fausse route sur la politique. Trop de gens ont cru qu'il suffisait qu'il y ait des élections pour avoir la démocratie. Nous n'avons pas compris les dangers de l'argent en politique, le pouvoir qu'il exerce. Nous n'avons pas compris que l'argent concentré chez quelques-uns corrompt la démocratie, ni que les élites peuvent utiliser leur argent pour modeler à la fois l'économie et la politique afin qu'elles concentrent continuellement le pouvoir économique et politique. Nous n'avons pas compris non plus avec quelle facilité nous pouvions glisser dans un système parfaitement résumé par «un dollar, une voix», et avec quelle facilité la désillusion pour notre démocratie pouvait s'ancrer, une large part de la population étant convaincue que le système est truqué.

Nous avons fait fausse route sur les valeurs. Nous avons oublié que l'économie est censée servir le peuple, et non l'inverse. Nous avons confondu les fins et les moyens: la mondialisation devait établir, en principe, une économie plus puissante pour mieux servir la population; mais ensuite nous avons dit aux gens que, à cause de la mondialisation *que nous avions créée,* ils devaient subir des baisses de salaires et des coupes dans les programmes publics. La finance aussi est devenue une fin en soi, et le résultat a été une économie plus instable, qui croît plus lentement, qui aggrave l'inégalité et qui exploite en prédatrice les citoyens ordinaires. En recherchant son profit, elle n'a nullement amélioré leur sort.

Une économie distordue et une politique distordue ont été soutenues par des valeurs distordues et les ont exacerbées. Nous sommes devenus une société plus égoïste, comme nous étions censés l'être selon les modèles économiques, mais pas selon nos aspirations à exprimer le meilleur de nous-mêmes. Nous laissons les modèles erronés de la nature humaine nous transformer à leur image. Nous sommes devenus plus avides de biens matériels, moins attentifs aux autres, moins altruistes, et d'abord amoraux (la morale étant réservée à nos dirigeants religieux et au dimanche); ensuite, nous sommes devenus immoraux: la turpitude morale, qui était le signe distinctif de la finance, a été constatée partout, secteur après secteur, jusqu'au jour où nous avons élu un président qui était lui-même le parangon de cette nouvelle anti-éthique.

Nous n'avons pas compris que les vrais fondements de notre bien-être – des hausses de notre niveau de vie comme de la concrétisation de nos idéaux les plus élevés – étaient la science, l'investigation rationnelle et le débat, ainsi que les institutions sociales qui en sont dérivées, notamment l'état de droit fondé sur les processus démocratiques.

L'internationalisme et les marchés libres du néolibéralisme, avec leurs fausses promesses, ont aujourd'hui cédé la place au protectionnisme primaire et au nativisme, dont la promesse, ramener les États-Unis à la prospérité, a encore moins de chances d'être tenue. Pour un économiste, il est facile d'attaquer le fondamentalisme de marché, ou néolibéralisme, devenu dominant après l'élection de Reagan. Il reposait sur un ensemble d'hypothèses réfutables (et réfutées). Mais au moins on pouvait le soumettre à une analyse rationnelle, déterminer s'il y avait ou non un grain de vérité dans certains de ses arguments ou certaines de ses hypothèses empiriques. Rien de tel avec Trump. L'une des raisons est que ses idées de fond (à supposer qu'on leur fasse l'honneur de les nommer ainsi) sont floues. Tandis qu'en politique intérieure il exalte les vertus de l'économie de marché – même dans sa variante américaine orientée vers la « recherche de rente » –, pour le commerce international il prend la position inverse : il ne croit pas aux marchés concurrentiels sans entraves, mais au commerce dirigé, sur la base de la puissance, et revient donc aux idées discréditées du mercantilisme.

METTRE LE DÉSESPOIR ACTUEL EN PERSPECTIVE HISTORIQUE

Réexaminer d'autres épisodes dangereux de l'histoire américaine et mondiale peut nous donner un peu d'espoir et d'inspiration pour aller de l'avant. Trump n'est pas le premier président à abuser de son pouvoir. Et ce n'est pas la première fois que nous sommes confrontés à une inégalité scandaleuse et que notre économie est distordue par des excès de pouvoir de marché. Dans chaque cas, nous avons endigué les abus et corrigé notre cap.

Andrew Jackson a dit, paraît-il, après un arrêt de la Cour suprême qu'il désapprouvait : « John Marshall a rendu son arrêt ; maintenant, qu'il l'exécute[17] ! » Il savait que, dans notre système politique, c'est au président qu'il incombe d'exécuter les lois – il contrôle toutes les administrations chargées de le faire. Les tribunaux n'ont pas de moyens propres pour appliquer leurs décisions. Jackson était président à une autre époque de grande division, dans une république plus jeune.

Au cours de l'évolution de notre république, nos institutions ont été affinées et repensées. Le système des «dépouilles» introduit par Andrew Jackson a donné lieu à des expériences désastreuses, ce qui a fini par conduire à la création d'une fonction publique professionnelle.

Ce n'est pas non plus la première époque où des politiciens ont tenté de mobiliser les plus bas instincts à leur avantage politique. Après la guerre de Sécession, la Reconstruction puis les décennies de Jim Crow qui l'ont suivie donnent d'autres exemples de crises et d'injustices persistantes, qui ont sûrement paru aussi insolubles et désespérées aux contemporains – et en particulier aux victimes du racisme. Le problème n'était pas seulement le préjugé, mais aussi la perpétuation d'un système économique d'exploitation[18]. La conjoncture américaine actuelle, où Trump attise le racisme ordinaire pour orienter la colère des électeurs de la classe ouvrière blanche contre les migrants, rappelle ces situations antérieures[19].

Ces batailles pour la justice raciale avaient leur contrepoint dans le combat pour la justice économique. L'inégalité et l'agglomération de pouvoir de marché et de pouvoir politique ont atteint de nouveaux sommets pendant l'Âge doré, à la fin du XIXe siècle. Puis une législation progressiste, notamment des lois visant à assurer la concurrence, nous ont ramenés du bord du précipice. Les inégalités économiques ont encore grimpé, plus haut que jamais, dans les années 1920. Après quoi la législation économique et sociale du New Deal a inauguré une ère nouvelle: les Américains ont bénéficié de la sécurité économique apportée par la Social Security et par l'assurance chômage, et les pouvoirs économiques ont été rééquilibrés par des législations qui ont freiné le secteur financier et régénéré le mouvement ouvrier[20].

DÉVELOPPER LA PROSPÉRITÉ GÉNÉRALE

Dans ce livre, j'ai présenté un programme alternatif – on pourrait l'appeler le programme progressiste. Il met au cœur de son projet une formule du Préambule de la Constitution: «développer la prospérité générale». La prospérité générale, ce n'est pas seulement celle du 1 %, c'est la prospérité de tous. J'ai donné les grandes lignes d'une plateforme qui, à mon sens, peut faire consensus dans un parti démocrate régénéré. Elle peut montrer que le parti est uni, pas seulement pour s'opposer à Trump et à ce qu'il représente, mais aussi pour soutenir des valeurs comme celles que j'ai brièvement évoquées en début de chapitre. Il y a une vision précisant où nous sommes, où nous pouvons aller, ce que nous pouvons être et comment y arriver; et un nouveau contrat social du XXIe siècle pour la concrétiser et la perpétuer. C'est une vision fondée sur un sens de l'histoire, et sur une compréhension approfondie de la science économique et des forces sociales qui façonnent l'économie et sont modelées par elle. Cette vision parle la langue des technocrates, mais elle reflète nos aspirations morales les plus hautes et n'hésite pas à utiliser le vocabulaire de l'éthique et des valeurs.

Nous devons commencer par être clairs sur nos objectifs – non en rappelant platement que nous avons des valeurs, mais en comprenant bien ce que sont ces valeurs, et en reconnaissant que l'économie est un moyen au service d'une fin. Nous devons nous faire une idée précise de ces fins: le succès de l'économie ne se mesure pas au seul PIB, mais au bien-être des citoyens. Comme disait le président Clinton, il faut donner priorité au peuple – *put people first*, l'humain d'abord. Le nouveau contrat social comprend la préservation de l'environnement pour les générations futures[21], et le rétablissement du pouvoir économique et politique des gens du peuple.

Ce programme du XXIe siècle a la volonté résolue d'assurer le partage des fruits du progrès avec un minimum d'équité et de sécurité. Chacun doit avoir une chance de mener une vie de classe moyenne sans subir le fléau de la discrimination, du racisme ordinaire et de l'exclusion. Nous ne pouvons être prospères en tant que pays que si la prospérité est partagée: c'est à la fois une réalité économique et l'expression de valeurs bien ancrées. Ce nouveau contrat social doit comprendre l'engagement de donner à chacun la possibilité de vivre pleinement à la hauteur de ses potentialités et de faire entendre sa voix dans notre démocratie. Donc, parmi les dispositions essentielles de ce nouveau contrat social, il y aurait celles qui garantissent la justice et l'égalité des chances pour tous, riches et pauvres, Noirs et Blancs : faisons du rêve américain une réalité.

Un programme dont l'objectif central est d'encourager le progrès doit reposer sur une compréhension approfondie des sources de la richesse de la nation ; et il doit se faire un devoir de garantir que les avancées de la technologie et de la mondialisation seront à la fois conçues et gérées dans un sens bénéfique pour tous : les controverses dont l'une et l'autre font aujourd'hui l'objet sont inutilement clivantes. Ce livre a tenté d'exposer tant les fondements de ce progrès que les politiques capables de le concrétiser.

Dans ce programme progressiste, l'État joue un rôle central : d'une part, il fait le nécessaire pour que les marchés fonctionnent comme ils sont censés le faire ; de l'autre, il développe la prospérité générale par des moyens auxquels, par leurs seules forces, ni les particuliers ni les marchés ne peuvent recourir. Mais, pour que ce programme soit accepté, nous devons nous libérer d'une idée fausse. Cessons de croire que l'État est toujours et partout inefficace et oppresseur. Disons-nous plutôt : comme toutes les institutions humaines, marchés compris, l'État est faillible et peut être amélioré. Penser que « l'État est le problème, pas la solution », c'est se tromper du tout au tout. Bien au contraire, parmi les problèmes qui accablent notre société, beaucoup, la grande majorité peut-être, ont été créés par les marchés et par le secteur privé – de la pollution démesurée à l'instabilité financière et à l'inégalité économique. Bref, les marchés à eux seuls ne résoudront pas nos problèmes. Seul l'État peut protéger l'environnement, assurer la justice sociale et économique et promouvoir une société de la connaissance dynamique par ses investissements dans la recherche fondamentale et dans la technologie, sur lesquelles repose la poursuite du progrès.

À droite, les libertariens voient dans l'État une entité interférant avec leur liberté. À droite, les grandes entreprises voient dans l'État une entité leur imposant des réglementations et des taxes qui réduisent leurs profits. Quant au 1 %, il redoute la puissance potentielle d'un État fort qui userait de ses pouvoirs pour lui prendre de l'argent et le redistribuer aux nécessiteux. Tous ces acteurs ont une incitation à dire que l'État est inefficace et contribue aux malheurs du pays. Mais chacun d'eux raisonne à partir d'hypothèses implicites gravement défectueuses. Aujourd'hui, le 1 % paie en réalité moins que sa juste part de l'impôt, il donne une plus petite part de son revenu pour financer le bien-être public, défense comprise. Simultanément, il s'approprie, largement sous forme de « rentes », plus que sa part proportionnelle du revenu et de la fortune du pays.

Ce livre a montré que les membres du 1 % ont réussi, en plus, à configurer les règles du jeu pour se favoriser eux-mêmes au détriment de l'immense majorité de la population. Ce ne sont pas des forces économiques « naturelles » qui ont abouti à la quasi-stagnation des revenus de la majorité, tandis que ceux du 1 % montaient en flèche. Ce ne sont pas les lois de la nature, mais bien les lois humaines, qui ont donné ces résultats anormaux.

Voici la réalité : les marchés doivent être structurés et, depuis quatre décennies, nous les avons restructurés d'une façon qui a ralenti la croissance et accru l'inégalité. Il existe de nombreuses formes d'économie de marché, mais nous en avons « choisi » une qui défavorise de vastes composantes de notre population. Nous devons maintenant réécrire à nouveau les règles afin que notre économie serve mieux notre société. Il nous faut faire en sorte, par exemple, que les marchés se remettent à fonctionner comme ils sont censés le faire, en y garantissant la concurrence et en domptant le pouvoir de marché démesuré.

L'Amérique a aussi un paysage institutionnel plus riche que les « fondamentalistes du marché » ne veulent bien l'admettre. Nous n'avons pas seulement de multiples institutions publiques efficaces et efficientes, mais aussi un ensemble puissant et dynamique d'institutions et de fondations « non gouvernementales ». Nos grandes universités ont été au cœur d'une large part de nos progrès, et elles sont toutes soit publiques, soit à but non lucratif. Nous avons des coopératives. Une seule composante de notre système financier n'a donné aucun signe de turpitude morale pendant la crise de 2008 : les « unions de crédit », banques coopératives possédées par leurs membres, souvent liées à des entreprises et à des branches spécifiques[22]. Les coopératives ont joué un rôle important dans bien des secteurs, et dans de nombreuses régions du pays[23]. Elles se sont mieux comportées pendant la crise. On peut en dire autant des entreprises possédées en partie par leur personnel ou dans lesquelles les travailleurs participent davantage aux prises de décision.

L'Amérique est capable de renforcer cette riche écologie de formes d'institutions différentes. Chacune a sa niche, et elles sont complémentaires entre elles. Le secteur privé, par exemple, s'épanouit sur la base des infrastructures fournies par l'État et des connaissances produites, souvent avec des fonds publics, par nos universités et nos instituts de recherche. Notre secteur privé a beaucoup accompli, c'est un fait, mais il n'est pas la source vive de toute sagesse, ni de toutes les solutions aux problèmes de notre société. Ses gains ont été bâtis sur des fondations créées par l'État et par nos universités et centres de recherche à but non lucratif.

Donc, un article central de ce programme du XXIe siècle prévoit de créer un meilleur équilibre, dans notre société et dans notre économie, entre les diverses composantes de notre réalité sociale : l'État, le secteur privé et la société civile. Cet équilibre restauré a d'autres dimensions : il doit freiner les formes extrêmes de l'attachement au matériel et de la turpitude morale qui ont été flagrantes dans les dernières décennies ; donner une place à la fois à l'initiative personnelle et commune, au bien-être individuel et collectif[24] ; et exhorter les individus et la société en général à refléter dans leur comportement nos valeurs et aspirations les plus élevées. Respecter la connaissance et la vérité, la démocratie et l'état de droit, les institutions de la démocratie libérale et du savoir : tout cela fait partie intégrante de nos valeurs. C'est seulement sur ces bases que les progrès constatés depuis deux cent cinquante ans pourront se poursuivre.

Y a-t-il un espoir ?

Le passé de l'Amérique nous donne de l'espoir. Mais quiconque a étudié la sinistre histoire de l'autoritarisme et du fascisme dans d'autres pays le sait bien : cet avenir meilleur n'est pas certain[25].

Par deux fois, on l'a vu, l'Amérique a fait machine arrière pour se sortir d'une inégalité extrême : après l'Âge doré et les folles années 1920. Mais le défi risque fort d'être encore plus redoutable aujourd'hui : l'inégalité actuelle est peut-être encore plus grande et, avec les récentes décisions de la Cour suprême, l'argent a davantage de pouvoir en politique. Ajoutons que la technologie moderne est plus efficace pour traduire les écarts de ressources financières en écarts de pouvoir politique.

Aujourd'hui, en dernière analyse, le seul pouvoir compensateur est le pouvoir du peuple, le pouvoir des urnes. Mais, plus l'inégalité des fortunes et des revenus est importante, plus ce pouvoir compensateur a du mal à s'exercer efficacement. C'est pourquoi œuvrer dans le sens de l'égalité n'est pas seulement une question de morale ou de bonne économie ; c'est une question de survie de notre démocratie.

Avec le programme que j'ai proposé, tous les Américains *peuvent* atteindre la vie à laquelle ils aspirent – par des moyens en harmonie avec nos valeurs : le libre choix, la responsabilité et la liberté individuelles. Ce programme est ambitieux, mais nécessaire : si mauvaise que soit la situation aujourd'hui, il est tout à fait possible, au vu des avancées technologiques déjà à l'horizon, qu'elle s'aggrave considérablement – si nous poursuivons sur notre lancée. Nous pouvons nous retrouver avec une inégalité encore plus colossale, une société encore plus fracturée, un mécontentement encore plus virulent. Les politiques des petits pas – un peu plus d'éducation ici, un peu plus d'aide sociale là –, aussi importantes soient-elles quand elles s'inscrivent dans une stratégie globale, ne sont pas à la hauteur du défi auquel est confrontée l'Amérique aujourd'hui. Nous avons besoin du changement de cap radical que préconise le programme progressiste de ce livre.

Une dynamique malsaine s'est enclenchée. Si on lui laisse libre cours, on ne peut que frémir en imaginant où elle pourrait mener. J'ai écrit ce livre car j'espère et crois fermement qu'un autre monde est possible, que des Américains suffisamment nombreux le croient aussi, et qu'en travaillant ensemble nous parviendrons à inverser cette trajectoire désastreuse. Il y a parmi eux des jeunes qui n'ont pas encore perdu leur idéalisme, des membres de générations plus âgées qui restent fidèles aux idéaux d'égalité des chances et de partage de la prospérité, et ceux qui se souviennent de la lutte pour les droits civiques, à laquelle tant de gens se sont joints de tout leur cœur, de toute leur âme – ils n'ont entraperçu un moment un certain progrès que pour voir aujourd'hui un sombre nuage obscurcir le pays. Créer cet autre monde, ce n'est pas reconstruire un passé imaginaire, mais construire un avenir réaliste, à l'aide de nos connaissances en économie et en politique, y compris des leçons que nous avons tirées des échecs des dernières décennies. Des marchés conçus comme il convient, bien réglementés, coopérant avec les pouvoirs publics et avec un large éventail d'institutions de la société civile. C'est la seule voie pour aller de l'avant.

Cette autre vision du futur – ce nouveau contrat social du XXIe siècle que j'ai présenté – est nettement différente de ce qu'offrent aujourd'hui à l'Amérique l'administration Trump et le parti républicain, trop souvent avec le soutien massif des milieux d'affaires. Nos échecs passés sont le prologue de notre avenir : si nous ne gérons pas mieux le progrès technologique, nous risquons fort d'aller vers une dystopie toujours plus inégalitaire, toujours plus divisée politiquement, où les personnalités individuelles et la société seront toujours plus éloignées de nos vœux.

Il n'est pas encore trop tard pour sauver le capitalisme de lui-même.

Remerciements

Comme je l'ai indiqué dans la préface, ce livre développe et réunit des analyses issues de mes ouvrages précédents : quatre sur la mondialisation (*La Grande Désillusion* [2002], *Pour un commerce mondial plus juste* [2007 ; éd. originale, 2005], *Un autre monde* [2006] et la réédition récente de *La Grande Désillusion, Globalization and Its Discontents Revisited : Anti-Globalization in the Era of Trump* [2017]) ; trois sur l'inégalité (*Le Prix de l'inégalité* [2012], *La Grande Fracture. Les sociétés inégalitaires et ce que nous pouvons faire pour les changer* [2015], et *Rewriting the Rules of the American Economy : An Agenda for Growth and Shared Prosperity*, avec Nell Abernathy, Adam Hersh, Susan Holmberg et Mike Konczal [2015]) ; un traité sur les véritables sources de la croissance économique, *La Nouvelle Société de la connaissance. Une vision nouvelle de la croissance, du développement et du progrès social*, avec Bruce C. Greenwald (édition grand public, 2017 ; édition complète, *Creating a Learning Society : A New Approach to Growth, Development and Social Progress*, 2014) ; et deux livres sur la politique économique et la finance (*Quand le capitalisme perd la tête* [2003] et *Le Triomphe de la cupidité* [2010]). Ces livres étaient eux-mêmes fondés sur un grand nombre d'articles scientifiques. Au fil des ans, j'ai donc accumulé un vaste ensemble de dettes, en particulier à l'égard de mes nombreux coauteurs et de mes collègues, notamment ceux de l'université Columbia, du Roosevelt Institute, de l'INET (Institute for New Economic Thinking), de la Banque mondiale, et dans l'administration Clinton.

J'ai également bénéficié des idées de beaucoup de chercheurs qui ont réfléchi sur des sujets liés aux questions que je me pose ici. Je cite nombre d'entre eux au fil du livre, mais j'aimerais en mentionner spécialement quelques-uns.

J'ai très largement recouru aux chiffres et aux analyses des chercheurs, toujours plus nombreux, qui travaillent sur l'inégalité, notamment François Bourguignon, Sir Angus Deaton, Ravi Kanbur, Branko Milanovic, Thomas Piketty, Emmanuel Saez, Raj Chetty, Gabriel Zucman, James Galbraith et le regretté Tony Atkinson, mon cher ami et coauteur. Je voudrais aussi reconnaître l'influence et l'important travail de Lawrence Mishel à l'Economic Policy Institute, de Winnie Byanyima d'Oxfam International et de Janet Gornick, ex-directrice du LIS, le Luxembourg Income Study (centre de données transnational qui se concentre sur l'inégalité).

Le pouvoir de marché et la recherche de rente sont des sources majeures de l'inégalité actuelle: cette idée, que j'ai formulée il y a plusieurs années dans *Le Prix de l'inégalité*, est à présent devenue courante. J'ai beaucoup bénéficié de mes conversations avec de nombreux auteurs de la littérature grandissante sur le pouvoir de marché et ce que l'on peut faire à son sujet, notamment Steven Salop, Michael Katz, Carl Shapiro, Mike Konczal, Tim Wu, Eleanor Fox et Emmanuel Farhi. J'ai été amené à participer à plusieurs recours antitrust visant à préserver la concurrence dans l'économie américaine, et les analyses de Keith Leffler, Michael Cragg, David Hutchings et Andrew Abere m'ont été très précieuses. Mark Stelzner et Alan Krueger m'ont fait mieux comprendre le rôle que jouent ces imperfections du marché sur les marchés du travail.

Les analyses traitant des technologies nouvelles ont été particulièrement influencées par mon coauteur Anton Korinek; celles qui concernent l'intelligence artificielle, par Erik Brynjolfsson, Shane Legg de DeepMind, Mark Sagar de Soul Machines, et par un dîner sur l'intelligence artificielle à la Royal Society après la conférence que j'y ai prononcée sur le thème «Travail et intelligence artificielle». Yochai Benkler, Julia Angwin et Zeynep Tüfekçi m'ont aidé à bien comprendre les problèmes particuliers que pose la désinformation.

Pour mon retour aux problèmes de la mondialisation, je dois remercier Dani Rodrik, ainsi que Danny Quah, Rohinton Medhora et Mari Pangestu ; et, sur le rôle de la mondialisation dans l'évitement fiscal, Mark Pieth et la Commission indépendante pour la réforme de l'impôt international sur les sociétés, présidée par José Antonio Ocampo, dont je fais partie.

Daniel Kahneman, Richard Thaler et surtout Karla Hoff ont beaucoup influencé ma pensée sur le rôle de la culture, de la société et de l'économie dans la configuration des personnalités individuelles, et sur d'autres aspects de l'économie comportementale.

Dans ma réflexion sur la façon de réagir aux défis de la mondialisation, de la financiarisation et des technologies nouvelles, je dois reconnaître ce que je dois à Akbar Noman, Giovanni Dosi, Justin Yifu Lin et Mario Cimoli pour leurs éclairages sur la politique industrielle ; et à Karl Ove Moene, Leif Pagrotsky, Isabel Ortiz et aux autres membres du projet Initiative for Policy Dialogue/Roosevelt sur le réexamen de l'État-providence, pour leurs idées à ce sujet, notamment sur le modèle scandinave.

Ma vision du changement climatique a été influencée par Nicholas Stern et John Roome. Julia Olson et Philip Gregory m'ont aidé à comprendre les conséquences juridiques de la violation des droits des enfants.

J'ai eu des conversations d'un intérêt inappréciable avec John Attanasio au sujet du chapitre 8, sur les réformes à opérer dans notre système politique, notamment sur les problèmes juridiques qu'il faudra résoudre pour réduire l'influence de l'argent dans notre vie politique.

Je dois également remercier Martin Wolff, Rana Foroohar, Edmund Phelps, George Soros, George Akerlof, Janet Yellen, Adair Turner, Michael Spence, Andrew Sheng, Kaushik Basu, Winnie Byanyima et Peter Bofinger (les six derniers appartiennent, avec Rob Johnson, Rodrik, Quah, Medhora et Pangestu, à la Commission sur la transformation économique mondiale, parrainée par l'INET, que je copréside avec Spence).

Dans ma réflexion sur la façon de réagir à la crise financière mondiale de 2008, j'ai forgé des liens intellectuels forts, notamment avec Elizabeth Warren et Damon Silvers (qui servaient à la Commission de surveillance du Congrès sur le «programme de sauvetage des actifs à problèmes») et avec les membres de la Commission d'experts sur la réforme du système monétaire et financier international réunie par le président de l'Assemblée générale des Nations unies, que j'ai présidée en 2009.

Une autre commission internationale que j'ai présidée a contribué à donner forme à mes idées sur de nombreux sujets évoqués ici: la Commission sur la mesure des performances économiques et du progrès social, que j'ai coprésidée avec Jean-Paul Fitoussi et Amartya Sen; et celle qui lui a succédé, le Groupe d'experts de haut niveau sur la mesure des performances économiques et du progrès social, que je copréside avec Martine Durand. Ces commissions ont joué un rôle important dans l'élargissement de ma réflexion sur ce qui constitue le bien-être. Je tiens à reconnaître la contribution de tous leurs membres.

Pendant deux décennies, depuis qu'il est venu travailler avec moi au Comité des conseillers économiques, Jason Furman a été un collègue inestimable, avec ses idées pénétrantes de réformes qui amèneraient l'économie américaine à mieux fonctionner pour tous.

Pendant près de vingt ans, presque tous les étés, j'ai passé une semaine à débattre de l'avenir de la social-démocratie avec un groupe de progressistes réunis par Georges Papandréou, le Symposium de Symi, et les nombreuses idées échangées dans ce cadre ont sans nul doute largement pénétré le contenu de ce livre. Je souhaite remercier Georges et les autres participants au symposium, notamment Kemal Dervis, Misha Glenny, Yanis Varoufakis et Matts Carlsson.

Une fois de plus, je dois remercier l'université Columbia de m'avoir apporté, depuis près de deux décennies, un foyer intellectuel dans lequel j'ai pu m'épanouir, et l'influence de mon coauteur de longue date et collègue à Columbia, Bruce Greenwald.

J'exprime aussi ma dette et ma reconnaissance au centre de Bellagio de la Fondation Rockefeller, où j'ai travaillé aux premières rédactions de ce livre dans un paysage superbe et paisible. La camaraderie et les conversations animées que j'y ai trouvées m'ont offert le cadre parfait pour entreprendre cet ambitieux projet.

Le Roosevelt Institute, l'institut de réflexion fondé «pour promouvoir l'héritage et les valeurs de Franklin et Eleanor Roosevelt en développant des idées progressistes et un *leadership* courageux au service du rétablissement de l'égalité des chances, promesse de l'Amérique», où je sers en tant qu'économiste principal, a créé un espace dynamique de débat et d'analyse sur les moyens de concrétiser le programme progressiste que j'expose dans ce livre. Je voudrais remercier Felicia Wong, sa présidente, et Nell Abernathy, son vice-président chargé de la recherche et de la politique. Leur projet «Réécrire les règles» a été particulièrement important pour moi. Son succès a été remarqué par la Fondation européenne d'études progressistes (FEPS, un réseau d'instituts de réflexion sociaux-démocrates en Europe), qui a repris l'idée; je tiens à remercier Ernst Stetter, secrétaire général de la FEPS, Carter Dougherty, qui a guidé et mené à bonne fin *Rewriting the Rules of the European Economy* [Réécrire les règles de l'économie européenne], et l'équipe de chercheurs venus de toute l'Europe qui y a travaillé. Le maire de Séoul Park Won-soon a pris l'initiative d'un effort du même ordre en Corée du Sud.

Dans ce livre, je vais au-delà de l'économie et j'aborde la politique. Étant donné les circonstances, il est difficile de faire autrement. Je le soutiens depuis longtemps: les règles qui gouvernent une économie sont un facteur central de son succès, et elles sont fixées par la politique. Quand je me suis plongé dans ces questions, Edward (Jed) Stiglitz m'a énormément éclairé: je lui dois beaucoup.

Robert Kuttner, Jeff Madrick, Felicia Wong, Rob Johnson, Martin Guzman et Leif Pagrotsky ont lu des versions antérieures de ce livre et m'ont fait des commentaires très précieux.

Mes étudiants postdoctoraux et Martin Guzman, le chercheur principal chargé de notre programme postdoctoral, ont apporté des éclairages sur divers problèmes analysés ici : Mayuri Chaturvedi et Ignacio Gonzales sur le pouvoir de marché, la recherche de rente, l'inégalité et la croissance ; Juan Montecino sur certains aspects de la mondialisation ; Michael Poyker sur le travail des détenus et l'incarcération massive ; et Levent Altinoglu sur les marchés financiers. J'ai une dette particulière envers mon collègue Martin, dont l'aide a été inestimable dans l'analyse de tous les problèmes soulevés ici.

Mes assistants de recherche, Matthieu Teachout, Haaris Mateen, Naman Garg et Anastasia Burya, ont fait bien plus que leur devoir, de même que les éditrices de mon secrétariat, Debarati Ghosh et Andrea Gurwitt, qui ont donné au manuscrit sa forme définitive.

Je dois également reconnaître l'aide considérable des autres membres de mon secrétariat, pas seulement sur ce projet, mais aussi pour me permettre d'avoir du temps à consacrer à une entreprise comme celle-ci : Gabriela Plump, Caleb Oldham, Susanna De Martino et Sarah Thomas.

Comme toujours, Stuart Proffitt chez Penguin/Allen Lane, mes éditeurs britanniques, m'a fait parvenir des commentaires perspicaces et détaillés.

Ce livre est né de discussions avec Drake McFeely, mon éditeur de longue date chez Norton. Il a effectué le type de travail éditorial où l'on met vraiment les mains à la pâte, art dont le secret, semble-t-il, s'est perdu. Brendan Curry a fait de précieuses suggestions sur une rédaction antérieure, et Nathaniel Dennett s'est occupé du manuscrit jusqu'au bout. Charlotte Kelchner l'a habilement préparé, Lynne Cannon Menges a relu les épreuves d'un œil d'aigle, et l'éditrice de projet Dassi Zeidel et la responsable de fabrication Lauren Abbate ont apporté une contribution inestimable au processus.

J'ai une dette spéciale envers Eamon Kircher-Allen, mon éditeur maison de longue date, qui s'est immergé dans les premières phases de la rédaction et a été un véritable partenaire dans une grande partie du projet.

Pour terminer, mon épouse Anya, comme toujours. Avec mon premier livre destiné au grand public, *La Grande Désillusion*, elle m'a appris à écrire. Avec celui-ci, son rôle a encore grandi : elle ne l'a pas seulement mis en forme, mais inspiré. J'espère que le lecteur sent la passion qui nous anime tous deux: comprendre les raisons des problèmes et les solutions qu'on peut leur apporter, défendre l'importance du savoir et maintenir la vigueur de nos institutions de vérité.

Une remarque sur la dédicace: en 1965, je suis allé à Cambridge en Angleterre, en tant que boursier Fulbright, et j'ai suivi les cours de grands professeurs comme James Meade, Joan Robinson, Nicholas Kaldor, Frank Hahn et David Champernowne, qui se passionnaient tous pour les problèmes de l'inégalité et la nature de notre système capitaliste. Parmi les nombreux amis pour la vie que j'y ai rencontrés, il y avait Anthony Atkinson, l'un de mes premiers étudiants, et James Mirrlees, alors jeune maître de conférences et chercheur.

Notes

PRÉFACE

1. J'ai relaté mes nombreux combats au cours de ces années dans mon livre de 2003 *Quand le capitalisme perd la tête* (trad. fr. de Paul Chemla, Paris, Fayard).

2. Avec la hausse de l'inégalité, je suis revenu au sujet qui m'avait au départ orienté vers l'économie. Dans *Le Prix de l'inégalité* (trad. fr. de Françoise et Paul Chemla, Paris, Les Liens qui libèrent, 2012), et *La Grande Fracture. Les sociétés inégalitaires et ce que nous pouvons faire pour les changer* (trad. fr. de Françoise, Lise et Paul Chemla, Paris, Les Liens qui libèrent, 2015), j'ai mis en garde contre l'inégalité ahurissante qui est devenue un trait déterminant de l'économie américaine. J'ai souligné que, si l'on n'enrayait pas son ascension aux États-Unis, celle-ci aurait des conséquences de très grande portée, qui s'étendraient bien au-delà des indicateurs économiques : ce grand fossé finirait par infecter notre société avec le virus de la méfiance et par corrompre notre système politique. Tout cela serait très mauvais pour tout le monde, même le 1 %. Dans *Rewriting the Rules of the American Economy : An Agenda for Growth and Shared Prosperity* (co-écrit avec Nell Abernathy, Adam Hersh, Susan Holmberg et Mike Konczal, New York, W. W. Norton, 2015), j'explique que la réécriture des lois fondamentales de l'économie, notamment sous l'administration Reagan et après elle, a ralenti la croissance et accru l'inégalité, et que nous pourrions inverser ces tendances néfastes en réécrivant à nouveau les règles.

3. C'est le titre de mon article de mai 2011 dans *Vanity Fair*, qui paraphrase la célèbre formule du Discours de Gettysburg (cet article est repris dans mon

livre *La Grande Fracture, op. cit.*, p. 117-124). [Le Discours de Gettysburg est la brève allocution qu'Abraham Lincoln prononce le 19 novembre 1863, pendant la guerre de Sécession, sur le champ de bataille de Gettysburg. Il y appelle à la lutte pour que « le gouvernement du peuple, par le peuple, pour le peuple, ne disparaisse pas de la surface de la terre » – *NdT.*]

4. Quand la loi s'appliquera pleinement, les impôts augmenteront pour la majorité des contribuables des deuxième, troisième et quatrième déciles.

5. Il a aussi été secrétaire au Travail sous Nixon.

6. Les fonds d'investissement privé (*private equity*) gèrent de l'argent qui est généralement investi dans des entreprises non cotées en Bourse; eux-mêmes ne le sont pas non plus. Ils peuvent acheter d'autres compagnies, les restructurer, puis les revendre en faisant un profit. Leurs gestionnaires ne font rien de bien différent de ce que font les dirigeants de n'importe quelle compagnie, qui doivent payer l'impôt sur le revenu au taux normal. Rien ne justifie leur traitement fiscal de faveur: celui-ci prouve seulement leur puissance politique. Et cela, alors que ces fonds sont très critiqués pour leurs restructurations à base de licenciements massifs et d'endettement lourd: les entreprises qu'ils restructurent font souvent faillite peu après leur revente par ces sociétés de gestion.

Le taux d'imposition réduit pour les fonds d'investissement privé est dû à l'exemption dite du *carried interest* [part de la plus-value de ces fonds qui va à leurs gestionnaires, souvent 20 %, à titre d'intéressement aux résultats – *NdT*]. Trump a régulièrement fustigé cette exemption pendant sa campagne, mais il n'a jamais insisté pour qu'on l'abroge – à supposer même qu'il l'ait demandé – pendant que la loi fiscale suivait son cours au Congrès avant de lui être soumise pour signature. Lorsqu'on leur fait remarquer cette promesse non tenue, ses conseillers rejettent la faute sur le Congrès. Voir Louis Jacobson, « Despite Repeated Pledges to Get Rid of Carried Interest Tax Break, It Remains on the Books », *Politifact*, 20 décembre 2017.

7. Sur les dix années 2018-2028, la réduction d'impôts à elle seule (avec les intérêts) devrait alourdir le déficit de 1 900 milliards de dollars. Si les réductions d'impôts temporaires devenaient permanentes, cette aggravation du déficit serait de 3 200 milliards de dollars.

8. « Transcript of the Press Conference on the Release of the October 2017 World Economic Outlook », Washington, DC, Fonds monétaire international, 13 octobre 2017; et Christine Lagarde, « 2018 Article IV Consultation for the United States Opening Remarks », Washington, DC, Fonds monétaire international, 14 juin 2018.

9. C'était une idée centrale du prix Nobel Simon Kuznets, et, comme elle paraissait toujours confirmée par les faits, puisqu'il écrivait au milieu du XXe siècle, on l'a appelée la « loi de Kuznets ».

10. Ce livre a pour fondement mes travaux précédents sur la mondialisation, la financiarisation, l'inégalité et l'innovation. Il réunit tous ces fils et montre leurs relations mutuelles. Il tisse ainsi une tapisserie qui, je l'espère, offrira un tableau convaincant des sources de progrès et des embûches que nous avons rencontrées sur notre chemin. Sur plusieurs points cruciaux, il pousse le raisonnement plus loin.

Mes toutes premières critiques de la mondialisation, rédigées après mon départ de la Banque mondiale, où j'avais vu à quel point elle était mal gérée du point de vue des pays en développement et des travailleurs du monde entier, se trouvent dans *La Grande Désillusion* (2002) [cet ouvrage et ceux qui suivent, sauf mention contraire, ont été publiés chez Fayard, trad. fr. de Paul Chemla – *NdT*]. Dans *Pour un commerce mondial plus juste* (2007), coécrit avec Andrew Charlton, j'ai voulu préciser comment le régime commercial mondial désavantageait les pays pauvres. Dans *Un autre monde* (2006), j'ai proposé un ensemble de réformes qui, à mon sens, auraient au moins amélioré le fonctionnement de la mondialisation. Dans *Globalization and Its Discontents Revisited: Anti-Globalization in the Era of Trump* (New York, W.W. Norton, 2017 [réédition de *La Grande Désillusion* augmentée d'une préface, non traduite en français – *NdT*]), j'ai montré les progrès effectués pour réformer la mondialisation jusqu'à l'arrivée de Trump, et les reculs, peut-être irrémédiables, qu'il a imposés. Le premier de mes deux livres consacrés à la financiarisation est *Quand le capitalisme perd la tête* (2003), que j'ai écrit après mon départ de l'administration Clinton: j'y soutenais que la déréglementation mise en œuvre avant, pendant et après cette période créait les conditions d'une crise financière. Dans les années suivantes, tandis que les déséquilibres de notre système financier grandissaient et avec eux le risque d'une catastrophe économique et financière majeure, j'ai donné des conférences et publié des textes sur la menace d'une crise imminente. Malheureusement, je n'avais vu que trop juste: la crise financière planétaire a vite ébranlé l'économie mondiale. En 2010, dans *Le Triomphe de la cupidité* (trad. fr. de Paul Chemla, Paris, Les Liens qui libèrent), j'ai analysé la Grande Récession en cours en précisant, dans mes recommandations, comment éviter un marasme économique grave et prolongé et comment réformer le secteur financier pour prévenir ce type de bulles et leur éclatement à l'avenir.

CHAPITRE 1. INTRODUCTION

1. Le titre complet du livre de Fukuyama est *La Fin de l'histoire et le Dernier Homme* (trad. fr. de Denis-Armand Canal, Paris, Flammarion, 1992; nouvelle éd., coll. «Champs-Essais», 2018). Après l'élection de Trump, ses idées ont évolué: «Il y a vingt ans, je n'avais ni intuition ni théorie sur la façon dont

les démocraties peuvent régresser. Et je pense qu'elles le peuvent, c'est clair» (Ishaan Tharoor, «The Man Who Declared the "End of History" Fears for Democracy's Future», *Washington Post*, 9 février 2017).

2. C'est la thèse d'un récent ouvrage d'Adam Tooze, de l'université Columbia: *Crashed. Comment une décennie de crise financière a changé le monde*, trad. fr. de Leslie Talaga et Raymond Clarinard, Paris, Les Belles Lettres, 2018.

3. Trad. fr. de Vincent Raynaud, Paris, Globe, 2017.

4. New York, The New Press, 2016.

5. Voir aussi Jennifer Sherman, *Those Who Work, Those Who Don't: Poverty, Morality, and Family in Rural America*, Minneapolis, University of Minnesota Press, 2009; Joan C. Williams, *White Working Class: Overcoming Class Cluelessness in America*, Boston, Harvard Business Review Press, 2007; Katherine J. Cramer, *The Politics of Resentment: Rural Consciousness in Wisconsin and the Rise of Scott Walker*, Chicago, University of Chicago Press, 2016; Amy Goldstein, *Janesville. Une histoire américaine*, trad. fr. d'Aurélie Tronchet, Paris, Christian Bourgois, 2019; et Michèle Lamont, *La Dignité des travailleurs. Exclusion, race, classe et immigration en France et aux États-Unis*, Paris, Presses de Sciences Po, 2002. Mes propres incursions limitées dans ces territoires m'ont conduit à des points de vue conformes à ces études approfondies.

6. On peut faire ici le parallèle avec certains travaux menés par la Banque mondiale quand j'étais son économiste en chef. Dans *La parole est aux pauvres*, les personnes interrogées se disaient préoccupées par l'impossibilité de faire entendre leur voix dans les prises de décision les concernant. Deepa Narayan, avec Raj Patel, Kai Schafft, Anne Rademacher et Sarah Koch-Schulte, *La parole est aux pauvres. Écoutons-les*, Washington, Banque mondiale/Eska, 2001. C'est le premier des trois volumes regroupés en version anglaise sous le titre *Voices of the Poor*; chaque volume a des éditeurs différents.

7. Voir, par exemple, mon analyse de ces questions dans mes livres *Le Triomphe de la cupidité*, *op. cit.*, et *La Grande Fracture*, *op. cit.*

8. Si mon article dans *Vanity Fair*, «Du 1 %, par le 1 %, pour le 1 %» (mai 2011, art. cité) se concentrait sur le 1 %, c'était pour souligner que l'ancienne structure de classes (une petite classe supérieure, une vaste classe moyenne et une classe pauvre de taille intermédiaire) n'était plus pertinente.

9. Bankrate, dans son enquête annuelle «Financial Security Index» pour 2017, indique que 61 % des Américains ne peuvent faire face à une urgence de 1000 dollars sans s'endetter. Taylor Tepper, «Most Americans Don't Have Enough Savings to Cover a $1K Emergency», Bankrate.com, 18 janvier 2018, en ligne à l'adresse <https://www.bankrate.com/banking/savings/financial-security-0118>.

De même, le Conseil des gouverneurs de la Réserve fédérale, dans son rapport à propos de la cinquième enquête annuelle sur l'économie des ménages et leurs prises de décision, *Report on the Economic Well-Being of U.S. Households in 2017*, écrit : « Quatre adultes sur dix, s'ils se trouvent confrontés à une dépense inattendue de 400 dollars, soit seront incapables de l'effectuer, soit le feront en vendant quelque chose ou en empruntant de l'argent. [...] C'est une amélioration par rapport à la situation de 2013, où la moitié des adultes n'étaient pas en mesure de faire une telle dépense. » Il indique aussi que « plus du cinquième des adultes ne sont pas en mesure de payer toutes leurs factures du mois en cours dans leur intégralité » et que « plus du quart des adultes n'ont pas bénéficié de certains soins médicaux nécessaires en 2017 parce qu'ils étaient incapables de se les offrir ». Ces deux résultats correspondent bien au constat d'une autre enquête : 15 % des Américains n'ont aucune épargne, et 58 % ont moins de 1 000 dollars de côté. Voir Conseil des gouverneurs du système de la Réserve fédérale, « Report on the Economic Well-Being of U.S. Households in 2017 », mai 2018, <https://www.federalreserve.gov/publications/files/2017-report-economic-well-being-us-households-201805.pdf> ; et Cameron Huddleston, « More than Half of Americans Have Less than $1,000 in Savings in 2017 », GOBankingRates, 12 septembre 2017.

10. Oxfam, *Partager la richesse avec celles et ceux qui la créent*, document d'information Oxfam, janvier 2018.

11. Cette citation de Warren Buffett vient de Ben Stein, « In Class Warfare, Guess Which Class Is Winning », *New York Times*, 26 novembre 2006.

12. Il y avait d'autres contraintes imposées par de vénérables doctrines juridiques que les États-Unis avaient héritées des Britanniques ; la *public trust doctrine* (théorie de la fiducie publique), par exemple, pose que l'État (le « souverain ») a mandat de veiller sur certaines ressources naturelles au nom des générations futures, donc ne peut ni les privatiser complètement, ni autoriser leur pillage.

13. Le *New York Times* indique que les candidats démocrates au Sénat ont obtenu 59,2 % des voix. Voir les résultats des élections : « U.S. Senate Election Results 2018 », 28 janvier 2019, en ligne à l'adresse <https://www.nytimes.com/interactive/2018/11/06/us/elections/results-senate-elections.html?action=click&module=Spotlight&pgtype=Homepage>.

14. On pourrait se demander si le lien de causalité ne va pas en réalité dans l'autre sens : n'est-ce pas parce que les gens sont égoïstes et à courte vue que l'économie l'est aussi ? Mais égoïsme et vue courte sont présents, à divers degrés, chez tous les êtres humains. Les règles qui régissent une économie et son mode de fonctionnement contribuent largement à déterminer si ces traits s'exprimeront plus fortement que l'altruisme, l'empathie et le souci de la collectivité, ou si ce sera le contraire.

15. Son exemple classique était une fabrique d'épingles. Il est clair que l'objet de ses réflexions était extrêmement éloigné d'une économie d'innovation moderne.

16. Voir Kenneth J. Arrow, «Economic Welfare and the Allocation of Resources to Invention», *in* Universities-National Bureau Committee for Economic Research et Committee on Economic Growth of the Social Science Research Council (éd.), *The Rate and Direction of Inventive Activity: Economic and Social Factors*, Princeton, Princeton University Press, 1962, p. 467-492; Kenneth J. Arrow, «The Economic Implications of Learning by Doing», *The Review of Economic Studies*, vol. 29, n° 3, juin 1962, p. 155-173; et Joseph E. Stiglitz et Bruce Greenwald, *Creating a Learning Society. A New Approach to Growth, Development and Social Progress*, New York, Columbia University Press, 2014 (une édition grand public de ce livre a été publiée en 2015 et traduite en français: *La Nouvelle Société de la connaissance. Une vision nouvelle de la croissance, du développement et du progrès social*, trad. fr. de Françoise et Paul Chemla, Paris, Les Liens qui libèrent, 2017).

17. Les salaires des travailleurs ont légèrement augmenté pendant la Peste noire, qui a raréfié la main-d'œuvre – cela montre qu'il y a du vrai dans la loi de l'offre et de la demande défendue par les économistes. Mais par la suite ils ont baissé. Voir Stephen Broadberry, Bruce Campbell, Alexander Klein, Mark Overton et Bas van Leeuwen, *British Economic Growth*, 1270-1870, Cambridge, Cambridge University Press, 2015.

18. C'est un aspect essentiel de la démarche scientifique: il y a vérification répétée des résultats, et clarté sur la précision scientifique et le degré de certitude avec lesquels les divers résultats ont été établis. La science est donc une entreprise sociale: si nous savons ce que nous savons, si nous croyons ce que nous croyons, c'est grâce aux efforts collectifs de milliers de personnes qui opèrent toutes dans le cadre de la discipline qu'assure la méthode scientifique.

19. Chacun de ces concepts est complexe et subtil, et les termes sont souvent employés abusivement. Les seigneurs féodaux auraient pu justifier par un «état de droit» l'exploitation des serfs qui travaillaient pour eux; les esclavagistes du sud des États-Unis également: ils faisaient appel à la «justice» pour qu'elle ordonne la restitution des esclaves en fuite. (Voir Eric Foner, *Gateway to Freedom: The Hidden History of the Underground Railroad*, Oxford, Oxford University Press, 2015.) Le système judiciaire américain assure «la justice pour tous», tant qu'on est riche et blanc: pensons à l'incarcération massive, ou, pendant la Grande Récession, à la confiscation des maisons même quand le propriétaire ne devait rien à la banque, dans le scandale des robosignatures en masse (voir J.E. Stiglitz, *Le Triomphe de la cupidité*, *op. cit.*, et *La Grande Fracture*, *op. cit.*, p. 209-212). Certaines analyses à venir dans ce livre éclairciront le sens que je donne à ces expressions. Des chapitres ultérieurs examineront

aussi ces idées sous d'autres angles, en constatant, par exemple, qu'il peut être nécessaire de limiter la liberté d'une personne quand elle interfère avec celle des autres.

20. Les scientifiques insistent sur un point : nous ne sommes absolument sûrs de rien, nous ne pouvons connaître quelque chose qu'avec un degré de certitude raisonnable. Dans certains cas, nous ne pouvons pas dire sans risque d'erreur quelle décision est la bonne – il y a trop d'avis différents ; mais nous pouvons vérifier si la procédure de prise de décision est équitable et si tout le monde a la possibilité de faire entendre sa voix. Chacun peut se tromper lorsqu'il porte un jugement ; « l'erreur est humaine », comme dit Shakespeare. Mais quand nous portons des jugements collectivement, nous réduisons le risque d'erreur. Par exemple, dans notre système de justice pénale, avec sa présomption d'innocence tant que la culpabilité n'est pas prouvée, l'unanimité des douze jurés pour déclarer l'accusé coupable ne garantit pas que la décision soit la bonne, même si le procès a été mené équitablement ; mais elle indique que c'est probablement la bonne – du moins le pensions-nous jusqu'aux nouvelles recherches qui ont montré à quel point certains préjugés implicites étaient omniprésents (des attitudes profondément discriminatoires, par exemple).

Au fil du temps, il y a eu de nouvelles avancées dans la conception des organisations, par exemple, pour trouver comment prendre en compte la faillibilité humaine dans le processus de sélection des projets, en équilibrant les risques de rejet de bons projets et d'acceptation de mauvais. Voir notamment Raaj Sah et Joseph E. Stiglitz, « Human Fallibility and Economic Organization », *American Economic Review*, vol. 75, n° 2, 1985, p. 292-296 ; et Raaj Sah et Joseph E. Stiglitz, « The Architecture of Economic Systems : Hierarchies and Polyarchies », *American Economic Review*, vol. 76, n° 4, 1986, p. 716-727.

21. Avec un ensemble important d'institutions associées : nos établissements d'enseignement, qui forment chacun aux méthodes permettant de découvrir et d'évaluer la vérité.

22. Robert Solow, du MIT, a démontré qu'un pourcentage écrasant de la hausse des niveaux de vie est dû aux progrès de la science et de la technologie, ce qui lui a valu le prix Nobel d'économie en 1987. Ses deux articles classiques sont : « A Contribution to the Theory of Economic Growth », *Quarterly Journal of Economics*, vol. 70, n° 1, 1956, p. 65-94 ; et « Technical Change and the Aggregate Production Function », *Review of Economics and Statistics*, vol. 39, n° 3, 1957, p. 312-320. Ses travaux ont suscité un ensemble considérable de recherches s'efforçant d'isoler le rôle du progrès technologique. Un autre grand facteur contribue aux gains de productivité : les investissements en usines et en machines. Et il y a encore d'autres sources : le raccourcissement

de la durée du travail, les progrès de l'éducation et l'amélioration de l'allocation des ressources.

Avant Solow, Joseph Schumpeter, dans son livre de 1943 *Capitalisme, socialisme et démocratie* (trad. fr. de Gaël Fain, Paris, Payot, 1990), avait mis l'accent sur le rôle majeur de l'innovation, et souligné qu'elle était bien plus importante que les éléments qui retenaient traditionnellement l'attention des économistes. Mais il n'a pas tenté de quantifier l'apport relatif de l'innovation comme l'a fait Solow. (Pour une mise en relation de l'œuvre de Schumpeter avec la théorie moderne de la croissance et de l'innovation, voir mon introduction à l'édition de *Capitalisme, socialisme et démocratie* publiée chez Routledge en 2010.)

23. Comme nous l'avons écrit, Bruce Greenwald et moi, au début de notre livre *La Nouvelle Société de la connaissance, op. cit.* : « De l'époque romaine (la première pour laquelle nous avons des chiffres du revenu par habitant) à 1800, le niveau de vie moyen des populations humaines n'a augmenté qu'imperceptiblement ou pas du tout [...]. Pour la grande majorité, la consommation se réduisait aux aliments, et les aliments, avant tout aux denrées de base [...]. Le logement n'offrait aucune intimité, on y vivait comme dans une grange [...]. Le vêtement était utilitaire : la plupart du temps, il n'y en avait qu'un, qu'on recouvrait par un autre à certaines saisons. Les soins médicaux n'existaient pratiquement pas. [...] Les divertissements étaient autoproduits et rudimentaires. Seule une petite minorité d'aristocrates jouissait du niveau de vie qui nous paraît aujourd'hui convenable [...]. À partir de 1800, et avec une nette accélération du milieu à la fin du XIXe siècle, ce style de vie privilégié a commencé à se diffuser partout en Europe, en Amérique du Nord et en Australie » (p. 31).

24. Les idées avancées ici sont exposées en détail dans J.E. Stiglitz et B.C. Greenwald, *La Nouvelle Société de la connaissance, op. cit.* L'éminent historien de l'économie Joel Mokyr, de la Northwestern University, les a développées d'un point de vue historique dans *A Culture of Growth : The Origins of the Modern Economy* (Princeton, Princeton University Press, 2016). Nous soutiendrons plus loin que, actuellement, l'un des obstacles à la croissance est l'expansion des rentes, par exemple celles qui sont liées aux profits de monopole. C'est une idée qui cadre bien avec les constats historiques de Mokyr. Avec lui et d'autres auteurs, nous relions souvent plus particulièrement les progrès du niveau de vie à ce qu'on appelle les « institutions des Lumières » : les établissements d'enseignement et de recherche (d'abord et surtout les universités) et les institutions politiques et économiques que nous avons évoquées plus haut, comme l'état de droit. Tout récemment, Steven Pinker a écrit un livre influent qui fait aussi remonter les niveaux de vie actuels aux Lumières : *Le Triomphe des Lumières. Pourquoi il faut défendre la*

raison, la science et l'humanisme, trad. fr. de Daniel Mirsky, Paris, Les Arènes, 2018.

Bien entendu, des forces économiques étaient aussi à l'œuvre. Dès avant la révolution industrielle, l'Angleterre était devenue une économie à hauts salaires et faibles coûts énergétiques. Cette situation a contribué à induire les innovations de la révolution industrielle, qui étaient économes en main-d'œuvre et gourmandes en énergie. Au lendemain de la Peste noire aussi, les salaires avaient été relativement élevés, mais leur niveau n'avait pas déclenché les progrès qui devaient survenir quelques siècles plus tard. Les Lumières ont créé le contexte dans lequel la configuration salaires élevés/énergie bon marché a conduit à la révolution industrielle. Voir Robert C. Allen, *The British Revolution in Global Perspective*, Cambridge, Cambridge University Press, 2009. (Il existe une théorie bien développée de l'innovation « induite », qui remonte aux années 1960.)

Il y a eu, bien sûr, d'autres épisodes de nets progrès de l'apprentissage et de la technologie. Par exemple, certains historiens estiment que la première révolution industrielle a eu lieu en Flandre avec les moulins à eau dans les années 1100. Si les progrès du XVIIIe siècle ont été différents, ce n'est pas seulement en raison de l'élargissement du marché (sur lequel insiste Allen), c'est aussi grâce au développement de la science, qui a rendu possible une croissance *prolongée*.

25. Keynes, dans son célèbre essai *Lettre à nos petits-enfants* (trad. fr. de Françoise et Paul Chemla, Paris, Les Liens qui libèrent, 2017, p. 38-40), a exploré les conséquences des énormes gains de productivité. Voir aussi Joseph E. Stiglitz, « Toward a General Theory of Consumerism : Reflections on Keynes' Economic Possibilities for Our Grandchildren », *in* Lorenzo Pecchi et Gustavo Piga (éd.), *Revisiting Keynes: Economic Possibilities for Our Grandchildren*, Cambridge, MA, MIT Press, 1987, p. 41-87.

26. Comme nous l'expliquerons en détail plus loin, en raison des pratiques d'exclusion du marché du travail et de la discrimination, notamment contre les femmes et les « gens de couleur », de vastes composantes de la société n'y ont eu aucune part.

27. Thomas Hobbes, *Léviathan* [1651], trad. fr. de François Tricaud et Martine Pécharman, Paris, Vrin-Dalloz, 2004, p. 107.

28. Il y a eu des réactions du même ordre en Europe, parfois plus tôt qu'aux États-Unis, parfois plus tard. (L'Allemagne, sous le chancelier Otto von Bismarck, a été le premier pays à adopter l'assurance-retraite publique en 1889.)

29. Le *Washington Post* a compté ses mensonges, et conclu qu'il avait proféré 8 158 « assertions fausses ou fallacieuses » au cours des deux premières années de son mandat. Voir Glenn Kessler, Salvador Rizzo et Meg Kelly,

« President Trump Made 8,158 False or Misleading Claims in His First Two Years », *Washington Post*, 21 janvier 2019.

30. Voir Patt Morrison, « Patt Morrison Asks : Robert O. Paxton Talks Fascism and Donald Trump », *Los Angeles Times*, 9 mars 2016. L'ouvrage de Paxton *Le Fascisme en action*, trad. fr. de William Oliver Desmond, Paris, Éd. du Seuil, 2004, est un livre définitif sur le sujet. Il a ceci de remarquable : bien que son auteur l'ait écrit il y a quinze ans, on pourrait croire qu'il parle des événements en cours aujourd'hui.

31. Adam Bluestein, « The Most Entrepreneurial Group in America Wasn't Born in America », *Inc.*, février 2015.

32. Rose Leadem, « The Immigrant Entrepreneurs behind Major American Companies (Infographic) », *Entrepreneur*, 4 février 2017. Elon Musk (Tesla et SpaceX) a étudié deux ans à l'université Queen's au Canada, puis il est passé à l'université de Philadelphie, où il a obtenu sa licence scientifique en physique et en économie. Hamdi Ulukaya, le fondateur de Chobani, la compagnie de yaourts, a immigré aux États-Unis pour apprendre l'anglais à l'université Adelphi.

33. Heureusement, le Congrès n'y a pas prêté grande attention : le budget 2018 a en fait augmenté de 12 % les dépenses consacrées à la science, alors qu'on lui avait demandé de les réduire de 17 %.

34. Nos médias sont souvent critiqués, à bon droit, parce qu'ils s'efforcent d'établir un faux équilibre dans leurs informations. Bien que 99,9 % des scientifiques soient convaincus de la réalité du changement climatique, certaines chaînes de télévision ou stations de radio tiennent à donner la parole presque à égalité au seul dissident, et confèrent ainsi une légitimité aux négationnistes du climat.

35. Certains historiens attribuent la première utilisation du terme à Hitler lui-même et non à son propagandiste en chef. Dans *Mein Kampf*, Hitler écrit : « [...] du plus grand des mensonges, l'on croit toujours une certaine partie : la grande masse du peuple [...], sera [...] plus facilement victime d'un grand mensonge que d'un petit. Elle ne commet elle-même, en général, que de petits mensonges, tandis qu'elle aurait trop de honte à en commettre de grands. Elle ne pourra pas concevoir une telle fausseté et elle ne pourra pas croire, même chez d'autres, à la possibilité de ces fausses interprétations, d'une impudence inouïe ; même si on l'éclaire, elle doutera, hésitera longtemps et, tout au moins, elle admettra encore pour vraie une explication quelconque qui lui aura été proposée. Qu'il reste toujours quelque chose des plus impudents mensonges, c'est un fait que les plus grands artistes en tromperie et que les associations de trompeurs ne connaissent que trop bien » (Adolf Hitler, *Mon combat*, trad. fr. de J. Gaudefroy-Demonbynes et A. Calmettes, Paris, Nouvelles Éditions latines, 2006, p. 230.) Mais Hitler accusait les juifs de recourir

au « grand mensonge ». Quant à Goebbels, s'il a fait du « grand mensonge » un instrument politique, lui aussi l'attribuait à d'autres – aux Britanniques : « Les Anglais suivent ce principe : lorsqu'on ment, il faut mentir grand et s'y tenir. Ils maintiennent leurs mensonges, même au risque de se ridiculiser » (Joseph Goebbels, 12 janvier 1941, « Aus Churchills Lügenfabrik », *Die Zeit ohne Beispiel*, Munich, Zentralverlag der NSDAP, 1941, p. 364-369 ; trad. angl., German Propaganda Archive, Calvin College, consulté le 17 juillet 2018, en ligne à l'adresse <http://research.calvin.edu/german-propaganda-archive/goeb29.htm>).

36. Aux États-Unis, les riches ne vivent pas dans des quartiers clos, sauf une petite minorité, mais ils ne se sentent pas pour autant en sécurité. J'ai évoqué dans *La Grande Fracture* un dîner entre ultrariches où un thème récurrent était : « Souvenons-nous de la guillotine ! » – ils s'invitaient tous ainsi à poser des bornes à leur cupidité sans frein.

37. C'était une thèse centrale de mon article dans *Vanity Fair*, « Du 1 %, par le 1 %, pour le 1 % », art. cité, et de mon livre *Le Prix de l'inégalité, op. cit.* Voir aussi les références qui sont données dans cet ouvrage, et l'analyse qui suit.

38. En octobre 2017, l'administration Trump a interdit aux scientifiques qui reçoivent des crédits de l'Environmental Protection Agency (EPA) de servir dans les comités scientifiques consultatifs de l'EPA, par crainte, a-t-elle dit, de « conflits d'intérêts ». Elle n'a exprimé aucune inquiétude du même ordre au sujet des membres de ces comités qui reçoivent des dons des industries réglementées par l'EPA, par exemple celles du pétrole et du gaz. Voir Warren Cornwall, « Trump's EPA Has Blocked Agency Grantees from Serving on Science Advisory Panels. Here Is What It Means », *Science*, 31 octobre 2017.

39. Et il y a eu, bien sûr, quelques universitaires qui se sont mis au service de ces idéologies : ils se sont chargés de faire applaudir à tout rompre la mondialisation et la déréglementation financière. Au chapitre 4, j'explique que, dans l'analyse économique standard, l'intégration commerciale avec les pays en développement et les marchés émergents aboutit à une baisse de la demande en travail non qualifié aux États-Unis, quel que soit le salaire. Autant dire que, même si nous réussissons à maintenir le plein emploi, les salaires réels des travailleurs non qualifiés vont diminuer, malgré l'augmentation du PIB. Néanmoins, dans les années où je faisais partie de l'administration Clinton – administration qui semblait se préoccuper des épreuves vécues par les cols bleus –, il était difficile de trouver un économiste qui s'inquiétait des effets de la mondialisation sur les salaires réels des non-qualifiés. (Le secrétaire au Travail Robert Reich était une remarquable exception.) Apparemment, même de bons économistes voulaient croire que la mondialisation était bonne pour tous – y compris si nous ne prenions aucune mesure compensatoire. L'économie du ruissellement, dès cette époque, s'était puissamment ancrée dans les esprits.

40. Autrement dit, qu'on ait cru, à tort, à l'économie du ruissellement évoquée dans la note précédente, ou, ayant compris que la situation des travailleurs s'était réellement dégradée, qu'on ait pensé, à tort, que leurs épreuves seraient temporaires.

41. Un argument est souvent avancé en faveur des mesures fiscales régressives (qui bénéficient aux riches plus qu'aux pauvres) : elles donnent de l'argent aux riches, qui sont les créateurs d'emplois, et leur création d'emplois bénéficie à tous. Mais cette théorie repose sur trois postulats erronés : elle suppose que les individus très talentueux ne sont qu'une poignée ; que seules les incitations matérielles les motivent, et non l'excitation de créer une nouvelle affaire ou la satisfaction de fournir des services qui répondent aux désirs ou aux besoins de notre société ; et que tout ce qui est nécessaire à leur succès est une fiscalité faible et une réglementation souple.

La source réelle de la création d'emplois n'est pas tant notre classe entrepreneuriale que, tout simplement, la *demande*. Quand la demande totale est élevée, des emplois se créent. Certes, l'esprit d'entreprise est nécessaire, mais on ne manque pas de personnes capables et désireuses de se lancer, pourvu qu'il y ait une demande et pourvu qu'elles puissent obtenir un financement. Le rôle de l'État est de faire en sorte que la demande et le financement soient suffisants.

42. Mais attention : lorsque l'économie se trouve au-dessous du plein emploi, l'État doit se mettre en déficit. Les dépenses publiques doivent alors être supérieures aux prélèvements fiscaux. La chancelière allemande Angela Merkel a eu tort d'assimiler l'État à une « ménagère souabe » qui doit équilibrer les comptes de son foyer. Il y a une différence essentielle : en cas de chômage élevé, dépenser plus au niveau national crée des emplois, ce qui accroît le revenu, et l'augmentation de la demande totale crée alors encore plus d'emplois – c'est un cercle vertueux.

43. La raison est claire : la réduction des taux d'imposition au sommet peut renforcer les incitations à la « recherche de rente », autrement dit à des initiatives qui n'augmentent pas la taille du gâteau national, mais seulement le revenu, disons, des dirigeants des grandes compagnies. Voir Thomas Piketty, Emmanuel Saez et Stefanie Stantcheva, « Optimal Taxation of Top Labor Incomes : A Tale of Three Elasticities », *American Economic Journal : Economic Policy*, vol. 6, n° 1, 2014, p. 230-271.

44. Les échecs des réductions d'impôts de George Bush fils sont analysés dans Emily Horton, « The Legacy of the 2001 and 2003 "Bush" Tax Cuts », Center on Budget and Policy Priorities, 23 octobre 2017. Avec Anton Korinek, j'ai montré qu'il y avait même certaines présomptions poussant à conclure que les réductions d'impôts de Bush allaient plutôt ralentir l'investissement. « Dividend Taxation and Intertemporal Tax Arbitrage », *Journal of Public Economics*,

vol. 93, 2009, p. 142-159. Pour certaines remarques intéressantes, voir William G. Gale, « Five Myths about the Bush Tax Cuts », *Washington Post,* 1er août 2010. Pour une analyse plus détaillée, voir une série d'articles de William G. Gale et Peter R. Orszag sur divers aspects de la politique fiscale de l'administration Bush, parus dans *Tax Notes* en 2004 sous le titre général « Tax Policy in the Bush Administration » : « Introduction and Background », vol. 104, n° 12, p. 1291-1300 ; « Distributional Effects », vol. 104, n° 14, p. 1559-1566 ; « Revenue and Budget Effects », vol. 105, n° 1, p. 105-118 ; « Effects on Long-Term Growth », vol. 105, n° 3, p. 415-423 ; « Short-Term Stimulus », vol. 105, n° 6, p. 747-756 ; « Down Payment on Tax Reform ? », vol. 105, n° 7, p. 879-884 ; et « Starving the Beast ? », vol. 105, n° 8, p. 999-1002.

Voir aussi Danny Yagan, « Capital Tax reform and the Real Economy : the Effects of the 2003 Dividend Tax Cut », *American Economic Review,* vol. 105, n° 12, 2015, p. 3531-3563, pour les preuves de l'effet nul de la réduction d'impôts sur l'investissement des entreprises et sur la rémunération du personnel. Comme le montre aussi Yagan, si la réduction d'impôts n'a eu aucune influence sur l'investissement et sur les salaires, elle a accru la fortune des actionnaires, qui ont reçu des dividendes plus élevés. Voir également Raj Chetty et Emmanuel Saez, « Dividend Taxes and Corporate Behavior : Evidence from the 2003 Dividend Tax Cut », *Quarterly Journal of Economics,* vol. 120, n° 3, 2005, p. 791-833.

De plus, les données empiriques et de bonnes raisons théoriques indiquent qu'une baisse des taux d'imposition des entreprises ne va pas conduire à une hausse de l'investissement. Le président Reagan avait ramené le taux de l'impôt sur les sociétés de 46 % à 34 %. Par la suite, l'impôt effectif sur le revenu des sociétés est descendu encore plus bas, car les compagnies ont réussi à insérer des failles dans les lois fiscales et appris à mieux les exploiter, si bien que le taux d'imposition effectif avant la nouvelle baisse effectuée par Trump n'était que de 18 %. Mais la hausse de l'investissement promise n'a pas eu lieu. Puisqu'il y a déductibilité fiscale des intérêts et que la plupart des investissements sont financés à la marge par l'emprunt, le taux d'imposition influence de façon identique le retour sur investissement et le coût du capital. Il était donc à prévoir qu'une baisse des taux d'imposition aurait peu d'effets sur l'investissement. Voir Joseph E. Stiglitz, « Taxation, Corporate Financial Policy and the Cost of Capital », *Journal of Public Economics,* n° 2, février 1973, p. 1-34. L'expérience de la loi fiscale de Trump, exposée plus loin en détail, confirme ce point.

45. Notons-le bien : la Suède a des taux d'imposition beaucoup plus élevés que les États-Unis, et pourtant son taux d'épargne des ménages représente systématiquement près du double de celui des États-Unis. Le taux de participation à la population active (la proportion des citoyens en âge de travailler qui

ont ou cherchent un emploi) est aussi beaucoup plus faible aux États-Unis que dans de nombreux autres pays qui ont des taux d'imposition bien supérieurs.

46. Nancy MacLean, éminente historienne de la Duke University, a replacé ces visées dans leur contexte historique : voir son livre *Democracy in Chains: The Deep History of the Radical Right's Stealth Plan for America*, New York, Penguin, 2017.

47. Notamment notre économie de marché concurrentielle et réglementée, et notre démocratie, avec son système de contrôles et de contre-pouvoirs évoqué plus haut, et sur lequel nous donnerons d'autres détails plus loin.

48. Discours d'inauguration, 20 janvier 1961.

49. Francis Fukuyama, on l'a dit, avait vu dans ces événements « la fin de l'histoire ». Le monde entier allait désormais converger vers ce système économique et politique.

50. Alain Cohn, Ernst Fehr et Michel André Maréchal, « Business Culture and Dishonesty in the Banking Industry », *Nature*, vol. 516, n° 7592, 2014, p. 86-89.

51. Yoram Bauman et Elaina Rose, « Selection or Indoctrination : Why Do Economics Students Donate Less than the Rest ? », *Journal of Economic Behavior and Organization*, vol. 79, n° 3, 2011, p. 318-327. Voir dans cet article d'autres références à un corpus de littérature scientifique d'une grande richesse.

52. Notamment dans sa *Théorie des sentiments moraux* (1759), qui s'ouvre sur ces célèbres lignes : « Aussi égoïste que l'homme puisse être supposé, il y a évidemment certains principes dans sa nature qui le conduisent à s'intéresser à la fortune des autres et qui lui rendent nécessaire leur bonheur, quoiqu'il n'en retire rien d'autre que le plaisir de les voir heureux » (Adam Smith, *Théorie des sentiments moraux*, trad. fr. de Michaël Biziou, Claude Gautier et Jean François Pradeau, Paris, Presses universitaires de France, coll. « Quadrige », 2003, p. 23).

53. Voir Karla Hoff et Joseph E. Stiglitz, « Striving for Balance in Economics : Towards a Theory of the Social Determination of Behavior », *Journal of Economic Behavior and Organization*, vol. 126, 2016, p. 25-57.

CHAPITRE 2. VERS UNE ÉCONOMIE PLUS DÉPRIMANTE

1. Dans sa conférence présidentielle, peu avant la Grande Récession, le prix Nobel Robert Lucas, président de l'American Economic Association, avait annoncé la mort des fluctuations économiques sérieuses. « La macroéconomie [...] a réussi, a-t-il notamment déclaré. Le problème crucial de la prévention des dépressions a été résolu, à toutes fins pratiques, et cela depuis des

décennies. » Ce discours a été publié : Robert E. Lucas Jr, « Macroeconomic Priorities », *American Economic Review*, vol. 93, n° 1, 2003, p. 1-14 ; cette citation se trouve p. 1.

2. Robert E. Lucas Jr le formule ainsi : « Parmi les tendances qui nuisent à une saine pratique de la science économique, la plus séduisante, et à mon avis la plus toxique, est la concentration sur les questions de répartition » (« The Industrial Revolution : Past and Future », rapport annuel de la Réserve fédérale de Minneapolis, mai 2004).

3. Parfois, les deux s'entremêlent. Pensons à l'inventeur qui utilise le système des brevets pour créer un monopole, après quoi, par le biais de divers mécanismes dont certains seront décrits plus loin, il étend ce pouvoir de marché et en prolonge la durée. Une large part de son enrichissement viendra ensuite de l'exploitation de son pouvoir de marché.

Une bonne partie de l'Amérique s'est construite, bien entendu, sur une forme d'exploitation tout à fait différente. L'esclavage, qui a joué un rôle central dans le développement du sud des États-Unis, n'était pas une institution de marché : même si les esclaves étaient achetés et vendus, le système reposait sur la coercition. Et après son abolition, la coercition de « Jim Crow » a maintenu l'oppression des Afro-Américains, ce qui s'est traduit pour eux par des salaires faibles et pour les employeurs du Sud par des profits plus élevés. [Jim Crow est le nom d'un personnage fictif de Noir caricatural des années 1820, vite utilisé comme insulte raciste contre les Afro-Américains dans les États du Sud. Il désigne aujourd'hui l'ancienne législation de ségrégation raciale de ces États. – *NdT.*] À l'époque de la guerre de Sécession, la valeur de marché des esclaves représentait une proportion importante de la richesse du Sud.

4. Les chiffres préliminaires de 2018 suggèrent une certaine amélioration, qui résulte d'un stimulant budgétaire massif (la grosse augmentation du déficit). Comme on pouvait le prévoir, ce stimulant va accélérer la croissance pour un temps – mais seulement pour un temps. Au regard de l'envergure de la stimulation, l'accélération est inférieure à ce qu'on aurait pu espérer. L'une des raisons est que la loi fiscale a été très mal conçue.

De 2010 à 2016, le rapport moyen « investissement brut sur PIB » des États-Unis a été inférieur de près de 9 % à la moyenne des pays de l'OCDE (l'Organisation de coopération et de développement économiques, le « club » des pays avancés) et de plus de 20 % au niveau des pays les plus performants – comme le Canada. (L'investissement brut est la part du produit d'un pays dépensée pour construire de nouvelles usines, de nouvelles machines et des logements neufs, que l'on considère comme les actifs productifs d'une économie. Il ne comprend pas l'accumulation de stocks, et ne prend pas en compte la dépréciation, l'amoindrissement des actifs productifs dû à leur usage ou au temps. Il ne comprend pas non plus les achats de biens fonciers.) Dans le système de la comptabilité nationale, la série statistique officielle qui l'indique s'appelle « formation brute de capital fixe ».

5. L'écart résulte en partie, mais en partie seulement, d'un ralentissement du taux de croissance démographique. La croissance du revenu par habitant est passée de 2,3 % à 1,7 %. D'autres facteurs ont pu aussi contribuer au ralentissement de la croissance – par exemple le changement de structure de l'économie, passée de la prédominance de l'industrie à celle des services. Il est peut-être plus difficile d'arracher des gains de productivité dans le secteur des services. Ce pourrait être aussi une simple question de malchance : il s'est trouvé qu'on a fait moins de grandes découvertes dynamisant la productivité que dans les décennies précédentes. Mais je suis persuadé que les changements structurels et la malchance n'expliquent pas tout.

La plupart des chiffres de ce chapitre viennent de sources standard : les statistiques économiques de la Réserve fédérale (FRED), le Bureau du recensement des États-Unis, le rapport annuel du FMI « Perspectives de l'économie mondiale », l'OCDE et la base de données sur les revenus dans le monde (World Inequality Database). J'ai utilisé les statistiques de la Réserve fédérale pour les mesures du PIB aux États-Unis ; celles du Bureau du recensement pour les chiffres sur les salaires réels médians ; celles de l'OCDE pour comparer certaines variables dans les pays de cette organisation ; la World Inequality Database pour les revenus moyens de diverses catégories et leurs parts dans la répartition du revenu (1 % le plus riche, 0,1 % le plus riche, 50 % les plus pauvres). Pour toutes ces sources, je me suis servi des versions les plus récentes et des chiffres les plus récents qui étaient disponibles au moment de l'impression du livre.

6. Source : Nations unies, pour la dernière année disponible, 2017. Dans les statistiques du FMI et de la Banque mondiale, les États-Unis se classent en septième position pour le revenu par habitant. Ces séries comparent les revenus aux taux de change du marché. Lorsqu'on utilise les parités de pouvoir d'achat, les États-Unis, selon le FMI et la Banque mondiale, descendent à la onzième place. [Les parités de pouvoir d'achat (PPA) sont des taux de conversion monétaire fixés de telle façon qu'une même somme, convertie dans la monnaie nationale de chaque pays, permet d'acheter le même panier de biens et services dans chaque pays ; elles permettent de mieux comparer les revenus intérieurs entre les pays – *NdT.*]

7. Indice du capital humain de la Banque mondiale, en ligne à l'adresse <https://www.worldbank.org/en/data/interactive/2018/10/18/human-capital-index-and-components-2018>.

8. Source : PISA (Program for International Student Assessment), tests de l'année 2015, la dernière année disponible. Les écarts sont quantitativement importants. Un élève de seconde parmi les meilleurs (Shanghai, Chine) en sait

autant qu'un élève de terminale dans l'État américain le plus brillant, le Massachusetts.

9. Source : statistiques de l'OCDE pour l'année 2016.

10. « Heures travaillées », OCDE, 2017 ou derniers chiffres disponibles, en ligne à l'adresse <https://data.oecd.org/fr/emp/heures-travaillees.htm>.

11. La croissance totale de la productivité aux États-Unis sur la période a été de 2,3 %. La moyenne de l'OCDE a été de 4,9 %. Source : OCDE, en ligne à l'adresse <https://data.oecd.org/fr/lprdty/pib-par-heure-travaillee.htm>.

12. En termes de parité de pouvoir d'achat (PPA), mesure qui prend en compte le fait que les mêmes biens ont des prix différents selon les pays. Le PIB de la Chine a dépassé celui des États-Unis en 2015. On effectue souvent aussi des comparaisons sur la base des taux de change courants, qui peuvent fluctuer considérablement. Ainsi mesuré, le PIB de la Chine est encore inférieur à celui des États-Unis. Toutefois, selon la métrique standard, la Chine reste un pays en développement, avec un revenu par habitant qui représente, en gros, le cinquième de celui des États-Unis.

13. Puisque les pays en développement doivent rattraper leur retard, il est normal qu'ils aient des taux de croissance plus élevés – en 2016, dernière année pour laquelle nous avons des chiffres, les États-Unis se classaient cent-trente-neuvièmes.

14. Statistiques de la Banque mondiale pour ce chiffre et celui des personnes sorties de la pauvreté, cité un peu plus loin.

15. World Inequality Database, <www.wid.world>. Évidemment, cette croissance n'a pas été partagée à égalité en Chine : le pourcentage du revenu total allant aux catégories moyennes et inférieures a diminué, mais cette transformation n'en est pas moins impressionnante.

16. Les présidents s'efforcent d'exagérer le rôle que jouent leurs politiques dans la croissance. Trump fait remonter la poussée de croissance aux États-Unis à la date de son élection – comme si la simple conscience de son arrivée prochaine aux commandes avait changé le cours de l'économie. En fait, s'il a parlé avec exaltation de la performance des États-Unis en 2017, sa première année de mandat, il n'a pas précisé que le taux de croissance des États-Unis cette année-là était plus faible que la moyenne des pays avancés. Même l'écart entre les taux de croissance de 2016 et de 2017 aux États-Unis (0,76 %) était à peine supérieur à l'écart moyen de l'OCDE (0,64 %) et n'atteignait pas la moitié de celui de notre voisin du Nord, le Canada (1,55 %). Or, en 2016, la croissance du Canada avait été à peu près la même que celle des États-Unis. Si quelqu'un a des raisons de crier victoire, c'est donc le Premier ministre canadien Justin Trudeau, et pas Trump. En 2018, la hausse massive du déficit budgétaire a « dopé » l'Amérique : cette injection d'énergie immédiate a provoqué une croissance réelle du PIB d'environ 3 %. Mais on ne

s'attend pas à voir durer la dynamique ; en 2019, la croissance devrait être nettement inférieure.

17. De nombreux dirigeants américains, pratiquement depuis l'époque de la fondation du pays, ont jugé la lutte contre l'inégalité essentielle pour créer une démocratie florissante. Sean Wilentz a écrit l'histoire définitive des rapports entre inégalité et politique aux États-Unis. Voir son livre *The Politicians and the Egalitarians : The Hidden History of American Politics*, New York, W. W. Norton, 2017.

18. Voir Olivier Giovannoni, « What Do We Know about the Labor Share and the Profit Share ? Part III : Measures and Structural Factors », document de travail 805, Levy Economics Institute, 2014.

19. Parts mesurées de 1977 à 2017, l'année la plus récente pour laquelle nous avons des chiffres. Thomas Piketty et Emmanuel Saez, « Income Inequality in the United States, 1913-1998 », *Quarterly Journal of Economics*, vol. 118, n° 1, 2003, p. 1-39. On trouvera les tableaux et les chiffres de cet article mis à jour jusqu'en 2017 sur le site d'Emmanuel Saez : <https://eml.berkeley.edu/~saez>.

20. Tableau A-4 du rapport sur le revenu et la pauvreté du Bureau du recensement des États-Unis, *Income and Poverty in the United States : 2016*, en ligne à l'adresse <https://www.census.gov/content/dam/Census/library/publications/2017/demo/P60-259.pdf>.

21. Statistiques économiques de la Réserve fédérale. On pensait autrefois qu'en augmentant le salaire minimum on provoquait une hausse importante du chômage. Mais, depuis le travail pionnier de David Card et Alan B. Krueger (« Minimum Wages and Employment : A Case Study of the Fast-Food Industry in New Jersey and Pennsylvania », *American Economic Review*, vol. 84, n° 4, 1994, p. 772-793), il y a un consensus croissant pour estimer que ce n'est pas le cas, l'une des raisons étant le poids prépondérant du pouvoir de marché sur les marchés du travail (examiné au chapitre 3). (Voir « The Effects of a Minimum-Wage Increase on Employment and Family Income », Congressional Budget Office, 18 février 2014.) En fait, augmenter le salaire minimum pourrait même avoir des effets positifs sur l'emploi.

22. Plus exactement, les rémunérations, qui comprennent les avantages annexes. Economic Policy Institute, résultats fondés sur son analyse des statistiques du Bureau of Labor Statistics et du Bureau of Economic Analysis, consultés le 17 juillet 2018, en ligne à l'adresse <https://www.epi.org/productivity-pay-gap>.

23. Le sujet des inégalités salariales a beaucoup retenu l'attention ces derniers temps. Par exemple, Song et ses collègues, en s'appuyant sur un ensemble massif de données, montrent que l'augmentation des écarts de rémunération à l'intérieur d'une entreprise joue dans la croissance de l'inégalité salariale un

rôle important, mais inférieur à celui de l'accroissement des écarts entre les entreprises, bien que ceux-ci s'expliquent en grande partie par des changements du mix de qualifications en leur sein. D'autres travaux soulignent que les écarts de salaires entre les entreprises semblent liés à des écarts de rentabilité – avec les chiffres dont nous disposons, il nous est la plupart du temps impossible de distinguer entre les firmes dont la rentabilité s'explique par une productivité supérieure et celles qui ont un pouvoir de marché supérieur. Les données citées dans d'autres passages de ce livre sur la concentration croissante des marchés soulignent que les différences entre les compagnies qui ont un pouvoir de marché et celles qui n'en ont pas deviennent toujours plus fortes. Néanmoins, il y a des écarts de productivité importants et souvent durables d'une entreprise à une autre. Nous en avons parlé, Greenwald et moi, dans *La Nouvelle Société de la connaissance, op. cit.* L'existence de ces écarts est l'une des preuves à l'appui de notre critique de la théorie standard, qui postule que les connaissances se diffusent vite et sans aucun coût dans toute l'économie. Les progrès de l'apprentissage et des technologies d'apprentissage travaillent réellement à réduire ces inégalités, mais il peut y avoir des forces qui œuvrent en sens contraire (le rythme plus rapide de l'innovation dans certains domaines, par exemple). Voir Jae Song, David J. Price, Fatih Guvenen, Nicholas Bloom et Till Von Wachter, « Firming up inequality », *Quarterly Journal of Economics,* vol. 134, n° 1, 2018, p. 1-50 ; David Card, Ana Rute Cardoso, Jörg Heining et Patrick Kline, « Firms and Labor Market Inequality : Evidence and Some Theory », *Journal of Labor Economics,* vol. 36, n° S1, 2018, p. S13-S70 ; Jason Furman et Peter R. Orszag, « A Firm-Level Perspective on the Role of Rents in the Rise of Inequality », in Martin Guzman (éd.), *Toward a Just Society : Joseph Stiglitz and Twenty-first Century Economics,* New York, Columbia University Press, 2018, p. 10-47 ; Hernan Winkler, « Inequality among Firms Drives Wage Inequality in Europe », Brookings, 21 mars 2017, en ligne à l'adresse <https://www.brookings.edu/blog/future-development/2017/03/21/inequality-among-firms-drives-wage-inequality-in-europe> ; Giuseppe Berlingieri, Patrick Blanchenay et Chiara Criscuolo, « The Great Divergence(s) », OCDE, documents de politique scientifique, technologique et industrielle, n° 39, 2017 ; et Julián Messina, Oskar Nordström Skans et Mikael Carlsson, « Firms' Productivity and Workers' Wages : Swedish Evidence », Vox CEPR Policy Portal, 23 octobre 2016.

24. J'ai écrit deux livres sur le sujet, pour expliquer que l'inégalité n'affaiblit pas seulement notre économie, mais mine aussi notre démocratie et divise notre société (*Le Prix de l'inégalité, op. cit.,* et *La Grande Fracture, op. cit.*). À l'évidence, la plupart des Américains n'avaient conscience ni de l'ampleur de cette inégalité croissante ni de ses conséquences. Pour les alerter, j'ai contribué à superviser une série d'articles sur le sujet dans le *New York Times,* qui a

été publiée en 2013 et en 2014, avec des contributions de Judith Warner, Jacob Soll, Andrea Levere, David L. Kirp, Corey Robin, Alice Goffman, Robert Balfanz, Maria Konnikova et Barbara Dafoe Whitehead. J'ai abordé ces questions dans tous les organes de presse où j'ai pu le faire, de *Vanity Fair* à *The Nation* et *Politico*, et dans ma tribune mensuelle pour le Project Syndicate, publiée dans des journaux du monde entier.

25. Un de mes coauteurs dans nombre de mes premiers travaux sur la fiscalité redistributive optimale.

26. Barack Obama, discours au Center for American Progress, Washington, DC, décembre 2013. Dans un discours du 6 décembre 2011, déjà, qu'il avait prononcé au lycée d'Osawatomie (Kansas), il avait déclaré : « Quand des familles de classe moyenne ne peuvent plus se permettre d'acheter les biens et services que vendent les entreprises, quand des gens dévissent et tombent en dehors de la classe moyenne, c'est l'ensemble de l'économie, du sommet à la base, qui est tirée vers le bas. L'Amérique s'est construite sur l'idée d'une prospérité largement répartie, de consommateurs à fort pouvoir d'achat dans tout le pays. C'est pourquoi un P-DG comme Henry Ford s'est donné mission de payer suffisamment ses ouvriers pour qu'ils puissent acheter les voitures qu'il construisait. Et c'est aussi pourquoi les pays qui ont moins d'inégalité, comme l'a démontré une étude récente, ont en général une croissance économique plus forte et plus régulière à long terme. » C'était évidemment la thèse centrale de mon livre *Le Prix de l'inégalité*.

27. *The Kerner Report: The 1968 Report of the National Advisory Commission on Civil Disorders*, New York, Pantheon, 1988. Une version condensée de ce rapport a été publiée en français : *Le Rapport noir*, trad. fr. d'Yves Malartic, Paris, Éditions premières, coll. « Édition spéciale », 1968.

28. *Ibid.*, p. 172 (trad. légèrement modifiée). On m'a demandé d'évaluer les changements intervenus dans le demi-siècle qui a suivi. Mes conclusions ont été déprimantes. On les trouvera dans mon texte « Economic Justice in America : Fifty Years after the Kerner Report », *in* Fred Harris et Alan Curtis (éd.), *Everybody Does Better When Everybody Does Better : The Kerner Report at Fifty/A Blueprint for America's Future*, Philadelphie, Temple University Press, 2017. Le plus désespérant est ce témoignage d'un éminent chercheur, le Dr Kenneth B. Clark, devant la Commission Kerner. « Je lis ce rapport [...] au sujet de l'émeute de 1919 à Chicago, a-t-il déclaré, et j'ai l'impression de relire le rapport de la Commission d'enquête sur l'émeute de Harlem en 1935, le rapport de la Commission d'enquête sur l'émeute de Harlem en 1943, le rapport de la Commission McCone sur l'émeute de Watts [en 1965]. De nouveau, je dois vous dire en toute sincérité à vous, membres de cette Commission, on se croirait avec Alice au Pays des Merveilles. Les mêmes tableaux animés reparaissent sans cesse, la même analyse, les

mêmes recommandations… et la même inertie» (*Le Rapport noir, op. cit.*, p. 363).

29. Eileen Patten, «Racial, Gender Wage Gaps Persist in U.S. Despite Some Progress», Pew Research Center, juillet 2016. Bien entendu, des statistiques plus fines nous permettent de distinguer le rôle relatif des différences de niveau d'instruction, de l'expérience professionnelle et de la discrimination.

30. Parmi les pays qui font mieux que les États-Unis, il y a le Japon, la Norvège, la Suède, l'Australie, l'Islande, le Canada, la Nouvelle-Zélande, les Pays-Bas, l'Autriche et le Danemark. En 2015 (date des derniers chiffres comparables disponibles), tous ces pays avaient des espérances de vie nettement supérieures à 80 ans; le Japon était en tête avec 83,9 ans; les États-Unis, avec 78,8 ans, se situaient entre le Chili et la République tchèque. Chiffres de l'OCDE.

31. À la publication de ce livre, les chiffres les plus récents étaient ceux de 2017.

32. Le taux de mortalité est simplement la proportion d'une cohorte d'âge donnée (disons les 50-55 ans) qui meurent au cours d'une année, ou dans un intervalle de cinq ans. Quand les taux de mortalité diminuent, l'espérance de vie augmente.

33. «The Growing Life-Expectancy Gap Between Rich and Poor», Brookings Institution, 22 février 2016, consulté le 24 novembre 2018, en ligne à l'adresse <https://www.brookings.edu/opinions/the-growing-life-expectancy-gap-between-rich-and-poor>.

34. Anne Case et Angus Deaton, «Rising Morbidity and Mortality in Midlife among White Non-Hispanic Americans in the 21st Century», *Proceedings of the National Academy of Sciences*, vol. 112, n° 49, 2015, p. 15078-15083; voir aussi Anne Case et Angus Deaton, «Mortality and Morbidity in the 21st Century», *Brookings Papers on Economic Activity*, printemps 2017, p. 397-476. Les taux de mortalité ont augmenté ces dernières années pour tous les Blancs des États-Unis, alors qu'ils sont en baisse dans le reste du monde. En même temps, notons-le bien, les taux de mortalité des Afro-Américains restent supérieurs à ceux des Blancs. Peu importe la race: les épreuves économiques sont mauvaises pour la santé.

35. J'ai déjà noté ces tendances perturbantes, notamment dans l'édition de poche 2013 du *Prix de l'inégalité*. [Il s'agit de l'édition de poche américaine, publiée avec une nouvelle préface: *The Price of Inequality: How Today's Divided Society Endangers Our Future*, W.W. Norton, 2013, *paperback* – *NdT*.] J'y signale des statistiques tout aussi inquiétantes pour les femmes non diplômées du supérieur. Les travaux cités plus haut de Jennifer Sherman, Joan Williams, Katherine J. Cramer, Michèle Lamont, Arlie Hochschild, J. D. Vance et

Amy Goldstein éclairent les changements sociaux qui ont créé les conditions de cette multiplication des «morts de désespoir».

36. Cette étude indique aussi qu'ils ont de «faibles niveaux de bien-être émotionnel» et «trouvent assez peu de sens à leurs activités quotidiennes», ce qui montre bien l'importance du travail. Voir Alan B. Krueger, «Where Have All the Workers Gone? An Inquiry into the Decline of the U.S. Labor Force Participation Rate», *Brookings Papers on Economic Activity*, vol. 48, n° 2, 2017, p. 1-87.

37. L'abus du pouvoir d'entreprise, sujet du chapitre suivant, joue un rôle direct dans l'histoire de l'épidémie d'opioïdes: c'est Purdue Pharma qui dealait ces drogues médicamenteuses. Voir Beth Macy, *Dopesick: Dealers, Doctors, and the Drug Company that Addicted America*, Boston, Little, Brown, 2018. Le pouvoir d'entreprise est aussi à l'œuvre dans l'épidémie d'obésité. Les Centres de prévention et de lutte contre la maladie indiquent que près de 40 % des Américains sont obèses. Pour les Hispaniques et les Noirs non hispaniques, les chiffres sont encore plus élevés (environ 47 %). L'obésité est moins importante chez les hommes et les femmes qui ont un diplôme universitaire; et plus importante dans le Sud et le Midwest que dans le reste du pays. Le plus perturbant est la vive augmentation de la proportion des enfants et adolescents touchés – près de 1 sur 5: elle a plus que triplé depuis les années 1970. L'obésité dépend beaucoup du régime alimentaire. Les boissons sucrées dealées par Coca-Cola et les autres compagnies du soda, ou les aliments sucrés et salés conçus pour être addictifs, sont des cas typiques d'exploitation des consommateurs trop confiants par de grandes entreprises. Voir, par exemple, David A. Kessler, M.D., *The End of Overeating: Taking Control of the Insatiable American Appetite*, New York, Rodale Books, 2009. Kessler a dirigé la Food and Drug Administration de 1990 à 1997. [La Food and Drug Administration est l'administration publique qui autorise la vente de produits alimentaires ou de médicaments après avoir vérifié qu'ils ne sont pas dangereux – *NdT.*] (Pour les chiffres de l'obésité aux États-Unis, voir <https://www.cdc.gov/obesity/index.html>. Pour le rôle du régime alimentaire dans l'obésité, voir <https://www.hsph.harvard.edu/obesity-prevention-source/obesity-causes/diet-and-weight>. Pour un exemple d'étude scientifique qui établit le lien entre les boissons sucrées et le poids, voir Lenny R. Vartanian, Marlene B. Schwartz et Kelly D. Brownell, «Effects of Soft Drink Consumption on Nutrition and Health: A Systematic Review and Meta-Analysis», *American Journal of Public Health*, vol. 97, 2007, p. 667-675.)

38. Le meilleur site pour les statistiques sur l'inégalité est peut-être inequality.org.

Il y a une certaine controverse sur les sources de l'inégalité des fortunes comme sur son évolution future. Thomas Piketty, dans son livre de 2013 justement salué *Le Capital au XXIe siècle* (Paris, Éd. du Seuil), soutient par exemple que la transmission des héritages d'une génération à la suivante aboutit à une inégalité toujours plus forte. La récente montée en flèche de l'inégalité, écrit-il, reflète ce très vieux processus qu'avaient momentanément interrompu la Seconde Guerre mondiale et l'élan de solidarité sociale qu'elle avait fait naître. Mon propre point de vue, que j'ai formulé pour la première fois dans les années 1960, est un peu différent, sans être totalement opposé. J'estime que, si la transmission intergénérationnelle de l'avantage est un facteur important, il existe des forces centrifuges et centripètes qui se compensent: les premières poussent l'économie à la dislocation, les secondes l'unifient, et, normalement, les unes et les autres s'équilibrent à long terme. Que s'est-il passé depuis le milieu des années 1970? L'équilibre a été rompu, les forces centrifuges se sont renforcées et les forces centripètes affaiblies. Nous assistons au passage de l'économie à un nouvel équilibre, bien plus inégalitaire que l'ancien. (Voir Joseph E. Stiglitz, «Distribution of Income and Wealth Among Individuals», *Econometrica*, vol. 37, n° 3, 1969, p. 382-397; et «New Theoretical Perspectives on the Distribution of Income and Wealth Among Individuals: Parts I-IV», NBER, document de travail n° 21, 2015, p. 21189-21192.)

39. Un an plus tôt seulement, ils étaient quarante-trois, et l'année précédente soixante et un. La fortune des milliardaires a augmenté à un taux annuel moyen de 13 % depuis 2010; 82 % de la richesse créée dans le monde en 2017 est allée au 1 % le plus riche, et absolument rien aux 50 % les plus pauvres. Voir *Services publics ou fortunes privées?*, Oxfam, janvier 2019, et *Partager la richesse avec celles et ceux qui la créent*, Oxfam, janvier 2018.

40. L'immense fortune de ces deux familles (qui serait de près de 175 milliards de dollars pour les Walton et de 120 milliards de dollars pour Charles et David Koch en 2018) est aussi importante que la fortune totale d'une proportion incroyablement élevée des Américains – en 2016, l'année la plus récente pour laquelle nous pouvons effectuer une comparaison fiable, les Walton et les Koch détenaient l'équivalent de la fortune totale des 50 % les plus pauvres. Pour la répartition de la fortune, les chiffres sont ceux de l'enquête 2016 de la Réserve fédérale sur la situation financière des consommateurs (*Survey of Consumer Finance*), après soustraction des biens de consommation durables. Pour la fortune des Walton et des Koch, les chiffres proviennent de la revue *Forbes*. Le best-seller de Jane Mayer, *Dark Money: The Hidden History of the Billionaires behind the Rise of the Radical Right*, New York, Doubleday, 2016, donne tous les détails au sujet de l'influence démesurée des frères Koch sur la politique américaine.

41. Voir Raj Chetty, Nathaniel Hendren, Patrick Kline et Emmanuel Saez, «Where Is the Land of Opportunity? The Geography of Intergenerational Mobility in the United States», *Quarterly Journal of Economics*, vol. 129, n° 4,

2014, p. 1553-1623; Raj Chetty, Nathaniel Hendren et Lawrence F. Katz, «The Long-Term Effects of Exposure to Better Neighborhoods: New Evidence from the Moving to Opportunity Experiment», document de travail, université Harvard, 2015; et Raj Chetty et Nathaniel Hendren, «The Impacts of Neighborhoods on Intergenerational Mobility Childhood Exposure Effects and County-Level Estimates», document de travail, université Harvard, avril 2015. Les Américains vivent dans des localités caractérisées par une ségrégation économique croissante, si bien que les effets de quartier contribuent éminemment à la transmission intergénérationnelle de l'avantage. Voir Kendra Bischoff et Sean F. Reardon, «Residential Segregation by Income, 1970-2009», *in* John Logan (éd.), *Diversity and Disparities: America Enters a New Century*, New York, Russell Sage, 2014, p. 208-233.

42. Les chiffres sont frappants. Comme l'indique le Pew Mobility Project, «43 % des Américains élevés dans le quintile le plus bas y restent piégés dans leur vie d'adultes», tandis que «40 % de ceux qui ont été élevés dans le quintile le plus haut y restent en tant qu'adultes». En termes de fortune, c'est plus grave encore: près des deux tiers de ceux qui ont été élevés en bas de l'échelle des fortunes restent eux-mêmes dans les deux échelons du bas, et une proportion similaire de ceux qui ont été élevés en haut restent dans les deux échelons du haut. La situation est pire pour les Noirs, puisque «plus de la moitié des Noirs (53 %) élevés au bas de l'échelle du revenu familial y resteront bloqués en tant qu'adultes». Les chiffres montrent le rôle essentiel de l'éducation dans la mobilité ascendante; c'est pour les moins instruits que les probabilités de se retrouver piégés en bas sont les plus fortes. «Pursuing the American Dream: Economic Mobility Across Generations», Pew Mobility Project, juillet 2012.

43. Opportunity Insights, consulté le 18 juillet 2018, en ligne à l'adresse <https://opportunityinsights.org>.

44. «Pursuing the American Dream», Pew Mobility Project.

CHAPITRE 3. EXPLOITATION ET POUVOIR DE MARCHÉ

1. Nous avons aussi progressé dans notre compréhension des limites du modèle de l'équilibre concurrentiel. Celui-ci n'est pas robuste: en modifiant légèrement ses hypothèses (en introduisant de petits coûts fixes irrécupérables, ou de faibles coûts de recherche, ou de modestes coûts d'information associés à de petites imperfections de l'information), on aboutit à de gros changements dans ses résultats, par exemple la persistance de fortes doses de pouvoir de marché. Même de faibles manifestations de pouvoir de marché dans de multiples secteurs peuvent conjuguer leurs effets et peser lourd. L'économie de l'information, la théorie des jeux et l'économie

comportementale ont transformé en profondeur notre façon de penser l'économie.

Ironie de l'histoire : au moment même où le modèle concurrentiel standard était balayé par une critique théorique d'une puissance inégalée, son influence pratique s'est développée sous Carter, Reagan et les présidents qui les ont suivis. Cela montre l'importance des décalages temporels dans la connaissance – et peut-être le poids de l'idéologie et des intérêts.

2. Peter Thiel, « Competition Is for Losers », *Wall Street Journal*, 14 septembre 2014.

3. Commission créée par le Congrès pour enquêter sur les causes de la crise financière de 2008.

4. Entretien avec la Commission d'enquête sur la crise financière, 26 mai 2010. Buffett était un actionnaire majeur de Moody's, l'une des trois grandes agences de notation. Propos rapportés par David Dayen, « America's Favorite Monopolist : The Shameful Truth behind Warren Buffett's Billions », *The Nation*, 12 mars 2018, p. 16. Les agences de notation ont joué un rôle central dans la crise, comme l'a noté la Commission dans son rapport final : elles ont été, écrit-elle, des « catalyseurs essentiels de l'effondrement financier ».

5. Discours devant l'Assemblée générale annuelle de 2000 de Berkshire Hathaway (le principal fonds d'investissement de Buffett). Voir D. Dayen, « America's Favorite Monopolist », art. cité. (Lorsque cette citation a été publiée, cela faisait des décennies que Buffett utilisait l'analogie des « douves ».)

6. Par exemple, selon le rapport de l'Union internationale des télécommunications (l'agence spécialisée de l'ONU pour les technologies de l'information et des communications), « Mesurer la société de l'information 2015 », les prix des télécommunications aux États-Unis (haut débit mobile prépayé, 500 Mo) représentaient plus de vingt fois ceux de l'Inde et près de vingt fois ceux de l'Estonie. Susan Crawford, professeure de droit à Harvard et experte en télécommunications, souligne que Comcast et Time Warner dominent 66 % de l'Internet haut débit, souvent sans se concurrencer sur le même marché. Voir Susan Crawford, *Captive Audience : The Telecom Industry and Monopoly Power in the New Gilded Age*, New Haven, Yale University Press, 2013.

7. Pas seulement l'expansion du pouvoir de marché des entreprises et des P-DG qui les gèrent, mais aussi l'insuffisance de pouvoir de marché des travailleurs. Comme le montrera clairement l'analyse de ce chapitre et des suivants, de nombreux facteurs contribuent à ce déséquilibre des forces, et le pouvoir de marché n'est pas le *seul* élément qui nourrit la montée de l'inégalité. Les changements technologiques, par exemple – étudiés plus loin, au chapitre 6 –, accroissent la demande de travail qualifié par rapport à la demande de travail non qualifié. Mais la forme que prennent ces changements est en partie le résultat de décisions managériales sur la dépense des maigres budgets de

recherche : ceux qui disposent d'un pouvoir de marché, les dirigeants d'entreprise, ont décidé d'investir d'une façon qui réduit le pouvoir de négociation des travailleurs, en particulier des non-qualifiés.

8. Je m'empresse d'ajouter que ce n'est pas la seule source de l'inégalité, comme l'analyse qui suit le montrera très clairement. Et il ne s'agit pas seulement du pouvoir de marché de l'entreprise dans ses rapports avec les consommateurs, mais aussi de son pouvoir de marché dans ses rapports avec son personnel.

9. Des entreprises peuvent également dépouiller les autres en profitant de leurs faiblesses – par exemple en les incitant à perdre au jeu tout ce qu'ils ont, ou en les persuadant d'emprunter à des taux usuraires. Même pour gagner de l'argent en exploitant des faiblesses, comme le jeu ou l'alcool, il faut un pouvoir de marché : dans notre société amorale, les individus capables et désireux de le faire ne manquent pas ; donc, sans pouvoir de marché, même pour ces activités malfaisantes, les profits seraient vite réduits à zéro.

10. Si, traditionnellement, le discours sur la corruption se concentre sur ce type de cas, il existe aussi, en fait, une corruption très répandue dans le secteur privé, par exemple lorsqu'un salarié (voire un P-DG) profite de son poste pour s'enrichir personnellement, ou lorsqu'une compagnie se comporte malhonnêtement pour prospérer aux dépens des autres.

11. Adam Smith, *Recherches sur la nature et les causes de la richesse des nations* [1776], Livre I, chap. X ; trad. fr. de Germain Garnier revue par Adolphe Blanqui, 2 vol., Paris, Flammarion, coll. « GF », 1991, t. I, p. 205.

12. En fait, cette législation a été votée pour réagir, non au seul risque *potentiel* d'une monopolisation, mais à la présence massive d'un pouvoir de marché qui avait émergé à la fin du XIXe siècle, notamment dans le pétrole, les chemins de fer, les abattoirs et le tabac.

13. Il y a, bien sûr, des fluctuations dans la prime de risque qu'exige le marché, selon l'idée qu'il se fait du niveau de risque dans l'économie.

14. Pour un examen précis du secteur des entreprises, voir Simcha Barkai, « Declining Labor and Capital Shares », document de travail, 2017. Barkai a parfaitement réussi à dégager la part du capital et à démontrer que sa diminution ne peut pas être expliquée par le capital immatériel. Pour une étude utilisant des statistiques au niveau de l'entreprise, voir Jan De Loecker et Jan Eeckhout, « The Rise of Market Power and Macroeconomic Implications », NBER, document de travail n° 23687, 2017.

15. Voir, par exemple, Jacob A. Robbins, « Capital Gains and the Distribution of Income in the United States », Brown University, décembre 2018.

16. Voir Joseph E. Stiglitz, « New Theoretical Perspectives on the Distribution of Income and Wealth among Individuals », art. cité. Pour une analyse

du rôle de l'immobilier résidentiel, voir Matthew Rognlie, « Deciphering the Fall and Rise in the Net Capital Share : Accumulation or Scarcity ? », *Brookings Papers on Economic Activity*, vol. 46, n° 1, printemps 2015, p. 1-69. Voir aussi T. Piketty, *Le Capital au* XXI*e siècle, op. cit.*

17. Le droit d'obtenir un flux de rentes assuré, année après année, a une valeur marchande, qu'on appelle la « valeur capitalisée » de ces rentes. Par exemple, la possession d'un monopole rapportera à son propriétaire des profits chaque année. Le propriétaire pourrait vendre ce flux de profits. On appelle « rentes capitalisées » la valeur de ce flux aujourd'hui.

18. Voir Mordecai Kurz, « On the Formation of Capital and Wealth : IT, Monopoly Power and Rising Inequality », Stanford Institute for Economic Policy Research, document de travail n° 17-016, 2017.

19. Dans le capitalisme du milieu du XXe siècle, les entreprises dotées d'un pouvoir de marché partageaient leurs rentes de monopole avec leur personnel syndiqué. Dans le capitalisme du XXIe siècle, non seulement il y a davantage de pouvoir de marché en moyenne, mais il y a aussi moins de partage des rentes. Les actionnaires des compagnies, et surtout leurs dirigeants, se sont approprié les profits pour eux-mêmes, ce qui aggrave l'inégalité. Mais ces changements ont aussi des effets sur la productivité, car des chefs d'entreprise qui pensent à court terme et ne subissent aucune contrainte des syndicats investissent moins dans leur personnel, et même dans l'avenir de leur compagnie. Quand au sommet les dirigeants accaparent toujours plus de rentes pour leur profit personnel, le moral aux échelons inférieurs peut en pâtir. Pour éviter cet effet, les entreprises pratiquent la « désintégration verticale », en externalisant, par exemple, le nettoyage ou d'autres services peu rémunérés. Les personnels bien payés sont de plus en plus amenés à travailler dans des sociétés où les salaires sont élevés, avec des collègues bien payés, et *vice versa* pour les travailleurs à bas salaires. Voir J. Song *et al.*, « Firming Up Inequality », art. cité ; D. Card *et al.*, « Firms and Labor Market Inequality », art. cité ; et J. Furman et P.R. Orszag, « A Firm-Level Perspective on the Role of Rents in the Rise of Inequality », art. cité.

20. Voir « Benefits of Competition and Indicators of Market Power », note d'information du Comité des conseillers économiques, avril 2016. « Plusieurs indicateurs suggèrent, explique cette note, que la concurrence pourrait s'affaiblir dans de nombreux secteurs économiques, notamment le déclin des créations d'entreprises depuis plusieurs décennies et la hausse des mesures de la concentration dans des secteurs précis. Les chiffres récents montrent aussi que les rendements ont peut-être augmenté pour les entreprises les plus rentables. Dans la mesure où les taux de profit dépassent le coût du capital pour ces compagnies, ils pourraient refléter des rentes économiques, qui sont des rendements des facteurs de production au-delà de ce qui serait nécessaire

pour les maintenir en fonctionnement. Ces rentes pourraient détourner des ressources des consommateurs, créer des distorsions dans les décisions sur l'investissement et l'emploi, et encourager les entreprises à s'engager dans des activités stériles de recherche de rente. »

Même l'hebdomadaire *The Economist*, normalement conservateur, a tiré la sonnette d'alarme : « De 1997 à 2012, écrit-il, la part moyenne pondérée des quatre premières compagnies dans chaque secteur est passée de 26 % à 32 %. » Il relève que les profits baissent dans les secteurs qui ne sont pas concentrés, tandis qu'ils augmentent dans ceux qui le sont. Voir « Too Much of a Good Thing : Profits Are Too High. America Needs a Giant Dose of Competition », 26 mars 2016.

Une série de travaux ont souligné les conséquences du manque de concurrence entre employeurs sur les marchés du travail. Voir José Azar, Ioana Marinescu et Marshall Steinbaum, « Labor Market Concentration », NBER, document de travail n° 24147, décembre 2017 ; José Azar, Ioana Marinescu, Marshall Steinbaum et Bledi Taska, « Concentration in US Labor Markets : Evidence from Online Vacancy Data », IZA [Institut d'économie du travail], document d'analyse, IZA DP n° 11379, mars 2018 ; Arindrajit Dube, Jeff Jacobs, Suresh Naidu et Siddharth Suri, « Monopsony in Online Labor Markets », NBER, document de travail n° 24416, mars 2018 ; et Efraim Benmelech, Nittai Bergman et Hyunseob Kim, « Strong Employers and Weak Employees : How Does Employer Concentration Affect Wages ? », NBER, document de travail n° 24307, février 2018.

21. Gustavo Grullon, Yelena Larkin et Roni Michaely, « Are US Industries Becoming More Concentrated ? », 2016, en ligne à l'adresse <http://finance.eller.arizona.edu/sites/finance/files/grullon_11.4.16.pdf>. Selon Furman et Orszag, entre 1997 et 2012, la concentration des marchés a augmenté dans douze des treize grands secteurs pour lesquels nous disposons de données. Ils citent une série d'études sectorielles au microniveau, sur les compagnies aériennes, les télécommunications, la banque et l'agro-industrie, qui ont toutes montré que la concentration s'était accrue. Voir J. Furman et P.R. Orszag, « A Firm-Level Perspective on the Role of Rents in the Rise of Inequality », art. cité, et D. Card *et al.*, « Firms and Labor Market Inequality », art. cité.

22. Nul n'en sera surpris : les entreprises géantes qui ont davantage de pouvoir de marché ont des rendements plus élevés. Furman et Orszag suggèrent que les progrès de la concentration jouent peut-être un rôle dans les grosses différences de rendement entre grandes compagnies. Les plus rentables (celles du 90ᵉ centile) ont à présent un rendement six fois plus élevé que celles du niveau médian : c'est plus du double de l'écart de 1990. Voir J. Furman et P.R. Orszag, « A Firm-Level Perspective on the Role of Rents in the Rise of Inequality », art. cité ; et J. Furman et P.R. Orszag, « Slower Productivity and Higher

Inequality: Are they Related?», Peterson Institute for International Economics, document de travail 18-4, juin 2018. Précisons que les économistes ne sont pas tous d'accord sur l'existence d'un lien fort entre concentration et rentabilité; de fait, certaines recherches se proposent de montrer qu'il n'y a pas de corrélation forte entre profits et concentration, et même que la concentration moyenne n'a pas augmenté (en dépit des données présentées, par exemple, dans le texte du Comité des conseillers économiques «Benefits of Competition and Indicators of Market Power», art. cité). Néanmoins, il existe une présomption très forte en faveur du raisonnement suivant: moins il y a de concurrence, plus les marges sont élevées (on le verra plus loin) et plus les profits sont importants (à la fois en proportion du PIB et en termes de rentabilité des capitaux propres). Nous expliquerons plus loin pourquoi, dans quelques secteurs cruciaux, les marges ont diminué alors que la concentration a augmenté: ce sont des exceptions.

23. J. De Loecker et J. Eeckhout, «The Rise of Market Power and Macroeconomic Implications», art. cité. On a aussi lié la concentration du marché à la baisse de l'investissement dans l'économie. Voir Germán Gutiérrez et Thomas Philippon, «Declining Competition and Investment in the U.S.», NBER, document de travail n° 23583, 2017. On peut également faire le lien entre ces phénomènes et la chute des taux d'intérêt à long terme en raison d'une baisse de la demande de capital. Voir Ricardo J. Caballero, Emmanuel Farhi et Pierre-Olivier Gourinchas, «Rents, Technical Change, and Risk Premia. Accounting for Secular Trends in Interest Rates, Returns on Capital, Earning Yields, and Factor Shares», *American Economic Review*, vol. 107, n° 5, 2017, p. 614-620.

24. Il s'agit ici du rendement du capital, survaleur exclue [la «survaleur» est la valeur immatérielle d'une entreprise, par exemple sa réputation – *NdT*]. Voir Tim Koller, Marc Goedhart et David Wessels, *Valuation: Measuring and Managing the Values of Companies/McKinsey & Company*, Hoboken, NJ, Wiley, 2015. Comme nous le notons plus loin, l'augmentation du rendement du capital alors que le rendement des bons d'État diminue et que les techniques de gestion du risque s'améliorent apporte un soutien fort à l'hypothèse d'une hausse des rentes. (Le «rendement du capital» enregistré dans les statistiques, on l'a dit, englobe les rentes de monopole/oligopole. Dans le jargon économique, on ne doit pas le penser comme la valeur du produit marginal du capital.) Ce qui est particulièrement frappant, c'est le niveau des rendements au sommet: parmi les entreprises, les rendements moyens des 10 % les plus rentables dépassent les 80 %; ceux des 25 % les plus rentables dépassent les 40 %. Voir J. Furman et P.R. Orszag, «A Firm-Level Perspective on the Role of Rents in the Rise of Inequality», art. cité.

25. Matt Kranz, «6 percent of Companies Make 50 percent of U.S. Profit», *USA Today*, 2 mars 2016.

26. *America's Concentration Crisis: An Open Markets Institute Report*, Open Markets Institute, 29 novembre 2018. En ligne à l'adresse <https://concentrationcrisis.openmarketsinstitute.org>.

27. Voir le numéro de *The Economist* daté du 26 mars 2016.

28. En théorie, ce qui compte est le coût marginal.

29. Il y a une certaine présomption en ce sens. Cela dit, ce n'est pas nécessairement vrai. La concurrence d'Amazon a contraint à des fusions dans le secteur du commerce de détail, mais, malgré ces fusions, les marges de profit dans le secteur du commerce « en dur » ont été maigres et les faillites n'y sont pas rares.

Lorsqu'il n'y a que quelques entreprises sur un marché, il leur est aisé de conclure une entente, souvent tacite. Si ce type de collusion implicite est difficile à prouver, ses effets sont souvent faciles à constater : les prix sont plus élevés.

30. Il existe bien sûr des cas où le pouvoir de marché d'une entreprise peut être énorme. Pensons à l'unique propriétaire de l'eau dans une oasis en plein désert. Les gens ne pouvant survivre sans eau, celui qui en avait le contrôle pouvait imposer le prix fort. Ceux qui détenaient d'autres produits presque aussi nécessaires, comme le sel pour conserver les aliments au temps où la réfrigération n'existait pas, pouvaient également extorquer de fortes sommes. L'État le savait bien, et créait donc souvent un monopole public. Dans ces conditions, l'argent soutiré sert au moins des objectifs publics ; ou alors le prix demandé est plafonné.

31. Une série d'articles publiée par le *New York Times* en 2015 a montré à quel point les commissions d'arbitrage obligatoires ont biaisé la justice aux États-Unis. Voir Jessica Silver-Greenberg et Robert Gebeloff, « Arbitration Everywhere, Stacking the Deck of Justice », *New York Times*, 31 octobre 2015. Il y a eu des histoires terribles de personnes escroquées par des maisons de retraite qui se sont vues dans l'impossibilité d'obtenir réparation pour elles-mêmes ou pour leurs parents à cause de ces clauses sur l'arbitrage. Ces dispositions se sont aussi infiltrées dans presque tous les contrats de travail.

32. Néanmoins, la Cour suprême a statué que, en signant les clauses sur l'arbitrage, on renonce à son droit à un procès dans le système judiciaire public : *Epic Systems Corp v. Lewis* n° 16-285, décision du 21 mai 2018.

33. Les techniques du type FUD alourdissent les coûts de production des rivaux sans rien coûter à l'entreprise en place. C'est l'essence même de la marche à suivre pour créer des douves autour d'un produit. L'analyse théorique a déjà été formulée par Thomas G. Krattenmaker et Steven C. Salop, « Competition and Cooperation in the Market for Exclusionary Rights », *American Economic Review*, vol. 76, n° 2, 1986, p. 109-113 ; et par Steven C. Salop et David T. Scheffman, « Raising Rivals' Costs », *American Economic Review*, vol. 73, n° 2, 1983, p. 267-271.

34. Même des entreprises bien établies ont parfois des problèmes, y compris quand le détenteur du brevet n'est pas une grande compagnie, mais l'une de ces sociétés qu'on appelle les « trolls des brevets ». L'activité principale de ces « trolls » n'est pas l'innovation – la mise en œuvre de leurs brevets pour lancer un produit sur le marché –, mais les poursuites en justice pour violation de brevet. C'est ce qui est arrivé à Blackberry, qui fut à une époque l'une des grandes compagnies de téléphone mobile : après de longues procédures judiciaires, il lui a fallu payer 612 millions de dollars simplement pour continuer à offrir ses services, et cela, que les brevets qu'on l'accusait d'avoir violés fussent finalement déclarés valides ou non.

Pour les start-up, ces procès sont encore plus redoutables. Vlingo, par exemple, était une nouvelle société qui travaillait sur les technologies de reconnaissance vocale. Elle a été frappée par une série de poursuites judiciaires intentées par une compagnie beaucoup plus grande nommée Nuance. En fin de compte, Vlingo a accepté de se faire racheter par Nuance, mais après avoir dépensé 3 millions de dollars en frais de justice et bien qu'elle eût gagné le premier procès (six plaintes en tout la visaient). Voir Charles Duhigg et Steve Lohr, « The Patent Used as a Sword », *New York Times*, 7 octobre 2012. Voir aussi Colleen V. Chien, « Patent Assertion and Startup Innovation », Université juridique de Santa Clara, collection des documents de recherche en droit 26-13, 2013.

35. Les économistes de l'École de Chicago défendent ces pratiques anticoncurrentielles. Ils font valoir que ces restrictions sont simplement le canal naturel qu'emprunte la concurrence efficiente dans les marchés bifaces. [On appelle marché « biface » (*two-sided*) un marché où les entreprises ont deux clientèles totalement différentes, mais en définitive interdépendantes, ici les détenteurs de leurs cartes et les commerçants qui les acceptent – *NdT.*] Selon eux, les marchés bifaces ne sont qu'un « lieu de rencontre » – aujourd'hui, en général, une plateforme électronique – permettant à deux ensembles d'agents d'interagir entre eux. Les cartes de crédit réunissent clients et commerçants. Les économistes de Chicago soutiennent que les tribunaux ne doivent pas interférer avec les mécanismes de marché. Que leurs arguments ignorent les mécanismes réels du marché, c'est vraiment le moins qu'on puisse dire. Ils sont pourtant parvenus à persuader certains tribunaux – notamment la Cour suprême des États-Unis, dans l'une de ses décisions non consensuelles, prise à cinq voix contre quatre – d'autoriser la poursuite de ces abus de pouvoir de marché. Pour une excellente analyse, voir Benjamin E. Hermalin et Michael L. Katz, « What's So Special About Two-Sided Markets ? », *in* Martin Guzman (éd.), *Toward a Just Society*, New York, Columbia University Press, 2018, p. 111-130.

36. Ces clauses sont si puissamment anticoncurrentielles que même une compagnie n'ayant qu'une petite part de marché (comme Discover Card)

pouvait facturer des prix exorbitants, de loin supérieurs à ses coûts, et l'a fait. L'Australie a interdit ces contrats. Résultat : un marché beaucoup plus concurrentiel, des commissions plus faibles facturées aux commerçants – et moins de profits pour les compagnies de cartes de crédit.

37. Cela signifie aussi que le bien-être des autres consommateurs, par exemple ceux qui paient en liquide, s'est détérioré.

38. Dans une affaire parallèle, et en se fondant à peu près sur la même analyse économique, la justice a déclaré Sabre, un système dominant de réservation de voyages aériens, coupable de recourir à des dispositions contractuelles analogues pour restreindre la concurrence. En l'occurrence, les commissions facturées aux compagnies aériennes étaient de loin supérieures aux coûts de la fourniture du service par le système de réservation informatisé. Ces clauses du contrat asphyxiaient l'entrée et l'innovation. Elles empêchaient même les compagnies aériennes d'essayer d'orienter les clients vers leur propre système de réservation en ligne, bien moins coûteux. Elles leur interdisaient aussi d'offrir des remises aux clients qui utilisaient leur système interne et leur épargnaient ainsi les grosses commissions imposées par Sabre. Voir *US Airways Inc. v. Sabre Holdings Corp. et al.*, Cour de district des États-Unis, District sud de New York, n° 11-cv-2725. À l'heure où ce livre va sous presse, l'affaire est en appel. (Pour ne rien cacher : j'ai témoigné en tant qu'expert dans cette affaire, comme dans plusieurs procès sur les cartes de crédit, en soutien à la position du demandeur qui affirmait que les dispositions du contrat étaient anticoncurrentielles.)

39. Voir, par exemple, *King Drug Company v. Smithkline Beecham Corporation*, Cour d'appel des États-Unis pour le troisième circuit, n° 14-1243, 19 novembre 2014. La Cour suprême a plus tard refusé de revoir la décision. Voir aussi FTC v. *Actavis, Inc.*, Cour suprême n° 12-416, 2013.

40. Par exemple, elles attendent l'expiration d'un brevet pour introduire une version « à libération prolongée » du même médicament. Cette version ne devrait pas être brevetable – en principe, on ne peut obtenir un brevet que sur une innovation « non évidente », et, à ce stade, la possibilité de produire une version à libération prolongée d'un médicament existant est une évidence. L'Inde l'a admis, au grand dam des États-Unis.

Souvent, l'État aide Big Pharma a maintenir hors jeu les génériques par des dispositions dites d'« exclusivité des données », qui limitent la possibilité d'utiliser les données du médicament original pour évaluer la sécurité et l'efficacité du générique.

41. Au chapitre 6, nous donnerons plusieurs exemples de ces fusions préventives.

42. L'évolution de l'économie peut accroître la concentration du marché pour d'autres raisons. Le chapitre 6 montre comment le Big Data crée

un monopole naturel qui peut donner à des compagnies comme Google et Amazon un avantage sur les autres. Dans ces conditions, il est difficile de faire jouer la concurrence. Ça ne marchera pas.

43. Par exemple, au milieu du XXe siècle, il y avait aux États-Unis trois constructeurs dominants (GM, Chrysler et Ford) et deux petits (Studebaker et Nash-Rambler). Aujourd'hui, les trois constructeurs américains affrontent la rude concurrence de nombreuses compagnies japonaises, coréennes, allemandes et italiennes.

44. Autre façon de constater que la concurrence standard sur ces marchés n'est pas viable : si, comme le suggère la théorie standard de la concurrence, le prix y était égal au coût marginal (le coût supplémentaire qu'impose la production d'une unité de plus), ces secteurs ne pourraient pas survivre.

45. Ironie de l'histoire : un changement des règles du jeu qui a contribué, directement et indirectement, à renforcer le pouvoir de marché et à rendre l'économie plus faible et plus inégalitaire est, on l'a vu, la diminution des taux d'imposition au sommet. Une telle baisse peut encourager le « comportement de recherche de rente » : les compagnies tentent d'accroître leurs profits non en fabriquant un meilleur produit, mais, par exemple, en obtenant des faveurs des pouvoirs publics. Voir T. Piketty, E. Saez et S. Stantcheva, « Optimal Taxation of Top Labor Incomes », art. cité. La loi fiscale américaine de 2017 illustre un phénomène apparenté : lorsqu'on baisse certains impôts sur les sociétés pour avantager des compagnies donatrices qui financent le parti au pouvoir, on risque de cribler le droit fiscal de dispositions qui favorisent certains par rapport à d'autres, donc imposent des distorsions à l'économie et réduisent l'efficacité globale.

46. Le fait que la concentration des marchés ait augmenté aux États-Unis et non en Europe suggère que le facteur clé n'est pas la technologie, mais la politique. Germán Gutiérrez et Thomas Philippon attribuent la différence à l'application des lois antitrust. Voir G. Gutiérrez et T. Philippon, « How EU Markets Became More Competitive than US Markets : A Study of Institutional Drift », NBER, document de travail n° 24700, juin 2018.

47. Autrement dit, avec lui, le niveau du revenu national sera plus bas (et une plus large part ira vers le monopoliste). De plus, cette expansion du pouvoir de marché conduit aussi à une baisse du taux de croissance, pour plusieurs raisons : d'abord, les incitations à innover peuvent être moins fortes quand la concurrence est plus faible ; ensuite, les barrières créées par les détenteurs d'un pouvoir de marché découragent l'entrée d'autres innovateurs ; enfin, une plus large part des budgets de recherche ira à des efforts pour maintenir et accroître le pouvoir de marché et pour inventer de meilleurs moyens de l'exploiter.

La discrimination par les prix – la facturation de prix différents à des clients différents, de plus en plus caractéristique de l'économie numérique, puisque les compagnies utilisent les données qu'elles ont collectées sur chacun de nous pour déterminer combien nous sommes prêts à payer – introduit des distorsions supplémentaires, comme nous l'expliquerons au chapitre 6.

48. « Aggregate Productivity and the Rise of Mark-Ups », *Vox*, 4 décembre 2017 ; et David R. Baqaee et Emmanuel Farhi, « Productivity and Misallocation in General Equilibrium », NBER, document de travail n° 24007, 2018.

49. Les travaux détaillés de John Haltiwanger et de ses collaborateurs ont puissamment documenté ce point. Voir Ryan Decker, John Haltiwanger, Ron S. Jarmin et Javier Miranda, « The Secular Decline in Business Dynamism in the US », manuscrit, 2014 ; John Haltiwanger, Ian Hathaway et Javier Miranda, « Declining Business Dynamism in the U.S. High-Technology Sector », Kauffman Foundation, 2014 ; Ryan Decker, John Haltiwanger, Ron S. Jarmin, et Javier Miranda, « The Role of Entrepreneurship in US Job Creation and Economic Dynamism », *Journal of Economic Perspectives*, vol. 28, n° 3, 2014, p. 3-24. Voir aussi Ian Hathaway et Robert E. Litan, « Declining Business Dynamism in the United States : A Look at States and Metros », Brookings Papers, 2014. Ce constat ressort également des statistiques de l'OCDE en la matière : les États-Unis ne sont pas les pires, mais, contrairement à ce que s'imaginent les Américains, ils sont loin d'être les meilleurs. Voir Chiara Criscuolo, Peter N. Gal et Carlo Menon, « The Dynamics of Employment Growth : New Evidence from 18 Countries », OCDE, documents de politique scientifique, technologique et industrielle, n° 14, 21 mai 2014.

Furman et Orszag apportent de nouvelles preuves de la baisse du dynamisme de l'économie des États-Unis, qu'ils lient en partie à une diminution de la concurrence. Voir J. Furman et P.R. Orszag, « Slower Productivity and Higher Inequality : Are they Related ? », art. cité ; et J. Furman et P.R. Orszag, « A Firm-Level Perspective on the Role of Rents in the Rise of Inequality », art. cité.

50. Furman et Orszag relèvent également que les grandes compagnies investissent moins, alors que leurs profits sont manifestement très élevés, ce qu'ils attribuent en partie, eux aussi, à une baisse de la concurrence. Voir J. Furman et P.R. Orszag, « A Firm-Level Perspective on the Role of Rents in the Rise of Inequality », art. cité ; et J. Furman et P.R. Orszag, « Slower Productivity and Higher Inequality : Are they Related ? », art. cité. De même, Gutiérrez et Philippon (2017) constatent que l'investissement actuel aux États-Unis est faible au regard des mesures de la rentabilité et de la valorisation, et concluent que les deux raisons essentielles sont l'absence de concurrence et le court-termisme, lié aux problèmes de gouvernance d'entreprise que nous analyserons brièvement plus loin. Voir Germán Gutiérrez et Thomas Philippon, « Investmentless Growth : An Empirical Investigation », septembre 2017, New York University et Brookings, <https://www.brookings.edu/wp-content/uploads/2017/09/2_gutierrezphilippon.pdf>.

La faiblesse de l'investissement a aussi, bien sûr, un effet négatif sur la demande globale, d'une importance capitale dans des périodes comme celle qui a suivi la crise financière de 2008, où l'insuffisance de la demande globale est la contrainte essentielle qui s'exerce sur l'économie. Les chiffres sont issus de « Shares of Gross Domestic Product : Gross Private Domestic Investment », St. Louis FRED, consulté le 17 juillet 2018, en ligne à l'adresse <https://fred.stlouisfed.org/series/A006RE1Q156NBEA#0>.

51. Trad. fr. de Christophe Jaquet, Paris, Odile Jacob, 2016. Le titre original est *Phishing for Fools*, car ces entreprises agissent tout à fait comme les cyber-malfaiteurs qui pratiquent sur Internet le *phishing*, la « pêche aux naïfs » : elles cherchent ceux qu'elles pourront piéger.

52. L'administration Obama a prêté quelque attention à ce problème. Voir la Note d'information du Comité des conseillers économiques, « Labor Market Monopsony : Trends, Consequences and Policy Responses », octobre 2016.

53. Voir, par exemple, Alan Manning, « Imperfect Competition in Labour Markets », *in* Orley Ashenfelter et David Card (éd.), *Handbook of Labor Economics*, vol. 4, Amsterdam, North-Holland, 2011 ; et John Schmitt, «Why Does the Minimum Wage Have No Discernible Effect on Employment ? », publication du CEPR, 2013.

54. Dans bien des cas, comme pour les employés des fast-foods, il n'y a aucune justification possible de ces clauses en termes de perte de « secret commercial» ou d'« information interne». Alan Krueger et Eric Posner ont découvert que, au cours de leur carrière, un quart des salariés américains sont soumis à des accords de non-concurrence ou de non-débauchage à un moment ou à un autre. Ces dispositions sont souvent utilisées contre les travailleurs les plus vulnérables. Voir «A Proposal for Protecting Low-Income Workers from Monopsony and Collusion», *The Hamilton Project Policy Proposal* 5, 2018.

55. A. Smith, *Recherches sur la nature et les causes de la richesse des nations*, Livre I, chap. VIII ; trad. fr. citée, t. I, p. 138.

56. Une étude récente a montré que, «parmi les salariés payés à l'heure qui travaillent plus de quarante heures par semaine, 19 % ont eu, pour leurs heures supplémentaires, une rémunération inférieure à la norme des "50 % de plus" ». Susann Rohwedder et Jeffrey B. Wenger, « The Fair Labor Standards Act : Worker Misclassification and the Hours and Earnings Effects of Expanded Coverage », document de travail de la Rand Corporation, 7 août 2015.

57. L'une des preuves les plus éloquentes de cette situation vient d'une récente étude économétrique sur les marchés du travail en ligne. On aurait pu croire que le pouvoir de monopsone y serait très faible. Pourtant, les données indiquent le contraire. Voir A. Dube, J. Jacobs, S. Naidu et S. Suri, « Monopsony in Online Labor Markets », art. cité, et J. Azar *et al.*, « Concentration in US Labor Markets : Evidence from Online Vacancy Data », art. cité.

Nous voyons également des preuves du pouvoir de marché de l'employeur dans la discrimination raciale, ethnique et sexuelle qui fait rage sur le marché du travail. La théorie concurrentielle affirme qu'elle ne peut exister; mais quiconque a des yeux pour voir sait qu'elle existe, et son existence est en soi une preuve de l'absence de pouvoir de ces catégories face aux employeurs.

58. Outre les changements des règles du jeu et l'évolution structurelle du marché qui ont rendu la syndicalisation plus difficile, plusieurs facteurs ont contribué à l'affaiblissement des syndicats. Beaucoup se sont entre-alimentés. La mondialisation, telle qu'elle a été organisée, a réduit la capacité des syndicats à obtenir des augmentations de salaires pour les travailleurs, et cette baisse de leur efficacité a contribué à celle de leurs effectifs. Il arrive parfois que les dirigeants des syndicats ne reflètent pas correctement les intérêts de leurs membres; c'est le problème dit « de l'agent principal » – qui se pose dans toutes les organisations en présence d'imperfections dans l'information et dans le contrôle des dirigeants par leurs mandants.

59. Alexander Hertel-Fernandez a effectué un travail intéressant sur les liens entre déclin des syndicats, hausse de l'inégalité et rapport de ces tendances longues à la politique. Voir son livre *Politics at Work : How Companies Turn Their Workers into Lobbyists*, New York, Oxford University Press, 2018.

60. Plus généralement, un ensemble de lois régissent les syndicats. Sont-ils en mesure ou non de recueillir des adhésions et de collecter des cotisations facilement ? Ont-ils des chances de remporter des élections qui leur donnent le droit de représenter les travailleurs dans une usine ? Quel est leur degré d'efficacité dans la négociation ? Tout cela dépend de cette législation. Traditionnellement, les employeurs licenciaient les travailleurs pris en flagrant délit de travail syndical. Mais pas seulement : ils les inscrivaient sur une liste noire, si bien que ces derniers ne pouvaient plus se faire embaucher nulle part. Aujourd'hui, c'est illégal, mais les patrons usent de toute une gamme de moyens subtils et moins subtils, légaux et illégaux, pour décourager la syndicalisation. Le National Labor Relations Board supervise la législation et la réglementation du travail : il les interprète et les fait respecter. Mark Stelzner, de l'université du Connecticut, a pu démontrer que le changement du rapport de forces au détriment des travailleurs résulte largement de modifications défavorables aux syndicats dans un petit nombre de règles essentielles et dans leur interprétation. Voir Mark Stelzner, « The New American Way – How Changes in Labour Law Are Increasing Inequality », *Industrial Relations Journal*, vol. 48, n° 3, 2017, p. 231-255.

Les syndicats jouaient aussi un rôle important dans la réduction des inégalités de salaires, donc leur affaiblissement s'accompagne tout naturellement d'une hausse de l'inégalité. Voir David Card, « The Effect of Unions on Wage Inequality in the U.S. Labor Market », *Industrial and Labor Relations Review*, vol. 54, n° 2, 2001, p. 296-315. Si l'inégalité est plus forte aux États-Unis, l'une des raisons est que les syndicats y sont plus faibles. Pour une perspective mondiale, voir Era Dabla-Norris, Kalpana Kochhar, Nujin Suphaphiphat, Frantisek Ricka et Evridiki Tsounta, « Causes and Consequences of Income Inequality : A Global Perspective », Note d'analyse des services du FMI n° 15/13, Washington, DC, Fonds monétaire international, 2015 ; et Florence Jaumotte et Carolina Osorio Buitron, « Inequality and Labour Market Institutions », Note d'analyse des services du FMI n° 15/14, Washington, DC, Fonds monétaire international, 2015.

En juin 2018, la décision de la Cour suprême dans l'affaire *Janus v. American Federation of State, County and Municipal Employees* a ôté aux syndicats du secteur public le droit de collecter des cotisations auprès des non-syndiqués. En obligeant les syndicats à consacrer plus d'attention à la collecte de fonds et à la conservation de leurs adhérents, ces mesures limitent leur capacité à mener d'autres types d'action, notamment des activités politiques en vue d'améliorer le bien-être des travailleurs. Voir James Feigenbaum, Alexander Hertel-Fernandez et Vanessa Williamson, « From the Bargaining Table to the Ballot Box : Political Effects of Right to Work Laws », NBER, document de travail 24259, 2017.

Il est impossible, dans l'espace dont nous disposons ici, d'énumérer l'ensemble des mesures nécessaires pour rendre aux travailleurs leur pouvoir de marché et leur pouvoir politique – au-delà de l'abrogation des lois qui ont été conçues pour les saper. L'évolution de l'économie, la croissance du secteur des services, la diminution de l'industrie manufacturière, le développement du travail précaire : tous ces facteurs ont accru les défis à surmonter. Voir Brishen Rogers et Kate Andrias, *Rebuilding Worker Voice in Today's Economy*, Roosevelt Institute, 2018 ; et Kate Andrias, « The New Labor Law », *Yale Law Journal*, vol. 126, n° 1, octobre 2016.

61. Pour une analyse du rôle des syndicats dans la détermination des salaires, voir Henry S. Farber, Daniel Herbst, Ilyana Kuziemko et Suresh Naidu, « Unions and Inequality Over the Twentieth Century : New Evidence from Survey Data », NBER, document de travail n° 24587, 2018.

62. Voir John Kenneth Galbraith, *Le Capitalisme américain : le concept du pouvoir compensateur* [1952], trad. fr. de M.-Th. Génin, Paris, Librairie de Médicis, 1956. Sa thèse était qu'à cette époque (comme aujourd'hui) l'économie ne se caractérisait pas par un marché concurrentiel, mais plutôt par l'omniprésence du pouvoir de marché : syndicats forts et grandes compagnies se tenaient mutuellement en respect – et le système fonctionnait grâce à ces pouvoirs qui se compensaient.

63. La mise à jour des lois antitrust est un sujet qui a éveillé un immense intérêt chez les universitaires et les concepteurs des politiques publiques ces

dernières années. Voir, par exemple, Tim Wu, «Antitrust in the New Gilded Age», Columbia Business School Global Reports, 2018; une série de blogs et de documents du Roosevelt Institute, notamment ceux-ci : Marshall Steinbaum, «Crossed Lines : Why the AT&T-Time Warner Merger Demands a New Approach to Antitrust», 2 février 2017; «Airline Consolidation, Merger Retrospectives, and Oil Price Pass-Through», 6 avril 2018; «It's Time for Antitrust to Take Monopsony Seriously», 17 octobre 2017; «A Missing Link : The Role of Antitrust Law in Rectifying Employer Power in Our High-Profit, Low-Wage Economy», 16 avril 2018; Marshall Steinbaum, Eric Harris Bernstein et John Sturm, «Powerless : How Lax Antitrust and Concentrated Market Power Rig the Economy Against American Workers, Consumers, and Communities», 27 mars 2018; et Adil Abdela, «Market Concentration and the Importance of Properly Defined Markets», 23 avril 2018. Voir aussi Joseph E. Stiglitz, «Towards a Broader View of Competition Policy», *in* Tembinkosi Bonakele, Eleanor Fox et Liberty Mncube (éd.), *Competition Policy for the New Era : Insights from the BRICS Countries*, Oxford, Oxford University Press, 2017 (exposé présenté à la 4e Conférence sur la concurrence internationale des BRICS à Durban, novembre 2015); et Joseph E. Stiglitz, «America Has a Monopoly Problem – and It's Huge», *Nation*, 23 octobre 2017. Voir aussi Open Markets Institute, le site Internet de Barry Lynn, <https://openmarketsinstitute.org>. Barry Lynn était chercheur à la New America Foundation, mais son équipe et lui en sont partis, semble-t-il après des pressions de Google : Lynn avait applaudi la décision antitrust prise par l'Union européenne contre Google. Voir Barry Lynn, «I Criticized Google. It Got Me Fired. That's How Corporate Power Works», *Washington Post*, 31 août 2017.

64. En fait, ces théories étaient puissantes à l'université de Chicago avant même que Friedman n'entre en scène. Mais il a fait plus que quiconque pour les répandre largement, par exemple dans son livre *La Liberté du choix*, rédigé avec son épouse, Rose Friedman (trad. fr. de Guy Casaril, Paris, Belfond, 1980).

65. Il y a une quarantaine d'années, nous avons montré, Partha Dasgupta et moi, que la thèse schumpétérienne sur le caractère temporaire des monopoles était fausse : ces derniers ont le pouvoir et les incitations nécessaires pour perpétuer leur pouvoir de marché. Voir Partha Dasgupta et Joseph E. Stiglitz, «Uncertainty, Industrial Structure, and the Speed of R&D», *Bell Journal of Economics*, vol. 11, n° 1, 1980, p. 1-28. Avec d'autres économistes, nous avons démontré que le combat pour être le monopoliste n'avait pas nécessairement sur l'innovation l'effet positif qu'avait supposé Schumpeter; au contraire, il pouvait la décourager. Voir, par exemple, K.J. Arrow, «Economic Welfare and the Allocation of Resources to Invention», art. cité; et Drew Fudenberg, Richard Gilbert, Joseph E. Stiglitz et Jean Tirole, «Preemption, Leapfrogging and Competition in Patent Races», *European Economic Review*, vol. 22, juin 1983, p. 3-32

(Jean Tirole a reçu le prix Nobel d'économie en 2014). Ces conclusions ont été renforcées par les résultats plus récents de B.C. Greenwald et J.E. Stiglitz, *La Nouvelle Société de la connaissance, op. cit.*, notamment chap. 5 et 6.

Arnold Harberger, de l'université de Chicago, a affirmé que la perte de bien-être du consommateur due au pouvoir de monopole était d'importance secondaire (autour de 0,1 % du PIB). Voir Arnold C. Harberger, « Monopoly and Resource Allocation », *American Economic Review*, vol. 44, n° 2, 1954, p. 77-87. Des recherches plus récentes ont montré que Harberger avait sous-estimé les coûts d'environ deux ordres de grandeur. Voir D.R. Baqaee et E. Farhi, « Productivity and Misallocation in General Equilibrium », art. cité. Même si la conclusion de Harberger avait été vraie dans les années 1950, l'expansion du pouvoir de marché survenue par la suite – celle que nous avons évoquée dans ce chapitre –, avec la hausse des marges qui l'a accompagnée, implique qu'elle ne l'est plus.

66. Autrement dit, dans l'application des lois antitrust, il y a deux types d'erreur possibles : juger concurrentielle une pratique non concurrentielle ou juger non concurrentielle une pratique concurrentielle. Les autorités antitrust ont concentré leur attention sur le second type d'erreur, persuadées que, de toute manière, une pratique non concurrentielle n'avait guère de chances de survie.

67. La Cour suprême a paru adhérer à ce raisonnement dans *Brooke Group Ltd v. Brown & Williamson Tobacco Corp.*, 509 U.S. 209 (1993). Même à l'époque où ces arguments ont été avancés pour la première fois par les juristes de Chicago, par exemple Robert Bork, ils ont été étrillés par des économistes comme le prix Nobel Oliver Williamson dans « Review of *The Antitrust Paradox : A Policy at War with Itself* by Robert H. Bork », *University of Chicago Law Review*, vol. 46, n° 2, 1979, p. 10. Les progrès que la théorie économique a effectués depuis ont renforcé ces conclusions.

Paradoxalement, en cette même époque où il est devenu si difficile de gagner un procès pour usage de prix prédateurs *à l'intérieur* du pays, il est facile de le faire lorsqu'on accuse des compagnies étrangères de se livrer à des pratiques commerciales déloyales – de facturer des prix inférieurs à leurs coûts.

68. Actuellement, il incombe au demandeur (la partie affirmant que l'entreprise agit de façon non concurrentielle) de prouver que les effets anticoncurrentiels pèsent plus lourd que les gains d'efficacité. Il en est ainsi parce que le tribunal présume que les marchés fonctionnent bien et sont concurrentiels, donc qu'un comportement qui semble anticoncurrentiel en apparence a de fortes chances d'être proconcurrentiel en réalité.

69. Lorsque Google vend directement, par exemple, il a un conflit d'intérêts avec les annonceurs qui l'utilisent pour commercialiser leurs produits.

Les conflits d'intérêts sont encore plus omniprésents sur Amazon. Nous examinerons plus loin quelques autres problèmes de réglementation que posent les nouvelles plateformes, mais les défis qu'elles lancent à notre économie, y compris sur le plan de la concurrence, vont au-delà de ce que nous pouvons traiter. Voir, par exemple, Lina M. Khan, « Amazon's Antitrust Paradox », *The Yale Law Journal*, vol. 126, n° 3, janvier 2017.

70. Il faut aussi modifier certaines des procédures traditionnellement utilisées pour déterminer le pouvoir de marché. Souvent, on demande à ceux qui affirment qu'il y a infraction aux lois antitrust de prouver que l'entreprise qu'ils mettent en cause a une grosse part de marché. Là encore, la présomption est claire : si elle n'en a pas, se dit-on, il lui est impossible de se livrer à une pratique anticoncurrentielle. Sur le plan théorique, c'est absolument faux. Mais, en pratique, c'est pire encore : établir quel est le marché pertinent est souvent difficile. Lorsqu'il y a une preuve *directe* de pouvoir de marché (comme celles que nous avons évoquées : fortes marges ; discrimination par les prix ; rendements excessifs et aucune entrée ; capacité de forcer les acheteurs à accepter des conditions qui devraient être inacceptables, telles les clauses d'arbitrage), cela devrait suffire.

Pour une analyse plus poussée d'autres changements de procédure, voir T. Wu, « Antitrust in the New Gilded Age », art. cité.

71. « Costly Choices for Treating Wilson's Disease », *Hepatology*, vol. 61, n° 4, 2015, p. 1106-1108. L'éditorial note que, pendant vingt ans, Merck, à l'origine du médicament, avait maintenu son prix à 0,5 % de celui facturé par Valeant.

72. Après avoir acquis en 2015 Daraprim, un médicament hors brevet qui existait depuis soixante-deux ans, Turing Pharmaceuticals en a fait passer le prix de 13,50 à 750 dollars le comprimé. Il y a beaucoup d'autres exemples. Vraiment beaucoup. Voir Andrew Pollack, « Drug Goes from $13.50 a Tablet to $750, Overnight », *New York Times*, 20 septembre 2015.

73. De même, si le cours de l'action monte d'un pourcentage supérieur aux économies alléguées, cela suggère qu'accroître le pouvoir de marché a peut-être été un objectif important de la fusion ou de l'acquisition. Il faut aussi prévoir un examen rigoureux post-fusion, avec une menace crédible de l'annuler si elle a eu pour effet une hausse des prix alors que ses initiateurs avaient promis le contraire.

74. Le chapitre 6 explique pourquoi les réglementations imposant la neutralité du Net sont nécessaires pour empêcher les compagnies d'Internet d'abuser du pouvoir de marché né de tels conflits d'intérêts.

Traditionnellement, l'action antitrust s'est toujours concentrée sur les fusions au sein d'un même secteur, en présumant que les fusions verticales ne sont pas anticoncurrentielles. Mais, puisqu'on sait maintenant que, sur de nombreux marchés, la concurrence est limitée, on comprend que les fusions verticales ont des effets «horizontaux» et réduisent encore plus la concurrence. L'influence persistante de l'École de Chicago, qui présume d'emblée que les marchés sont fondamentalement concurrentiels, est bien visible dans de récentes décisions de justice, par exemple celle qui a autorisé la fusion d'AT&T et de Time Warner (actuellement en procédure d'appel). Voir aussi «Brief for 27 Antitrust Scholars as Amici Curiae in Support of Neither Party», États-Unis d'Amérique, demandeur-appelant, contre AT&T Inc.; Directv Group Holdings, LLC; et Time Warner Inc., défendeurs-intimés. En appel de la Cour de district des États-Unis pour le district de Columbia, n° 1:17-cv-2511 (Hon. Richard J. Leon). Cour d'appel des États-Unis pour le circuit du district de Columbia, document : #1745344. Déposé le 13 août 2018.

75. Encore un cas où ce qui est peut-être bon pour l'individu ne l'est pas pour l'économie et pour la société. Incités par leur aversion pour le risque, les propriétaires d'une start-up sont très satisfaits d'obtenir aujourd'hui un paiement raisonnable pour leurs efforts au lieu d'avoir à subir demain les incertitudes d'un marché imprévisible. Mais la société a un intérêt fondamental à maintenir un marché concurrentiel.

76. En particulier les clauses de non-concurrence et de non-débauchage.

77. Certaines de leurs méthodes les plus innovantes sont examinées au chapitre 6.

78. En Europe, on se préoccupe beaucoup de maintenir des conditions égales d'un pays à l'autre, si bien que l'aide publique sous toutes ses formes est interdite, y compris par le biais du type d'avantages fiscaux que recherchait Amazon.

79. Voir Joseph E. Stiglitz, «Economic Foundations of Intellectual Property Rights», *Duke Law Journal*, vol. 57, 2008, p. 1693-1724; et Claude Henry et Joseph E. Stiglitz, «Intellectual Property, Dissemination of Innovation, and Sustainable Development», *Global Policy*, vol. 1, n° 1, 2010, p. 237-251.

80. Le Copyright Term Extension Act de 1998 a étendu la durée des copyrights à la vie de l'auteur plus soixante-dix ans, et, pour les œuvres collectives d'entreprise, à quatre-vingt-quinze ans après l'année de publication initiale ou cent vingt ans après l'année de création (on retient le délai qui expire le premier). La théorie économique standard suggère que ces dispositions ont peu d'effet incitatif, voire aucun, sur la création de nouvelle propriété intellectuelle; mais, une fois qu'on a créé quelque chose d'aussi durable que Mickey Mouse, il est clair qu'elles augmentent considérablement les rentes que l'on peut en tirer.

81. Cet exemple est examiné de plus près au chapitre 6.

82. «Declaration of Joseph E. Stiglitz and Jason Furman», devant le Département de la Justice des États-Unis, Action au civil n° 98-1232 (CKK) et Action

au civil n° 98-1233 (CKK). En ligne à l'adresse : <https://www.justice.gov/sites/default/files/atr/legacy/2002/06/05/mtc-00030610c.pdf>.

83. Voir, par exemple, Andrea Prat, « Media Power », *Journal of Political Economy*, vol. 126, n° 4, 2018, p. 1747-1783 ; et Andrea Prat, « Media Capture and Media Power », *in* Simon Anderson, Joel Waldfogel et David Stromberg (éd.), *Handbook of Media Economics*, vol. 1b, Amsterdam, North Holland, 2015. Voir aussi Timothy Besley et Andrea Pratt, « Handcuffs for the Grabbing Hand ? The Role of the Media in Political Accountability », *American Economic Review*, vol. 96, n° 3, 2006, p. 720-736.

84. Les économistes disent que l'information est un « bien public » qui, dans une économie de marché, sera insuffisamment fourni sans soutien de l'État. La présence de médias actifs n'a pas seulement des avantages pour les annonceurs et les consommateurs, mais aussi pour la société en général, et pas seulement parce qu'elle aura ainsi un corps civique mieux informé. Les médias jouent un rôle important pour demander des comptes aux pouvoirs publics et juguler la corruption.

85. C'est le cas avec le Sinclair Broadcast Group, par exemple : ses acquisitions de chaînes de télévision dans tout le pays ont été suivies par des changements dans les programmes, qui sont passés à un contenu très conservateur. Voir Sheelah Kolhatkar, « The Growth of Sinclair's Conservative Media Empire », *The New Yorker*, 22 octobre 2018.

86. Un autre domaine où le pouvoir de marché doit être jugé à l'aune de critères plus rigoureux est la finance. Dans toutes les économies, les grandes banques et les autres sociétés financières peuvent exercer un pouvoir disproportionné.

87. Vincent Larivière, Stefanie Haustein et Philippe Mongeon, « The Oligopoly of Academic Publishers in the Digital Era », *PloS ONE*, vol. 10, n° 6, 2015, e0127502, <https://doi.org/10.1371/journal.pone.0127502>.

88. Au fil du dernier demi-siècle, la recherche a identifié un grand nombre d'« échecs du marché » – de circonstances où le marché ne parvient pas à produire des résultats efficaces. Elle a notamment souligné l'absence de marchés parfaits du risque et des capitaux et le rôle de l'information imparfaite et asymétrique. Ce chapitre s'est concentré (comme l'ensemble de ce livre) sur un seul échec du marché, le manque de concurrence, car je le crois au cœur des maux dont souffre l'économie.

89. La rémunération des P-DG a énormément augmenté dans les quatre dernières décennies, et elle est bien plus importante que dans d'autres pays avancés. Ces niveaux de salaires ne sont pas justifiables par la productivité – on ne saurait prétendre que nos P-DG sont à ce point plus productifs que ceux des autres pays, ou à ce point plus efficaces par rapport à leur personnel aujourd'hui qu'il y a quarante ans. (En 2017, la rémunération moyenne du

P-DG dans les trois cent cinquante premières compagnies représentait plus de trois cents fois celle de ses salariés; en 1965, c'était vingt fois. Voir Lawrence Mishel et Jessica Schieder, « CEO Compensation Surged in 2017 », Economic Policy Institute, 16 août 2018, en ligne à l'adresse <https://www.epi.org/publication/ceo-compensation-surged-in-2017>.) À titre de comparaison, en Norvège, le PDG ne gagne que vingt fois plus que le travailleur moyen. Sur le sujet, les États-Unis surclassent tous les pays du monde. Nous battons notre voisin du Nord, le Canada, avec une avance confortable. Anders Melin et Wei Lu, « CEOs in U.S., India Earn the Most Compared with Average Workers », Bloomberg, 28 décembre 2017, en ligne à l'adresse <https://www.bloomberg.com/news/articles/2017-12-28/ceos-in-u-s-india-earn-the-most-compared-with-average-workers>.

90. J'en dirai davantage sur ce point au chapitre 8.

91. Le sentiment d'impuissance a, par exemple, de multiples effets sur la santé, avec notamment une plus forte incidence de la dépression. Qu'il ait aussi d'importantes conséquences politiques, une étude de l'université de Stanford en a récemment donné des preuves concrètes : Jojanneke van der Toorn, Matthew Feinberg, John T. Jost, Aaron C. Kay, Tom R. Tyler, Robb Willer et Caroline Wilmuth, « A Sense of Powerlessness Fosters System Justification : Implications for the Legitimation of Authority, Hierarchy, and Government », *Political Psychology*, vol. 36, n° 1, février 2015.

92. Ces recours sont déposés au nom d'une vaste catégorie de personnes (disons, les acheteurs des logiciels de Microsoft), qui sont victimes des pratiques exploiteuses et illégales d'une entreprise. Isolément, aucune d'elles n'aurait la capacité ou la volonté de porter plainte – pour chacune, les « dommages » se montent peut-être à quelques centaines ou milliers de dollars, et ce n'est pas assez pour couvrir les coûts d'un procès, qui peuvent se compter en millions. Mais, collectivement, les dommages peuvent être énormes. Les milieux d'affaires ont fait campagne pour compliquer le dépôt de ces plaintes : ils savent bien que, sans les recours collectifs, ils n'ont à craindre pratiquement aucune poursuite judiciaire de ceux qu'ils lèsent.

93. J. Song *et al.*, dans « Firming Up Inequality », art. cité, montrent que le creusement des écarts de rémunération au sein d'une entreprise joue un rôle important dans l'aggravation de l'inégalité des salaires, bien qu'il pèse moins que l'accroissement des différences entre les entreprises, qui, on l'a dit, s'explique en grande partie par les changements dans leur mix de qualifications.

94. Parmi les mesures susceptibles de restreindre le pouvoir des dirigeants d'entreprise, on peut, par exemple, leur imposer l'obligation de rendre public le rapport entre leur rémunération et celle du salarié moyen, et de communiquer aux actionnaires la valeur de leurs stock-options (les options sur titre

qu'ils détiennent personnellement). On peut aussi donner aux actionnaires plus de poids dans la détermination du salaire des dirigeants. Même ces modestes réformes se sont heurtées à une énorme résistance des chefs d'entreprise, ce qui n'a rien d'étonnant : ils craignent que l'effet net ne soit une pression à la baisse sur leurs rémunérations exorbitantes.

Une autre proposition a retenu récemment quelque attention : inciter les entreprises à payer moins fabuleusement leurs P-DG et leurs autres hauts dirigeants en réduisant l'impôt sur les sociétés pour celles qui modèrent leurs ardeurs, ou en taxant plus lourdement la rémunération elle-même. Au strict minimum, il faut abroger les dispositions fiscales spéciales qui ont encouragé les stock-options.

Pour une analyse approfondie de la question et de ce qu'on pourrait faire à son sujet, voir J.E. Stiglitz, *Le Prix de l'inégalité, op. cit.*; et J.E. Stiglitz, *Quand le capitalisme perd la tête, op. cit.* L'investisseur Stephen M. Silberstein fait pression, jusqu'à présent sans succès, pour que la Californie adopte une législation qui lierait les taux d'imposition à la rémunération du P-DG; voir aussi Gary Cohn, « Overcompensation : Tying Corporate Taxes to CEO Pay », *Capital & Main*, 6 août 2014. On a vu paraître ces dernières années une série de livres, à l'intention du grand public, consacrés à la « rémunération incitative », et plus généralement à la gouvernance d'entreprise aux États-Unis. Voir, par exemple : Steven Bavaria, *Too Greedy for Adam Smith : CEO Pay and the Demise of Capitalism*, 2e éd., Chestnut Ridge, Hungry Hollow Books, 2015; Michael Dorff, *Indispensable and Other Myths : Why the CEO Pay Experiment Failed and How to Fix It*, Berkeley, University of California Press, 2014; Steve Clifford, *The CEO Pay Machine : How it Trashes America and How to Stop it*, New York, Blue Rider Press, 2017; et Lynn Stout, *The Shareholder Value Myth : How Putting Shareholders First Harms Investors, Corporations, and the Public*, San Francisco, Berrett-Koehler, 2012.

95. Ce livre met l'accent sur le rôle du pouvoir de marché. Il explique comment celui des grandes compagnies et des P-DG s'est accru, par quels moyens il domine celui des travailleurs et des consommateurs, et dans quel sens nous devons réécrire les règles de l'économie de marché, dont l'effet actuel est clair : davantage de pouvoir pour les P-DG et les grandes entreprises, moins pour les travailleurs et les consommateurs. Mais ces changements sont représentatifs d'un ensemble plus vaste de réformes des règles du jeu, que nous devons mener à bien si nous voulons une économie plus dynamique et plus équitable. Voir J.E. Stiglitz *et al.*, *Rewriting the Rules of the American Economy*, *op. cit.*

CHAPITRE 4. L'AMÉRIQUE EN GUERRE CONTRE ELLE-MÊME SUR LA MONDIALISATION

1. Trump ne cesse de les qualifier de « pires accords jamais signés ».

2. Celles qui ont abouti, par exemple, à l'ALENA (l'Accord de libre-échange nord-américain) en 1994, ou à la création de l'Organisation mondiale du commerce en 1995. Il existe aussi quantité d'accords de commerce bilatéraux, par exemple entre les États-Unis et le Chili, ou les États-Unis et la Corée du Sud.

3. Pour un ouvrage à succès sur le sujet, voir Daron Acemoglu et James A. Robinson, *Why Nations Fail : The Origins of Power, Prosperity, and Poverty*, New York, Crown Business, 2013.

4. La science économique moderne avait établi depuis longtemps que, sans intervention active de l'État, le commerce entre des pays aux salaires très différents aurait pour effet une baisse des salaires dans le pays avancé. Elle avait amplement mis en garde contre ce qui, de fait, est arrivé. (Les résultats avaient été initialement établis par Paul Samuelson et Wolfgang Stolper en 1941 : « Protection and Real Wages », *Review of Economic Studies*, vol. 9, n° 1, 1941, p. 58-73. Voir aussi Paul Samuelson, « International Trade and the Equalisation of Factor Prices », *Economic Journal*, vol. 58, n° 230, 1948, p. 163-184.)

Ainsi, le commerce entre les États-Unis et la Chine a de tout autres conséquences que les échanges entre deux régions du monde où les salaires sont plus ou moins égaux, comme l'Europe et les États-Unis. Pour une analyse plus approfondie de ces questions, voir J.E. Stiglitz, *Globalization and Its Discontents Revisited, op. cit.*, et *Un autre monde, op. cit.*

5. Voir David H. Autor, David Dorn et Gordon H. Hanson, « The China Syndrome : Local Labor Market Effects of Import Competition in the United States », *American Economic Review*, vol. 103, n° 6, 2013, p. 2121-2168.

6. Cette liste des problèmes posés par la mondialisation ne se veut nullement exhaustive. Par exemple, la mondialisation accroît souvent le risque, en particulier des risques contre lesquels les entreprises et les ménages ne peuvent pas s'assurer. Pour une analyse plus complète, voir J.E. Stiglitz, *Globalization and its Discontents Revisited, op. cit.*

7. Les dispositions pertinentes se trouvent dans les accords sur l'investissement intégrés aux traités de commerce, par exemple le chapitre 11 de l'Alena. Elles font aujourd'hui partie intégrante de tous nos accords commerciaux, bien qu'elles concernent en réalité l'investissement, pas le commerce. Nul ne s'en étonnera : elles ont été insérées sur ordre des grandes compagnies, qui ont exprimé leur opposition à tout accord de commerce où elles ne figureraient pas.

8. Les baisses de valeur des investissements qui surviennent lorsqu'une réglementation change s'appellent les « prises réglementaires ». Le Congrès et

les tribunaux ont jugé avec constance qu'aux États-Unis les entreprises n'ont pas droit à indemnisation pour les prises réglementaires, mais nos traités sur l'investissement leur ont accordé cette indemnisation. Les compagnies sont autorisées à porter plainte directement contre les États, et les différends sont réglés par des systèmes d'arbitrage où elles nomment l'un des trois arbitres. Ce système a été critiqué, à juste titre. Voir, par exemple, Joseph E. Stiglitz, « Regulating Multinational Corporations : Towards Principles of Cross-Border Legal Frameworks in a Globalized World Balancing Rights with Responsibilities », *American University International Law Review*, vol. 23, n° 3, 2007, p. 451-558, conférence Grotius prononcée devant la 101e Assemblée générale de l'American Society for International Law, Washington, D.C., 28 mars 2007 ; et « Towards a Twenty-First Century Investment Agreement », Préface *in* Lise Johnson et Lisa Sachs (éd.), *Yearbook on International Investment Law and Policy 2015-2016*, New York, Oxford University Press, p. XIII-XXVIII, en ligne à l'adresse <http://ccsi.columbia.edu/files/2014/03/YB-2015-16-Front-matter.pdf>.

9. D'autres preuves démontrent que la mondialisation a été conçue pour promouvoir les intérêts des grandes entreprises, aux dépens des travailleurs et de la société en général. Les défenseurs républicains de la mondialisation se sont en général fermement opposés à l'aide à l'adaptation au commerce extérieur – le type d'aide aux personnes évincées par la mondialisation qui aurait permis qu'elle fasse moins de gros perdants. Quiconque souhaitait vraiment assurer un soutien large et durable à la mondialisation aurait évidemment cherché à faire tout son possible pour atténuer l'opposition probable de ceux qui en souffraient considérablement. Mais nos dirigeants d'entreprise s'intéressaient beaucoup plus aux gains à court terme que leur rapportaient la baisse des salaires et la détérioration des conditions de travail, effet net de leur position de force dans les négociations avec leur personnel.

De même, la conception des dispositions sur la propriété intellectuelle, notamment celles qui concernent les médicaments, a gonflé les profits des compagnies pharmaceutiques aux dépens des consommateurs et de l'État (puisqu'il règle une bonne partie de la facture des médicaments, dont les prix ont augmenté à cause de ces dispositions).

10. C'est ce qu'on appelle des « inversions fiscales ». Souvent, rien ne change ou presque en dehors du siège social *officiel*. L'endroit où a lieu l'activité réelle reste le même. En envisageant si allègrement de s'en aller, ces entreprises montrent à quel point elles manquent de loyauté – elles ne sont vraiment attachées qu'à l'argent et aux profits. Pourtant, l'État américain se bat pour défendre leurs intérêts dans les forums internationaux et dans les négociations commerciales, ce qui montre une fois de plus le pouvoir des contributions de campagne. Le cas des compagnies pharmaceutiques illustre à merveille la

situation. Les médicaments créent peu d'emplois. Souvent, ils sont fabriqués en Chine, pas aux États-Unis. Ces compagnies ont organisé leurs affaires de façon à payer peu d'impôts : dans le cadre d'une stratégie d'évitement fiscal, elles ont transféré leurs brevets dans un pays à fiscalité faible. Néanmoins, des dispositions centrales des accords commerciaux récents – ce sont aussi les plus controversées – sont conçues pour désavantager les génériques, et par conséquent accroître les profits de Big Pharma. Les citoyens américains sont en fait victimes de ces dispositions, puisqu'elles font monter les prix. Même Obama, si fier de ses efforts pour réduire le coût de la santé, a trahi ses principes avec le TPP (l'Accord de partenariat transpacifique).

11. La course au moins-disant prend bien d'autres formes. Les banques, par exemple, ont dit que, si les réglementations n'étaient pas assouplies, elles allaient relocaliser leurs activités ailleurs. Le résultat a été une course au moins-disant sur la réglementation. L'une de ses conséquences a été la crise financière mondiale de 2008.

12. Les impôts ne sont que l'une des nombreuses variables qui influencent la localisation des entreprises, comme nous l'avons vu. Mais admettons que l'on raisonne exclusivement sur la fiscalité. Supposons que nous réduisions les impôts dans notre pays : cette mesure n'incitera les entreprises à s'y relocaliser que si le pays auquel nous tentons de voler des emplois ne réagit pas. Si lui aussi réduit les siens, nous ne tirerons aucun avantage de notre initiative. Au bout du compte, les seuls vainqueurs de cette course au moins-disant sont les grandes entreprises qui, au départ, l'ont provoquée.

13. On trouvera aux chapitres 1 et 9 des éléments de preuve et certaines analyses théoriques qui expliquent pourquoi ces mesures fiscales n'ont pas eu les effets bénéfiques promis par leurs partisans.

14. Parce que la réduction d'impôts va engendrer un déficit massif, et parce que la loi fiscale favorise la spéculation immobilière et décourage l'activité dans les composantes les plus dynamiques de l'économie, notamment les investissements dans les infrastructures et l'éducation. La modélisation standard suggère que dans dix ans, en 2027, le revenu national brut sera probablement au même niveau qu'aujourd'hui ou au-dessous (compte tenu du fait que, pour financer les déficits, il nous faudra emprunter à l'étranger, et que l'augmentation de la dette nationale évincera une partie de l'investissement privé). Je remercie Jason Furman, président du Comité des conseillers économiques du président Obama, pour ces calculs, qui sont fondés sur un travail réalisé en collaboration avec Robert Barro, de l'université Harvard (correspondance personnelle).

15. Cette année-là, le taux effectif de l'impôt sur les sociétés a été de 18,6 %. « International Comparisons of Corporate Income Tax Rates », CBO, 8 mars 2017, en ligne à l'adresse <https://www.cbo.gov/publication/52419>.

16. Quand l'Union européenne a eu vent de l'accord secret d'Apple avec l'Irlande, elle a ordonné à Apple de payer 13 milliards d'euros (un peu plus de 14,5 milliards de dollars).

17. L'ampleur du recours à ces refuges secrets pour l'évitement fiscal, le blanchiment d'argent et autres activités malfaisantes a été révélée par deux fabuleux trésors de documentation qu'a publiés le Consortium international des journalistes d'investigation : l'un, les Panama Papers, contenait essentiellement des documents du cabinet d'avocats Mossack Fonseca; l'autre, les Paradise Papers, se composait de documents issus du cabinet d'avocats Appleby.

18. Il est donc clair que les banques et leur clientèle d'entreprises et d'ultra-riches résisteront à la suppression de leurs paradis fiscaux, mais il est clair aussi que celle-ci est faisable. Après le 11 Septembre, les États-Unis se sont alarmés du rôle des paradis fiscaux dans le financement du terrorisme, et ils ont réussi à réduire considérablement leur usage à cette fin-là. En fait, il y a eu aussi quelques progrès pour juguler certains des pires excès : de grosses amendes ont été infligées à quelques banques pour leurs infâmes activités liées à l'évasion fiscale. Mais ces succès ont surtout montré qu'on aurait pu et dû faire beaucoup plus.

19. On parle de changement technologique « biaisé en faveur des hautes qualifications ». Si, vers la fin du XXe siècle, on mettait au compte de ce type de changement une bonne partie de la hausse de l'inégalité, il y a un consensus croissant pour ne lui attribuer qu'une faible part de la poursuite de cette hausse dans les deux dernières décennies. Même les travailleurs qualifiés sont en difficulté. Voir, par exemple, l'analyse du changement technologique biaisé en faveur des hautes qualifications dans T. Piketty, *Le Capital au XXIe siècle*, *op. cit.*, et John Schmitt, Heidi Shierholz et Lawrence Mishel, « Don't Blame the Robots : Assessing the Job Polarization Explanation of Growing Wage Inequality », Economic Policy Institute, 19 novembre 2013.

Une question de fond se pose ici : puisque le chômage des non-qualifiés était déjà si élevé et leurs salaires si bas, pourquoi notre économie de marché a-t-elle fait en sorte d'innover dans des directions qui augmentent leur chômage et réduisent leurs salaires ? Quelque chose ne tourne pas rond dans un système d'innovation qui, au lieu d'orienter la recherche vers les besoins réels de la société – par exemple, sauver la planète du changement climatique –, exacerbe des problèmes sociaux préexistants.

Il existe une littérature scientifique ancienne et brillante, datant des années 1960, qui explique l'enjeu de l'orientation du changement technologique : va-t-il accroître la productivité du travail qualifié ou du travail non qualifié, du capital ou des ressources naturelles ? Voir Emmanuel M. Drandakis et Edmond S. Phelps, « A Model of Induced Invention, Growth, and Distribution »,

Economic Journal, vol. 76, décembre 1966, p. 832-840 ; William Fellner, « Two Propositions in the Theory of Induced Innovations », *The Economic Journal*, vol. 71, n° 282, 1961, p. 305-308 ; Charles Kennedy, « Induced Bias in Innovation and the Theory of Distribution », *Economic Journal*, vol. 74, n° 295, 1964, p. 541-547 ; et Paul A. Samuelson, « A Theory of Induced Innovation along Kennedy-Weizsäcker Lines », *The Review of Economics and Statistics*, vol. 47, n° 4, 1965, p. 343-356. Plus récemment, j'ai tenté d'expliquer pourquoi les solutions de marché sont généralement inefficaces, car elles se préoccupent beaucoup trop peu d'économiser les ressources naturelles et beaucoup trop d'économiser le travail, notamment la main-d'œuvre non qualifiée. Ces problèmes ont été exacerbés par les politiques monétaires suivies dans le monde d'après la crise de 2008 : en réduisant le coût du capital, elles ont rendu encore plus attrayante l'idée d'économiser le travail.

20. Ce qui, bien sûr, a aussi contribué considérablement à la montée de l'inégalité. Voir David H. Autor, Alan Manning et Christopher L. Smith, « The Contribution of the Minimum Wage to US Wage Inequality over Three Decades : A Reassessment », *American Economic Journal : Applied Economics*, vol. 8, n° 1, 2016, p. 58-99. Ce travail conclut qu'environ un tiers de l'aggravation de l'inégalité entre le médian et les 10 % les plus pauvres aux États-Unis est dû à la baisse de la valeur réelle du salaire minimum.

21. En renchérissant les importations, les droits de douane découragent le commerce international. Mais il existe beaucoup d'autres mesures qui rendent les importations moins compétitives. Les denrées agricoles sont souvent interdites d'entrée parce qu'elles ne satisfont pas nos « conditions phytosanitaires ». De même, les réglementations européennes sur les organismes génétiquement modifiés (OGM), évoquées plus bas, rendent difficile aux producteurs américains de blé et de maïs d'exporter en Europe. Beaucoup de ces réglementations sont justifiées – elles reflètent d'authentiques inquiétudes des sociétés au sujet de leur santé et de leur sécurité. Mais certaines visent surtout à décourager les importations. Il est souvent difficile de distinguer les deux situations.

22. Cela dit, le nom de « partenariat » donné à ce traité était lui-même assez trompeur. C'était un partenariat dont les États-Unis dictaient pratiquement tous les termes. Comme chacun sait, les noms des traités de commerce sont depuis longtemps des abus de langage. L'ALENA, l'Accord de *libre-échange* nord-américain, n'était pas un accord de libre-échange, puisque ce mot désigne l'élimination de tous les obstacles au libre commerce, y compris les subventions. Or les États-Unis conservaient l'intégralité de leurs subventions agricoles massives. On a souvent qualifié le TPP de « traité de libre-échange », mais, au vu de ses 6 000 pages de dispositions spécifiques portant sur d'innombrables secteurs, il serait beaucoup plus

exact de considérer ce traité commercial et bien d'autres comme des accords de commerce *dirigé*.

23. Voir «Trans-Pacific Partnership Agreement : Likely Impact on the U.S. Economy and on Specific Industry Sectors», United States Trade International Commission, Investigation n° TPA-105-001, USITC Publication 4607, 2016. Une autre étude a conclu à des effets négatifs sur la croissance de l'économie américaine. Jeronim Capaldo, Alex Izurieta et Jomo Kwame Sundaram, «Trading Down : Unemployment, Inequality and Other Risks of the Trans-Pacific Partnership Agreement», Global Development and Environment Institute, document de travail 16-01, Tufts University, 2016. Les champions habituels de la libéralisation du commerce ont trouvé – faut-il s'en étonner ? – des effets positifs un peu plus importants que l'État américain, du moins à l'horizon 2030 : Peter A. Petri et Michael G. Plummer (Peterson Institute for International Economics), d'une part, et la Banque mondiale, d'autre part, ont estimé que le TPP allait accroître le PIB annuel de 0,5 % en 2030. Voir Groupe de la Banque mondiale, *Global Economic Prospects : Spillovers amid Weak Growth. A World Bank Group Flagship Report*, Washington, DC, Banque mondiale, 2016, p. 219-234.

24. Notons bien le choix du vocabulaire : parler de *droits* de propriété intellectuelle donne à ces dispositions un statut semblable à celui des droits humains – alors même que la conséquence des DPI était de refuser le droit le plus fondamental de tous, le droit de vivre : ils faisaient monter les prix de médicaments capables de sauver des vies à des niveaux inabordables pour beaucoup d'habitants des pays en développement et des marchés émergents. Les appeler droits de propriété intellectuelle *qui touchent au commerce* semble légitimer leur inclusion dans un traité commercial, alors que les dispositions prises s'appliquent à la propriété intellectuelle des produits, qu'ils soient ou non échangés dans le commerce extérieur, et alors qu'il existait déjà une organisation mondiale chargée de fixer les normes internationales de la propriété intellectuelle, l'OMPI (Organisation mondiale de la propriété intellectuelle) à Genève.

Si l'industrie pharmaceutique a été la principale instigatrice des dispositions sur les DPI dans les accords commerciaux, elle n'a pas été la seule. Le secteur du divertissement (le cinéma) a joué un rôle particulièrement important dans la formulation des dispositions liées au copyright. Voir ce qui a été dit plus haut sur «Mickey Mouse».

25. Notons avec intérêt que, lorsque les États-Unis se sont retirés du TPP, les autres pays ont conclu entre eux un accord commercial, qui s'appelle aujourd'hui l'«Accord de partenariat transpacifique global et progressiste», et ils ont supprimé les dispositions les plus nocives en matière de santé qu'avaient exigées les États-Unis.

26. Le régime de propriété intellectuelle a instauré une ponction financière sur les pays en développement et les marchés émergents : ils paient l'usage qu'ils font de la propriété intellectuelle. En 2016, les États-Unis ont reçu des pays en développement plus de 17 milliards de dollars de royalties et de droits de licence (calcul de l'auteur fondé sur les statistiques de la Commission du commerce international des États-Unis).

27. Le savoir traditionnel comprend des connaissances d'ordre alimentaire (une compagnie américaine a reçu un brevet sur l'aliment traditionnel de l'Inde, le riz basmati) et médicinal (des brevets américains ont été accordés pour des usages médicinaux du curcuma et de l'huile de neem, bien connus de la médecine traditionnelle indienne).

L'ADPIC et les dispositions semblables des accords commerciaux qui ont suivi ont également porté tort aux pays en développement sur d'autres plans, notamment par des mesures liées à l'agriculture (aux semences). Voir, par exemple, Mario Cimoli, Giovanni Dosi, Keith E. Maskus, Ruth L. Okediji, Jerome H. Reichman et Joseph E. Stiglitz (éd.), *Intellectual Property Rights : Legal and Economic Challenges for Development*, Oxford, Oxford University Press, 2014.

28. Quand Trump a fini par le comprendre, il a ordonné à son secrétaire au Trésor d'inverser la vieille politique affirmant l'attachement des États-Unis à un dollar « fort ». Lorsque celui-ci tenta, non sans hésitation, de formuler cette nouvelle orientation, ce fut la panique sur le marché des changes, mais pour très peu de temps. Les propos du secrétaire au Trésor, voire ceux du président (même d'un président pris au sérieux), n'influencent en général les marchés qu'un bref instant, après quoi les forces économiques de fond reprennent le dessus.

29. Ainsi, en mars 2018, Trump a annoncé des droits de douane de 25 % contre l'acier étranger provenant de certains pays : cela augmente de 25 % le prix que doivent payer les Américains qui souhaitent acheter l'acier de ces pays. Les ventes de la Chine ont pratiquement cessé.

30. Le déficit budgétaire et le déficit commercial évoluent en général de façon si synchronisée qu'on les appelle souvent les déficits jumeaux. Dans un petit nombre de cas, il y a découplage entre les deux en raison d'autres changements en cours dans l'économie. Lorsque les États-Unis ont réduit leur déficit budgétaire dans les années 1990, le déficit commercial n'a pas baissé avec lui, en raison du boom de l'investissement qui se produisait simultanément.

31. Avec ou sans nouveaux accords de commerce, dans un nombre limité de marchés de niche, il y aura un certain retour de la production industrielle (on parle parfois d'*onshoring* ou de « relocalisation »), car de nouvelles technologies comme les imprimantes 3D permettent d'effectuer certaines productions plus près du lieu de consommation.

32. Comme on l'a vu, les politiques de Trump, prises globalement, vont probablement accroître le déficit commercial (par rapport à ce qu'il aurait été sans elles). Ne soyons donc pas surpris que, malgré la promesse du président de le réduire, ce dernier ait augmenté de plus de 10 % dans sa première année de mandat : de 502 milliards de dollars en 2016, il est passé à 552 milliards de dollars en 2017. Beaucoup d'autres facteurs, bien sûr, influencent le taux de change et le déficit du commerce extérieur. S'il règne, par exemple, un certain pessimisme sur l'avenir du pays, ses résidents peuvent essayer de faire sortir leur argent, ce qui fera baisser le taux de change. Par exemple, les investisseurs inquiets des conséquences d'un gros déficit budgétaire pour les perspectives de l'économie peuvent s'efforcer de faire passer leur argent à l'étranger, et, dans ce cas, l'effet immédiat d'une loi qui aggrave le déficit budgétaire peut être une baisse du taux de change. Mais, à moyen terme, ce sont généralement les forces que nous venons de décrire qui dominent.

33. Le professeur Lawrence J. Lau, dans *The China-U.S. Trade War and Future Economic Relations*, Hong Kong, Chinese University Press, 2018, a montré que, en se concentrant sur la valeur ajoutée, on réduit l'ampleur du déficit commercial bilatéral apparent de 40 %. (Pour la même raison, puisqu'un faible pourcentage de la valeur est ajoutée en Chine, des droits de douane de 25 % vont inciter de nombreuses compagnies à relocaliser au moins les étapes finales de leur production.) Au grand maximum, estime le professeur Lau, la guerre commerciale américaine réduira le PIB chinois d'un peu plus d'un point de pourcentage, effet facile à absorber dans une économie dont la croissance est supérieure à 6 % par an.

34. Selon un sondage effectué par le *Washington Post* avec la George Mason University, 56 % des électeurs américains jugeaient la guerre commerciale mauvaise pour l'emploi aux États-Unis. Voir Aaron Blake, « How Trump's Trade War with China Could Go Sideways on Him », *Washington Post*, 7 juillet 2018.

35. La position de la Chine sur la propriété intellectuelle a fait l'objet de deux autres accusations. On lui reproche de refuser de faire respecter les droits de propriété intellectuelle traditionnels. Ces plaintes étaient courantes il y a une dizaine d'années, mais on les entend moins souvent aujourd'hui, peut-être parce que les entreprises chinoises elles-mêmes obtiennent un nombre croissant de brevets et veulent un respect rigoureux des DPI. La seconde accusation concerne le cybervol. Bien que sous l'administration Obama il y ait eu un accord pour y mettre un terme, il est clair qu'actuellement cet accord n'est pas appliqué. Puisque le cybervol s'effectue en secret, il est difficile d'en connaître l'ampleur de part et d'autre, mais le phénomène semble important et en expansion. Les récriminations américaines sur les droits de propriété intellectuelle fusionnent ces trois problèmes différents, et elles seraient plus efficaces si elles ciblaient particulièrement le cybervol.

36. L'ironie de l'affaire est qu'on aurait pu parvenir à un accord international d'investissement qui aurait réglé ce type de questions. Mais les négociateurs américains, représentant les intérêts de leurs milieux d'affaires, ont « visé trop haut » : au lieu de s'en tenir à exiger que leurs entreprises soient protégées contre les discriminations, ils ont exigé aussi qu'elles soient indemnisées en cas de changement des réglementations.

37. Les entreprises chinoises obtiennent environ dix fois plus de brevets aux États-Unis qu'il y a dix ans. Voir Susan Decker, « China Becomes One of the Top 5 U.S. Patent Recipients for the First Time », *Bloomberg*, 9 janvier 2018.

38. Ceux qui critiquent la position américaine ont aussi souligné son hypocrisie : au XIXe et au début du XXe siècle, les États-Unis ont volé ou exploité la propriété intellectuelle des autres (parfois involontairement), par exemple le procédé Bessemer pour produire de l'acier (voir Philip W. Bishop, *The Beginnings of Cheap Steel* [Project Gutenberg, http:/www.gutenberg.org/files/29633/29633-h/29633-h.htm]). L'innovation cruciale qui a permis le vol aérien a été effectuée, non par les frères Wright, mais par un Brésilien, des années plus tôt. De même pour nombre des progrès importants qui ont abouti à l'automobile. Maintenant que les États-Unis ont gravi l'échelle jusqu'en haut, ils veulent compliquer la tâche aux autres, les empêcher d'en faire autant : c'est le message central du puissant ouvrage de Ha-Joon Chang, *Kicking Away the Ladder : Development Strategy in Historical Perspective*, New York, Anthem, 2002.

39. Bien entendu, il y a toujours des craintes de pratiques commerciales « déloyales », et l'OMC a été conçue pour instaurer un ensemble de règles de base visant à les prévenir. Quand un pays viole ces règles, il peut être traduit « en justice » devant un tribunal de l'OMC, et, s'il est déclaré coupable, soit il met fin aux pratiques en question, soit son partenaire commercial est autorisé à lui imposer des droits de douane proportionnels et d'autres restrictions au commerce. Parfois, il y a des accusations réciproques : les États-Unis estiment que l'Europe subventionne indûment Airbus, et l'Europe que les États-Unis subventionnent indûment Boeing. Le problème est que les deux parties se font une idée entièrement différente des subventions. De nombreuses réglementations imposées parce qu'elles reflètent des préoccupations intérieures sont perçues de l'extérieur comme un obstacle déloyal au commerce – nous l'avons vu dans notre analyse sur les OGM.

40. Il y a dans ces accords sur l'investissement beaucoup d'autres dispositions qu'il faut changer, notamment le système de règlement des différends. Il doit y avoir obligation de soumettre ces derniers à la justice du pays avant de se tourner vers les dispositions spéciales de l'accord. C'est particulièrement important dans les accords sur l'investissement avec d'autres pays avancés, puisqu'on présume qu'ils ont un bon système judiciaire. S'il y a un problème,

il faut le traiter de façon symétrique, pour tous les investisseurs, nationaux et étrangers. Il faut aussi changer l'ordre de grandeur de l'indemnisation en cas de violation – elle se fonde aujourd'hui sur l'idée nébuleuse des profits qui auraient été engrangés sans la violation, au lieu de compenser simplement l'investissement perdu. Voir J.E. Stiglitz, «Towards a Twenty-First Century Investment Agreement», art. cité.

41. J'ai fait personnellement l'expérience de ce refus radical de la discussion chez l'USTR pendant les négociations du Partenariat transpacifique. J'étais inquiet des retombées négatives des dispositions du traité sur l'accès aux médicaments génériques. J'ai réussi à obtenir un entretien avec tous les négociateurs qui discutaient du sujet – sauf ceux des États-Unis.

42. Des individus insensibles estiment que nous ne devons pas les aider. Il y a une centaine d'années, il existait une théorie, le « darwinisme social », selon laquelle la société se porterait mieux si nous abandonnions à leur triste sort ceux qui ne parviennent pas à s'en sortir seuls. La formule qui la résumait était «la survie du plus apte». Non seulement ces idées étaient inhumaines, mais les analyses suggérant que de telles politiques étaient avantageuses reposaient sur une interprétation entièrement fausse des théories évolutionnistes de Darwin.

43. Parfois, les politiques industrielles sont perçues comme protectionnistes – lorsqu'elles visent à protéger des industries âgées, agonisantes, comme Trump tente de le faire. Les formes de politique industrielle que je préconise ici font exactement le contraire : elles s'efforcent d'aider l'économie à passer dans de nouveaux secteurs, à s'adapter à l'évolution des marchés et de la technologie. Il faut une supervision forte pour garantir que ces politiques ne seront pas utilisées abusivement pour protéger des entreprises établies contre la concurrence : ce serait une autre forme de recherche de rente.

CHAPITRE 5. LA FINANCE ET LA CRISE AMÉRICAINE

1. Plus loin dans ce chapitre, j'évoque l'une des premières tentatives pour démanteler des éléments cruciaux de la loi Dodd-Frank. En 2018, les banques ayant moins de 250 milliards de dollars d'actifs ont été libérées de la surveillance plus stricte prévue par cette loi.

À chaque étape, les banques ont opposé une résistance. Un régulateur m'a dit : s'il existe le moindre espace entre le mur et le papier peint, elles en profitent. Et elles travaillent dur pour élargir considérablement l'espace entre les deux.

2. Depuis la crise, deux des principaux participants au sauvetage des banques, Geithner et le président de la Réserve fédérale Ben Bernanke (tous deux républicains, nommés par Obama), ont écrit leurs Mémoires. (Ben

S. Bernanke, *Mémoires de crise*, trad. fr. d'Anatole Muchnik et Johan-Frédérik Hel Guedj, Paris, Éd. du Seuil, 2015; Timothy F. Geithner, *Stress Test : Reflections on Financial Crises*, New York, Broadway Books, 2014.) La faiblesse des arguments qu'ils avancent pour justifier leur action – largement soulignée dans les critiques des deux livres (voir, par exemple, « Does He Pass the Test ? » par Paul Krugman, *New York Review of Books*, 10 juillet 2014 ; « More Talk, More Action », *The Economist*, 17 octobre 2015) – conforte l'idée d'un sauvetage où les intérêts du secteur financier étaient la grande priorité. Ceux du reste du pays passaient après.

3. Nombre des idées de cette section sont développées dans mon livre *Le Triomphe de la cupidité, op. cit.*

4. Je dois préciser que les banquiers n'étaient pas les seuls : Trump a fait pire encore dans ses transactions d'affaires et avec la Trump University. Les problèmes n'étaient pas non plus limités aux États-Unis. Certaines des pires pratiques bancaires ont été découvertes à l'étranger.

La turpitude morale n'était pas l'apanage de la finance : à preuve la tricherie massive des constructeurs automobiles qui ont présenté leurs produits comme plus sains pour l'environnement qu'ils ne l'étaient. Néanmoins, pour la pure valeur en dollars des activités frauduleuses et malhonnêtes, le secteur financier l'emporte haut la main. À elle seule, la pyramide montée par Bernie Madoff a creusé un trou d'environ 65 milliards de dollars dans les comptes de particuliers. Et, puisque le secteur financier touche pratiquement tous les autres secteurs d'activité, il répand le virus dans une bonne partie de l'économie.

5. Par exemple, avec le développement d'instruments complexes comme les « titres adossés à des créances hypothécaires résidentielles » (*residential mortgage-backed securities*, RMBS), qui contiennent des milliers de créances hypothécaires, les initiateurs et les sociétés d'investissement avaient dû donner, pour que le système fonctionne, une sorte de garantie de remboursement : les banques avaient accepté de racheter toute créance hypothécaire qui ne serait pas conforme à la description qu'on en avait faite à ceux qui investissaient dans ces titres ou les assuraient. C'était pratiquement le seul moyen d'inspirer confiance aux assureurs et aux investisseurs sur ce qu'ils assuraient ou achetaient. Quand il s'est avéré que de nombreuses créances n'étaient pas conformes à leur description (par exemple, une créance hypothécaire sur une maison décrite comme occupée par son propriétaire concernait en fait un bien locatif), les banques ont souvent refusé de tenir leur engagement. Cela faisait pourtant une différence, car les taux de défaut de paiement sur les biens immobiliers occupés par leur propriétaire sont beaucoup plus faibles. Finalement, dans plusieurs cas au moins, après de longues années, les banques ont payé ce qui était dû. (Pour la transparence : j'ai été témoin expert dans certains

des procès intentés sur ce point. Plus d'une décennie après les événements, les procédures judiciaires continuent.)

6. Lors d'une audition au Congrès, le sénateur Carl Levin a dit au P-DG de Goldman, Lloyd Blankfein, qu'il « ne ferait pas confiance » à Goldman. Il lui avait demandé de multiples fois : la banque révèle-t-elle ou non à ses clients la position qu'elle prend sur le marché, quand ces clients « achètent quelque chose que vous leur proposez d'acheter et qu'ensuite vous prenez une position contre eux » ? « Je ne crois pas qu'il y ait la moindre obligation » de le dire aux investisseurs, avait répondu M. Blankfein. Voir James Quinn, « Goldman Boss Lloyd Blankfein Denies Moral Obligation towards Clients », *Telegraph*, 28 avril 2010. On peut voir l'intégralité de ce dialogue sur C-Span. On trouve aussi l'exposé préparé par Blankfein et une vidéo de son audition sur le site de la sous-commission permanente aux enquêtes de la commission sur la Sécurité intérieure et les Affaires gouvernementales, consulté le 23 juillet 2018, <https://www.hsgac.senate.gov/subcommittees/investigations/hearings/-wall-street-and-the-financial-crisis-the-role-of-investment-banks>.

7. Si Goldman Sachs a pris sur le marché la position que l'on vient d'indiquer, c'est peut-être par court-termisme. Ses dirigeants ont vu la possibilité de faire de l'argent dans les transactions immédiates. Ils n'ont tenu aucun compte de la baisse des profits futurs que provoquerait la perte de leur réputation.

8. *Financing SMEs and Entrepreneurs 2018*, OCDE. [La version française, *Le Financement des PME et des entrepreneurs 2018*, ne contient que les « faits saillants » – *NdT*.] Les chiffres sur les prêts américains aux PME renvoient au stock d'encours des prêts à ces entreprises. Autre fait frappant : la proportion des prêts qui va aux petites entreprises a fait elle aussi une chute spectaculaire : de 30,1 % en 2007 à 18,5 % en 2016.

9. Elle a été fondée par cinq grands pays émergents, le Brésil, la Russie, l'Inde, la Chine et la République sud-africaine, groupe qu'on appelle (d'après leurs initiales) les BRICS.

10. En 1996, une réforme efficace du système d'aide sociale avait été paralysée, parce qu'il manquait simplement 5 milliards de dollars par an pour former professionnellement ceux qui avaient été privés de prestations sociales et prendre en charge leurs enfants. Deux décennies plus tard, pendant l'année budgétaire 2015, les dépenses effectuées au titre du programme des États-Unis pour les familles dans le besoin (la TANF, Temporary Assistance for Families in Need) n'ont été que de 16,5 milliards de dollars.

11. Ils ont réussi à faire adopter cette disposition par une subtile manœuvre parlementaire, en l'attachant à un projet de loi qu'il fallait absolument voter pour maintenir ouvertes les administrations publiques. Voir Erika Eichelberger,

« Citigroup Wrote the Wall Street Giveaway the House Just Approved », *Mother Jones*, 10 décembre 2014.

12. Plusieurs banques ont été frappées de lourdes amendes pour avoir franchi la ligne rouge. Crédit Suisse, par exemple, a payé une amende de 2,6 milliards de dollars. Les banques étrangères soulignent à juste titre que l'État américain est bien plus prompt à les mettre en accusation qu'à poursuivre les banques américaines.

13. Ces avantages sont dus au fait que le gros des sommes reçues seront imposées en qualité de plus-values, et non de dividendes.

14. Les riches particuliers qui recevront cet argent en utiliseront un peu pour leur consommation ; peut-être en dépenseront-ils une partie en immobilier – ce qui fera monter les prix dans ce secteur ; peut-être diversifieront-ils leur portefeuille, en investissant à l'étranger. Peut-être une partie de la somme leur servira-t-elle de mise dans des paris : ils achèteront des dérivés et des CDS (*credit default swaps*, dérivés sur événement de crédit). Ou peut-être consacreront-ils une part de cet argent à de nouveaux investissements productifs ailleurs dans l'économie. On voit le problème : avec ces rachats d'actions, la fraction des profits des entreprises qui sera redéployée dans l'investissement économique réel aux États-Unis sera beaucoup plus limitée. C'est l'une des raisons de la chute du taux d'investissement du pays.

15. Le flux total des fonds qui sortent des entreprises (dividendes plus rachats d'actions) a doublé : il est passé de moins de 3 % du PIB dans les années 1960 à environ 6 % ces dernières années. Depuis 2005, les rachats de leurs propres actions par les sociétés non financières sont supérieurs à la formation nette de capital fixe. Voir Lester Gunnion, « Behind the Numbers », *Deloitte Insights,* novembre 2017, qui se fonde sur des chiffres du Bureau d'analyse économique. Le fait qu'il y ait une tendance générale à la hausse des rachats d'actions et à la baisse de l'investissement des entreprises n'implique pas, en soi, que l'une soit la cause de l'autre. De fait, on peut voir dans les deux phénomènes des manifestations de l'expansion du pouvoir de marché analysée au chapitre 3, qui a simultanément accru les profits et réduit, à la marge, les incitations à investir.

16. À la date du 6 décembre 2018, les compagnies américaines avaient annoncé 969 milliards de dollars de rachat d'actions, et l'on prévoyait qu'à la fin de l'année la barre des 1 000 milliards aurait été franchie. Voir Michael Schoonover, «Will the Record-Setting Buyback Trend Continue in 2019?», *Catalyst Fund Buyback Blog,* 7 décembre 2018. Puisque les entreprises ont consacré une telle part du bénéfice de la réduction d'impôts à racheter leurs propres actions et à verser des dividendes, on ne saurait s'étonner que l'investissement n'ait guère augmenté, et la rémunération des travailleurs, pas du tout. L'Economic Policy Institute a évalué ce que les primes versées aux salariés

grâce à la réduction d'impôts leur ont rapporté : 2 cents de plus par heure de travail en 2018. Dans les 145 compagnies qui, parmi les 1 000 de l'indice boursier Russell 1000, ont indiqué à la date du 10 décembre 2018 comment elles dépensaient les économies qu'elles faisaient grâce à la réduction d'impôts, 6 % de ces sommes seulement sont allées aux travailleurs (https://justcapital.com/tax-reform-weekly-updates). Notons-le bien : un an après le vote de la loi fiscale et le cadeau colossal qu'elle a fait aux entreprises, même les cours boursiers ne sont pas plus élevés, et le CBO estime que la croissance va ralentir à 1,6 % de 2020 à la fin de 2022. Voir *Vox*, « Republican Tax Cut Bill One Year Later : What It Did – and Didn't – Do », <https://www.vox.com/policy-and-politics/2018/12/18/18146253/tax-cuts-and-jobs-act-stock-market-economy>.

17. Dans la littérature économique moderne, on appelle ces phénomènes les effets d'incitation négative et de sélection négative d'une hausse des taux d'intérêt. Voir, par exemple, Joseph E. Stiglitz et Andrew Weiss, « Credit Rationing in Markets with Imperfect Information », *American Economic Review*, vol. 71, n° 3, 1981, p. 393-410.

18. Bien que ses origines remontent au début des années 1990. Voir Vitaly M. Bord et João A. C. Santos, « The Rise of the Originate-to-Distribute Model and the Role of Banks in Financial Intermediation », *Federal Reserve Bank of New York Policy Review*, juillet 2012, p. 21-34, en ligne à l'adresse <https://www.newyorkfed.org/medialibrary/media/research/epr/12v18n2/1207bord.pdf>.

19. On peut comprendre très simplement le rôle des réserves. Supposons que la banque ait 1 000 dollars en dépôts et prête 1 000 dollars, mais qu'elle ait une valeur nette de 100 dollars dans ses réserves ; dans le cas où plus de 10 % de ses prêts tournent mal, elle va récupérer moins de 900 dollars, ce qui, ajouté à ses 100 dollars de réserves, sera insuffisant pour rembourser les déposants. Elle devra se faire renflouer par l'État. Mais si la banque avait eu 10 000 dollars de dépôts et en avait prêté autant, il aurait suffi de 1 % de prêts irrécupérables pour qu'elle risque de ne pas pouvoir rendre leur argent aux déposants. Avant la crise, les réserves obligatoires étaient si minces qu'un faible niveau de prêts non remboursés pouvait créer un problème.

20. La remarque de Greenspan a donné son titre à un film grand public de 2011 sur la crise financière, *The Flaw* [La faille], réalisé par David Sington.

21. Ce n'est que l'un des domaines où les incitations ne sont pas alignées. Plus il y a de transactions, plus les banquiers et autres professionnels du secteur financier gagnent de l'argent. Ils aiment les « coûts de transaction » et les commissions, qui sont à l'origine d'une bonne part de leurs profits. Évidemment, plus les commissions sont élevées et plus les clients des banques en souffrent. Sur un marché concurrentiel avec des clients rationnels pleinement informés, les banquiers ne pourraient pas surfacturer impunément, mais les marchés financiers sont très loin de cet idéal.

Quand les banquiers mettent la main sur un compte à gérer au nom de quelqu'un d'autre, ils aiment le baratter fébrilement, acheter, vendre : ils expliquent qu'ils s'efforcent en permanence de placer l'argent là où il rapporte le plus. Les faits indiquent le contraire : un singe lançant des fléchettes pourrait choisir les actions aussi judicieusement que la plupart des conseillers d'investissement. Mais le singe, lui, est honnête. Avec les gestionnaires d'actifs, il y a des conflits d'intérêts. Ils gagnent plus s'ils placent l'argent dans tel fonds mutuel que dans tel autre, parce qu'ils reçoivent une plus grosse commission, et il est certain que plus l'argent tourne dans tous les sens, plus ils en gagnent. Quand l'administration Obama a proposé que certains d'entre eux soient soumis à une obligation fiduciaire – soient tenus d'agir pour le mieux dans l'intérêt de leurs clients –, ce fut le tollé général chez les banquiers et les gestionnaires de fortune : ils ont clamé qu'ils ne pourraient pas survivre avec cette obligation fiduciaire, autrement dit s'ils ne pouvaient pas de temps à autre faire un profit sur le dos de leur clientèle. Ils ne ressentaient aucune honte à admettre qu'ils ne pouvaient pas s'engager à servir au mieux les intérêts de leurs clients. Les banquiers ne voyaient rien de mal à avoir des conflits d'intérêts, puisqu'ils s'enrichissaient aux dépens des retraités, selon les estimations, de 17 milliards de dollars par an [en gérant les plans d'épargne-retraite – *NdT*]. Comme l'aveu de Blankfein, le président de Goldman Sachs, cité plus haut, tout cela montre bien la nouvelle immoralité du secteur financier, et son indifférence à sa réputation.

22. C'était ce qu'affirmait Milton Friedman, le grand prêtre de l'École de Chicago que nous avons déjà évoqué – au moment même où des avancées de la science économique expliquaient pourquoi la maximisation de la valeur pour l'actionnaire ne conduit pas, en général, au bien-être de la société. Voir, par exemple, Sanford Grossman et Joseph E. Stiglitz, « On Value Maximization and Alternative Objectives of the Firm », *Journal of Finance*, vol. 32, n° 2, 1977, p. 389-402 ; et « Stockholder Unanimity in the Making of Production and Financial Decisions », *Quarterly Journal of Economics*, vol. 94, n° 3, 1980, p. 543-566.

23. Voir A. Tooze, *Crashed*, *op. cit.*

24. La loi fiscale républicaine a propulsé les profits encore plus haut. Les gains trimestriels de Bank of America dans les trois premiers mois de 2018, par exemple, ont été les plus hauts de tous les temps : près de 7 milliards de dollars. Alors que ses profits montaient en flèche, la facture fiscale de Bank of America a baissé d'environ 26 % en raison de la nouvelle loi. Voir Matt Egan, « Big Banks Are Minting Money Right Now », *CNN Money*, 18 avril 2018.

25. Au cours des primaires démocrates de 2016, il y a eu un débat stupide où l'on s'est demandé si le problème crucial était l'existence de banques trop grandes pour faire faillite et la nécessité de rétablir sous une forme quelconque

la loi Glass-Steagall qui séparait banques de dépôt et banques d'affaires, ou si c'était le *shadow banking*, le « système financier de l'ombre » [la finance extra-bancaire, dont les activités « fantômes » échappent à toute réglementation – *NdT*]. La bonne réponse est qu'il faut réformer les deux. Voir, par exemple, J.E. Stiglitz, *Le Triomphe de la cupidité*, *op. cit.* ; Commission d'experts sur la réforme du système monétaire et financier international réunie par le président de l'Assemblée générale des Nations unies, *Le Rapport Stiglitz. Pour une vraie réforme du système monétaire et financier international*, trad. fr. de Françoise et Paul Chemla, Paris, Les Liens qui libèrent, 2010 ; Simon Johnson et James Kwak, *13 Bankers : The Wall Street Takeover and the Next Financial Meltdown*, New York, Random House, 2010 ; et Rana Foroohar, *Makers and Takers : How Wall Street Destroyed Main Street*, New York, Crown, 2016.

CHAPITRE 6. LE DÉFI DES NOUVELLES TECHNOLOGIES

1. Le programme informatique de Google qui joue au go, AlphaGo, développé par la compagnie d'intelligence artificielle du géant technologique, DeepMind, a battu le champion du monde de go Lee Se-dol en mars 2016. Voir Choe Sang-Hun, « Google's Computer Program Beats Lee Se-dol in Go Tournament », *New York Times*, 15 mars 2016. Un an et demi plus tard, Google annonçait la sortie d'un programme dont les capacités en intelligence artificielle sont encore plus importantes. Voir Sarah Knapton, « AlphaGo Zero : Google DeepMind Supercomputer Learns 3,000 Years of Human Knowledge in 40 Days », *Telegraph*, 18 octobre 2017.

2. Robert J. Gordon, *The Rise and Fall of American Growth : The U.S. Standard of Living Since the Civil War*, Princeton, Princeton University Press, 2016. Je m'empresse d'ajouter que les chercheurs ne sont pas tous d'accord avec Gordon. Joel Mokyr, éminent historien de l'économie, qui enseigne à la Northwestern University, comme Gordon, voit les choses sous un jour bien plus optimiste. Voir, par exemple, Joel Mokyr, « The Next Age of Invention : Technology's Future Is Brighter than Pessimists Allow », *City Journal*, hiver 2014, p. 12-20. Certains suggèrent qu'il y a d'importantes erreurs de mesure dans le PIB et qu'il sous-estime le véritable taux de croissance, mais, à mon avis, bien que ces problèmes de mesure existent, ils ne changent pas le panorama général : le rythme de croissance du PIB est inférieur aujourd'hui à ce qu'il était dans des périodes antérieures. Évidemment, la nature même du phénomène nous interdit toute certitude sur ce que sera le rythme futur de l'innovation.

3. On l'appelle la « singularité ». Voir aussi Stanislaw Ulam, « Tribute to John von Neumann », *Bulletin of the American Mathematical Society*, vol. 64, n° 3, deuxième partie, 1958, p. 5. Voir également Anton Korinek et Joseph E. Stiglitz,

«Artificial Intelligence and Its Implications for Income Distribution and Unemployment», *in* Ajay Agrawal, Joshua Gans et Avi Goldfarb (éd.), *The Economics of Artificial Intelligence*, Chicago, University of Chicago Press, 2019.

4. Les progrès rapides en intelligence artificielle dans les cinq dernières années ont conduit à d'abondantes spéculations sur le moment où celle-ci dépassera la performance humaine dans une série de métiers. Une enquête auprès d'experts de la discipline prédit qu'en 2024 elle sera meilleure que les humains pour traduire des langues, et en 2027 pour conduire un camion. Ces experts estiment qu'il y a 50 % de chances pour que, dans quarante-cinq ans, elle fasse mieux que l'être humain dans toutes les tâches. Voir Katja Grace, John Salvatier, Allan Dafoe, Baobao Zhang et Owain Evans, *Journal of Artificial Intelligence Research*, 2018, arXiv:1705.08807.

5. Voir Carl B. Frey et Michael A. Osborne, «The Future of Employment : How Susceptible Are Jobs to Computerisation?», *Technological Forecasting and Social Change*, vol. 114, 2017, p. 254-280. Voir aussi le livre d'Erik Brynjolfsson et Andrew McAfee, *Race against the Machine*, Lexington, Digital Frontier Press, 2011.

6. Pour une des versions de cette histoire, voir «Difference Engine : Luddite Legacy», *The Economist*, 4 novembre 2011.

7. Voir J.E. Stiglitz, *La Grande Fracture*, *op. cit.*, p. 442-452, qui se fonde sur des recherches antérieures de Domenico Delli Gatti, Mauro Gallegati, Bruce Greenwald, Alberto Russo et moi-même, «Mobility Constraints, Productivity Trends, and Extended Crises», *Journal of Economic Behavior & Organization*, vol. 83, n° 3, 2012, p. 375-393; et «Sectoral Imbalances and Long Run Crises», *in* Franklin Allen, Masahiko Aoki, Jean-Paul Fitoussi, Nobuhiro Kiyotaki, Roger Gordon et Joseph E. Stiglitz (éd.), *The Global Macro Economy and Finance*, Conférence mondiale de l'Association internationale des sciences économiques (International Economic Association), vol. 150-III, Houndmills, G.-B., et New York, Palgrave, 2012, p. 61-97.

8. Pour illustrer la baisse des prix agricoles pendant cette période, prenons le blé : son prix avait chuté d'environ 60 % au début des années 1920; au début des années 1930, il a subi une nouvelle baisse d'environ 70 %; «The Wheat Situation», Bureau of Agricultural Economics, US Department of Agriculture, WS-61, novembre 1941.

9. Voir Delli Gatti *et al.*, «Mobility Constraints, Productivity Trends, and Extended Crises», art. cité. D'autres travaux ont abouti à des baisses du revenu d'une ampleur aussi impressionnante. Voir «Wages and Income of Farm Workers, 1909 to 1938», *Monthly Labor Review*, vol. 49, n° 1, 1939, p. 59-71; cet article suggère que le revenu a baissé de plus de 50 %.

10. Pour une analyse de la dévalorisation des terres agricoles pendant cette période, voir «Publications : Trends in U.S. Agriculture : Land Values», United

States Bureau of Agriculture, National Agricutural Statistics Service, consulté le 2 juillet 2018, en ligne à l'adresse <https://www.nass.usda.gov/Publications/Trends_in_U.S._Agriculture/Land_Values/index.php>.

11. Il peut y avoir discordance entre les qualifications requises et celles dont disposent dans l'immédiat les travailleurs. Dans ce cas, des programmes de formation peuvent contribuer à donner à la main-d'œuvre les compétences nécessaires. Mais cette discordance n'a pas été le facteur clé dans la situation de ces dernières années ; si c'était le cas, les salaires des travailleurs qualifiés auraient augmenté bien plus rapidement qu'ils ne l'ont fait.

12. Je parle d'odieuse politique partisane parce que les républicains, quand ils ont eu la possibilité d'avantager leur propre parti et les riches compagnies et milliardaires qui les soutiennent, ont jeté aux orties leur attachement idéologique à l'équilibre du budget, alors qu'ils avaient prétendu que cet attachement leur interdisait de soutenir les politiques budgétaires qui nous auraient permis de sortir plus vite de la Grande Récession.

13. Il y a eu un arbitrage : on a augmenté à court terme la demande de main-d'œuvre, par la hausse de l'investissement, en la réduisant à long terme, puisque les machines produites allaient remplacer des travailleurs. La baisse des taux d'intérêt a aussi réduit la consommation des personnes âgées, dont les revenus dépendaient des intérêts payés sur les bons d'État.

14. De même, les changements structurels du marché du travail – l'économie de la précarité – peuvent aboutir à des emplois peu sûrs et dépourvus d'avantages sociaux de qualité.

15. Dans beaucoup de ces secteurs, les salaires sont bas parce que les emplois étaient traditionnellement genrés et qu'il y avait une discrimination salariale systématique contre les femmes.

16. Les défenseurs de l'utilisation du Big Data par les géants technologiques soutiennent aussi qu'il leur permet de guider chacun vers des produits qui répondent mieux à ses besoins. Même si l'on fait abstraction du côté « Big Brother » de ce « guidage », il est clair que la motivation des géants n'est pas de faire le bonheur des gens : c'est d'accroître leurs propres profits et ceux des compagnies qui font de la publicité sur leurs sites. Malheureusement, comme le montrera l'analyse qui suit, il existe de nombreux usages du Big Data qui nuisent aux consommateurs en général, et, parmi eux, aux plus défavorisés face au numérique en particulier. Certains auteurs ont baptisé « capitalisme de surveillance » l'économie de marché qui est en train de prendre forme en utilisant le Big Data. Voir, par exemple, John Bellamy Foster et Robert W. McChesney, « Surveillance Capitalism », *Monthly Review*, 1er juillet 2014 ; Shoshana Zuboff, « Big Other : Surveillance Capitalism and the Prospects of an Information Civilization », *Journal of Information Technology*, vol. 30, n° 1,

2015, p. 75-89 ; et Shoshana Zuboff, *The Age of Surveillance Capitalism*, New York, Public Affairs, 2019.

17. Dans la discrimination par les prix « parfaite », on essaie de facturer à chaque consommateur le prix maximum qu'il est prêt à payer pour un bien ou un service. Sur chaque marché d'un bien ou d'un service, il y a des acheteurs potentiels – des consommateurs – qui accepteraient de payer plus ou moins cher le même article, en fonction de leurs préférences et de leurs moyens. Prenons une paire de chaussures à la mode dont le coût de production est de 100 dollars. Certains consommateurs ne veulent pas payer plus de 1 dollar pour ces chaussures, d'autres sont prêts à les acheter 500 dollars, et beaucoup ont une position intermédiaire. Une entreprise peut maximiser ses profits si elle vend ces chaussures à tous les consommateurs prêts à les payer plus de 100 dollars *au prix maximum que chacun d'eux accepte de débourser*. Certains paieront 101 dollars, d'autres 200 dollars, et quelques-uns 500 dollars. Les entreprises utilisent diverses méthodes pour introduire cette discrimination entre les consommateurs qui souhaitent acheter leurs produits : par exemple, l'éventail des marques, les soldes, les remises réservées à certaines catégories. Ces discriminations n'ajoutent rien à la société, elles ne sont qu'un moyen de soutirer aux consommateurs le plus d'argent possible. Les économistes disent, dans leur vocabulaire technique : « extraire le surplus du consommateur » – autrement dit, accaparer pour l'entreprise la plus large part possible de la valeur qu'a le bien pour chaque client. Facturer à des personnes différentes des prix différents, sans rapport avec de quelconques écarts de coûts, est une pratique illégale : elle tombe sous le coup d'une loi de 1936, le Robinson-Patman Act, mais c'est une loi que l'on fait rarement respecter. Pour une analyse de la discrimination par les prix dans le contexte du Big Data, voir Silvia Merler, « Big Data and First-Degree Price Discrimination », *Bruegel*, 20 février 2017, en ligne à l'adresse <http://bruegel.org/2017/02/big-data-and-first-degree-price-discrimination>.

18. L'argument standard en faveur de l'efficience des marchés part de l'idée suivante : l'évaluation *marginale* d'un bien par tous les individus est la même, elle est identique au coût marginal, et c'est vrai parce qu'ils sont tous confrontés aux mêmes prix. Bien qu'il puisse y avoir, malgré tout, efficience du marché si la discrimination par les prix est *parfaite*, le monde réel de discrimination par les prix imparfaite se caractérise par l'omniprésence d'inefficacités et de distorsions. Voir, par exemple, J.E. Stiglitz, « Monopoly, Non-Linear Pricing and Imperfect Information : The Insurance Market », *Review of Economic Studies*, vol. 44, n° 3, 1977, p. 407-430 ; réimpr. in *Selected Works of Joseph E. Stiglitz*, t. I, *Information and Economic Analysis*, Oxford, Oxford University Press, 2009, p. 168-192.

L'intelligence artificielle aboutit aussi à des asymétries d'information. Certaines entreprises en savent plus que d'autres, et les géants technologiques en savent plus que les consommateurs. Les marchés ne sont efficients qu'en l'absence de distorsions produites par les asymétries d'information, qu'elles soient naturelles ou créées par le marché. Le Big Data est en train d'accroître ces asymétries ; par là même, il amoindrit potentiellement l'efficacité de l'allocation des ressources.

19. Jennifer Valentino-DeVries, Jeremy Singer-Vine et Ashkan Soltani, «Websites Vary Prices, Deals Based on Users' Information», *Wall Street Journal*, 24 décembre 2012.

20. Dans le langage haut en couleur des prix Nobel George Akerlof et Robert Shiller, plus de possibilités de pratiquer le *phishing*, la « pêche aux naïfs ». Voir G. Akerlof et R. Shiller, *Marchés de dupes : l'économie du mensonge et de la manipulation*, *op. cit.*

21. Voir la conférence TED de Zeynep Tüfekçi, «We're Building a Dystopia Just to Make People Click on Ads», 27 octobre 2017.

22. D'autres parties se sont jointes au procès contre Myriad, notamment l'université de Pennsylvanie et des chercheurs de Columbia, de l'université de New York, d'Emory et de Yale. L'American Civil Liberties Union et la Public Patent Foundation ont assuré la représentation des plaignants en justice. J'ai écrit un rapport d'expert pour les plaignants sur les aspects économiques de l'affaire, en faisant valoir que le retrait du brevet allait stimuler l'innovation. Ce qui s'est passé ensuite a corroboré mon analyse.

23. L'État a le pouvoir d'accéder aux données se trouvant entre des mains privées quand il le souhaite ; aux États-Unis, c'est plus difficile que dans certains autres pays, comme la Chine, mais il ne faut pas s'imaginer qu'il existe un mur infranchissable entre les deux. De plus – et c'est tout aussi inquiétant –, en l'absence de contraintes, le secteur privé a encore plus d'incitations à user et abuser des données, pour des raisons commerciales.

24. George Orwell, *1984*, trad. fr. d'Amélie Audiberti, Paris, Gallimard, coll. « Folio », 1972 ; Dave Eggers, *Le Cercle*, trad. fr. d'Emmanuelle et Philippe Aronson, Paris, Gallimard, coll. « Du monde entier », 2016, rééd., coll. « Folio », 2017.

25. Voir B.C. Greenwald et J.E. Stiglitz, *La Nouvelle Société de la connaissance*, *op. cit.*, et les ouvrages qui y sont cités.

26. Beaucoup, dans le secteur technologique, disent simplement : « Laissez-nous faire. Nous sommes intelligents. Nous avons créé le problème. Nous allons le résoudre. Il suffit d'un peu d'autoréglementation. Nous pouvons faire notre police nous-mêmes. » Ce refrain, nous l'avons déjà entendu. Les banques tenaient exactement le même discours, et nous savons où cela nous a menés. Il devrait être évident qu'on ne peut pas laisser le secteur privé régler la question. Les incitations des entreprises ne sont pas alignées sur les intérêts du reste de la société. Ce qui les motive, c'est le profit, pas le bien-être social.

27. Dans son Règlement général sur la protection des données (RGPD). Si ce premier pas est important, il est loin d'être suffisant pour résoudre les problèmes que nous avons évoqués.

28. Par exemple, l'administration Trump a accusé l'Europe d'utiliser sa politique de défense de la vie privée pour créer un obstacle au commerce.

29. Equifax fournissait des informations à des tiers sur la solvabilité des particuliers. Il n'existe aucune autorité régulatrice chargée de garantir qu'une société comme Equifax est suffisamment sécurisée. Les entreprises ont la vue courte – elles se concentrent sur les profits immédiats. Dépenser pour améliorer la sécurité réduit les profits immédiats, donc, en l'absence de surveillance adéquate par un régulateur, il y a une incitation forte à sous-financer la sécurité. De plus, les avantages d'un renforcement de la sécurité iraient pour l'essentiel à d'autres, les particuliers dont ces sociétés ont collecté les données, et ils sont, de toute évidence, le cadet de leurs soucis.

30. La mise au point de chacune de ces propositions de réglementation nécessiterait de nombreuses précisions complexes. Par exemple, si un particulier fait ses courses alimentaires sur Internet avec une commande qu'il répète régulièrement, ce type d'information pourrait être conservé – mais pas utilisé à d'autres fins.

31. Anonymiser les données ne suffira peut-être pas. Puisque les compagnies du Big Data peuvent déterminer qui est la personne concernée si on leur donne suffisamment de renseignements sur elle, il faudra aussi retirer une partie des informations contenues dans l'ensemble de données lui-même.

32. On a octroyé l'immunité aux plateformes au titre de la section 230 du Communications Decency Act. Si leur responsabilité juridique était engagée en cas de posts diffamatoires, cela pourrait aisément les acculer à la faillite. Il serait donc nécessaire de fixer des limites à leur responsabilité – celle-ci doit être suffisante pour les inciter à prendre des précautions sur ce qui est posté, mais pas étendue au point de rendre leur fonctionnement impossible.

Les directeurs de publication doivent aussi respecter les copyrights, mais les plateformes se sont vu accorder l'immunité en vertu de la section 512 du Digital Millennium Copyright Act. Cela aussi doit changer. Mais il faudra ajuster en finesse les réglementations. La viabilité des moteurs de recherche pourrait être compromise s'ils devaient payer pour chaque petit bout d'information qu'ils affichent.

33. Certains géants technologiques ont pris une position incohérente : quand ça les arrange, ils disent qu'ils sont directeurs de publication ; dans le cas contraire, qu'ils ne le sont pas.

34. Jason Horowitz, « In Italian Schools, Reading, Writing, and Recognizing Fake News », *New York Times*, 18 octobre 2017, <https://www.nytimes.com/2017/10/18/world/europe/italy-fake-news.html>. Malheureusement,

les expériences historiques en la matière suggèrent que l'éducation des consommateurs n'a qu'une efficacité limitée.

35. Après soustraction d'Instagram et de WhatsApp.

36. Certains aspects de cette supervision qui touchent particulièrement à nos processus politiques seront analysés plus longuement dans la suite du livre.

Il pourrait être souhaitable que l'État crée une *option publique*, une plateforme alternative pour concurrencer la plateforme privée. (Les options publiques feront l'objet d'une analyse générale au chapitre 10.) L'option publique échapperait aux incitations négatives que crée la propriété privée : monétiser les données, sur des modes qui peuvent relever de l'exploitation; ou encourager des addictions, qui peuvent s'avérer destructrices.

37. Mesurer la valeur sociale des réseaux sociaux est complexe et difficile. Puisqu'ils sont apparemment gratuits (si l'on ignore la valeur des données), nos statistiques du revenu national n'enregistrent pas la valeur qu'ils apportent à leurs utilisateurs. Les profits des compagnies de réseaux sociaux, en revanche, sont comptabilisés dans le revenu national, mais hausse des profits ne signifie pas nécessairement augmentation du bien-être social. Comme nous l'avons déjà relevé, si le profit supplémentaire résulte d'un meilleur usage des données pour exploiter les consommateurs (pour « monétiser » le surplus du consommateur d'un individu), la hausse des profits a lieu au détriment du bien-être des gens. De plus, une partie des profits de ces compagnies se font aux dépens des moyens d'information « historiques », comme les journaux, et ces derniers aussi rendaient aux consommateurs des services extrêmement précieux, tel le journalisme d'investigation, dont la valeur sociale n'était pas enregistrée non plus dans le revenu national.

38. Par exemple dans la santé, où le Big Data et l'intelligence artificielle sont importants – et où les questions de protection de la vie privée sont encore plus sensibles.

39. Le terme *splinternet* a été popularisé par Scott Malcomson dans son livre *Splinternet : How Geopolitics and Commerce Are Fragmenting the World Wide Web*, New York, OR Books, 2016. Eric Schmidt, ex-président exécutif du conseil d'administration de Google, a exploré avec son coauteur Jared Cohen l'idée d'une balkanisation d'Internet qui serait en cours : voir *À nous d'écrire l'avenir : comment les nouvelles technologies bouleversent le monde*, trad. fr. d'Anatole Muchnik, Paris, Denoël, 2013.

40. En particulier son RGPD, évoqué plus haut à la note 27.

41. Certains affirment que, les marchés étant essentiellement locaux, la valeur d'une information mondiale sera limitée. Disposer d'informations provenant de marchés multiples (Chine plus États-Unis plus Europe, par

exemple) aurait, selon cette analyse, une valeur marginale suffisamment faible pour que nous puissions ignorer l'avantage «injuste» que créent les différences entre régimes de réglementation.

42. La désinformation en ligne constitue un défi particulier, notamment dans un monde où les «institutions chargées de dire la vérité» sont prises pour cible (voir chapitre 1). Mais débattre de la réaction appropriée en termes de politiques publiques nous mènerait au-delà des limites de ce livre.

CHAPITRE 7. POURQUOI L'ÉTAT ?

1. Sir Isaac Newton a dit en 1675 : «Si j'ai pu voir plus loin, c'est que je me tenais sur les épaules de géants.»

2. J'ai formulé pour la première fois certaines de ces idées dans un petit livre, *The Economic Role of the State*, Oxford, Basil Blackwell, 1989.

3. Ou «biens publics purs samuelsoniens», du nom de Paul A. Samuelson, qui a été le premier à formuler clairement les différences entre ces biens et les biens «privés» ordinaires dans «The Pure Theory of Public Expenditure», *The Review of Economics and Statistics*, vol. 36, 1954, p. 387-389. Depuis, une vaste littérature s'est développée pour décrire les différents types de biens fournis par les pouvoirs publics. Il peut y avoir, par exemple, fourniture publique de biens privés, et il existe des biens publics «impurs». Voir, par exemple, Anthony B. Atkinson et Joseph E. Stiglitz, *Lectures on Public Economics*, New York, McGraw-Hill, 1980; réimpr. avec une nouvelle introduction, Princeton, Princeton University Press, 2015.

4. On peut le dire autrement : tout le monde veut resquiller, profiter gratuitement des efforts des autres. On peut jouir en «passager clandestin» des avantages des biens publics fournis par d'autres, sans en supporter le coût. (C'est ce qu'on appelle, nul n'en sera surpris, le «problème du resquilleur dans la fourniture des biens publics».)

5. C'est ce que j'ai nommé ailleurs l'infrastructure immatérielle (*soft infrastructure*) de la société. Parmi les difficultés auxquelles ont été confrontés les pays en transition du communisme à l'économie de marché, beaucoup étaient dues à l'absence de cette infrastructure immatérielle. Voir Joseph E. Stiglitz, *Whither Socialism ?*, Cambridge, MA, MIT Press, 1994.

6. La théorie économique moderne a expliqué de nombreux échecs du marché. Ceux qui se produisent sur les marchés des assurances sont souvent liés à des asymétries d'information, à des problèmes de sélection négative (quand il existe entre les personnes d'importantes différences que les entreprises ne peuvent aisément repérer – qu'elles envisagent de les embaucher, de leur prêter de l'argent ou de les assurer) et à l'aléa moral (lorsque, par exemple, les particuliers, du fait même qu'ils sont assurés, ont des comportements qui

exposent à un risque accru la compagnie d'assurances, mais que celle-ci ne peut pas surveiller, donc qui échappent à son contrôle). L'État évite, par exemple, une partie des problèmes de sélection négative, puisque, à travers la Social Security, il assure l'ensemble de la population.

7. Les assurances privées qui rendent les mêmes services que Medicare coûtent jusqu'à 20 % plus cher. Pour la gestion des pensions de retraite, les coûts administratifs sont souvent dix fois plus élevés, ou davantage, dans le secteur privé que dans le secteur public. On comprend fort bien pourquoi le public a des coûts plus bas et de meilleurs résultats : il n'a pas à dépenser pour faire de la publicité ou pour exercer un pouvoir de marché. Le privé pratique constamment l'écrémage, il tente de trouver les meilleurs risques. Il s'efforce en permanence d'exploiter le pouvoir de marché, grand ou petit, dont il dispose.

8. Les prisons privées ont posé encore plus de problèmes. Ce qui les intéresse est de maximiser leurs profits, et cela peut les amener à réduire leurs dépenses de formation ou même d'alimentation, et à se soucier fort peu de réinsertion. De fait, leurs profits augmentent lorsque davantage de détenus remis en liberté retournent en prison. L'intérêt public est qu'ils s'intègrent à la société le plus vite possible. Il est difficile d'aligner l'intérêt public et l'intérêt privé. Voir Seth Freed Wessler, « The Justice Department Will End All Federal Private Prisons, Following a "Nation" Investigation », *The Nation*, 18 août 2016. La théorie générale qui explique l'échec de la sous-traitance à des entreprises privées sous contrat est exposée dans David Sappington et Joseph E. Stiglitz, « Privatization, Information and Incentives », *Journal of Policy Analysis and Management*, vol. 6, n° 4, 1987, p. 567-582.

9. Quantité d'autres exemples démontrent ces points. Les programmes de prêts hypothécaires publics de l'État de New York ont eu une bien meilleure tenue que les programmes privés pendant la crise de 2008. Selon la plupart des analyses, les privatisations des chemins de fer britanniques, de la production américaine d'uranium enrichi ou encore des routes chiliennes ou mexicaines n'ont pas eu de bons résultats, et, dans certains cas, il a fallu renationaliser. Dans les pays en développement où la privatisation a amélioré le service, c'est parfois parce qu'elle s'est accompagnée de la levée de contraintes artificielles sur l'accès au financement, imposées à l'entreprise publique par le FMI. Voir Anzhela Knyazeva, Diana Knyazeva et Joseph E. Stiglitz, « Ownership Changes and Access to External Financing », *Journal of Banking and Finance*, vol. 33, n° 10, octobre 2009, p. 1804-1816 ; et « Ownership Change, Institutional Development and Performance », *Journal of Banking and Finance*, vol. 37, 2013, p. 2605-2627.

10. Voir le puissant discours d'Elizabeth Warren sur la réglementation, prononcé à la faculté de droit de l'université de Georgetown le 5 juin 2018, en

ligne à l'adresse <https://www.warren.senate.gov/newsroom/press-releases/senator-warren-delivers-speech-on-dangers-of-deregulation>.

11. Les économistes appellent ces effets des « externalités ».

12. L'Union européenne suit une autre démarche pour édicter et faire respecter certains types de réglementation ; sa méthode, à bien des égards, est moins exposée à la politisation que celle des États-Unis.

13. Par exemple, dans les discussions qui ont conduit à la loi sur les télécommunications de 1995, il y a eu un débat très vif sur l'évolution future de la technologie. Les uns pensaient qu'elle irait dans un sens qui assurerait la concurrence sans intervention de l'État, les autres, qu'elle aggraverait encore davantage la concentration du pouvoir de marché. Je me suis rangé fermement parmi ces derniers, mais j'ai ajouté que, par prudence, même si nous jugions probable que tout se passe bien, nous devions avoir en place des dispositifs institutionnels pour faire échec à l'expansion du pouvoir de marché et à ses abus. Malheureusement, la suite des événements a confirmé mes intuitions. Voir J.E. Stiglitz, *Quand le capitalisme perd la tête, op. cit.*

14. Trump a miné la confiance dans le système de réglementation, qui joue un rôle essentiel pour protéger notre santé, notre sécurité, l'environnement et même l'économie, en donnant de ce système une définition fausse et fallacieuse. Il a tenté de faire croire que les réglementations étaient fixées par des bureaucrates anonymes qui n'avaient de comptes à rendre à personne. Lorsqu'il allait à l'école primaire, Trump a manqué, semble-t-il, les cours élémentaires sur la séparation des pouvoirs et l'importance des contrôles et des contre-pouvoirs. Il apparaît qu'à un stade plus avancé de sa scolarité il a aussi manqué les cours sur notre système de réglementation. Et il n'a rien fait, c'est clair, pour essayer de remédier à ces lacunes, et à quelques autres, dans son éducation.

15. Plus grave encore : ces écoles et leurs soutiens financiers, non contents de résister à toute réglementation, ont également réussi à insérer dans la législation américaine sur la faillite personnelle des dispositions qui rendent pratiquement impossible à l'emprunteur d'être déchargé de ces dettes.

L'université Trump est devenue emblématique de ces écoles exploiteuses.

16. De plus, dans la plupart des localités, le choix est encore plus limité : il n'y a qu'un seul fournisseur d'accès, ou deux seulement.

17. L'administration Trump, qui n'est pas connue pour sa cohérence intellectuelle, s'est contredite en prenant la position opposée sur la concurrence dans le secteur des communications. Elle a tenté d'arrêter la fusion entre Time Warner (la société mère de CNN) et AT&T, au motif qu'elle nuirait à la concurrence. Je pense qu'elle a raison, même si la Cour de district lui a donné tort. Il s'agit d'une fusion verticale, autrement dit les compagnies Time Warner et AT&T ne font pas le même métier. L'une fournit des

services à l'autre. Traditionnellement, les autorités de la concurrence ne sont attentives qu'à la concurrence au sein d'un même marché, et accordent bien moins d'intérêt aux interactions entre les marchés. Mais nous savons que c'est une erreur. Microsoft a pris appui sur son contrôle des systèmes d'exploitation des PC pour établir sa domination de marché sur toute une gamme d'applications. Dans le cas considéré, les possibles conséquences négatives de la fusion ont été amplifiées par l'abrogation de la neutralité du Net.

18. Ce qui signifie, bien sûr, qu'ils n'ont pas le choix. Voir Jon Brodkin, « 50 Million US Homes Have Only One 25 Mbps Internet Provider or None at All », *Ars Technica*, 30 juin 2017.

19. Cet exemple illustre aussi la complexité de la nature et des conséquences du pouvoir de monopole. On peut considérer que les fournisseurs d'accès à Internet vendent aux fournisseurs de contenu comme Netflix leurs services (la transmission entre ces fournisseurs de contenu et les clients). En exerçant leur pouvoir de marché, les fournisseurs d'accès modifient le marché pour les fournisseurs de contenu, donc, indirectement mais gravement, pour les clients aussi. Ou alors on peut estimer qu'ils vendent des programmes aux consommateurs, en achetant à d'autres leur contenu (par exemple des films, fournis par Netflix). Dans ce cas, ils ont un pouvoir de monopsone, puisqu'il n'y a qu'une ou deux entreprises qui « achètent » du contenu pour le livrer aux consommateurs en ligne. Ils utilisent leur pouvoir de marché sur Internet pour avantager leurs propres services de fourniture de contenu au détriment de ceux de leur rivaux. Mais, quelle que soit la perspective choisie, en dernière analyse les consommateurs souffrent dans les deux cas : les prix montent et/ou il y a moins d'innovation et la qualité des produits se dégrade.

20. Dans *The Economic Role of the State, op. cit.*, j'explique pourquoi nous ne pouvons pas compter uniquement sur l'action collective volontaire. Pensons par exemple au « problème du resquilleur dans la fourniture des biens publics » : tout le monde aimerait jouir des avantages sans contribuer aux coûts.

21. Voir, par exemple, Joseph E. Stiglitz, « Some Lessons from the East Asian Miracle », *World Bank Research Observer*, vol. 11, n° 2, août 1996, p. 151-177 ; et *The East Asian Miracle : Economic Growth and Public Policy*, Banque mondiale, rapport de recherche sur les politiques publiques, New York, Oxford University Press, 1993. Le rôle de l'État a été si central que, aux yeux de certains spécialistes, ces pays se caractérisent par la présence d'un « État développeur ». Voir, par exemple, Atul Kohli, *State-Directed Development : Political Power and Industrialization in the Global Periphery*, Cambridge, Cambridge University Press, 2004.

22. Voir, par exemple, Mariana Mazzucato, *The Entrepreneurial State : Debunking Public vs. Private Sector Myths*, Londres, Anthem Press, 2013, et H.-J. Chang, *Kicking Away the Ladder, op. cit.*

23. Certains soutiennent que ce n'est pas un hasard. Les deux partis sont des coalitions de groupes sociaux différents. Le parti républicain étant une alliance entre les évangéliques, les grandes compagnies, les ultrariches et les libertariens, les défenseurs du programme économique de l'élite et des grandes entreprises ont fait des guerres culturelles un des éléments de leur stratégie : en les alimentant, ils espèrent faire diversion, afin que de nombreux évangéliques ne remarquent pas que les politiques économiques préconisées vont à l'encontre de leurs propres intérêts matériels. Voir Thomas Frank, *Pourquoi les pauvres votent à droite*, trad. fr. de Frédéric Cotton, Marseille, Agone, 2013. Thomas Frank soutient aussi que les « nouveaux démocrates » sous Bill Clinton et le Democratic Leadership Council ont facilité cette manœuvre lorsqu'ils ont élaboré un programme économique conçu pour séduire les élites de la finance et d'autres milieux d'affaires, en ignorant les cols bleus, leur base traditionnelle. [Le Democratic Leadership Council, fondé en 1985 après la réélection de Reagan et dissous en 2011, était une association se proposant de réorienter vers la droite le parti démocrate et de lui permettre ainsi de reprendre le pouvoir. Ses membres se qualifiaient de « nouveaux démocrates ». Le président Clinton, élu en 1992, était proche de cette mouvance – *NdT.*]

24. Il est difficile de trouver le chiffre précis de ceux qui ont perdu leur maison – il se situe quelque part entre trois et dix millions de personnes, selon la période retenue et la façon de comptabiliser les pertes. Au plus fort de la récession, quinze millions d'Américains étaient sans emploi (chiffres du Bureau of Labor Statistics).

25. Voir Jesse Eisinger, *The Chickenshit Club : Why the Justice Department Fails to Prosecute Executives*, New York, Simon and Schuster, 2017 ; Rana Foroohar, *Makers and Takers : The Rise of Finance and the Fall of American Business*, New York, Crown Business, 2016 ; et Danny Schechter, *The Crime of Our Time : Why Wall Street Is Not Too Big to Jail*, San Francisco, Red Wheel Weiser, 2010. Vingt ans auparavant, plus d'un millier de banquiers avaient été incarcérés lors d'une crise bien plus modeste, celle des caisses d'épargne. Mais, dans la crise récente, il y a eu peu de mis en examen et encore moins de condamnés. William D. Cohan, « How Wall Street's Bankers Stayed Out of Jail », *Atlantic*, septembre 2015. Schechter laisse entendre que, après la crise des caisses d'épargne, les banquiers ont investi massivement dans une campagne de lobbyisme afin d'obtenir que les lois leur épargnent désormais d'aller en prison pour leurs forfaits.

26. Ils étaient pour la plupart républicains, mais il y avait aussi dans l'aile conservatrice du parti démocrate beaucoup d'enthousiastes de la mondialisation et de la financiarisation. Cela dit, en règle générale, les démocrates plaidaient au moins pour des programmes qui auraient protégé les éventuelles victimes de ces politiques. Dans le cas de la mondialisation, en particulier,

ils préconisaient une aide d'ajustement au commerce extérieur. Mais, lorsque l'opposition des républicains a empêché de fournir cette aide à un niveau suffisant, beaucoup de démocrates n'en ont pas moins continué à soutenir la mondialisation : ils estimaient, visiblement, que, d'une façon ou d'une autre, l'économie du ruissellement finirait par fonctionner.

27. Dans les systèmes de ce type, il peut même être difficile d'évaluer avec certitude la stabilité systémique. Voir Stefano Battiston, Guido Caldarelli, Robert M. May, Tarik Roukny et Joseph E. Stiglitz, « The Price of Complexity in Financial Networks », PNAS (*Proceedings of the National Academy of Sciences of the United States of America*), vol. 113, n° 36, 2016, p. 10031-10036 ; et Tarik Roukny, Stefano Battiston et Joseph E. Stiglitz, « Interconnectedness as a Source of Uncertainty in Systemic Risk », *Journal of Financial Stability*, vol. 35, p. 93-106.

28. Voir la note 92 du chapitre 3 pour d'autres éléments d'analyse sur les recours collectifs.

CHAPITRE 8. RESTAURER LA DÉMOCRATIE

1. Harry Enten, « The GOP Tax Cuts Are Even More Unpopular than Past Tax Hikes », *FiveThirtyEight*, 29 novembre 2017, <https://fivethirtyeight.com/features/the-gop-tax-cuts-are-even-more-unpopular-than-past-tax-hikes>.

2. Dans son livre *Democracy in Chains*, *op. cit.* Voir aussi Steven Levitsky et Daniel Ziblatt, *La Mort des démocraties*, trad. fr. de Pascale-Marie Deschamps, Paris, Calmann-Lévy, 2019.

3. En fait, il commence même avant : par le contrôle de l'immigration, la tentative pour limiter l'entrée aux États-Unis de gens plutôt susceptibles de voter démocrate. Le conflit sur la politique d'immigration est, au moins en partie, un conflit sur les électeurs de demain.

4. De même, notons-le bien, dans de nombreux États, les détenus et les repris de justice sont privés du droit de vote, mais ils sont pris en compte dans les calculs de représentation. Certains États ont construit les prisons dans des lieux particuliers pour se doter d'un instrument supplémentaire qui facilite le charcutage des circonscriptions.

5. Voir Michelle Alexander, *La Couleur de la justice : incarcération de masse et nouvelle ségrégation raciale aux États-Unis*, trad. fr. d'Anika Scherrer, Paris, Syllepse, 2017.

6. À comparer avec le pourcentage des adultes non afro-américains dans cette situation : 1,8 %. Un nombre disproportionné d'Afro-Américains privés de leur droit de vote sont des hommes. Voir « 6 Million Lost Voters : State-Level Estimates of Felony Disenfranchisement, 2016 », Sentencing Project, octobre 2016.

L'un des grands succès des élections de mi-mandat de 2018 a été le référendum en Floride qui a rendu le droit de vote à 1,5 million de personnes dans cet État ; environ un tiers étaient des Afro-Américains.

7. En 2018, cinq États (l'Indiana, le Kentucky, le New Hampshire, l'Ohio et l'Oklahoma) ont soit tenté de promulguer, soit promulgué effectivement une loi électorale restrictive. « Voting Laws Roundup 2018 », Brennan Center for Justice, 2 avril 2018, en ligne à l'adresse <https://www.brennancenter.org/analysis/voting-laws-roundup-2018>.

8. Il existe une littérature scientifique riche et brillante sur la privation du droit de vote aux États-Unis, dirigée non seulement contre les travailleurs, mais aussi contre les femmes (qui étaient plus susceptibles d'être pacifistes) et contre les migrants récents. Voir Alexander Keyssar, *The Right to Vote : The Contested History of Democracy in the United States*, New York, Basic Books, 2000. Mon collègue à l'université Columbia Suresh Naidu a montré que, dans le Sud d'après la guerre de Sécession, ces efforts pour éliminer des électeurs ont été couronnés de succès : ils ont réduit la participation électorale totale de 8 % à 22 % et accru la part du vote démocrate de 1 % à 7 %. Il a également montré que ces résultats ont eu eux-mêmes de lourdes conséquences pour le financement des écoles noires, avec de gros effets sur la répartition des revenus : « À cause de cette privation du droit de vote, la main-d'œuvre noire a subi une perte collective équivalant à 15 % au moins de son revenu annuel, tandis que les propriétaires fonciers ont connu un gain de 12 % » (« Suffrage, School, and Sorting in the Post-Bellum U.S. South », NBER, document de travail n° 18129, juin 2012). Les tentatives récentes pour priver des électeurs du droit de vote se concentrent sur les Hispaniques.

9. Voir « State Poll Opening and Closing Times (2018) », Ballotpedia, en ligne à l'adresse <https://ballotpedia.org/State_Poll_Opening_and_Closing_Times_(2018)>.

10. Les progrès technologiques ont accru la puissance du charcutage, ce qui rend de plus en plus difficile d'avoir une représentation équitable.

11. C'est particulièrement vrai si l'on ne se limite pas à observer le taux de participation des électeurs inscrits, mais que l'on examine aussi le pourcentage de la population en âge de voter qui prend effectivement part au scrutin. À l'élection nationale de 2016, ce dernier chiffre s'est situé un peu au-dessous de 56 %. (Trump n'a obtenu que 46 % des voix de ceux qui ont voté ; il a donc été élu par une petite minorité : 26 % seulement de la population en âge de voter.) Par comparaison, dans des élections nationales récentes, le taux de participation de la population en âge de voter a été en Belgique de 87 % ; en Suède, de 83 %. Voir Drew DeSilver, « U.S. Trails Most Developed Countries in Voter Turnout », Pew Research Center, 15 mai 2017. Et cela, sans parler des élections locales ou au niveau des États, où la participation est en général

beaucoup plus faible. En Californie en 2018, par exemple, la participation à l'élection primaire de juin n'a été que de 36 % des électeurs inscrits – dans un État dont on vante l'ardente mobilisation politique pour résister à l'administration Trump.

12. Outre ceux qui devraient jouir du droit de vote mais en sont privés, outre les travailleurs migrants légaux qui paient des impôts mais ne sont pas autorisés à voter, environ 2,5 millions de migrants sans papiers – un travailleur californien sur dix – résident dans le seul État de Californie. Voir « Just the Facts : Undocumented Immigrants in California », Public Policy Institute of California, consulté le 11 mars 2018, en ligne à l'adresse <http://www.ppic.org/publication/undocumented-immigrants-in-california>.

13. Ils ont été conçus pour empêcher un gouvernant fou à tendances autoritaires, comme le roi George III, de commettre des abus de pouvoir. Une grande leçon de la présidence Trump est de montrer l'extrême importance de notre système de contrôles et de contre-pouvoirs.

14. L'importance de ce type d'administration a été soulignée par le grand sociologue et économiste Max Weber (*Économie et société*, trad. fr. de Julien Freund *et al.*, Paris, Plon, 1971 ; rééd., 2 vol., Paris, Pocket, coll. « Agora », 1995). Paradoxalement, tandis que les républicains ne cessent de critiquer notre « bureaucratie sans visage », l'activité de beaucoup de services administratifs – la plupart, peut-être – est perçue très favorablement par les Américains. C'est le cas par exemple du service des parcs nationaux (le National Park System), de notre caisse de retraite publique (la Social Security) et du système d'assurance maladie des personnes âgées (Medicare).

Tout écolier sait que l'une des grandes critiques qu'on adresse à Andrew Jackson est d'avoir introduit le *spoils system*. [Avec ce « système des dépouilles » du XIXe siècle, de très nombreux postes de fonctionnaire changeaient de titulaire après l'élection de chaque président des États-Unis, qui les attribuait à ses partisans – *NdT.*]

15. Notons bien que la plupart des conservateurs sont favorables à une autorité monétaire indépendante : ils craignent une politisation économiquement dangereuse des décisions concernant la masse monétaire. Pour une excellente analyse des principes de l'indépendance des banques centrales et des controverses qu'elle suscite, voir Paul Tucker, *Unelected Power : The Quest for Legitimacy in Central Banking and the Regulatory State*, Princeton, Princeton University Press, 2018.

16. Deux tweets de Trump après l'attentat terroriste de New York [l'attentat au camion du 31 octobre 2017 – *NdT*] montrent son peu de considération pour le pouvoir judiciaire : « Il nous faut une justice rapide et il nous faut une justice forte – bien plus rapide et bien plus forte qu'aujourd'hui. Parce que celle que nous avons aujourd'hui est une plaisanterie, et elle est la risée de tous. Pas

étonnant que ce genre de choses soit si fréquent ! » Et : « [...] Les tribunaux sont lents et politisés ! » Voir aussi, par exemple, Kristine Phillips, « All the Times Trump Personally Attacked Judges – and Why His Tirades Are "Worse than Wrong" », *Washington Post*, 26 avril 2017.

17. Bien entendu, avant le président Johnson, les démocrates aussi étaient une coalition très spéciale de libéraux du Nord et de ségrégationnistes du Sud.

18. Il y a eu, comme de juste, un peu d'élégante sophistique pour expliquer comment il se faisait que, cette fois, les juges se prononçaient contre les droits des États ; mais c'était évidemment le résultat qui comptait.

19. Certes, puisqu'elles reflètent des compromis entre des intérêts et des perspectives différentes, les décisions de n'importe quel groupe politique peuvent paraître sans principe, au sens où elles manquent de cohérence. (C'est l'idée centrale du célèbre théorème d'impossibilité de Kenneth J. Arrow : Arrow, *Choix collectif et préférences individuelles*, trad. fr. du Groupe de traductions économiques de l'université de Montpellier, Paris, Calmann-Lévy, 1974.) Mais plus les croyances, les intérêts et les préférences divergent, plus il devient probable que de grosses incohérences apparaissent.

20. Avec des décisions qui ont défait, par exemple, des dispositions essentielles du Voting Rights Act et de l'Affordable Care Act [la loi de 1965 interdisant la discrimination raciale dans le droit de vote et la loi d'Obama sur l'assurance maladie, l'Obamacare – *NdT*]. La seconde décision, *National Federation of Independent Business v. Sebelius*, est restée surtout dans les mémoires pour avoir avalisé la plupart des dispositions de l'Obamacare en 2012. Mais elle a aussi autorisé les États à ne pas procéder, s'ils le voulaient, à l'élargissement de Medicaid que leur imposait la version initiale de l'Affordable Care Act. [L'Obamacare prévoyait un relèvement obligatoire du plafond de revenus donnant droit à Medicaid, l'assurance maladie gratuite des plus défavorisés – *NdT.*] Dix-neuf États ont choisi de ne pas mettre en œuvre cet élargissement, et environ 2,2 millions de personnes – parmi lesquelles un nombre disproportionné d'Afro-Américains – se sont retrouvées, de ce fait, sans assurance maladie. Lors du scrutin de 2018, les électeurs de l'Idaho, du Nebraska et de l'Utah ont inversé ces décisions. Voir, par exemple, Scott Lemieux, « How the Supreme Court Screwed Obamacare », *The New Republic*, 26 juin 2017.

En juin 2013, la Cour suprême (dans une décision prise à cinq voix contre quatre) a déclaré inconstitutionnel un élément central du Voting Rights Act de 1965 – une disposition qui avait joué un rôle crucial pour rendre leur droit de vote aux Afro-Américains ; l'arrêt de la Cour suprême rappelait celui de 1883 par lequel elle avait abrogé le Civil Rights Act de 1875. [Cette loi de 1875, qui interdisait notamment toute discrimination raciale dans les transports publics et dans l'espace public en général, a été annulée en 1883 par la Cour suprême, la ségrégation raciale « non codifiée » n'étant pas, selon elle, contraire à la Constitution – *NdT.*] Voir Lawrence Goldstone, *Inherently Unequal : The Betrayal of Equal Rights by the Supreme Court, 1865-1903,* New York, Walker, 2011.

21. Voir, par exemple, Lee Drutman, «The Case for Supreme Court Term Limits Has Never Been Stronger», *Vox,* 31 janvier 2017. Voir aussi les textes de Norm Ornstein, notamment «Why the Supreme Court Needs Term Limits», *Atlantic,* 22 mai 2014.

22. Dans le cadre de la proposition faite plus haut, ce point permettrait de maintenir la Cour suprême à neuf membres en cas de décès ou de démission. S'il n'y avait ni décès ni démission et que le nombre de juges était déjà de neuf, le président pourrait malgré tout être autorisé, sur une base régulière, à effectuer une nomination supplémentaire, mais le juge ainsi nommé ne pourrait entrer en fonction qu'au moment où un siège deviendrait vacant. Dans le même esprit, si le nombre de juges en exercice était impair, ce juge ne pourrait entrer en fonction qu'au moment où il y aurait deux juges nommés en attente.

23. Le refus de confirmer un candidat n'augmenterait pas le nombre de postes à pourvoir par le président suivant.

24. Voir, par exemple, Stefano DellaVigna et Ethan Kaplan, «The Fox News Effect : Media Bias and Voting», *Quarterly Journal of Economics,* vol. 122, n° 3, 2007, p. 1187-1234.

25. Par exemple, le Congressional Budget Office (CBO) a estimé que, si l'État était autorisé à contraindre les industriels qui fabriquent les médicaments de marque à consentir un rabais minimum sur certains médicaments couverts par Medicare, les contribuables pourraient économiser en moyenne 11 milliards de dollars par an. Voir «Options for Reducing the Deficit : 2015-24», CBO, novembre 2014, p. 51. Étant donné l'ampleur de ces largesses, il n'est pas surprenant que l'industrie pharmaceutique ait énormément dépensé pour les conserver. «Depuis janvier 2003, les industriels du médicament et les grossistes en pharmacie ont donné 147,5 millions de dollars en contributions politiques fédérales à des candidats à la présidence et au Congrès, à des comités de parti, à des *leadership PAC* et à d'autres lobbies politiques.» Pour l'essentiel, ces sommes sont allées à des républicains. Source : Stuart Silverstein, «This Is Why Your Drug Prescriptions Cost So Damn Much : It's Exhibit A in How Crony Capitalism Works», *Mother Jones,* 21 octobre 2016. [Un *leadership PAC* est un comité d'action politique «non officiel» créé par un élu ou un parti en soutien à un candidat (autre que l'élu qui l'a créé), agissant «indépendamment» de ce candidat et, de ce fait, autorisé à recevoir des contributions financières sans aucune limite – *NdT.*]

26. Citons parmi eux Sheldon Adelson, qui, avec son épouse et les compagnies qu'ils contrôlent, a dépensé plus de 82 millions de dollars pour soutenir des républicains et des organisations conservatrices indépendantes pendant

le seul cycle électoral de 2016 ; et Steve Wynn, qui a été président aux finances du Comité national républicain avant d'être acculé à la démission en raison d'allégations d'extrême inconduite sexuelle. Voir « Top Individual Contributors : All Federal Contributions », OpenSecrets.org, en ligne à l'adresse <https://www.opensecrets.org/overview/topindivs.php>. Ce n'est qu'une des catégories parmi le très grand nombre de « chercheurs de rente » qui figurent en si bonne place au parti républicain. (Rappelons que les « chercheurs de rente » sont ceux qui s'enrichissent, non en agrandissant le gâteau national – par exemple en produisant davantage de biens qui satisfont les désirs ou les besoins des gens –, mais en prenant une plus grosse part du gâteau.)

27. Les avantages fiscaux des fiducies immobilières sont encore plus importants que ceux des petites entreprises : les entrepreneurs individuels ne peuvent profiter des leurs que dans certaines limites, qui n'existent pas pour les promoteurs immobiliers.

28. Dans ses dernières années, l'administration Obama a introduit un petit changement de réglementation qui facilitait la détection du blanchiment, mais qui ne s'appliquait qu'à New York et à quelques autres sites. Ce changement a eu, paraît-il, un effet majeur sur les prix de l'immobilier dans la tranche des dizaines de millions de dollars, ce qui confirme le rôle que joue le blanchiment sur ce marché.

29. *Citizens United v. Federal Election Commission*, 2010. L'arrêt *Citizens United* a donné naissance aux Super-PAC, par lesquels transite en toute opacité une si large part des flux d'argent qui financent la politique. [Un Super-PAC est un comité d'action politique qui n'effectue que des dépenses indépendantes de la campagne du candidat ; il peut recevoir des contributions illimitées et, par diverses manœuvres, dissimuler l'identité des contributeurs, au moins avant l'élection – *NdT.*] Dans *SpeechNow.org v. FEC*, un tribunal de moindre niveau a jugé que, en raison de *Citizens United*, toute limite imposée à tout collectif qui fait des dépenses politiques indépendantes est anticonstitutionnelle.

30. Dans certains cas, le P-DG pourrait justifier son soutien politique à un parti ou à un candidat en faisant valoir que cette initiative aboutira à une hausse des profits de sa compagnie, et que son premier devoir est d'augmenter les profits. Mais, dans une économie et une société qui fonctionnent bien, les compagnies doivent avoir une vision plus large des choses. Il est évident que, pour une entreprise, ce n'est pas bien d'augmenter ses profits en trichant. Il devrait être tout aussi évident que, pour une entreprise, ce n'est pas bien d'augmenter ses profits en faisant campagne pour que l'État l'autorise à « tricher ». Les réglementations peuvent créer un cadre au sein duquel ceux qui ne veulent pas « tricher » ne sont pas obligés de le faire de peur d'être surpassés par des concurrents engagés dans des pratiques détestables.

31. Dans son livre *Politics and Capital* (Toronto, Oxford University Press, 2018), le professeur John Attanasio (ex-doyen de la faculté de droit Dedman de l'université SMU) donne des chiffres qui font apparaître le lien entre l'arrêt *Citizens United* et la hausse des dépenses des ultrariches pour les campagnes électorales : dans les onze mois qui ont suivi la décision, les contributions du 0,01 % le plus riche ont augmenté de 65 %. Après *Citizens United*, les contributions aux très discrètes associations 501(c)(4), qui peuvent éviter de donner les noms des contributeurs, ont presque triplé. [Les associations 501(c)(4) sont, en principe, des associations «de défense du bien-être social» exemptées d'impôts par l'article 501(c)(4) du Code fiscal. Elles peuvent se livrer à l'action politique tant qu'elles y consacrent moins de la moitié de leurs dépenses. Leurs contributeurs restent anonymes. Elles sont donc très utilisées par les lobbyistes et les donateurs cachés – *NdT.*]

Un vaste corpus de travaux de sciences politiques montre que les contributions permettent d'avoir plus de contacts avec les élus et que ces contacts donnent plus d'influence, ce qui a des conséquences législatives. Attanasio souligne l'importance d'une décision plus ancienne de la Cour suprême, *Buckley v. Valeo*, 424 U.S. 1 (1976), qui a abrogé les limites aux contributions de campagne. Tout en reconnaissant le rôle majeur de l'argent dans la diffusion des idées, la Cour n'a pas jugé pertinent le souci d'égaliser l'accès à l'arène politique. (Voir aussi le débat rapporté plus loin à la note 35. Avec l'inégalité à si haut niveau dans le pays, la Cour suprême a clairement approuvé un système garantissant qu'il y aurait un «gouvernement du 1 %, par le 1 %, pour le 1 %».)

Plus généralement, Benjamin I. Page et Martin Gilens, dans leur livre *Democracy in America ? What Has Gone Wrong and What We can Do About It*, Chicago, University of Chicago Press, 2017, montrent que les opinions des classes nombreuses à revenus faibles et moyens n'ont pratiquement aucune influence sur la politique suivie, pas seulement à cause de l'argent, mais aussi de toute une série de mesures antidémocratiques : par exemple, le charcutage des circonscriptions; l'influence excessive des petits États, avec leurs deux sénateurs qui pèsent aussi lourd dans les votes que New York, la Californie et le Texas; et la «règle de Hastert», introduite par le président républicain de la Chambre des représentants Dennis Hastert (1999-2007), qui pose que seuls les projets de loi soutenus par la majorité des républicains seront soumis au vote.

32. Les économistes usent souvent d'une expression plus colorée pour désigner ce processus : ils parlent de «capture». Le terme est apparu, semble-t-il, à la Banque mondiale vers la fin de mon mandat d'économiste en chef; c'était une extension naturelle de l'expression *regulatory capture* (capture du régulateur) utilisée par l'économiste de Chicago et prix Nobel d'économie George Stigler («The Theory of Economic Regulation», *The Bell Journal of Economics and Management Science*, printemps 1971, p. 3-21).

33. Des puissances d'argent, issues en particulier du secteur financier, ont, bien sûr, joué un grand rôle au parti démocrate aussi. Néanmoins, de nombreux dirigeants démocrates se sont prononcés avec force en faveur de ces réformes. Et il faut souligner que, à la Cour suprême, le clivage habituel, à cinq voix contre quatre, sur l'usage illimité de l'argent en politique suit la frontière entre les deux partis.

34. La loi était un peu plus compliquée que ce qui vient d'être dit. Le candidat qui optait pour le financement public ne pouvait utiliser aucune somme en provenance de dons privés, de ses ressources personnelles, de comités d'action politique, etc., et le programme avait un plafond de 75 000 dollars. Donc, quand il se présentait contre un candidat n'ayant pas opté pour le financement public, il ne pouvait jouir de l'égalité de moyens que jusqu'à 75 000 dollars. Si son rival parvenait à dépasser les 75 000 dollars, il n'y aurait plus d'égalisation.

35. La loi de cet État résultait d'un référendum d'initiative citoyenne. La juge de la Cour suprême Elena Kagan, argumentant au nom des quatre opposants, a déclaré : « L'objectif fondamental du Premier Amendement est de promouvoir un système politique en bonne santé, dynamique, riche en discussions et en débats vigoureux. Rien dans la loi anticorruption de l'Arizona, l'Arizona Citizens Clean Election Act [loi des citoyens de l'Arizona pour des élections propres], ne viole cette protection constitutionnelle. » Elle a ajouté que les États ont un intérêt à combattre « l'emprise étouffante des intérêts particuliers sur les élus ». La loi « encourageait à la fois la compétition vigoureuse des idées et son objectif ultime – un gouvernement réceptif à la volonté du peuple ». Des juristes opposés à la décision de la Cour suprême, comme Monica Youn, ancienne responsable du Brennan Center for Justice de l'université de New York, ont fait justement remarquer que la Cour avait créé un nouveau droit, le « droit de conserver son avantage financier ». La majorité de la Cour suprême a rejeté sans appel ces préoccupations, comme elle l'avait déjà fait, en soutenant, en substance, que créer un cadre égalitaire revenait à priver une personne du droit d'utiliser son argent à son propre avantage. Voir, par exemple, Robert Barnes, « Supreme Court Strikes Arizona's "Matching Funds" for Publicly Financed Candidates », *Washington Post*, 27 juin 2011. Le nom officiel de l'affaire était *McComish v. Bennett*, et la décision a été prise en 2011.

36. Bien qu'il y ait eu des changements dans la composition de la Cour depuis *Citizens United*, on peut prévoir que, si une affaire du même type lui était à nouveau soumise, la même décision serait encore prise à cinq voix contre quatre. Le changement de vote d'un seul juge – ou l'élargissement de la Cour suprême par adjonction de deux juges – inverserait cette décision malheureuse.

37. La liste des mécanismes par lesquels l'argent exerce son influence, telle qu'elle a été analysée dans ce chapitre, ne prétend pas à l'exhaustivité. Les

lobbyistes, par exemple, jouent un rôle important. Les efforts pour freiner leur influence ont été en partie couronnés de succès, mais on pourrait faire beaucoup mieux. Là encore, il pourrait être utile d'améliorer la transparence, notamment en publiant les listes de ceux qui viennent s'entretenir avec les hauts responsables publics. L'administration Trump a poussé à l'extrême l'opacité sur les influences extérieures en prenant la décision sans précédent de ne pas rendre publics les registres des visiteurs à la Maison-Blanche. Voir Julie Hirschfeld Davis, « White House to Keep Its Visitor Logs Secret », *New York Times*, 14 avril 2017.

38. Donald Trump a été un candidat doublement minoritaire. Même s'il avait plus de partisans que chacun de ses seize concurrents pour l'investiture républicaine, il est clair qu'il avait le soutien de moins de la moitié du parti. Mais le système électoral lui a permis de prendre le contrôle du parti républicain, puis de devenir président avec beaucoup moins de voix que n'en avait obtenu son adversaire. Certains disent que ce processus a également eu lieu au parti démocrate, mais il y a des différences fondamentales. Les extrémistes du parti républicain ont entrepris de s'emparer du parti. À la Chambre des représentants, le Tea Party était suffisamment fort pour bloquer les projets de loi auxquels il était opposé. Même Bernie Sanders et Elizabeth Warren sont des « sociaux-démocrates » normaux, guère différents des sociaux-démocrates européens (et sur bien des points légèrement plus à droite qu'eux).

39. Comme l'ont souligné le politiste Russell J. Dalton et ses coauteurs, la désillusion à l'égard du système des partis a une longue histoire, mais le fait est que ce système est essentiel au fonctionnement de la démocratie américaine. Voir Russell J. Dalton, David M. Farrell et Ian McAllister, *Political Parties and Democratic Linkage : How Parties Organize Democracy*, New York, Oxford University Press, 2011, et Sean Wilentz, *The Politicians and the Egalitarians*, New York, W. W. Norton, 2016.

40. Il est évident que les faiblesses de notre système éducatif rendent notre électorat plus vulnérable aux distorsions et aux mensonges de Trump et de Fox News. Mais l'école publique ne parviendra jamais à l'excellence si les riches peuvent choisir de ne pas y aller ou de s'y tailler leurs propres enclaves.

41. Comme l'a montré le chapitre 6, il est même possible que les nouvelles technologies leur aient donné encore plus de puissance pour le faire.

CHAPITRE 9. RESTAURER UNE ÉCONOMIE DYNAMIQUE, QUI OFFRE À TOUS DES EMPLOIS ET DES CHANCES

1. C'est toute l'ironie de la situation : les démocrates, que l'on perçoit comme des adversaires des marchés, ont dû assumer la tâche de les faire fonctionner, tandis que les républicains ont cédé aux intérêts particuliers

des entreprises qui veulent l'économie distordue, rentière, que nous sommes devenus.

2. En fait, même le PIB par habitant ne constitue pas une bonne mesure des niveaux de vie, comme nous l'avons souligné au chapitre 2 : dans les indices standard des niveaux de vie, les États-Unis ont des résultats bien inférieurs à ceux de plusieurs pays dont le PIB par habitant est moins élevé que le leur. Pour une analyse générale des raisons pour lesquelles le PIB n'est pas un bon instrument de mesure, voir Joseph E. Stiglitz, Jean-Paul Fitoussi et Amartya Sen, *Performances économiques et progrès social*, 2 vol., *Vers de nouveaux systèmes de mesure* et *Richesse des nations et bien-être des individus*, Paris, Odile Jacob, 2009 : c'est le rapport d'une commission internationale que j'ai présidée sur la mesure des performances économiques et du progrès social.

3. Nous pourrions agir sur les taux de natalité, mais il n'est pas évident que cela soit souhaitable, au vu des défis auxquels nous faisons face, notamment ceux du changement climatique.

4. Voir l'analyse de A. Case et A. Deaton, « Rising Morbidity and Mortality in Midlife among White Non-Hispanic Americans in the 21st Century », art. cité.

5. Les partisans de la loi fiscale affirmaient que, grâce à elle, l'investissement privé allait augmenter. Comme nous l'avons déjà indiqué, les grandes entreprises ont consacré l'essentiel de ces fonds supplémentaires affluant dans leurs coffres à verser des dividendes et à racheter leurs propres actions.

6. En janvier 2018, quelques semaines à peine après le vote de la loi fiscale, j'ai assisté à un débat à Davos où la secrétaire aux Transports de Trump, Elaine L. Chao, a réitéré son engagement en faveur des infrastructures, mais a fait ensuite remarquer qu'il y avait un problème : le manque d'argent. Implicitement, l'administration Trump avait formulé ses priorités : même une réduction d'impôts mal conçue pour les riches était plus importante que les infrastructures.

7. Parce que des dispositions de la loi plafonnent la déductibilité fiscale [au niveau fédéral – *NdT*] des impôts sur le revenu et des taxes foncières versés aux États.

8. La croissance serait si importante, avait-il déclaré, que les recettes fiscales allaient augmenter. Il va sans dire que le déficit s'était accru énormément.

9. Le taux d'épargne des particuliers a chuté à 2,2 %, et il est resté faible jusqu'à la crise financière. Les réductions d'impôts de Bush n'ont stimulé ni l'épargne, ni l'investissement, ni la croissance: pour plus de détails, voir la note 44 du chapitre 1.

10. Il y a beaucoup plus à dire, bien entendu, sur la façon dont on crée une société qui facilite l'innovation. Voir, par exemple, J.E. Stiglitz et B.C. Greenwald, *La Nouvelle Société de la connaissance, op. cit.*

11. L'expression «politiques industrielles» peut induire en erreur : ces politiques ne visent pas nécessairement à promouvoir l'industrie. Elles se proposent simplement de promouvoir un secteur de l'économie, ou une technologie, ou d'encourager les entreprises à s'installer dans des zones particulières.

12. Par exemple, les politiques actives du marché du travail ont parfois été critiquées : si elles ont fonctionné dans certains pays, comme les pays scandinaves, elles ont eu des résultats mitigés dans d'autres. Il y a une raison à cela, et d'importantes leçons à tirer de ces échecs : il est évident que ces politiques échoueront si elles forment les gens à des emplois qui n'existent pas – soit parce que la politique macroéconomique n'a pas réussi à en créer, soit parce que les politiques de formation n'ont pas su lier leurs programmes pédagogiques aux emplois réellement existants.

Les politiques industrielles ont aussi été critiquées par l'orthodoxie néolibérale. Ce n'est pas à l'État de choisir les gagnants, dit-elle. Mais les faits sont là : tous les pays qui ont réussi ont eu une politique industrielle ; celle des États-Unis a été en grande partie intégrée au département de la Défense. Sans les programmes de recherche de l'État, nous ne serions pas en position de *leader* sur Internet. De toute manière, tous les États doivent prendre des décisions de long terme sur la conception de leur système éducatif et de leurs infrastructures, et ces décisions sont forcément fondées sur une vision de l'avenir du pays. Pour une plus longue analyse, voir J.E. Stiglitz et B.C. Greenwald, *La Nouvelle Société de la connaissance, op. cit.*, et M. Mazzucato, *The Entrepreneurial State, op. cit.*

13. Économistes et sociologues désignent par les mêmes termes le capital social et organisationnel inhérent à la collectivité locale. Ce capital est détruit quand les collectivités sont détruites. Voir, par exemple, Robert J. Putnam, *Bowling Alone*, New York, Simon and Schuster, 2000; et Robert J. Sampson, *Great American City : Chicago and the Enduring Neighborhood Effect*, Chicago, University of Chicago Press, 2011.

14. Généralement, l'allocation spatiale de l'activité économique n'est pas efficace en raison d'une forte congestion et d'autres externalités spécifiques à un lieu. (Des externalités apparaissent, rappelons-le, chaque fois que les conséquences des décisions prises par une personne ne sont pas intégralement reflétées dans les coûts qu'elle doit supporter; et, chaque fois qu'il y a des externalités, les marchés ne sont pas efficaces.)

15. Il a joué ce rôle en partie sans l'avoir voulu : c'était un effet secondaire de la Seconde Guerre mondiale. L'État a aidé à faire passer les gens des zones rurales aux zones urbaines pour qu'ils participent à la production d'armements, puis il a contribué à donner aux soldats revenant de guerre les compétences nécessaires au succès dans la nouvelle économie industrielle, avec

le GI Bill. Pour plus de détails sur ce point, voir les études citées au chapitre 6, note 7.

16. La théorie économique moderne (fondée sur l'information asymétrique) a expliqué pourquoi il en est ainsi, et pourquoi les problèmes sont intrinsèques.

17. On trouvera une présentation détaillée de cette idée dans Joseph E. Stiglitz et Jungyoll Yun, « Integration of Unemployment Insurance with Retirement Insurance », *Journal of Public Economics*, vol. 89, n° 11-12, 2005 ; et « Optimal Provision of Loans and Insurance Against Unemployment from a Lifetime Perspective », NBER, document de travail n° 19064, p. 2013.

18. Je dois beaucoup à Alan Krueger pour ses analyses sur ces questions. L'État pourrait, par exemple, payer une partie de la différence entre le salaire de l'ancien emploi et celui du nouveau, au moins pour un temps ; l'intéressé pourrait continuer à chercher un meilleur poste. En fin de compte, soit il en trouvera un, soit il révisera ses attentes à la baisse. Mais, avec ce programme, il aura au moins un emploi.

19. De cette manière, les stabilisateurs automatiques injectent de l'argent dans le système économique avant que les indicateurs standard (comme la croissance du PIB ou le niveau du chômage) aient signalé l'existence d'un problème. Ce mécanisme est encore plus précieux aux États-Unis : avec notre système politique bloqué, même prendre conscience de l'existence d'un problème ne suffit pas, comme nous l'avons vu dans la réaction à la Grande Récession. Il peut y avoir de longs et coûteux délais avant que le Congrès vote l'injection des fonds nécessaires dans l'économie.

20. Quantité de livres préconisent un revenu de base universel, notamment ceux-ci : Guy Standing, *Basic Income : A Guide for the Open-Minded*, New Haven, Yale University Press, 2017 ; Annie Lowrey, *Give People Money : How a Universal Basic Income Would End Poverty, Revolutionize Work, and Remake the World*, New York, Crown, 2018 ; et Philippe Van Parijs et Yannick Vanderborght, *Le Revenu de base inconditionnel. Une proposition radicale*, trad. fr. de Marc-Antoine Authier, Paris, La Découverte, 2019. Comme le suggèrent les titres, les auteurs sont convaincus qu'un revenu de base universel transformerait profondément notre société.

21. Certains ont suggéré qu'il y aurait aussi des avantages politiques : les programmes universels, comme la Social Security, jouissent d'un plus large soutien, du fait même qu'ils sont universels. Comme on dit en anglais, *means-tested programs are mean* – les programmes sous conditions de ressources (auxquels on est éligible en fonction de ses « moyens » [*means*]) sont peu généreux (au sens que le vieil anglais donne à l'adjectif *mean*, « chiche »).

22. Maintenir des taux d'intérêt ultrafaibles peut distordre l'économie, et en particulier le secteur financier, en encourageant des investissements excessifs

dans les technologies à forte intensité en capital et en aboutissant à des primes de risque trop faibles. Compter sur la politique monétaire, c'est aussi faire peser une charge anormale sur les secteurs sensibles aux taux d'intérêt.

23. Chiffres de l'OCDE.

24. Voir Peter Wagner et Wendy Sawyer, « Mass Incarceration : The Whole Pie 2018 », Prison Policy Initiative, 14 mars 2018.

25. « Employed Full Time : Median Usual Weekly Real Earnings : Wage and Salary Workers : 16 Years and Over », St Louis FRED Economic Data, consulté le 14 juillet 2018, en ligne à l'adresse <https://fred.stlouisfed.org/series/LES1252881600Q>. Certains ont suggéré que, si la participation à la population active est faible, c'est parce que ceux qui n'en font pas partie n'ont pas les compétences requises par les emplois qu'on est en train de créer. Ces discordances entre qualifications et emplois n'expliquent pas pleinement le marché du travail actuel : si c'était le cas, les salaires auraient dû monter pour ces qualifications rares, tandis que la rigidité des salaires à la baisse aurait limité leur diminution dans les autres secteurs ; par conséquent, nous aurions dû voir les salaires moyens augmenter beaucoup plus vite qu'ils ne l'ont fait.

26. Comme l'ont fait les États-Unis pendant les guerres d'Irak et d'Afghanistan. Voir Joseph E. Stiglitz et Linda Bilmes, *Une guerre à 3 000 milliards de dollars*, trad. fr. de Paul Chemla, Paris, Fayard, 2008.

27. Ne pas payer un vrai coût social (comme la valeur des dommages infligés à l'environnement) revient, en réalité, à recevoir une subvention. Quand il n'y a pas de taxe carbone, les entreprises ne supportent aucun des coûts des dégâts environnementaux qu'elles provoquent. En n'obligeant pas les entreprises polluantes à payer les dommages qu'elles imposent à la société, nous les subventionnons de fait.

28. Même tels qu'on les mesure traditionnellement, sans prendre en compte les avantages de l'amélioration de l'environnement. Certaines des recettes d'une telle taxe pourraient elles-mêmes être utilisées pour investir dans une économie « verte », par exemple, qui rééquiperait nos infrastructures publiques. Tout cela (y compris la création d'emplois publics et privés qui en résulterait) s'inscrit dans ce qu'on appelle aujourd'hui le New Deal vert.

Certains ont préconisé une taxe carbone – conforme aux recommandations de la Commission de haut niveau sur les prix du carbone, que j'ai coprésidée avec Lord Nicholas Stern, le grand économiste britannique –, mais en suggérant que ses recettes soient rendues aux contribuables. Les partisans d'une telle politique ignorent notre importante mise en garde sur l'envergure du nouvel investissement, y compris de la part du secteur public, qu'exige le passage à l'économie verte. (Un consortium mondial États-entreprises, dirigé par la ministre de l'Environnement d'alors de la République française, Ségolène Royal, et par un important homme d'affaires néerlandais, nous avait chargés de déterminer la taxe carbone qui serait nécessaire pour atteindre l'objectif fixé dans les accords internationaux de Paris et de Copenhague : limiter le réchauffement de la planète à une augmentation de 1,5° C à 2° C. Voir « Report of the High-Level Commission on Carbon Prices » [Rapport de la Commission de haut niveau sur les prix du carbone], appelé aussi « Rapport Stern-Stiglitz », Coalition pour le leadership en matière de tarification du carbone, consulté le 4 juillet 2018, en ligne à l'adresse <https://www.carbonpricingleadership.org/report-of-the-highlevel-commission-on-carbon-prices>.) [Ce rapport, du 29 mai 2017, n'a été publié qu'en version anglaise, mais un résumé en français est en ligne à l'adresse <https://static1.squarespace.com/static/54ff9c5ce4b0a53decccfb4c/t/59b7f2a78e4ec4b44b35c9eb/1505227433603/CarbonPricing_FrenchSummary.pdf> – *NdT.*]

Une taxe carbone aurait l'avantage supplémentaire d'encourager la recherche à se concentrer sur la réduction des émissions de carbone – sur le salut de la planète. Dans notre système actuel, où les émissions de carbone ne coûtent rien aux entreprises, celles-ci ont peu d'incitations à innover pour les réduire.

29. Le raisonnement est simple : l'effet expansionniste de la dépense publique pèse plus lourd que l'effet récessionniste de l'impôt. L'effet récessionniste sera particulièrement faible si l'impôt est prélevé sur les super-riches ; et l'effet expansionniste peut être particulièrement important pour certains types d'investissement, par exemple ceux qui sont liés à l'éducation et à la technologie, ou encore de nombreux investissements en faveur de l'environnement.

30. Voir M. Mazzucato, *The Entrepreneurial State, op. cit.*

31. « Quelques dates et quelques chiffres », Banque européenne d'investissement, consulté le 4 juillet 2018, en ligne à l'adresse <https://www.eib.org/fr/about/key_figures/index.htm>.

32. Au début de l'administration Trump, certains ont proposé de mobiliser les fonds spéculatifs pour financer les infrastructures, en leur offrant de gros avantages fiscaux. Les avantages fiscaux ne sont évidemment pas gratuits ; ils privent l'État de sommes qu'il aurait pu dépenser ailleurs. Lever des fonds par le biais d'une banque nationale des infrastructures serait bien moins coûteux pour la population que de séduire les fonds spéculatifs, qui, de toute manière, seraient plus intéressés à financer des aéroports et autres équipements dont ils pourraient tirer directement un flux de revenus que des routes de campagne et autres composantes plus négligées de nos infrastructures.

33. Les expériences d'autres pays montrent que les tentatives de ce genre ont pour effet non seulement d'améliorer la qualité de la vie, mais même d'encourager l'apprentissage et de décourager la criminalité.

Il y a aussi du travail à faire pour aider dans les hôpitaux, les écoles, les maisons de retraite. Raccourcir les queues aux guichets des services publics a une valeur que nos statistiques du revenu national ne saisissent pas correctement.

34. Pour une description des succès du programme indien, voir Jayati Ghosh, « Can Employment Schemes Work ? The Case of the Rural Employment Guarantee in India », *in* Dmitri Papadimitriou (éd.), *Contributions to Economic Theory, Policy, Development, and Finance : Essays in Honor of Jan A. Kregel*, Londres, Palgrave Macmillan, 2014, p. 145-171. Bien entendu, la structure du marché du travail indien est nettement différente de celle des États-Unis, et le programme devrait donc être conçu tout autrement. L'idée que j'avance n'en reste pas moins vraie : un pays beaucoup plus pauvre, où le pourcentage de travailleurs employés dans l'économie officielle est bien inférieur, a pu s'offrir un programme d'emploi garanti et réussir à le faire fonctionner. Les États-Unis devraient pouvoir en faire autant.

Il faudra régler de nombreux détails techniques pour mettre en œuvre un tel programme. D'un côté, il serait inadmissible de payer ces travailleurs au-dessous d'un salaire décent. De l'autre, on ne veut pas décourager l'emploi dans le secteur privé.

Il faudrait penser cette mesure comme un dernier recours. On espère que, avec une politique budgétaire et monétaire appropriée, le plein emploi sera réalisable *pour toutes les catégories.* Mais l'expérience indique que ce ne sera peut-être pas le cas. Les taux de chômage sont souvent deux fois plus élevés chez les Afro-Américains que dans le reste de la population, en partie à cause de la discrimination ; et s'il en est ainsi, à moins que l'État ne réussisse à faire descendre le chômage total vraiment très bas, il y aura des niveaux de chômage inacceptables dans cette catégorie de la population et quelques autres.

Les programmes d'emploi garanti ressemblent, bien sûr, au *workfare*, qui a eu un bilan mitigé. [Le principe du *workfare*, introduit aux États-Unis dans les années 1970, est l'obligation de travailler pour recevoir des prestations sociales – *NdT.*] Souvent, les tâches assignées n'étaient pas intéressantes, les personnes concernées n'avaient pas été formées convenablement pour s'en acquitter, et il n'y avait guère d'effort pour contribuer à une formation qualifiante qui aurait pu permettre leur réintégration dans la population active employée sur le marché du travail. Les leçons à tirer de ces échecs pourraient aider à mettre au point un programme d'emploi garanti bien conçu.

Même un programme imparfaitement conçu pourrait être souhaitable, si l'on a conscience des coûts sociaux très élevés du chômage de longue durée, notamment quand il est concentré dans certains territoires ou parmi certaines sous-catégories de la population.

35. Certains à droite affirment qu'il faut laisser tout cela au marché. Si les bénéfices nets du travail, après paiement de la garde des enfants, sont

insuffisants, c'est que la personne ne devrait pas travailler; toute subvention à la garde des enfants, de ce point de vue, est une distorsion du marché du travail. Ce raisonnement ignore les multiples distorsions déjà présentes sur le marché du travail et ailleurs dans la société, à commencer par la terrible discrimination contre les femmes; il ignore aussi la valeur sociale que la société attache à la dignité du travail, et l'augmentation du capital humain qui résulte du travail.

36. Il va sans dire que cela implique d'équiper les travailleurs de qualifications mieux adaptées aux besoins du marché du travail.

37. Sur la prédistribution, voir Jacob S. Hacker et Paul Pierson, *Winner-Take-All Politics: How Washington Made the Rich Richer – And Turned Its Back on the Middle Class*, New York, Simon & Schuster, 2010; et J.E. Stiglitz, *Le Prix de l'inégalité, op. cit.*

38. Pour une analyse plus complète des facteurs qui déterminent l'inégalité des salaires, voir ce qui est dit au chapitre 2, notamment à la note 23.

39. L'abrogation de la loi Glass-Steagall, qui séparait banques de dépôt et banques d'affaires, a été suivie d'une énorme augmentation de la concentration dans le secteur bancaire, ce qui a donné aux banques encore plus de pouvoir de marché. Les actifs des cinq plus grosses banques, en pourcentage des actifs totaux des banques de dépôt, sont passés de 29 % en 1998 (l'année qui a précédé l'abrogation de la loi Glass-Steagall) à 46 % en 2015. « 5-Bank Asset Concentration for United States », St. Louis FRED Economic Data, consulté le 14 juillet 2018, en ligne à l'adresse <https://fred.stlouisfed.org/series/DDOI06USA156NWDB>.

40. Il y a une controverse enflammée sur les mérites relatifs d'une hausse du salaire minimum et d'une hausse d'une subvention aux salaires. Je pense que les États-Unis ont besoin des deux.

41. Miles Corak a réuni une documentation empirique sur la relation entre l'égalité des revenus et les futures égalités des chances, relation qu'Alan Krueger, président du Comité des conseillers économiques du président Obama, a appelée la « Courbe de Gatsby le Magnifique ». Voir Miles Corak, « Income Inequality, Equality of Opportunity, and Intergenerational Mobility », *Journal of Economic Perspectives*, vol. 27, n° 3, 2013, p. 79-102; et Alan Krueger, « The Rise and Consequences of Inequality in the United States », discours au Center for American Progress, 12 janvier 2012.

42. Parmi les circonscriptions scolaires, les 25 % les plus riches dépensent 15,6 % de plus que les 25 % les plus pauvres, selon le département de l'Éducation. Chiffres du Centre des statistiques du financement de l'éducation, consultés le 4 juillet 2018, en ligne à l'adresse <http://nces.ed.gov/edfin/xls/A-1_FY2012.xls>. Une étude de C. Kirabo Jackson, Rucker C. Johnson et Claudia Persico conclut que chaque augmentation de 10 % dans les dépenses

par élève pendant leurs douze années d'éducation primaire-secondaire aboutit à des salaires plus élevés de 7 % et à une diminution de 3,2 % de l'incidence annuelle de la pauvreté [le nombre de personnes du groupe considéré qui vivent au-dessous du seuil de pauvreté pendant une année – *NdT*]. Voir C. Kirabo Jackson, Rucker C. Johnson et Claudia Persico, «The Effects of School Spending on Educational and Economic Outcomes: Evidence from School Finance Reforms», *Quarterly Journal of Economics*, vol. 131, n° 1, 2016, p. 157-218.

Il y a cohérence entre ces résultats et ceux, évoqués plus haut (au chapitre 2), qui indiquent qu'en grandissant dans certaines localités on a moins de chances de réussir.

43. Bien évidemment, étant donné l'importance de l'éducation, il y a eu d'innombrables tentatives de réforme et livres proposant des approches différentes. Quelques paragraphes ne sauraient rendre justice à cette riche littérature. J'ai évoqué l'un des essais de réforme, la rémunération incitative. Un autre s'est concentré sur les *charter schools*, les «écoles à charte» – il a autorisé la création de nouvelles écoles. En moyenne, ces écoles n'ont pas obtenu de meilleurs résultats que les écoles publiques (Philip Gleason, Melissa Clark, Christina Clark Tuttle et Emily Dwoyer, «The Evaluation of Charter School Impacts: Final Report [NCEE 2010-4029]», Washington, DC, National Center for Education Evaluation and Regional Assistance, Institute of Education Sciences, U.S. Department of Education, 2010), mais quelques-unes ont remporté certains succès dignes d'intérêt. On devrait les considérer comme des «laboratoires d'innovation pédagogique» et introduire dans l'enseignement public les projets qui réussissent. Mais il ne faut pas voir en elles un substitut à l'école publique. Une telle vision, c'est pratiquement inévitable, finira par aggraver la ségrégation économique et sociale, et probablement raciale, dans le système scolaire. Un troisième axe de réforme a pris pour cible les syndicats – ce qui est curieux, car les systèmes scolaires publics très syndicalisés comptent parmi les plus performants. Les postures antiouvrières et antisyndicales courantes dans les milieux d'affaires ont fini, comme on pouvait s'y attendre, par s'infiltrer dans le débat sur la réforme de l'éducation.

44. Dans *Shelby County v. Holder*, en déclarant contraire à la Constitution une disposition essentielle de cette loi. La loi de 1965 avait placé sous supervision fédérale les régions du pays qui avaient un passé historique de discrimination électorale. Libérés de ces contraintes, un grand nombre de ces territoires ont pris des mesures visant à décourager les électeurs afro-américains (ils ont fermé certains bureaux de vote, par exemple, ou les ont relocalisés ailleurs). L'absence de pouvoir électoral a des effets sur l'allocation des ressources publiques. Pour une analyse plus complète sur ces questions, notamment sur la décision de la Cour suprême, voir chapitre 8.

45. Source: «World Prison Population List» (liste de la population carcérale mondiale), Centre international d'études pénitentiaires.

46. On a baptisé ce système d'incarcération massive «le nouveau Jim Crow». Comme nous l'avons indiqué au chapitre 8, il sert un objectif politique: il permet de priver facilement de leur droit de vote un très grand nombre d'Afro-Américains. Voir M. Alexander, *La Couleur de la justice, op. cit.*

C'est aussi un système d'exploitation. Comme nous l'avons relevé, aujourd'hui aux États-Unis près de 5 % du travail industriel est effectué par la main-d'œuvre carcérale, en général pour des salaires très inférieurs au salaire minimum.

47. La crise financière a montré le système économique et judiciaire des États-Unis sous son jour le plus sinistre. Des banques comme la Wells Fargo ont ciblé les Afro-Américains dans leur crédit prédateur. Pratiquement aucun des riches banquiers qui étaient responsables de la crise (ou de cette discrimination) n'a eu de comptes à rendre – même pour ce crime: avoir expulsé de leur maison des personnes *qui ne devaient pas un sou,* notamment beaucoup de propriétaires pour lesquels les banquiers ne retrouvaient plus les documents appropriés. Voir «La justice pour certains», in J.E. Stiglitz, *La Grande Fracture, op. cit.*, p. 209-212.

48. Voir Andrea Flynn, Dorian T. Warren, Susan Holmberg et Felicia Wong, «Rewrite the Racial Rules: Building an Inclusive American Economy», Roosevelt Institute, juin 2016.

49. C'est l'un des thèmes récurrents dans les entretiens avec les partisans de Trump: ils ont le sentiment qu'on a donné à d'autres une «carte de libre circulation» pour leur passer devant sur l'échelle de la vie. Au golf, nous comprenons que, pour égaliser les chances, il faut attribuer un «handicap» différent à chaque joueur. Nous devons admettre qu'il en va de même dans la vie: certains sont désavantagés au départ, et ils ont besoin d'aide si l'on veut que les conditions soient vraiment les mêmes pour tous.

50. Ces arguments figurent dans un recours déposé au nom de vingt et un jeunes enfants contre l'administration Trump pour sa politique climatique. L'affaire, intitulée *Juliana v. États-Unis,* est actuellement en suspens, dans l'attente du procès à Eugene, Oregon, la Cour suprême ayant reconnu (par sept voix contre deux) le droit des enfants à porter plainte. J'interviens dans cette procédure à titre de témoin expert.

51. Voir J.E. Stiglitz, «Reforming Taxation to Promote Growth and Equity», livre blanc du Roosevelt Institute, 28 mai 2014. Les réformes essentielles sont l'imposition complète des dividendes, des plus-values, des intérêts sur les obligations des autorités locales, et l'élimination d'une nuée de failles, notamment la disposition qui prévoit un relèvement de la base d'imposition des plus-values quand les actifs sont transmis par héritage: aujourd'hui, seule

est imposable la différence entre le prix auquel l'actif est vendu et celui qu'il avait quand son propriétaire actuel en a hérité – l'intégralité de la plus-value réalisée à la génération précédente est exonérée d'impôts.

52. L'une de ces failles est l'exemption dite du *carried interest* (disposition du code des impôts de 1986), évoquée plus haut [voir note 6 de la Préface – *NdT*] : les revenus des professionnels des fonds d'investissement privé (*private equity*) – qui achètent des entreprises, les restructurent et les revendent – sont en général imposés au faible taux de l'impôt sur les plus-values, et non au taux bien supérieur qui s'applique aux revenus des contribuables travaillant dans les autres secteurs.

53. Les données indiquent toutefois, dans chacun de ces cas, que les réactions sont normalement fort limitées, ou, comme disent les économistes, que les élasticités de l'impôt sont faibles.

54. Voir Henry George, *Progrès et pauvreté. Enquête sur la cause des crises industrielles et de l'accroissement de la misère au milieu de l'accroissement de la richesse. Le remède*, trad. fr. de P. Le Monnier, Paris, Guillaumin, 1887, p. 385 (rééd., Paris, Alcan, 1925, et New York, R. Schalkenbach Foundation, 1960).

55. On peut voir cette réorientation sous un autre angle : la valeur du foncier diminuera, donc, si les particuliers veulent disposer d'une fortune d'un certain montant, disons, pour leur retraite, ils devront en détenir une part plus importante sous forme de capital productif.

56. Voir le rapport Stern-Stiglitz évoqué plus haut, note 28.

57. Bien entendu, il serait judicieux aussi d'éliminer nos grosses subventions aux combustibles fossiles (estimées à 20,5 milliards de dollars par an d'« aide sociale aux entreprises », dont une bonne partie passe par le système fiscal), et cela générerait encore plus d'argent à dépenser ailleurs. David Roberts, « Friendly Policy Keeps US Oil and Coal Afloat Far More than We Thought », *Vox*, 7 octobre 2017, fondé sur les chiffres d'Oil Change International. Ces chiffres omettent de nombreuses catégories de subventions, comme celles qui vont directement aux consommateurs. Le FMI estime les subventions à l'énergie (dont la plupart vont aux combustibles fossiles) à 5 300 milliards de dollars en 2015, soit 6,5 % du PIB mondial. David Coady, Ian Parry, Louis Sears et Baoping Shang, « How Large Are Global Energy Subsidies ? », Fonds monétaire international, 2015. Les auteurs évaluent les subventions des États-Unis à 600 milliards de dollars par an.

58. Le total des pertes mondiales dues aux catastrophes naturelles a été de 335 milliards de dollars. Les États-Unis ont subi 88 % des pertes économiques mondiales. *Natural Disasters 2017*, <www.emdat.be/publications> (consulté le 28 janvier 2019). Voir aussi Pascaline Wallemacq et Rowena House, « Economic Losses, Poverty and Disasters 1998-2017 » (Bureau des Nations unies pour la réduction des risques de catastrophes [UNISDR] et Centre de recherche sur

l'épidémiologie des catastrophes [CRED], 2018), consulté le 24 janvier 2019, en ligne à l'adresse <https://www.unisdr.org/we/inform/publications/61119>.

59. En fait, ces transactions excessives interfèrent avec l'efficacité des marchés financiers. Comme le souligne Michael Lewis dans son livre de 2014 *Flash Boy. Histoire d'une révolte à Wall Street* (trad. fr. de Céline Alix, Paris, Éd. du Sous-sol, 2016; rééd., Paris, Points, 2017), une bonne partie du trading haute fréquence n'est rien d'autre qu'une forme technologiquement avancée de *front running*, manœuvre boursière qui, dans ses manifestations moins raffinées, est illégale. [Il y a *front running* quand le courtier, juste avant d'exécuter un ordre important d'un client, «court devant»: il prend une position personnelle qui va bénéficier de cet ordre imminent, puisqu'il le connaît d'avance – *NdT.*] L'argent qui va à ces traders serait allé, sans cela, à ceux qui investissent dans une information *réelle*, susceptible d'accroître l'efficacité globale de l'économie. Voir Joseph E. Stiglitz, «Tapping the Brakes: Are Less Active Markets Safer and Better for the Economy?», communication à la Conférence sur les marchés financiers 2014 de la Réserve fédérale d'Atlanta, «Tuning Financial Regulation for Stability and Efficiency» [Ajuster en finesse la réglementation financière pour la stabilité et l'efficacité], 15 avril 2014, en ligne à l'adresse <http://www.frbatlanta.org/documents/news/conferences/14fmc/Stiglitz.pdf>.

CHAPITRE 10. UNE VIE DÉCENTE POUR TOUS

1. Même le Costa Rica, avec le quart du revenu par habitant des États-Unis, a une espérance de vie plus longue, notamment parce qu'il assure à tous ses habitants des soins médicaux d'excellente qualité.

2. Statistiques de l'U.S. Bureau of Economic Analysis. La dette brute est montée jusqu'à 119 % du PIB après la Seconde Guerre mondiale. «Gross Federal Debt as Percent of Gross Domestic Product», St. Louis FRED, consulté le 15 juillet 2018, en ligne à l'adresse <https://fred.stlouisfed.org/series/GFDGDPA188S>.

3. Les rendements des investissements dans l'éducation ont été énormes – selon une analyse du Congrès, 7 dollars par dollar dépensé. Il y a eu de grosses différences entre les races dans le recours aux avantages en matière d'éducation. Seuls 12 % des Afro-Américains sont entrés dans l'enseignement supérieur, contre 28 % des Blancs. Edward Humes explique par quel mécanisme s'est produite une telle discrimination dans son article «How the GI Bill Shunted Blacks into Vocational Training», *The Journal of Blacks in Higher Education*, n° 53, automne 2006, p. 92-104. Il est utile de noter que, s'il est certain que le GI Bill a eu un effet sur le niveau d'instruction dans le Nord, il n'en a pas eu dans le Sud. Voir Sarah Turner et John Bound, «Closing the Gap

or Widening the Divide : the Effects of the GI Bill and World War II on the Educational Outcomes of Black Americans », *The Journal of Economic History*, vol. 63, n° 1, 2003, p. 145-177. Le GI Bill fournissait aussi des avantages en matière de logement, mais, là encore, avec la discrimination bancaire dans l'octroi des prêts, les Afro-Américains n'ont pas pu en profiter pleinement. Voir Edward Humes, *Over Here : How the G.I. Bill Transformed the American Dream*, New York, Diversion Books, 2006.

4. Bien que l'analyse de ce chapitre mette l'accent sur le rôle des programmes de l'État (y compris de nouvelles options publiques à créer) pour assurer une vie décente à tous les Américains, il importe de bien comprendre que les cadres réglementaires évoqués au chapitre précédent sont tout aussi essentiels. Il ne peut être question de vie décente s'il est facile aux employeurs d'exploiter leurs salariés (par exemple avec les horaires fractionnés et les emplois zéro heure), ou si l'environnement est pollué, ou encore si l'on est constamment exploité par les entreprises avec lesquelles on doit traiter – qu'il s'agisse de son fournisseur d'accès à Internet, de sa compagnie de téléphone mobile ou des compagnies aériennes.

5. L'option publique pourrait donc être préférable à la situation où *seul* l'État fournit le service en question.

6. En revanche – ce qui ne manque pas de sel –, le Congrès a créé une petite option privée face à Medicare. Mais il a dû verser des subventions considérables aux fournisseurs privés pour leur permettre d'être compétitifs.

7. Même avant les efforts de Trump pour miner l'Affordable Care Act, 12 % des adultes aux États-Unis n'étaient pas assurés, soit environ 30 millions de personnes. Voir Zac Auter, « U.S. Uninsured Rate Steady at 12.2 % in Fourth Quarter of 2017 », Gallup, 16 janvier 2018 ; et Edward R. Berchik, Emily Hood et Jessica C. Barnett, « Current Population Reports, P60-264, Health Insurance Coverage in the United States : 2017 », US Government Printing Office, Washington, DC, 2018. En novembre 2017, le Congressional Budget Office (CBO) a estimé que, en raison de la loi fiscale de 2017, le nombre de non-assurés aura augmenté de 13 millions de personnes en 2027. Voir « Repealing the Individual Health Insurance Mandate : An Updated Estimate », CBO, 8 novembre 2017.

8. Fondamentalement, cette option signifie que les subventions des bien-portants aux malades, au lieu de passer par les compagnies d'assurances privées, passeront par le système fiscal.

9. Voir Peter R. Orszag et Joseph E. Stiglitz, « Rethinking Pension Reform : Ten Myths about Social Security Systems », *in* Robert Holzmann et Joseph E. Stiglitz (éd.), *New Ideas about Old Age Security*, Washington, DC, Banque mondiale, 2001, p. 17-56. La plupart des gens ne connaissent pas les commissions facturées par les divers plans retraite possibles, et n'ont donc pas conscience

de l'effet de ces commissions sur leur pension. Aux États-Unis, on estime que les coûts de transaction sur les comptes individuels d'épargne retraite (IRA) réduisent les pensions d'environ 30 %. Voir Robert Hiltonsmith, « The Retirement Savings Drain : The Hidden and Excessive Costs of 401(k)s », New York, Demos.org, 2012, consulté le 24 janvier 2019, en ligne à l'adresse <https://www.demos.org/publication/retirement-savings-drain-hidden-excessive-costs-401ks>.

10. Voir l'analyse faite au chapitre 5, note 21. Prenant le parti des banquiers et de leur désir de s'enrichir aux dépens des retraités en continuant à exploiter des conflits d'intérêts, l'administration Trump a différé l'entrée en vigueur de l'obligation fiduciaire – semblable à celle qui existe dans les autres pays avancés. Après quoi, la Cour du cinquième circuit, qui couvre le Texas, la Louisiane et le Mississippi, a annulé la réglementation. Tout cela rend d'autant plus important d'offrir une *option publique*. Pour en savoir plus, voir, par exemple, Alessandra Malito, « The Fiduciary Rule Is Officially Dead. What Its Fate Means to You », *Market Watch*, 25 juin 2018, <https://www.marketwatch.com/story/is-the-fiduciary-rule-dead-or-alive-what-its-fate-means-to-you-2018-03-16>.

11. Celui de l'« octroi-cession ». Dans ce système, comme on l'a expliqué au chapitre 5, des courtiers en crédit immobilier aidaient les banques à octroyer des prêts hypothécaires ; elles les vendaient ensuite à des banques d'affaires, qui les intégraient à des titres, lesquels étaient eux-mêmes vendus à des fonds de pension ou à d'autres investisseurs cherchant à diversifier leur portefeuille.

12. Voir Laurie Goodman, Alanna McCargo, Edward Golding, Jim Parrott, Sheryl Pardo, Todd M. Hill-Jones, Karan Kaul, Bing Bai, Sarah Strochak, Andrea Reyes et John Walsh, « Housing Finance at a Glance : A Monthly Chartbook », Urban Institute, décembre 2018, en ligne à l'adresse <https://www.urban.org/research/publication/housing-finance-glance-monthly-chartbook-december-2018/view/full_report>.

13. La modélisation économique s'appelle la « méthode des prix hédoniques » ; elle détermine la valeur que les marchés associent à diverses caractéristiques d'une maison, notamment sa localisation et divers éléments de confort.

14. Par exemple, les compagnies de crédit hypothécaire et les banques d'affaires présentaient souvent les biens locatifs comme des résidences principales. C'est important, parce que le risque de défaut de paiement est beaucoup plus élevé pour les premiers que pour les secondes.

15. Les économistes les appellent des « économies d'envergure ». Pour la plupart des particuliers, le paiement des mensualités du prêt pourrait être directement lié au prélèvement à la source de l'impôt sur leur salaire : le coût marginal effectif serait nul. Il y a une série de questions et problèmes pratiques

qu'il faudrait régler dans cette proposition. Si ces détails essentiels requièrent notre attention, notre objectif ici est seulement de montrer qu'il y a d'amples possibilités de créer une autorité publique de crédit nettement plus efficace que les dispositifs existants – qui, de toute manière, laissent l'État assumer les risques et engager sa garantie, implicite ou explicite.

16. Le produit « prêt hypothécaire sur trente ans » a connu bien moins de défauts de paiement que ceux vers lesquels gravitaient les marchés privés dans les années qui ont précédé la crise, par exemple les prêts à taux d'intérêt variables et à gros remboursement final ; mais même ce produit-là n'est pas aussi efficace en termes de partage du risque et de stabilisation de l'économie que beaucoup d'autres qui ont été proposés (comme celui dont il est question dans le texte) ou parfois réellement créés dans d'autres pays (par exemple les célèbres « obligations hypothécaires danoises »). [Le Danemark a depuis deux cents ans un système de crédit hypothécaire très fiable, où chaque prêt (de longue durée et à taux fixe avec 20 % d'apport personnel et remboursement anticipé gratuit) est financé par une obligation de même montant, maturité et caractéristique que le prêt lui-même. Le montant de l'émission de l'obligation va à l'emprunteur, et les mensualités versées par l'emprunteur vont à l'investisseur. Tout est transparent, il n'y a aucune « agglomération » ni « titrisation » – *NdT.*]

17. Voir, par exemple, Deirdre Bloome, Shauna Dyer et Xiang Zhou, « Educational Inequality, Educational Expansion, and Intergenerational Income Persistence in the United States », *American Sociological Review*, vol. 83, n° 6, 2018, p. 1215-1253.

18. Voir James J. Heckman, « Invest in early childhood development : Reduce deficits, strenghten the economy », en ligne à l'adresse <https://heckmanequation.org/www/assets/2013/07/F_HeckmanDeficitPieceCUSTOM-Generic_052714-3-1.pdf>, et Ajay Chaudry, Taryn Morrissey, Christina Weiland et Hirokazu Yoshikawa, *Cradle to Kindergarten : A New Plan to Combat Inequality*, New York, Russell Sage Foundation, 2017.

19. Ce qui distingue surtout ces deux solutions, ce sont leurs conséquences différentes pour la répartition intergénérationnelle du revenu – qui est aussi modifiée par d'autres politiques, par exemple la façon dont on conçoit la Social Security (les retraites). Avec les prêts « dépendant du revenu », le fardeau du financement de l'éducation pèse sur la génération qui la reçoit ; avec l'enseignement gratuit, il pèse sur la population active d'aujourd'hui.

20. Il faut que les intéressés puissent emprunter à l'État pour rembourser le prêt privé ; toute pénalité pour remboursement anticipé doit être interdite par la loi.

21. Pour une analyse de la corrélation entre inégalité et ségrégation économique, voir Sean F. Reardon et Kendra Bischoff, « Income Inequality and

Income Segregation», *American Journal of Sociology*, vol. 116, n° 4, 2011, p. 1092-1153.

CHAPITRE 11. REPRENDRE L'AMÉRIQUE

1. Évidemment, les deux acceptions du terme ne sont pas entièrement distinctes, comme nous l'avons vu si clairement au chapitre 5: la turpitude morale personnelle des banquiers a joué un rôle important dans le dysfonctionnement de notre système financier.

2. Au XIXe siècle, une série de livres de Horatio Alger ont donné des exemples saisissants de cet archétype: ils montrent des garçons pauvres qui deviennent riches par leur détermination et leur travail acharné.

3. La plupart des grandes écoles les plus sélectives du pays ont des procédures d'admission « hors moyens financiers », grâce auxquelles elles peuvent accepter certains élèves même si la situation financière de leurs parents ne le permet pas, en fournissant les fonds nécessaires pour que tous puissent s'inscrire. [Il s'agit ici des huit prestigieuses universités de l'*Ivy League*, littéralement « la Ligue du lierre », toutes situées dans le nord-est des États-Unis: Brown, Columbia, Cornell, Harvard, Princeton, Yale, le Dartmouth College et l'université de Pennsylvanie – *NdT.*] Néanmoins, un pourcentage remarquablement limité de leurs élèves (moins de 10 %) viennent de la moitié basse de la répartition des revenus. Dans le groupe « *Ivy* Plus » (les universités de l'*Ivy League* plus le MIT, l'université Stanford, l'université Duke et l'université de Chicago), 14,5 % des étudiants viennent du 1 % le plus riche contre 13,5 % des 50 % les plus pauvres. Anthony P. Carnevale et Stephen J. Rose, « Socioeconomic Status, Race/Ethnicity, and Selective College Admission », *in* Richard D. Kahlenberg, *America's Untapped Resource: Low-Income Students in Higher Education*, New York, Century Foundation, 2004; et Raj Chetty, John N. Friedman, Emmanuel Saez, Nicholas Turner et Danny Yagan, « Mobility Report Cards: The Role of Colleges in Intergenerational Mobility », NBER, document de travail n° w23618, juillet 2017, en ligne à l'adresse <https://www.nber.org/papers/w23618.pdf>.

4. L'économie comportementale moderne a permis de corriger en partie ces problèmes. Mais la politique économique actuelle aux États-Unis et dans d'autres pays avancés n'est pas fondée sur les éclairages de l'économie comportementale. Elle repose en grande partie sur les prescriptions de la théorie économique standard, qui se fait une idée irréaliste des êtres humains: ils seraient pleinement rationnels, parfaitement informés et totalement égoïstes.

5. La première mentalité s'exprime dans les acclamations prodiguées aux dirigeants politiques qui préconisent la « réforme », même quand ladite réforme n'est qu'un simple changement des règles du jeu pour favoriser un

groupe aux dépens d'un autre, voire de toute l'économie. Les réformes de Reagan ont ralenti la croissance et aggravé l'inégalité; les seuls gagnants ont été les ultrariches.

Pour la seconde mentalité, pensons à certains juges de la Cour suprême qui croient, semble-t-il, que les Pères fondateurs doivent être notre étoile polaire, alors que nous devons résoudre des problèmes qu'ils n'auraient même pas pu imaginer.

6. De fait, on l'a vu, le premier livre d'Adam Smith s'intitulait *Théorie des sentiments moraux*. L'édition originale date de 1759.

7. En les énumérant, je n'ai pas cherché à être exhaustif, mais à me concentrer avant tout sur les problèmes clés que j'ai abordés dans ce livre; et je ne suggère nullement qu'il pourrait y avoir une formulation précise de ces valeurs qui ferait l'unanimité. Néanmoins, j'ai du mal à imaginer que beaucoup de gens se prononceraient ouvertement contre un état de droit et un système de large tolérance. Il est sûr, en revanche, que certains souhaiteraient les formuler en des termes qui les rendraient plus compatibles avec la promotion de leurs intérêts personnels.

8. Le pays a pu se faire une petite idée de l'importance de l'État pour le fonctionnement de notre économie et de notre société quand Trump a fermé une partie seulement des administrations à la fin de 2018 et au début de 2019.

9. En 2017, sans compter le personnel du service postal, l'État fédéral employait 2,19 millions de personnes; en 1967, les agents de l'État étaient 2,13 millions environ (U.S. Bureau of Labor Statistics, «All Employees: Government: Federal, Except U.S. Postal Service» [CES9091100001]; chiffres retrouvés dans les FRED, Réserve fédérale de Saint-Louis; en ligne à l'adresse <https://fred.stlouisfed.org/series/ CES9091100001>. Consulté le 24 janvier 2019).

10. C'était ce qui se passait avant la législation sur la sécurité des automobiles, comme le prouve Ralph Nader dans son livre devenu classique: *Ces voitures qui tuent*, trad. fr. d'Anne-Marie Suppo et Anne de Pérignon, Paris, Flammarion, 1966.

11. Un président qui revendique le droit absolu de se gracier lui-même et de gracier ceux qui le servent est un président qui revendique un pouvoir autoritaire sans entraves. Il faut donc le brider par le seul moyen de contrôle ultime prévu par la Constitution, l'*impeachment*. Or, avec un soutien aussi solide de son parti (pour démettre de ses fonctions un président, il faut une majorité des deux tiers au Sénat) et une confiance en soi aussi arrogante (il a dit un jour qu'il pourrait «abattre quelqu'un» sur la Cinquième Avenue sans perdre ses électeurs), il n'a pas grand-chose à craindre, semble-t-il, de ce côté-là.

12. Beaucoup de modifications importantes sont passées presque inaperçues: en décidant simplement que désormais, dans les procédures de reconnaissance d'invalidité, l'avis du médecin personnel du patient ne fera plus

autorité, on peut priver de leur pension d'invalidité un très grand nombre de gens.

13. Selon les chiffres de l'OCDE, le PIB réel par habitant des États-Unis a augmenté en 2017 un peu plus lentement que la moyenne de l'OCDE, mais en 2018 il s'est situé un peu au-dessus.

14. Dans *Rewriting the Rules of the American Economy, op. cit.*, nous présentons, mes coauteurs et moi, la mondialisation et la technologie comme les grandes forces planétaires sous-jacentes qui sont ensuite transposées, à travers les règles qui structurent notre économie, dans nos expériences quotidiennes, notamment celles qui aboutissent à l'inégalité et à l'exclusion. Mais la réalité est plus complexe : dans une large mesure, même les grandes forces planétaires de la technologie et de la mondialisation sont créées et modelées par l'action publique. La force motrice de la technologie est la recherche fondamentale, et son orientation est influencée par l'action publique – y compris dans le secteur privé. Des politiques plus énergiques de lutte contre le changement climatique auraient induit davantage d'investissements dans la recherche de solutions pour réduire les émissions nocives. La faiblesse des taux d'intérêt a réduit le coût du capital par rapport à celui du travail, donc encouragé la recherche, et d'autres investissements, visant à économiser le travail. La mondialisation est largement propulsée par les politiques suivies en matière de mouvements transfrontaliers des biens, des services, des capitaux et des personnes.

15. Ce n'est pas tout à fait exact : comme on l'a vu à la note 11 du chapitre 8, étant donné la faiblesse de la participation électorale, Trump a obtenu les voix de « 26 % seulement de la population en âge de voter ».

16. Je l'ai dit dans mes livres *Le Prix de l'inégalité, op. cit.*, et *La Grande Fracture, op. cit.* Mais je n'ai pas été le seul. Voir par exemple T. Piketty, *Le Capital au XXIe siècle, op. cit.* ; et Angus Deaton, *La Grande Évasion. Santé, richesse et origine des inégalités*, trad. fr. de Laurent Bury, Paris, Presses universitaires de France, 2016.

17. Au sujet de *Worcester v. Georgia*, 31 U.S. (6 Pet.) 515 (1832). Voici ce qu'a vraiment dit Andrew Jackson au général de brigade John Coffee : « L'arrêt de la Cour suprême est mort-né, et elle a constaté qu'elle ne peut pas contraindre la Géorgie à obéir à son ordre. »

18. Le Sud a développé un système économique qui maintenait la domination de la classe des anciens propriétaires d'esclaves par le biais du métayage. La région était à la traîne en matière d'éducation, de revenus, de santé – sur tous les indicateurs du bien-être économique et social –, en particulier pour les Afro-Américains, mais pas seulement. À toutes les époques, les dirigeants politiques du Sud ont exploité le racisme pour orienter la colère des Blancs pauvres contre leurs voisins noirs.

Finalement, les statistiques du Sud se sont améliorées, aidées par l'adoption d'un salaire minimum national sous le président Franklin Delano Roosevelt en 1938, par la migration massive du sud vers le nord de gros effectifs d'Afro-Américains et par la relocalisation vers le sud de l'industrie, en quête de faibles coûts du travail. On espérait que la législation des années 1960 sur les droits civiques, elle-même née d'un mouvement de masse contre ce long passé d'injustices économiques et raciales, allait inverser le cours des choses, et, au moins pendant une période, cette évolution a semblé possible. Mais, un quart de siècle plus tard, des forces récidivistes, notamment dans les tribunaux, ont arrêté tout progrès, voire opéré un retour en arrière: la ségrégation économique, la distance économique entre les races et les mesures pour priver les Afro-Américains de pouvoir politique se sont alors accrues à vive allure.

19. La tentative de Trump pour utiliser le racisme à son avantage politique a, bien sûr, de longs antécédents historiques. Au lendemain de la législation du président Lyndon B. Johnson sur les droits civiques, les républicains du Sud ont profité du racisme ambiant pour encourager un réalignement majeur de l'affiliation partisane dans la région.

20. Certains ont souligné le rôle égalisateur qu'ont parfois joué les guerres. La Seconde Guerre mondiale a suscité une solidarité qui a permis une fiscalité très progressive et posé les bases d'une époque d'après guerre où les niveaux d'inégalité ont été singulièrement faibles. Mais la guerre n'est ni nécessaire ni suffisante pour créer une société égalitaire – et c'est un moyen coûteux et inefficace de le faire.

21. Conformément à l'idée selon laquelle nous détenons aujourd'hui nos ressources naturelles (par l'intermédiaire de l'État) en tant que biens dont nous avons la garde pour les générations futures. Cette théorie, parfois nommée «doctrine de la fiducie publique», remonte au Code justinien. Elle a été intégrée à la loi américaine à la fin du XIXe siècle, et c'est l'une des bases du procès intenté par vingt et un enfants contre l'administration Trump, qui refuse de protéger leurs intérêts en prenant des mesures appropriées contre le changement climatique – j'ai évoqué cette affaire à la note 50 du chapitre 9.

22. Selon les statistiques de la Federal Deposit Insurance Corporation et de la National Credit Union Administration (l'autorité qui réglemente les unions de crédit), le taux de défaillance des unions de crédit avant la crise était à peu près le même que celui des banques à but lucratif, mais pendant la crise il a été nettement inférieur. De plus, tandis que le crédit bancaire aux petites entreprises s'est contracté de près de 100 milliards de dollars de 2008 à 2016, les prêts des unions de crédit à ces entreprises ont plus que doublé: ils sont passés de 30 milliards à 60 milliards de dollars. Voir le rapport sur les unions de crédit 2017 de la NAFCU (l'association nationale des unions de crédit sous garantie fédérale), en ligne à l'adresse <https://www.nafcu.org/

sites/default/files/data-research/economic-credit-union-industry-trends/industry-trends/Annual%20Report%20on%20Credit%20Unions/NAFCU%20Report%20on%20Credit%20Unions%20-%202017.pdf>; et Rebel A. Cole, « How Did Bank Lending to Small Business in the United States Fare After the Financial Crisis ? », Small Business Administration, janvier 2018.

23. Par exemple la première productrice de beurre des États-Unis, Land O'Lakes. Créée en tant qu'association des crémeries coopératives du Minnesota, elle a aujourd'hui 10 000 salariés qui travaillent dans cinquante États et plus de cinquante pays, et un chiffre d'affaires de 14 milliards de dollars. Sans compter les coopératives d'habitation, il existe plus de 64 000 coopératives, dont celles de la distribution d'eau, de gaz et d'électricité, et les coopératives agricoles. Parmi les plus connues, citons Sunkist [qui produit des sodas à l'orange – *NdT*] et Ocean Spray (les canneberges).

24. La négation la plus vigoureuse du rôle de l'action collective et du bien-être social a été formulée en 1987 par Margaret Thatcher, alors Première ministre du Royaume-Uni : « La société, ça n'existe pas. » (« *There is no such thing as society.* »)

25. Voir, par exemple, R.O. Paxton, *Le Fascisme en action, op. cit.*

Table

SECONDE PARTIE

RECONSTRUIRE LA POLITIQUE ET L'ÉCONOMIE DES ÉTATS-UNIS

Composition : In folio

Achevé d'imprimer en décembre 2020
par Normandie Roto Impression s.a.s. à Lonrai
Dépôt légal : octobre 2020
N° impr : 2005371
Imprimé en France